Introduction to E-Commerce

工业和信息化普通高等教育"十三五"规划教材立项项目

中国工信出版传媒集团2020年优秀出版物教材类二等奖

21世纪高等院校经济管理类规划教材

电子商务概论
（附微课 第5版）

□ 白东蕊 岳云康 主编
□ 成保梅 张卫东 副主编

人民邮电出版社

北 京

图书在版编目（ＣＩＰ）数据

电子商务概论：附微课 / 白东蕊，岳云康主编. --
5版. -- 北京：人民邮电出版社，2022.1（2024.1重印）
21世纪高等院校经济管理类规划教材
ISBN 978-7-115-57957-7

Ⅰ. ①电… Ⅱ. ①白… ②岳… Ⅲ. ①电子商务－高
等学校－教材 Ⅳ. ①F713.36

中国版本图书馆CIP数据核字(2021)第235870号

内 容 提 要

本书共 13 章，着重介绍了 B2C、C2C、B2B 电子商务模式，概括介绍了新零售、网络营销、新媒体运营、电子商务安全、电子支付与互联网金融、物流和客户关系管理等内容，简要介绍了移动电商、跨境电商的新应用。每章开篇有引例导入，结尾有实训案例，以具体操作或案例分析为主，章后习题包括主观题、客观题和技能实训题。

本书配有电子教案、教学大纲、教学计划、电子课件、各类题目参考答案、实训指导书、文本和视频教学案例、微课视频、模拟试卷及答案等教学资料（部分资料仅限用书教师下载），索取方式参见附录中的"更新勘误表和配套资料索取示意图"或通过QQ（602983359）向编辑咨询。本书配套网课的网址见人邮教育社区本书页面。

本书可作为高等院校经管类专业相关课程的教材，也可作为相关技术人员的自学用书及培训机构的培训教材。

◆ 主　编　白东蕊　岳云康
　副主编　成保梅　张卫东
　责任编辑　万国清
　责任印制　李 东　胡 南

◆ 人民邮电出版社出版发行　北京市丰台区成寿寺路 11 号
　邮编　100164　电子邮件　315@ptpress.com.cn
　网址　https://www.ptpress.com.cn
　保定市中画美凯印刷有限公司印刷

◆ 开本：787×1092　1/16
　印张：17.25　　　　　　　2022 年 1 月第 5 版
　字数：486 千字　　　　　2024 年 1 月河北第 8 次印刷

定价：54.00 元

读者服务热线：(010)81055256　印装质量热线：(010)81055316
反盗版热线：(010)81055315
广告经营许可证：京东市监广登字 20170147 号

第 5 版前言

本书第 1 版于 2010 年 9 月出版，第 4 版于 2019 年 8 月出版。本书第 4 版自出版以来，受到了更多教师和学生的欢迎。近两年来，电子商务这一学科的理论与实践又有了突飞猛进的发展。为了贯彻党的二十大精神，跟踪本学科的发展，适应社会、经济、科技发展与教学的需要，我们在广泛收集用书教师意见、建议的基础上，对本书进行了全面、细致的修订。

本版保持了前 4 版的优势和特点，基本保留了原有的知识体系，微调了部分章节的内容，采用了新数据和新案例，增加了新的电子商务知识。本版较第 4 版的调整主要有以下几个方面。

（1）将第 4 版"第七章 网络营销"拆分为"第六章 网络营销"和"第七章 新媒体运营"，强化了新媒体运营的内容，如短视频、直播、微信公众号等。

（2）将第 4 版第十二章中的"移动电商的相关技术"整合到了第二章第一节的"互联网基础"中。

（3）"第十一章 客户关系管理"增加了对淘宝/天猫店铺后台的千牛工作台、智能客服阿里店小蜜的介绍。

（4）删除了第 4 版第二章第一节"电子数据交换技术"，将有关内容融入第一章第一节中。

（5）删除了第 4 版"第十三章 电子政务"，将电子政务的有关内容融入第一章第一节中。

本书配有电子教案、教学大纲、教学计划、电子课件、各类题目参考答案、实训指导书、文本和视频教学案例、微课视频、模拟试卷及答案等教学资料（部分资料仅限用书教师下载），索取方式参见附录中的"更新勘误表和配套资料索取示意图"或通过 QQ（602983359）向编辑咨询。本书配套网课的网址见人邮教育社区本书页面。

本书由白东蕊、岳云康担任主编，成保梅、张卫东担任副主编。本书由多位具有丰富教学经验的老师分别承担各章内容的撰写工作，具体分工如下：白东蕊编写第一章、第三章、第十一章；王勇杰编写第二章；岳云康编写第四章；张卫东编写第五章；张秀英编写第六章；成保梅编写第七章；冯小玲编写第八章；任新利编写第九章；李桂娥编写第十章；王斌编写第十二章；郭燕萍编写第十三章。

本次修订参考了众多专家及百余位授课教师的意见和建议，在此向这些专家和授课教师表示诚挚的谢意！衷心希望各位专家、广大师生继续对本书给予批评、指正，我们将利用重印或再版的机会不断地对本书进行更新和完善（扫描"更新勘误表和配套资料索取示意图"中的二维码，可查阅本书的更新勘误记录表、意见建议记录表）。

编　者

目　录

第一章　电子商务概述

【知识框架图】

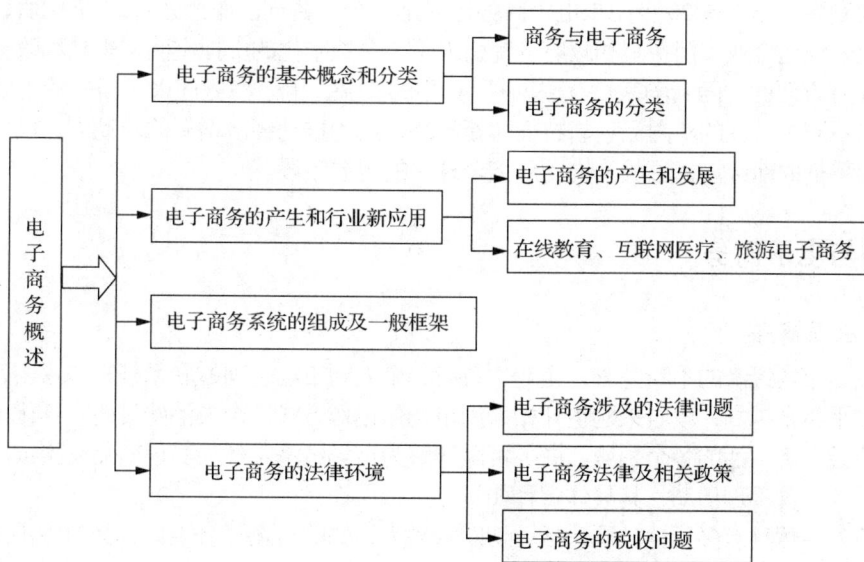

【学习目标】

【知识目标】

1. 掌握电子商务的概念及概念模型。
2. 理解电子商务的分类。
3. 了解电子商务的产生和发展及其对社会经济和企业的影响。
4. 掌握电子商务系统的一般框架。

【技能目标】

1. 能够清晰地描述电子商务在某一行业中的应用情况。
2. 能够举例说明电子商务的分类及应用情况。

引例

电子商务改变了人们的生活方式和企业的经营管理模式

电子商务改变了人们的生活方式。我们足不出户就可以悠然自得地在网上购物，也可以做到家事、国事、天下事，事事清楚，甚至可以坐在家中聆听世界一流大学知名教授的精彩课程。新零售、无人超市这些词对我们而言已经不再陌生，电子商务将人类过去的很多美好憧憬变成了现实。

网上银行、支付宝、微信钱包等多种支付形式的出现，大大改变了人们的消费和支付方式。人们出门不用带现金和银行卡，只需携带一部手机，就可以购物、乘坐交通工具、交水电费等。新的支付方式已经得到全面普及。

电子商务改变了企业的经营管理模式。一位外资企业的员工说："自公司应用移动电子商务以来，我们随时随地都能了解最新的商机，随时随地都可以和客户取得联系，业务越来越好开展了。"

那么，究竟什么是电子商务呢？电子商务的基本框架是什么？电子商务究竟能给企业和社会经济带来哪些方面的利益呢？

第一节　电子商务的基本概念和分类

20 世纪 90 年代，随着互联网技术的突飞猛进，商务活动电子化的条件逐步成熟，电子商务得到了蓬勃发展。如果说 20 世纪末电子商务还只是一个新名词，那么进入 21 世纪后，电子商务将生产企业、流通企业、消费者和政府等都引入了一个数字化的虚拟空间，影响和改变了人们生产与生活的方方面面。随着国家"互联网+"计划的实施，电子商务迎来了新一轮重要的发展机遇，呈现出不同于以往的新内涵、新特征和新趋势，成为推动经济增长的新动力。以网络和电子商务为主要特征的新经济，已成为推动经济全球化的重要手段。

一、商务与电子商务

1. 什么是商务

随着我国市场经济的不断完善，企业、政府、个人同市场之间的联系越来越紧密，企业的市场化运作水平越来越高，政府采购也开始采用市场化运作方式，个人消费日趋多样化。商务活动已渗透到社会经济生活的各个领域。商务可以理解为市场经济主体为实现商品交换或服务提供而开展的一系列经营管理活动，其具体解释如下。

（1）商务主体具有多元性，既包括一切以营利为目的的市场经济主体，又包括不以营利为目的的政府部门（包括事业单位）、社会团体及家庭、个人等。

（2）商务的实质是商品交换，即通过买卖方式实现商品所有权转移。

（3）商务的对象或客体是所有的经济资源，包括各种有形商品和无形商品。

（4）商务活动包括采购、生产、销售、商贸磋商、价格比较、经营决策、推销促销、公关宣传、售前与售后服务、客户关系管理及咨询服务等。

2. 什么是电子商务

电子商务已经进入传统商务活动的各个环节和领域。电子商务是一个不断发展的概念。IBM 于 1996 年提出了 Electronic Commerce（E-Commerce）的概念；1997 年，该公司又提出了 Electronic Business（E-Business）的概念；1997 年 7 月，美国政府发表了电子商务白皮书，从此"电子商务"一词被正式使用，并受到全世界的瞩目。

事实上，电子商务至今还没有一个较为全面、具有权威性、能够为大多数人所接受的定义。国内外不同的著作、机构等对电子商务的定义都有差异；各国政府、学者、企业界人士根据自己的理解和对电子商务的参与程度，给出了许多不同的定义。

《中华人民共和国电子商务法》（以下简称《电子商务法》）认为，电子商务是通过互联网等信息网络销售商品或者提供服务的经营活动。"互联网等信息网络"包括互联网、电信网、移动互联网、物联网等，"经营活动"是指以营利为目的的持续性业务活动。判断某项活动是否为"经营活动"，主要考察行为的主观性，即目的是营利，而不论结果或者事实上能否赢利。因此，即使电

子商务经营者提供的基础服务是免费的，只要其活动具有营利目的，就应该被认定为电子商务。

编者综合多种说法后认为，电子商务是指利用互联网及现代通信技术进行的任何形式的商务运作、管理活动或信息交换。它包括企业内部的协调与沟通、企业之间的合作及网上交易三方面的内容。

狭义的电子商务（Electronic Commerce，E-Commerce）是指人们在互联网上开展的交易或与交易有关的活动。

广义的电子商务（Electronic Business，E-Business）是指人们利用信息技术使整个商务活动实现电子化的所有相关活动，包括利用互联网（Internet）、内联网（Intranet）、外联网（Extranet）等不同形式的网络。它不仅包括企业商务活动中面向外部的业务流程，如网络营销、电子支付、物流配送等，还包括面向企业内部的业务流程，如企业资源计划（Enterprise Resource Planning，ERP）、管理信息系统（Management Information System，MIS）、客户关系管理（Customer Relationship Management，CRM）、供应链管理（Supply Chain Management，SCM）、人力资源管理（Human Resource Management，HRM）、战略管理（Strategy Management）、市场管理、生产管理、研发管理及财务管理等内容，如图1.1所示。

3. 电子商务的概念模型

电子商务的概念模型是对现实世界中电子商务活动的抽象描述，由电子商务实体、交易事务、电子市场、信息流、资金流、商流和物流等基本要素构成，如图1.2所示。

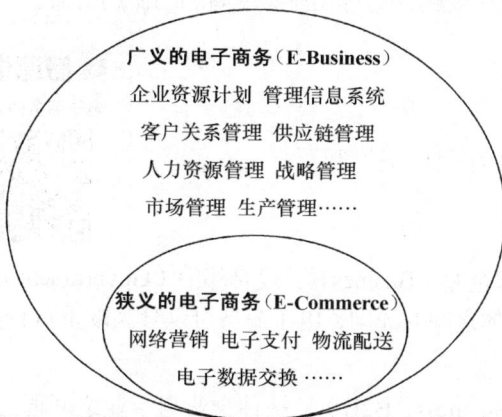

图1.1 电子商务的业务组成

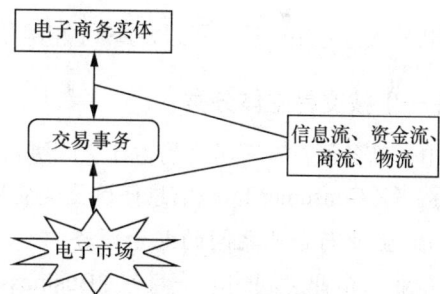

图1.2 电子商务的概念模型

（1）电子商务实体是指从事电子商务活动的客观对象，它可以是企业、中介机构、政府或消费者。

（2）交易事务是指电子商务实体之间开展的具体商务活动，如询价、报价、转账支付、广告宣传和商品运输等。

（3）电子市场是指电子商务实体进行商品和服务交易的场所，它是商务活动参与者利用各种

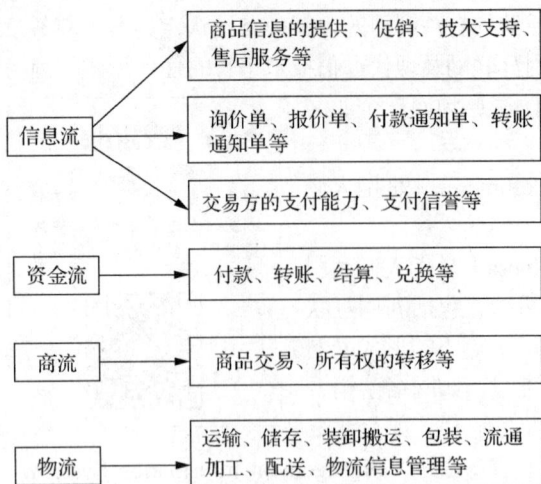

图 1.3 "四流"的基本功能

接入设备，通过网络连接而成的一个完整市场。

（4）传统商务活动基本都离不开"四流"，即信息流、资金流、商流和物流。电子商务作为电子化手段的商务活动同样如此，每一笔交易也基本都包含这四个基本要素，如图 1.3 所示。

1）信息流贯穿电子商务交易的整个过程，既包括商品信息的提供、促销、技术支持和售后服务等内容，又包括询价单、报价单、付款通知单和转账通知单等商业贸易单证，以及交易方的支付能力、支付信誉等。

2）资金流主要指资金的转移过程，包括付款、转账、结算、兑换等过程。它始于消费者，终于商家，中间可能会经过银行等金融机构。

3）商流是指商品在购销方之间进行交易以及商品所有权转移的运动过程，具体指商品交易的一系列活动。

4）物流主要指物质实体（商品和服务）的流动过程，即运输、储存、装卸搬运、包装、流通加工、配送、物流信息管理等各种活动。

"四流"间的关系可以表述为：以信息流为核心和桥梁，通过资金流实现商品的价值，通过商流使商品的所有权发生转移、商品价值形式发生变化，通过物流实现商品的使用价值。

二、电子商务的分类

电子商务应用广泛，可以从不同角度将其分为不同的类型。

（一）按交易主体分类

电子商务通常在三类交易主体之间进行，即企业（Business）、政府部门（Government）和个人消费者（Consumer）。按信息在这三类交易主体之间的流向，电子商务可以分为以下八种类型。

1. 企业与企业之间的电子商务

企业与企业之间的电子商务（Business to Business，B2B）是一种企业与企业之间通过互联网开展商务活动的电子商务模式。利用专用增值网络（Value Added Network，VAN）进行电子数据交换（Electronic Data Interchange，EDI）是 B2B 产生、发展的基础。B2B 通过网络交换信息，传递各类电子单证（如订单、合同、付款通知单等），从而使交易全过程实现电子化和无纸化。

B2B 是目前应用最广泛的一种电子商务类型。企业可以是生产企业（如海尔、戴尔等），其与上游原材料和零配件供应商、下游经销商、物流运输商、产品服务商等利用各种网络商务平台开展电子商务活动；企业也可以是商家，如某商家通过阿里巴巴平台采购宝洁公司的商品等。B2B 网站的典型代表有阿里巴巴、中国制造网、慧聪网和敦煌网等。

2. 企业与个人消费者之间的电子商务

企业与个人消费者之间的电子商务（Business to Consumer，B2C）是一种企业与个人消费者之间进行商品或服务交易的电子商务模式。B2C 模式是我国最早产生的电子商务模式，它的产生以 1999 年 8848 网上商城（2001 年 9 月倒闭）的正式运营为标志。B2C 模式中的企业通常建有自

己的网站，用来宣传或销售商品（或者为其他企业提供交易平台），它们销售的商品几乎包括所有的消费品，有的还可提供各类在线服务，如远程教育、在线医疗等。目前典型的 B2C 网站有亚马逊、京东商城、唯品会、当当网和天猫商城等。

3. 个人消费者与个人消费者之间的电子商务

个人消费者与个人消费者之间的电子商务（Consumer to Consumer，C2C）是一种个人消费者之间通过网络商务平台实现交易的电子商务模式。该模式不仅能够让消费者出售所持有的闲置物品，而且能够促使个人消费者在网络商务平台上开网店创业。例如，物品持有者可通过淘宝网发布物品信息，物品需求者可在淘宝网上购买或出价拍下所需要的物品。

4. B2B2C 电子商务模式

B2B2C（Business to Business to Consumer）电子商务模式包括两种形式：第一种形式是生产厂商对商家、商家对消费者的交易链条，如出版社出版图书后，直接将图书交给销售商，销售商在网上销售，消费者在网上购买这一商品；第二种形式是生产厂商同时面对供应商和消费者，如海尔通过海尔招标网采购原材料（B2B），通过海尔商城销售海尔系列产品（B2C）。

5. 个人消费者与企业之间的电子商务

个人消费者与企业之间的电子商务（Consumer to Business，C2B）是一种先由消费者提出需求，后由生产或商贸企业按需求组织生产或货源的电子商务模式。

> 消费者群体主导的 C2B，如天猫"双十一"期间的节前预售，其流程是提前交定金抢占"双十一"优惠价名额，然后在"双十一"当天交尾款。

（1）消费者群体主导的 C2B，即通过聚合消费者的需求，组织商家批量生产或组织货源，让利于消费者。团购属于一种由消费者群体主导的 C2B 模式。团购就是将零散的消费者及其购买需求聚合起来，形成较大批量的购买订单，从而可以得到商家的优惠价格，商家也可以从大批量的订单中享受薄利多销的好处，这对消费者与商家而言是双赢的。团购也称为 C2T（Consumer to Team）模式。

（2）消费者个体参与定制的 C2B，也叫深度定制。在这种模式下，消费者能参与定制的全流程，企业可以完全满足消费者的个性化需求。如果企业为制造厂商，这种模式也可以称作 C2M（Customer[①] to Manufactory）。目前，应用这种模式最成熟的行业当数服装类、鞋类、家具类等行业。

视野拓展

C2M与C2B

和 C2B 相比，C2M 的产品个性化和端到端销售更为深入、彻底。在产品个性化方面，C2B 模式的消费者大多通过网络平台发起定制，而最后定制出来的产品能满足一个特定群体的需求，表现为微调后的批量化生产；而 C2M 模式的个性化是消费者和制造厂商直接对接，消费者通过互联网平台提交个性化产品需求，最终的产品将依照消费者的需求生产，有可能是仅有一件的"孤品"。在端到端销售方面，如果说 C2B 已经将销售环节减少至消费者、电商平台、制造厂商，那么 C2M 则更彻底地建立了消费者和制造厂商的直接连接。

我们可以把 C2B 看成 B2C 的反向过程，也可以看成对 B2C 的补充。阿里巴巴创始人马云在 2015 年德国汉诺威 IT 博览会上表示：未来的生意将由 C2B 主导，而不是 B2C，是消费者改变企业，而不是企业向消费者（单向）出售（产品和服务）；制造商必须满足消费者的个性化需求，否则将很难得到发展。

---

① Customer 指顾客、客户，它和 Consumer 的含义略有差异，本书不做详细阐述和区分。

案例 1.1

菜鸟C2M供应链升级，部分淘工厂享受"入仓即回款"服务

《中华人民共和国国家标准：物流术语（GB/T 18354—2006）》（以下简称《物流术语》）中对供应链的表述是，生产及流通过程中，涉及将产品或服务提供给最终用户所形成的网链结构。

菜鸟供应链于 2020 年 4 月 22 日宣布将对淘宝 C2M 产业带上的淘工厂进行供应链升级：入驻产地仓的淘工厂，在享受基础的供应链服务以外，还能享受全托管服务，有机会优先获得"入仓即回款"等仓储融资福利。

2019 年，菜鸟供应链开始为淘宝 C2M 产业带厂家提供稳定的供应链服务，通过在小家电产业集群的广东中山、有"全球最大的小商品批发市场"之称的浙江义乌等产业带开设产地仓，帮助入仓的淘工厂降低物流成本，大大缩短了从工厂生产到消费者收货的时间。这是因为菜鸟 C2M 产地仓实现了仓配一体的高效联动。菜鸟 C2M 产地仓以快速分拨中心为基础，与快递公司联手打造"楼上打包、楼下发货"的极致发货速度。从菜鸟 C2M 产地仓发出的快递，有 80% 能做到隔日达。

"淘工厂"是连接淘宝卖家与工厂的平台，是阿里巴巴旗下 1688 事业部的一个平台。"淘工厂"实质上是将淘宝商家的生产需求（如订单件数、工期等），以及工厂有能力接单的产品类型、剩余产量等信息同时发布在网络平台上，让供需双方双向选择。

长期以来，工厂习惯于向 B 端经销商发货，菜鸟 C2M 产地仓为工厂解决了向 C 端消费者发货的难题，也让 C 端消费者的网购体验更有确定性。

淘工厂入驻菜鸟 C2M 产地仓后，只需要专心做好产品研发和生产。菜鸟将通过大数据结合平台流量权益、市场淡旺季等因素，为淘工厂提供生产、销售及入仓备货的预测服务，从而降低供应链履约成本、提升库存周转速度、改善有货率。而在此之前，淘工厂的厂长们只能自己凭经验进行生产和销售预测，营销活动也缺乏精确计划，导致经常出现滞销和断货问题。

本案例整理自亿欧网 2020 年 4 月 22 日讯《菜鸟 C2M 供应链升级，淘工厂入菜鸟仓优先"入仓即回款"》。

此外，淘工厂通过入驻菜鸟 C2M 产地仓获得稳定的隔日达签收率后，能够提升自身在淘宝 C2M 平台的商家等级，一旦成为金牌、银牌、铜牌厂家，即可享受"入仓即回款"、备货贷、利息优惠等仓储融资服务，从而缓解现金流压力。

启发思考：1. 菜鸟供应链是如何对淘宝 C2M 产业带上的淘工厂进行供应链升级的？

2. 菜鸟供应链能为淘工厂提供哪些服务？

6. S2B2C 模式

C2B 的大规模兴起是互联网重构商务全链路，商业网络从传统的供应链走向网络协同的商业范式革命。因此，有人提出 S2B（Supplier to Business）的概念，即一个强大的供应链平台（S）与千万个直接服务于消费者的商家（B），结合人的创造性和系统网络的创造力培育出一个全新的赋能平台。

S2B2C（Supplier to Business to Consumer）是一种整合供货商、赋能渠道商并共同服务于消费者的全新电子商务模式。该模式的重点是，大供货商（S）一方面要整合上游优质供应商，另一方面要给渠道商（B）提供各种技术、数据支持，同时辅助渠道商完成对消费者的服务。而渠道商在其中的作用则是一对一地与消费者进行沟通，发现并定制需求，同时将这些信息反馈给大供货商，以便落实消费者所需的服务。

S2B2C 可以看成 B2C 走向 C2B 的过渡模式。S2B2C 模式能够带来比传统模式大得多的创新价值，能使大供应商赋能渠道商，并共同服务于消费者。其构建的协同网络既契合了个性化消费

电子商务概论（附微课 第5版）

6

趋势，也弥补了渠道商在资源、技术等方面能力的不足。例如，全球蛙、乐聚网、1919酒类直供等都主要采用S2B2C模式。

7. O2O模式

O2O（Online to Offline）模式是指将线下商务与互联网结合在一起，让互联网成为线下交易的前台。这样商家可以在线上揽客，在线下提供商品或服务；消费者可以在线上搜索商品或服务，在线下完成交易。

O2O模式和团购、B2C、C2C既有联系，又有区别，如图1.4所示。B2C和C2C模式下，在线支付购买的商品会通过物流公司送到消费者手中；而O2O模式下，消费者在线支付购买线下的商品和服务，然后在线下自提商品或享受服务。与团购相比，O2O是线上线下结合的销售模式，而团购是低折扣的临时性促销。例如，小米、华为的线下体验店与线上销售的结合就是典型的O2O模式。

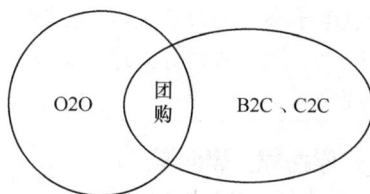

图1.4 O2O、团购、B2C、C2C的关系

8. 电子政务

电子政务是指运用计算机、网络和通信等现代信息技术手段，实现政府组织结构和工作流程的优化重组，打破时间、空间和部门分隔的限制，建成一种精简、高效、廉洁、公平的政府运作模式，以便全方位地向社会提供优质、规范、透明、符合国际水准的监管与服务。

电子政务的应用范围非常广泛，其内容几乎包括传统政务活动的各个方面。根据用户的不同，电子政务可分为政府与企业之间的电子政务（Government to Business，G2B）、政府与公民之间的电子政务（Government to Citizen，G2C）、政府与政府之间的电子政务（Government to Government，G2G）。图1.5所示为电子政务的分类。

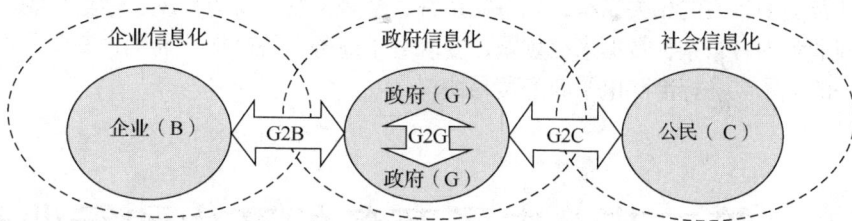

图1.5 电子政务的分类

（1）G2B涵盖了政府与企业间的各项事务，包括政府采购、税收、商检、管理条例发布，以及法规和政策颁布等。G2B可以使政府和企业之间通过互联网方便、快捷地进行信息交换。一方面，政府作为消费者，可以通过互联网发布采购清单，公开、透明、高效、廉洁地完成所需物品的采购；另一方面，政府对企业实施的宏观调控、监督管理等能通过互联网以数字化的方式更充分、及时地发挥作用。例如，中国政府采购网和各地税务局的网上报税服务厅等就属于该模式。

（2）G2C涵盖了政府与公民之间的若干事务，如个人住房公积金的缴纳、养老金的领取和个人向政府纳税等。G2C网站是政府工作重要的透明化窗口，也是公民了解政府发布的各项信息和政策的重要渠道。例如，住房公积金管理中心网站、交管12123App等都属于G2C模式。

（3）G2G是指政府与政府间的电子政务，即上下级政府、不同地方政府和不同政府部门之间实现的电子政务活动。如下载政府机关经常使用的各种表格，报销出差费用等，以节省时间和费用，提高工作效率。

（二）按商务活动的运作方式分类

按商务活动的运作方式，电子商务可分为完全电子商务和不完全电子商务。

完全电子商务又称直接电子商务，是指交易过程中的信息流、资金流、商流和物流都能够完全通过电子商务的方式实现。这类电子商务主要针对无形商品和服务的网上交易，如计算机软件、电子图书、远程教育等。这类交易不需要利用传统渠道，买卖双方可以不受地域限制，直接在网上完成交易。

学而思，思而学
列举几个你熟悉的电子商务网站并分析它们分别属于哪种电子商务模式。

不完全电子商务又称间接电子商务，即无法完全依靠电子商务方式实现和完成整个交易过程的交易，它需要依靠一些外部要素（如运输系统）来完成交易。这类电子商务主要针对有形商品（如书籍、计算机和日用品等）。这类交易仍然需要利用传统渠道（如快递公司等）送货或实地交割货物。

（三）按开展交易的地域范围分类

按开展交易的地域范围，电子商务可分为本地电子商务、国（境）内电子商务和全球电子商务三类。

本地电子商务通常是指在本城市或本地区内开展的电子商务。本地电子商务覆盖的地域范围较小，是开展国（境）内电子商务和全球电子商务的基础。

国（境）内电子商务是指在本国（或某一关境）范围内开展的电子商务活动。其覆盖的地域范围较广，对软硬件和技术要求较高，要求在全国（境）范围内实现商业电子化和自动化，以及金融电子化，同时交易各方需要具备一定的电子商务知识和技术能力等。

全球电子商务也称跨境电子商务（跨境电商），是指在全世界范围内开展的电子商务活动，涉及交易各方的相关系统，如海关系统、金融系统、税务系统、运输系统、保险系统等。跨境电商业务内容繁杂，数据来往频繁，要求电子商务系统严格、准确、安全、可靠，并需制定全球统一的电子商务标准和电子商务贸易协议。

第二节 电子商务的产生和行业新应用

互联网的普及和推广极大地改变了人们的生活，同时也促进了电子商务的飞速发展。随着电子商务魅力的日渐显现，网络经济、信息经济、"眼球经济"、虚拟企业、虚拟银行、网络营销、网络广告等一大批新词语正在为人们所熟知和认同，这些词语从侧面反映了电子商务对社会经济产生的影响。

电子商务的应用已经渗透到了社会经济的各个领域，涵盖了教育业、医疗业、旅游业、农业、银行业、保险业、证券业、电信业、交通业、外贸业、流通业、信息服务业、制造业、新闻业、政府机构等各个方面。

一、电子商务的产生和发展

（一）电子商务产生和发展的条件

20 世纪 60 年代后，计算机和网络技术飞速发展，从而构建了电子商务赖以

微课堂
电子商务的产生和发展

生存的基础，并预示了未来商务活动的发展方向，电子商务这个概念随之被提出。电子商务产生和发展的条件主要有以下两个。

1. 信息技术的发展

信息技术的发展是电子商务产生的基础，这主要体现在以下两个方面。

（1）计算机的广泛应用。20 世纪 90 年代之后，计算机的处理速度越来越快，处理能力越来越强，价格越来越低，应用越来越广泛，这为电子商务的产生奠定了基础。

（2）网络的普及和成熟。随着互联网逐渐成为全球通信与交易的媒介，全球上网用户数量呈几何级数增长，网络快捷、安全、低成本的特点为电子商务的产生提供了条件。

2. 社会经济的发展

随着社会经济的发展，大多数商品出现了供应远远大于需求的现象。这时急需一种新的商务模式来增强企业的竞争力，电子商务即扮演了这种角色。电子商务是人类社会经济发展的必然趋势。

总之，信息技术的进步和商务的发展使社会网络化、经济数字化、竞争全球化、贸易自由化成为必然，现代电子商务也应运而生。图 1.6 所示为电子商务产生和发展的条件。

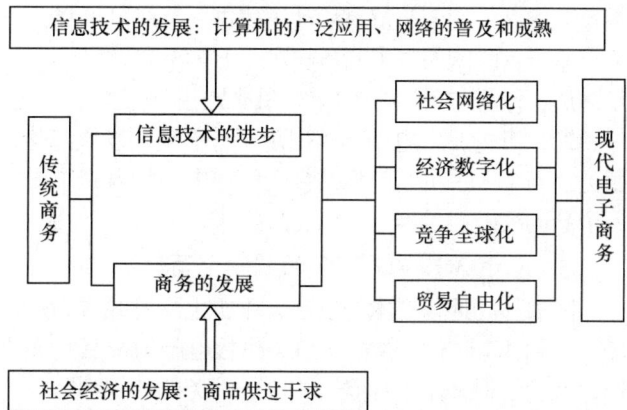

图 1.6 电子商务产生和发展的条件

（二）电子商务的发展阶段

根据电子商务使用的网络不同，电子商务的发展可分为四个阶段：基于电子数据交换的电子商务，基于互联网的电子商务，基于 3G、4G、5G 的移动电子商务（移动电商），基于新兴技术的智慧电子商务。

1. 基于电子数据交换的电子商务

从技术的角度来看，人们利用电子通信的方式进行贸易活动已有几十年的历史了。早在 20 世纪 60 年代到 70 年代初，人们就开始利用电报报文、传真发送商务文件，但这还不是严格意义上的电子商务。

20 世纪 60 年代末 70 年代初，为了节约纸张、提高效率，贸易活动中产生了电子数据交换。当时，用纸质订单订货，平均每笔业务需要 55 美元，而用电子数据交换技术订货，平均每笔业务只需要 27 美元。在互联网普及之前，电子数据交换技术是最主要的电子商务应用技术。

20 世纪 90 年代以来，电子数据交换在美国、英国、日本、新加坡等国的贸易活动中得到了快速发展，涉及化工、电子、汽车、零售业和银行等行业。

我国基于电子数据交换的电子商务始于 20 世纪 90 年代初。1991 年，"中国促进 EDI 应用协调小组"成立；1996 年，北京海关与中国银行北京分行在我国首次开通了电子数据交换通关电子划款业务。与此同时，各省、自治区、直辖市及中央部委也都设立了专门的职能部门来负责协调电子数据交换的应用、推广工作。经过各级政府部门的大力推广，电子数据交换从应用最多的进出口贸易逐渐扩展到了商检、税务、邮电、铁路和银行等领域。

2. 基于互联网的电子商务

20 世纪 90 年代中期，互联网迅速从大学、科研机构走入企业和家庭。1991 年，一直被排斥在互联网之外的商业贸易活动正式进入互联网世界，电子商务成为互联网应用最大的热点。

基于互联网的电子商务起源于 1995 年，它的先驱是一些互联网零售公司，如亚马逊。2010 年之后，像沃尔玛这样的传统跨国零售商也建立了自己的网上商店（网店）。

2014 年之后，电子商务出现了许多新的发展趋势，如与政府的管理和采购相结合的电子政务服务、与个人手机通信相结合的移动电商均得到了很好的发展，跨境电商也成了电子商务发展的一个新的突破口。

3. 基于 3G、4G、5G 的移动电商

随着移动通信技术的发展，手机上网已经成为一种重要的上网方式。在 3G 和 4G 时代，智能手机、平板电脑的普及使移动电商的发展极为迅速，改变了很多基于互联网的电子商务的"规则"。

2018 年，我国三大电信运营商开始投入 5G 网络建设，2019 年 11 月 1 日正式上线 5G 商用套餐。我国已建成全球规模最大的 5G 独立组网网络，截至 2021 年 6 月底，我国 5G 终端连接数超过 3.65 亿户，已开通 5G 基站 96.1 万个，覆盖全国地级以上城市及重点县市。在 5G 时代，电子商务可能会有更深层次的变化。

4. 基于新兴技术的智慧电子商务

2015 年，政府工作报告中提出了制订"互联网+"行动计划，电子商务是"互联网+"行动计划的一项重要内容，也是核心内容之一。"互联网+"不仅是技术变革，还是一场思维变革。站在"互联网+"的风口上，O2O、新零售、互联网金融、智能制造、智慧城市等细分领域的创新应用和实践遍地开花。移动互联网、云计算、大数据、物联网、人工智能、区块链等新兴技术与现代制造业结合，促进了电子商务、工业互联网和互联网金融的快速发展。

2016 年，时任阿里巴巴董事长的马云提出了"五新"，即新零售、新制造、新金融、新技术、新能源。"五新"的提出，将电子商务企业（电商企业）从纯电商领域扩展至跨越行业界限的技术平台，推动电子商务进入智慧电商阶段。构建虚拟商业与实体商业空间融合的智慧商圈，创建高融合度的一流消费环境，是电子商务发展的趋势。互联网与传统产业的融合发展不但推动了经济稳步增长，促进了产业结构的创新升级，还加快了国家综合竞争新优势的形成，为我国在新一轮全球竞争中脱颖而出创造了机会。

二、在线教育

在线教育，也称远程教育、网络教育，即为了教育、培训和知识管理而进行的在线信息传递。在线教育中的教与学可以不受时间、空间和地点等条件的限制，知识获取渠道灵活多样。

近年来，我国在线教育市场的规模快速发展，既有传统教育与互联网的结合，也有互联网巨头布局的在线教育，逐渐演化出了多种不同类型的在线教育商业模式。从电子商务模式的角度，

在线教育一般可分为以下几种类型。

1. B2C 在线教育模式

B2C 模式在在线教育行业的占比约为 47%，为在线教育的主流模式，如猿题库、51Talk 等。B2C 的授课形式也在不断演变，从录播课程到直播，从大班授课到一对一模式，充分满足其需求来留住消费者。

采用 B2C 模式的在线教育公司担任着教育自营主体的角色，其课程产品一般以相对垂直的教育领域为主，如语言培训、职业培训、技能培训等。

2. C2C 在线教育模式

C2C 模式经常被通识类课程的教学平台采用，集众人之力，为平台提供更全面的内容支持。例如，"荔枝微课"采用的就是学习与分享的 C2C 模式。

网易云课堂是网易公司打造的在线实用技能学习平台，主要为学习者提供大量优质的课程，学习者可以根据自身的学习需求，自主安排学习进度。网易云课堂用户（C）除了能学习相关课程，还能申请成为个人讲师（C）。申请方法：在网易云课堂首页底部点击"联系我们"→"讲师入驻入口"→"个人讲师入驻申请"（参见图 1.7）。

> 荔枝微课的 C2C 模式：讲师（C）通过视频（包括录播和直播）、语音、文字、PPT 课件等形式，将"微型"的课程讲授给学习者，该课程具有时间短（通常为 20～40 分钟）、内容精练（突出某个知识点）等特点。此外，用户可以通过该平台达到分享知识的目的。

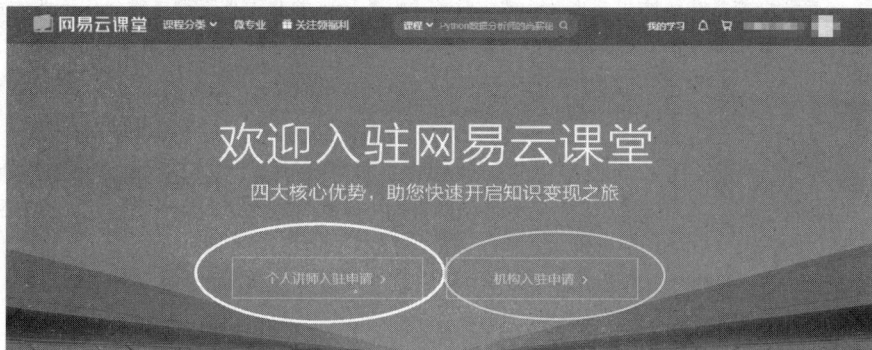

图 1.7 个人讲师入驻申请入口

当然，无论是在线教育的初创公司还是在线教育行业巨头，同样会面临讲师（C）的素质不一、内容输出周期无法保障的问题，名师资源的争夺是各个 C2C 在线教育平台需要解决的重要问题。

视野拓展

网易公开课、网易云课堂、中国大学MOOC三者的对比

网易公开课专注于国际名校资源和 TED 演讲（TED: Technology Entertainment Design，技术、娱乐、设计。它是美国的一家私有非营利机构，该机构以它组织的 TED 大会著称）等资源，旨在让用户分享知识、开阔眼界。虽然网易公开课成立的初衷是公益和分享，但它从 2018 年 5 月 4 日开始也上线了精品付费课程。网易云课堂专注于实用知识和技能类内容，旨在提升学习者的实用技能，主要采用"录播视频+线上作业+直播答疑+就业推荐"的模式。中国大学 MOOC 承接教育部国家精品在线开放课程任务，与高等教育出版社"爱课程网"合作，专注于中国名校的开放课程，旨在打破大学资源的"围墙"。目前，其大部分课程是免费的。

2020 年，抖音、快手和哔哩哔哩（B 站）等流量型视频平台也开展了在线教育业务，这些视频平台一般通过联合教育企业、邀请名校名师，主要为全国中小学生提供在线授课服务。以抖音为例，用户在抖音 App 上搜索"在家上课"即可免费享受相关服务。2020 年春，抖音免费上课服务已覆盖小学一年级至高中三年级 12 个学段，涉及语文、数学、英语、物理、化学、生物等多门学科。

3. O2O 在线教育模式

O2O 模式主要是从"线上"将用户和流量引导到"线下"，将学习场景放在线下。O2O 教育平台大多是将机构和教师的信息集中起来，然后分发给用户，它能够在一定程度上提升用户的筛选效率和扩大用户的选择空间，并且能为中小机构带来流量。O2O 模式对企业运营和产品本身的要求较高，产品必须匹配用户需求，直击用户痛点，能够给用户带来实际的收获。

4. B2B 在线教育模式

B2B 模式最早是由早期门户网站（如百度、搜狐、新浪）为教育培训机构提供信息浏览服务，并通过用户导流，帮助教育培训机构将普通用户转化成付费用户。

🎓 学而思，思而学

校宝在线成立于 2010 年，是教育信息化综合服务提供商。它基于多年的行业沉淀以及对阿里巴巴、蚂蚁集团（原蚂蚁金服，于 2020 年 6 月更名）等优质战略资源的整合，以"双轮驱动+增值服务"战略全面布局教育服务产业。校宝在线除了为全日制学校和教育培训机构提供 SaaS（Software as a Service，软件即服务）信息化服务，还进一步提供金融服务、内容服务和营销服务等增值服务，真正助力全日制学校和教育培训机构的成长与发展。目前，校宝在线的产品已经全面覆盖了全日制学校和教育培训机构，为这些学校和教育培训机构解决了招生、教学、教务、财务等运营及管理难题，持续从不同的层面为用户提供优质体验，其产品体系包括校宝教培管理系统、校宝智慧校园、校宝招生宝、校宝家、校园宝、校宝收银宝、校宝 1Course、校宝安心宝等。

请分析： 校宝在线能为全日制学校和教育培训机构提供什么样的服务？

转型期的 B2B 模式更像在线教育整体解决方案，比较常见的是为 B 端企业用户提供在线教育平台及相关服务工具，或向学校和社会培训机构提供多媒体学习内容和平台，如 2015 年新东方发布的"新东方教育云"。

当然，单纯的 B2B 服务从技术上为教育企业提供了转型的客观条件，但是其核心仍在于 B 端培训机构对 C 端用户提供课程的价值，B 端企业用户的痛点在于如何获取更多的流量。例如，流行于中小学教育行业的校宝在线及"跟谁学"的"天校"系统，均已经有平台并在尝试提供 B2B 服务，包括能提高管理效率的校长培训、能降低获客成本的营销类工具等服务。

📖 视野拓展

互联网+医疗让看病就医更简单

三、互联网医疗

科技革新与消费需求升级是商业领域得以重塑的最重要的两大推动力，在医疗健康服务领域也是如此。在这两大推动力的作用下，现今的医疗健康服务领域出现了许多创新的商业模式。

（一）互联网医疗分类

互联网医疗电子商务（互联网医疗）主要指面向 C 端（消费者端，Consumer）的医疗健康互联网产品。互联网医疗可以划分为以下几种类型。

（1）围绕"疾病"来提供健康服务。此类互联网医疗平台按照疾病类别开展健康服务，患者可以办理在线预约挂号、就医咨询、境外就医联系、住院信息查询等事项，常见的网站或 App 有平安好医生、好大夫、微医、春雨医生、丁香医生等。

（2）围绕"药品"来提供健康服务。此类互联网医疗平台依据各自对药品产业链的把控提供相应服务，常见的业务板块有在线找药（指常见药）、寻找稀缺药、缺药服务、药品咨询、购药、用药管理、慈善赠药等，常见的网站或 App 有天猫医药馆、1 药网、京东医药馆、好药师、掌上药店、叮当快药、石榴云医等。

（3）围绕"内容"来提供健康服务。此类互联网医疗平台依据各自的健康知识库提供文字、语音、视频、直播、点播、搜索等类型的健康服务，常见的业务板块有患者自诊、医药百科、健康讲座视频、医药专业文章、健康搜索、健康直播等，常见的网站或 App 有快速问医生、寻医问药网、39 健康网、妙健康等。

互联网医疗还可以按病患就诊阶段划分为诊前、诊中和诊后三个阶段。

视野拓展

互联网医疗按病患就诊阶段的分类

（二）在线问诊的模式

在线问诊是互联网医疗服务的主要形式。目前，在线问诊的模式主要有轻问诊模式、视频问诊模式和导医导药模式等。医生的响应时间根据不同模式也各有差异，从 15 分钟到 24 小时不等。

1. 轻问诊模式

轻问诊模式主要使用手机短信、在线问答、电子邮件等文字交流方式为客户提供医疗服务。客户描述症状、提出疑问，同时可附加图片或检查报告等，医生根据客户提供的信息为其提供基础性的诊断意见、建议和治疗方案。轻问诊模式自 2011 年起在国内有了一定客户群，春雨医生、快速问医生、百度健康问医生等都属于轻问诊模式。通常，这类平台的响应速度相对较快，如春雨医生承诺 15 分钟内就能给出答复。

2. 视频问诊模式

通过视频进行的在线问诊专业度要求更高，对远程设备和网络技术的要求也更高，但因为沟通更充分，医生能掌握的信息相对更丰富，因而其为客户提供的诊断或建议确切性更高。例如，美国的医疗版"知乎"HealthTap 在 2014 年 7 月推出的 HealthTap Prime 服务、LiveHealth Online，以及谷歌投资的 Doctor on Demand 等都采用了视频问诊模式。在通过视频问诊时，客户通常需要支付一定的问诊费。

3. 导医导药模式

国内的在线问诊创业公司正在探索通过与医院和药店的合作引流来实现赢利。通常情况下，客户完成在线问诊后，如果还有后续行为，则往往可分为去医院和去药店两类价值客户。

所谓导医模式，是指通过在线问诊的线上平台将客户引入线下医院就诊和治疗，医院向在线平台支付佣金作为回报。

LBS（Location Based Service，基于位置服务）是指通过电信移动运营商的无线电通信网络或外部定位方式获取移动终端用户的位置信息，为用户提供相应服务的一种增值业务。

所谓导药模式，是指经过在线问诊后，客户需要选购药品，平台能结合 LBS 模式引导客户在附近的医院或药房购药，甚至直接通过药店的电商平台在线购药。在线问诊平台也将从中收取佣金。导药模式能否赢利的关键在于能否有效整合药店资源。

案例 1.2

平安好医生利用技术手段满足不同用户的医疗健康需求

平安好医生是一站式健康医疗平台，它利用人工智能（Artificial Intelligence，AI）和大数据技术为用户

提供便利、高效的医疗服务。除了西医，平安好医生还用"AI Doctor"技术赋能中医，推出了"现代华佗计划"，对应中医问诊流程的"望、闻、问、切"，相继推出智能舌诊（望）、智能闻诊（闻）、智能问诊（问）、智能脉诊（切），可模拟中医在诊前开展询问，通过综合分析和推理诊断，生成符合病例规范的结构化病史，将分析结果传送到医生工作台，并智能化推荐中药处方，供医生参考选择，从而有效优化患者就医体验。这也使平安好医生的"AI+医疗"技术能够实现中西医兼治，从治疗和预防两个方面入手，为不同年龄、不同需求的用户群体提供多样化服务。

平安好医生通过这种全新的商业模式，使慢性病患者可随时随地享用较好的医疗资源，同时还能降低医疗成本。此前，平安好医生还推出了基于互联网和人工智能技术的"一分钟诊所"，为常见病患者提供远程问诊服务，帮助用户更有效地选药、买药，成为药店服务的有效补充。

启发思考： 1. 平安好医生是如何用人工智能技术赋能中医的？
2. 进入平安好医生平台，分析该平台能为用户提供什么样的服务。

四、旅游电子商务

旅游电子商务（在线旅游）指通过互联网、移动互联网及电话呼叫中心等方式为消费者提供与旅游相关的信息、产品和服务。旅游电子商务包括在线机票/火车票预订、在线客房预订和为游客提供其他旅游产品及服务（如保险、Wi-Fi 等）。按照不同的标准，旅游电子商务可以分为不同的类型。

微课堂
旅游电子商务

（一）按交易类型划分

按交易类型划分，旅游电子商务可分为旅游电子商务 B2B 模式、旅游电子商务 B2C 模式和旅游电子商务 C2B 模式。

1. 旅游电子商务 B2B 模式

旅游业是一个由众多子行业构成、需要各子行业协调配合的综合性产业，食、宿、行、游、购、娱等各类旅游企业之间存在复杂的代理、交易、合作关系。旅游电子商务 B2B 模式一般分为以下几种类型。

（1）旅游企业之间的产品代理，如旅行社代订机票与客房，旅游代理商代售旅游批发商组织的旅游线路产品。

（2）组团社（与游客签订合同的旅行社）之间相互拼团，也就是当两家或多家旅行社经营同一条旅游线路，并且出团时间相近，而每家旅行社只招揽到为数较少的游客时，旅行社在征得游客同意后可将客源合并，交给其中一家旅行社运作，以实现规模运作从而使经营成本降低。

（3）旅游地地接社（旅游地负责接待、服务的旅行社）批量订购当地客房、景区门票等。

（4）客源地组团社与旅游地地接社之间进行的委托、支付等。

2. 旅游电子商务 B2C 模式

旅游电子商务 B2C 模式的"B"端一般是 B2C 在线旅游网站或 App，旅游散客可在上面获取旅游目的地信息、自主设计旅游活动日程表、预订客房和车船机票等，也可报名参加旅行团，通过在线旅游网站或 App 订房、订票。典型的旅游电子商务 B2C 平台有携程旅行网、途牛旅游网等。

未来，旅游 B2B 平台将往"C"端延展，B2C 平台将往"B"端延伸，打造 B2B2C 交易模式，整合旅游产业链上下游资源，完成旅游交易闭环，形成全新、健康、循环的旅游生态圈。

3. 旅游电子商务 C2B 模式

旅游电子商务 C2B 模式是由客户提出需求，然后由企业通过竞争满足客户的需求。旅游电子商务 C2B 模式主要通过在线旅游中间商（专业旅游网站、门户网站旅游频道等）运作，这类在线旅游中间商提供一个虚拟开放的网上中介市场和信息交互平台。旅游电子商务 C2B 模式是一种由需求方主导的交易模式，它体现了客户在市场交易中的主体地位，可以帮助旅游企业更加准确和及时地了解客户需求，促进旅游业向为客户提供丰富的产品和满足客户的个性化需求的方向发展。目前，携程旅行网、去哪儿网等都在不同程度上对这种模式进行了尝试。

视野拓展

旅游产品的类型

（1）观光旅游产品：自然风光、名胜古迹、城市风光等。
（2）度假旅游产品：海滨、山地、温泉、乡村、野营等。
（3）专项旅游产品：文化、商务、体育健身等。
（4）生态旅游产品：生态旅游是指以注重生态环境保护、回归自然为基础进行的旅游活动。按产品性质划分，生态旅游产品可分为生态观光旅游、生态度假旅游和生态专项旅游。
（5）旅游安全产品：旅游保护用品、旅游意外保险产品、旅游防护用品。

（二）按经营模式划分

按经营模式的不同，旅游电子商务可分为自营、代理、零售、动态打包四种类型。

（1）自营是指产品自主研发、资源直采，产品从生产到服务都由企业自己来做。例如，携程自营就属于这种模式。

（2）代理是指供应商提供产品给在线旅行社（Online Travel Agency，OTA），在线旅行社帮助其运营，双方以成本加价模式合作，订单的咨询、售前售后的服务由在线旅行社负责，这部分运营成本由在线旅行社承担，供应商提供产品和出行服务就行了。同程出境、途牛的度假代理业务都属于这种模式。

（3）零售是伴随着在线旅行社规模扩大而衍生出的一种类似于"淘宝"的模式，需要有一定的流量规模，在线旅行社只提供流量入口，在线旅游零售平台主要依靠收取交易佣金来获得收益，订单的咨询、售前售后的服务由供应商负责。平台只提供交易入口，不涉及资源采购及咨询服务。目前的飞猪、马蜂窝、美团旅行就属于这种模式。

（4）动态打包适用于自由行。伴随自由行市场规模的扩大，在线旅游平台提供了越来越多的选项以满足用户日益丰富的需求，如携程可提供机票、签证、目的地玩乐、接送机等单项资源供用户组合，由用户自己"打包"成一条线路。现在业内真正能做动态打包的有携程、途牛等。

案例 1.3

携程的人工智能酒店新模式

人工智能、机器人一直是携程关注的领域。2017 年 3 月，携程正式发布酒店"Easy 住"战略，包括机器人酒店前台（自助前台）、VR（Virtual Reality，虚拟现实）全景展示、在线选房、智能客控、智能音箱、行李寄送、闪住等七大产品服务，能将入住和离店效率提升 30%。这项创新服务已覆盖北京、南京、苏州、杭州、三亚、西安等热门旅游城市。

其中，在入住环节，通过自助入离机这一自助终端，消费者只需刷身份证就能自动查验身份信息，还能同步匹配订单信息，自助办理入住、离店等手续。目前，该

本案例整理自腾讯科技 2019 年 1 月 3 日讯《携程联手云迹科技人工智能打造智慧酒店新模式》。

终端已与各大酒店的生产管理系统全面打通，无论是携程的订单，还是其他平台的订单，消费者都可以通过其办理入住、离店等手续。

"无论是通过人脸识别技术在酒店快速入住，还是通过'智能房间'和'智能门锁'等新功能，携程的用户都能在旅行过程中享受到前所未有的个性化服务。"携程表示。

2019年1月，携程对中国服务机器人领域的云迹科技进行了战略投资。据悉，双方将共同推进酒店智能化服务，为消费者、酒店合作伙伴及酒店产业链创造更大的价值。

启发思考：1. 简要阐述携程的"Easy住"战略的七大产品服务。

2. 携程在入住、离店环节提供了怎样的智能化服务？

第三节　电子商务系统的组成及一般框架

一、电子商务系统的组成

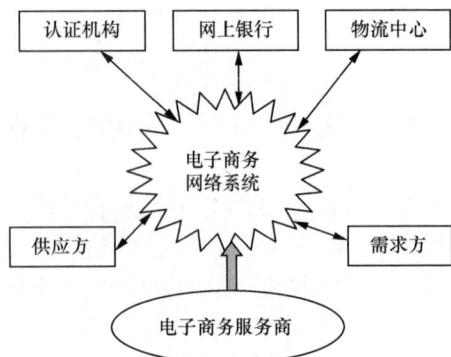

图 1.8　电子商务系统的组成

电子商务系统包括电子商务网络系统、供应方和需求方、认证机构、网上银行、物流中心、电子商务服务商等，如图 1.8 所示。

（1）电子商务网络系统包括互联网、内联网和外联网。互联网是电子商务的基础，是商务、业务信息的载体；内联网是企业内部开展商务活动的场所；外联网是企业与企业之间，以及企业与政府之间开展商务活动的纽带。

（2）供应方和需求方统称为电子商务用户，包括个人用户和企业用户。个人用户使用手机、计算机等终端接入互联网；企业用户通过建立企业内联网、外联网和企业管理信息系统，可对人力、财力、物力、供应、销售、储存等进行科学管理。

（3）认证机构（Certificate Authority，CA）是法律承认的权威机构，负责发放和管理数字证书，以使网上交易各方能够相互确认身份。数字证书是一个包含证书持有人个人信息、公开密钥、证书序列号、有效期、发证单位的电子签名等内容的数字凭证文件。

（4）网上银行可在互联网上开展传统的银行业务，并为用户提供 24 小时实时服务。通过网上银行，用户可以进行在线支付、在线转账等。

（5）物流中心接受商家的送货要求，组织运送无法从网上直接发送的商品，跟踪商品的运输进度，将商品送到消费者手中。

（6）电子商务服务商在这里专指提供网络接入服务、信息服务及应用服务的信息技术厂商，如互联网服务提供商（Internet Service Provider，ISP）、互联网内容服务商（Internet Content Provider，ICP）、应用服务供应商（Application Service Provider，ASP）等。

二、电子商务的一般框架

电子商务的一般框架（参见图 1.9）是指实现电子商务从技术到一般服务所应具备的完整的运

作基础。完整的电子商务体系体现在全面的电子商务应用上，而这需要有由相应层面的基础设施和众多支撑条件构成的环境要素。这些环境要素从整体上可分为四个层次（网络层、技术支持层、服务支持层、应用层）和两大支柱（国家政策及法律规范、技术标准和网络协议）。

视野拓展

电子商务从业者可以选择框架中的一部分或几部分去学习或从事相关工作。在电子商务的一般框架中，前三层属于社会经济及技术环境，取决于政府或社会其他部门，而第四层则是企业或企业与其他合作伙伴需要共同完成的业务内容。

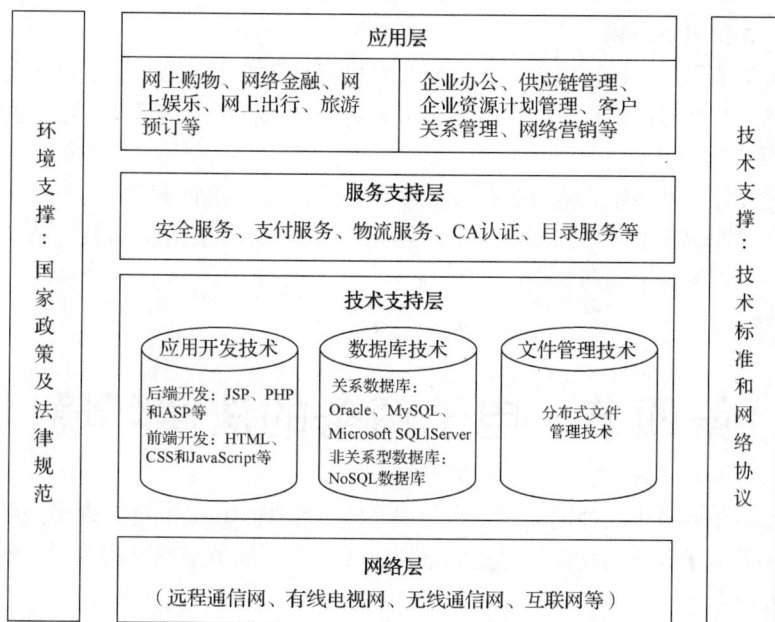

图 1.9　电子商务的一般框架

1. 网络层

网络层是指网络基础设施，是实现电子商务的最底层的基础设施。它是信息传输系统，是实现电子商务的基本保证。网络层包括远程通信网、有线电视网、无线通信网和互联网等。因为电子商务的主要业务是基于互联网的，所以互联网是网络基础设施中最重要的部分。

2. 技术支持层

网络层决定了电子商务信息传输使用的线路，技术支持层则决定和解决了如何在网络上传输信息和管理信息的问题。从技术角度来看，技术支持层主要包括应用开发技术、数据库技术和文件管理技术。应用开发技术包括后端开发和前端开发。后端开发需要考虑的是如何实现功能、数据的存取、平台的稳定性与性能等，可以用到的技术有 JSP、PHP 和 ASP 等；前端开发考虑的则是 Web 页面的结构、Web 的外观视觉表现以及 Web 层面的交互实现等，涉及的技术包括 HTML、CSS 和 JavaScript 等。

3. 服务支持层

服务支持层用来为电子商务应用提供支持，包括安全服务、支付服务、物流服务、CA 认证、目录服务等。其中，CA 认证是服务支持层的核心，因为 CA 认证保证了电子商务交易的安全。它通过为参与交易者签发数字证书，来确认电子商务活动中各方的身份，然后通过加密和解密的方法实现安全的网上信息交换与交易。

4. 应用层

应用层是指生产、流通和消费等领域的各种电子商务应用系统，主要包括网上购物、网络金融、网上娱乐、网上出行、旅游预订等个人用户的电子商务应用，以及在此基础上企业开展的企业办公、供应链管理、企业资源计划管理、客户关系管理、网络营销等活动。

5. 国家政策及法律规范

开展商务活动必须遵守有关的法律、法规和相应的政策。电子商务出现后，其引发的问题和纠纷不断增多，原有的法律规范已经不适应新的发展环境，制定新的法律规范并形成一个成熟、统一的法律体系，已成为世界各国（地区）发展电子商务的必然趋势。

6. 技术标准和网络协议

技术标准定义了用户接口、传输协议、信息发布标准等技术细节。它是信息发布和传递的基础，是网络信息一致性的保证。就整个网络环境来说，技术标准对保证兼容性和通用性是十分重要的。

网络协议是计算机网络中为进行数据交换而建立的规则、标准或约定的集合。对处在计算机网络中两个不同地理位置上的用户来说，要实现通信，就必须按照通信双方预先约定的规程进行。这些预先约定的规程就是网络协议。

第四节　电子商务的法律环境

法律问题是电子商务中的前沿问题，也是电子商务框架中重要的社会环境问题。成熟、统一的法律法规能够为电子商务活动提供稳定的环境，保证电子商务交易顺利进行，使电子商务更加稳定、有序地发展。

一、电子商务涉及的法律问题

电子商务涉及的法律问题主要有电子合同问题、知识产权问题、个人隐私问题和管辖权问题等。实际上，电子商务涉及的法律问题不止这些，这些只是最突出的和最主要的。下面就这些问题作简单介绍。

（1）电子合同问题。电子合同是数字化的，不同于传统的书面合同，这使电子合同效力的认定及操作变得非常复杂。

（2）知识产权问题。电子商务的无形化使知识产权保护更加困难。网络域名，网页上各种各样的文章、图像、声频和视频、软件及电子商务网站（电商网站）所涉及的商业秘密等都会牵涉专利权、商标权和著作权等知识产权问题。因此，保护知识产权与发展电子商务有着密切联系。

（3）个人隐私问题。计算机和网络技术为人们获取、传递、复制信息提供了方便，但网络的开放性和互动性又给个人隐私保护带来了困难。在线消费时，消费者需将个人信息传给银行和商家，对这些个人信息的再利用已成为网络时代银行和商家的普遍行为。如何规范银行和商家对消费者个人信息的再利用行为，从而保护消费者的隐私也是一个棘手的问题。

（4）管辖权问题。传统的管辖通常有两大原则：属人管辖和属地管辖。网络的超地域性不仅对传统的法律管辖体系造成了极大冲击，还带来了一系列的问题。传统的管辖权确定原则要求具有一个相对稳定、明确的关联因素，如当事人的国籍、住所和财产所在地等，但在网络空间中，这些因素都变得非常模糊，从而导致确定网络纠纷的管辖权变得比较困难。

案例 1.4

通过某二手交易平台出售考试辅导课件侵害著作权纠纷

随着"互联网+教育"的兴起，保护与教育相关的知识产权、防止不正当竞争行为，有利于促进"互联网+教育"行业有序发展。

姜某是从事国际汉语教师资格面试教学的教师，通过某 C2C 平台分期销售其网络课程。管某曾通过 C2C 平台购买该课程，后在某二手交易平台闲置交易社区出售课程的视频和课件文件。姜某认为管某的行为导致其损失重大，诉请判令管某赔偿经济损失 45 万元及公证费 4 000 元、律师费 8 000 元。管某辩称，涉案课程是根据教材和真题总结形成的应试辅导内容，传授的技巧和方法的独创性较低。其已向姜某当面致歉，且因销售量低，获利甚微，希望取得姜某的谅解。

人民法院认为姜某销售的课程包括辅导考试的视频和课件文件，并可通过直播进行师生互动，虽然其内容的基础为国家统一的教材和历年考试真题，但与姜某从事的工作和教学经验直接相关，由此形成的完整的培训课程能为考生提供学习和考试方面的帮助，是具有一定独创性的智力成果。姜某对上述内容享有著作权，并因其在相关行业内具有一定影响力，可通过网络授课等方式进行销售和获益。管某将上述课程内容形成的视频和课件文件通过网络销售并获利，其行为侵犯了姜某的著作权。现管某已经停止销售并当庭向姜某表达了歉意，其还应赔偿其侵权行为给姜某造成的经济损失。

本案例中姜某课程的价格较高，管某销售课程的价格较低，人民法院综合参考姜某课程的销售价格，并考虑姜某课程可以参与直播授课及答疑等活动，与购买管某课程的效果存在差异，对赔偿数额酌情认定；同时部分支持了姜某的维权支出。人民法院最终判定，管某赔偿姜某经济损失 1.5 万元及维权支出 8 000 元。

本案例整理自网经社 2020 年 4 月 21 日讯《海淀法院发布"互联网+教育"知识产权典型案例》。

启发思考：1. 这个案例中，为什么说管某的行为侵害了姜某的著作权？
2. 在"互联网+教育"环境下，应该如何保护知识产权？

二、电子商务法律及相关政策

（一）我国已出台的电子商务法律及相关政策

1. 电子合同法律效力的相关规定

《中华人民共和国民法典》（以下简称《民法典》）自 2021 年 1 月 1 日起施行，它规范了电子交易行为，对网络环境下合同的订立和合同的履行作了相应的规定。

（1）关于"合同的订立"，《民法典》再次确认了电子合同的有效性，并对电子合同的成立时间、成立地点作出了认定：当事人采用信件、数据电文等形式订立合同要求签订确认书的，签订确认书时合同成立。当事人一方通过互联网等信息网络发布的商品或者服务信息符合要约条件的，对方选择该商品或者服务并提交订单成功时合同成立，但是当事人另有约定的除外。采用数据电文形式订立合同的，收件人的主营业地为合同成立的地点；没有主营业地的，其住所地为合同成立的地点。

（2）关于"合同的履行"，《民法典》对电子合同的交付时间作出了认定：通过互联网等信息网络订立的电子合同的标的为交付商品并采用快递物流方式交付的，收货人的签收时间为交付时间。电子合同的标的为提供服务的，生成的电子凭证或者实物凭证中载明的时间为提供服务时间；前述凭证没有载明时间或者载明时间与实际提供服务时间不一致的，以实际提供服务的时间为准。

电子合同的标的物为采用在线传输方式交付的，合同标的物进入对方当事人指定的特定系统且能够检索识别的时间为交付时间。

2. 电子签名制度

《中华人民共和国电子签名法》（以下简称《电子签名法》）规范了电子签名行为，是我国电子商务与信息化领域中的第一部专门法律。《电子签名法》为我国电子商务安全认证体系和网络信用体系的建立奠定了基础，自2005年4月1日起施行。自此，电子签名与手写签名或者盖章具有同等的法律效力，电子文件与书面文件也具有同等的法律效力。

3. 域名法律保护

2002年，中国互联网络信息中心依据互联网名称与数字地址分配机构的《统一域名争议解决政策》的基本精神，结合我国实际情况制定了《中国互联网络信息中心域名争议解决办法》，自此确立了我国的域名保护机制。2014年9月1日，修订后的《中国互联网络信息中心域名争议解决办法》正式开始施行。

4.《电子商务法》

《电子商务法》自2019年1月1日起施行，这是我国第一部电子商务领域的综合性法律。《电子商务法》是一部调整消费者、平台、入驻经营者利益的法律关系的民事法律。

5. 电子商务安全保障的相关法律

（1）为规范电子认证服务行为，《电子认证服务管理办法》自2005年4月1日起施行，在2009年、2015年进行了两次修订。

（2）为加强对电子银行业务的风险管理，《电子银行业务管理办法》自2006年3月1日起施行。

（3）为规范网络商品交易及有关服务行为，自2010年7月1日起施行的《网络商品交易及有关服务行为管理暂行办法》（2014年废止）中明确规定，通过网络开展商品交易及有关服务行为的自然人，应提交其姓名和地址等真实身份信息。

（4）为规范非金融机构支付服务行为、防范支付风险，自2010年9月1日起施行的《非金融机构支付服务管理办法》，要求第三方支付公司必须在2011年9月1日前申请取得"支付业务许可证"，且全国性公司注册资本最低应为1亿元。该办法的出台意在规范当时发展迅猛的第三方支付行业。

（5）为保障网络安全，《中华人民共和国网络安全法》自2017年6月1日起施行。

视野拓展
《电子商务法》解读

（二）《电子商务法》主要解决的问题

对于电子商务发展过程中出现的主要问题或矛盾，《电子商务法》作出了相应的规定。

1. 电子商务经营者需依法办理市场主体登记

《电子商务法》规定，电子商务经营者应当依法办理市场主体登记。个人网店经营者、微商、代购等属于电子商务经营者，需依法办理市场主体登记，受《电子商务法》的约束。

但是，个人销售自产农副产品、家庭手工业产品，个人利用自己的技能依法从事便民劳务活动和零星小额交易活动无须进行登记。例如，个人在微信朋友圈内销售农家自产土鸡蛋、自制手工艺品就无须进行登记。

2. 商家销售的商品有问题，平台承担连带责任

对关系消费者生命健康的商品或者服务，电子商务平台（电商平台）经营者对平台内经营者（商家）的资质资格未尽到审核义务，或者对消费者未尽到安全保障义务，造成消费者受到损害的，依法承担连带责任。

3. 明确由商家承担运输责任和风险

视野拓展
《电子商务法》宣传片

电子商务经营者委托物流企业对实物商品进行投递运输时，实物商品在投递运输过程中的所有权还在商家的控制下，商品在途的风险和责任由商家承担。

4. 网络搭售商品不得设置为默认选项

《电子商务法》规定，电子商务经营者搭售商品或者服务，应当以显著方式提请消费者注意，不得将搭售商品或者服务作为默认同意的选项。例如，消费者在网上预订机票时，部分网站以前经常搭售酒店优惠券、接送机优惠券、航空险等，看似贴心的服务，实则是暗中搭售，让消费者在不知情的情况下购买了搭售商品，《电子商务法》实施后，这些行为已被禁止。

5. 消费者付款成功后，经营者不得随意毁约

经营者负有诚实守信、切实履行合同的义务，消费者付款成功后，经营者不得以各种理由或借口随意毁约。同时，该规定的设立也为消费者依法维权提供了有力保障。例如，消费者在"双十一"期间下单后，如果经营者以弄错折扣为由拒绝发货，消费者就可以据《电子商务法》追究经营者的违约责任。

6. 评价应真实，"刷好评"、擅自"删差评"会被严惩

为了提升网店的信用，有些经营者以前会采取刷好评、删差评等方式来提升店铺的好评率。《电子商务法》实施后，"刷好评"、擅自"删差评"会被严惩。这将确保消费者评价能发挥良好的作用，促使平台经营者及平台内经营者诚实经营。

7. 破解"押金"难退难题，退款方式被明确

消费者在网上预订酒店、骑共享单车等，往往需要先交押金。但随着电子商务的发展，押金难以退还的问题逐渐凸显，甚至屡屡出现押金退还程序复杂、条件苛刻、退款不及时等情形，严重损害了广大消费者的合法权益。《电子商务法》规定，消费者申请退还押金，符合押金退还条件的，电子商务经营者应当及时退还。

三、电子商务的税收问题

在采用电子商务方式进行贸易时，贸易过程中的许多环节及费用的支付都可以通过网络完成，有些数字化商品甚至可以直接在网上传送。这就使税收的征缴变得非常困难，并产生了许多非常棘手的问题。

微课堂

电子商务涉及的税收问题

（一）电子商务与税收

1. 电子商务涉及的税收问题

概括来说，电子商务涉及的税收问题主要分为以下三类。

（1）由电子商务交易"隐匿化"引发的问题。电子商务使传统商务的纸质合同、票据、支付等均变成了数字流和信息流，并且计算机加密系统的开发和利用极大地方便了交易双方有效地隐匿交易内容、逃避纳税义务。鉴于法律和技术原因，税务部门无法进入加密程序，也无法获得真实的纳税资料。这使税务部门对隐匿的电子商务交易进行公平、有效的管理成为难题。

（2）税收管辖权的问题难以界定。目前，世界各国（或地区）在确定税收管辖权时，有的是以行使属地原则为主，有的是以行使居民管辖权（属人）原则为主，有的是二者并行。绝大多数发达国家实行的是以属地税制为主的混合税制。但是，在涉及跨境电商时，重复征税问题无法得到有效解决，而问题产生的关键在于电子商务的无国界性和虚拟性。属地税收管辖权是以各国（或地区）的地理界线为基准的，而电子商务使经济活动与特定地点间的联系弱化，纯在线交易更难确定属地。

> 例如，德国在 2019 年正式生效的《2018 年税法》，旨在确保在线零售商尤其是境外商户履行其在德国缴纳增值税的义务，以杜绝电商的偷税、漏税行为。2018 年 6 月，美国联邦最高法院通过了一项法案，各州政府有权对电商的跨州销售征收消费税。此前，美国不对网购征收消费税。新法案的推出打破了电商不征税的"传统"，使美国电商平台和卖家受到了一定的影响。

在所有因素都未确定、世界各国（或地区）未达成统一共识的条件下，跨境电商的征税必然会引起国际税收管辖权的冲突，从而易造成多重征税（多重税收管辖权重叠导致多重征税）或不承担任何税负（游离于所有税收管辖权之外）等情况。

视野拓展

境外所得征税制度的国际税收原则

> **积极所得：**在境内设立机构、场所从事经营活动而取得的所得。
>
> **消极所得：**在境内未设立机构、场所，但有来源于境内的所得，具体包括红利、利息、租金、特许权使用费所得，转让财产所得或其他所得。

境外所得征税制度的国际税收原则有三种：一是属人原则，采用抵免法或扣除法消除双重征税，即居住国（地区）对本国（地区）境内居民的全球所得征税，对其境外所得已缴纳的外国（地区）税收给予抵免，或者作为成本费用扣除；二是属地原则，采用免税法消除双重征税，即居住国（地区）仅对来源于其境内的所得征税，对其居民来源于境外（地区）的所得免予征税；三是以属地税制为主的混合税制，如法国作为以属地税制为主的典型国家，规定企业在国外取得的积极所得适用免税法，但纳税人来源于协定国家（地区）的消极所得适用抵免法，来源于非协定国家（地区）的消极所得适用扣除法。

（3）电商中的 C2C 卖家基本不缴税，有失公平。自 2019 年 1 月 1 日起，《电子商务法》的实施基本解决了这一问题。目前，我国电子商务的主流业态有 B2B、B2C、C2C 三种模式，前两类电商模式，由于交易卖方主体都为工商注册企业性质，其本身就已纳入公司注册地所在线下征税监管范畴，故不存在偷税、漏税的情形。在《电子商务法》实施前，个人网店由于豁免登记，其税收征管很难监控，大部分个人网店都不缴税。随着业务的发展，很多个人网店一年的交易额甚至可以达到上千万元的规模，但他们仍然游离于税收征管之外，这显然有失公平，所以《电子商务法》专门对此作了规定。

2.《电子商务法》对税收的规定

《电子商务法》明确规定，电子商务经营者应当依法办理市场主体登记；应当依法履行纳税义务，并依法享受税收优惠；依照规定不需要办理市场主体登记的电子商务经营者在首次纳税义务发生后，应当依照税收征收管理法律、行政法规的规定申请办理税务登记，并如实申报纳税。个人卖家属于电子商务经营者，从 2019 年 1 月 1 日起应当依法办理市场主体登记，也应当依法履行纳税义务。

税收范围包括跨境税收、经营者普通交易税收；缴纳主体包括电商平台、平台内经营者。这也意味着通过电商渠道进行交易的各种方式都需要纳税。

视野拓展

个人卖家应当缴纳增值税，可以享受小微企业免征增值税的优惠政策

于 2017 年年底修订的《中华人民共和国增值税暂行条例》规定，在中国境内销售货物或者劳务、服务等的单位和个人，均为增值税的纳税人，应当缴纳增值税。另外，为了支持小微企业的发展，国家税务总局先后颁布了关于小规模纳税人免征增值税政策。2021 年 4 月 1 日起实施的《国家税务总局关于小规模纳税人免征增值税征管问题的公告》规定，小规模纳税人发生增值税应税销售行为，合计月销售额未超过 15 万元（以 1 个季度为 1 个纳税期的，季度销售额未超过 45 万元，下同）的，免征增值税；按固定期限纳税的小规模纳税人可以选择以 1 个月或 1 个季度为纳税期限。将增值税的起征点由月销售额 10 万元提高到 15 万元，这一规定也适用于电子商务经营者。

《电子商务法》要求电商经营者依法向消费者提供发票，其目的除了堵塞税收漏洞外，更多的考量则是营造公平的电商竞争环境。尤其是在当前许多电商经营者将不提供发票作为主要避税手段的情况下，《电子商务法》把提供发票作为电商经营者应尽的基本义务，在客观上能起到堵塞税收漏洞的作用，既有助于找准反逃税的切入点，也有助于营造各经营主体公平竞争的环境。

（二）跨境电商相关税收政策

在传统贸易方式下，商品的跨国（境）流动是由国际性的贸易公司来完成的，我国对此要征收进口环节流转税，如有所得还要征收所得税。如何针对跨境电商征税是目前世界各国（地区）都急需解决的问题。近几年，随着跨境电商进出口额的增加，我国出台了一系列相关的税收政策。

1. 跨境电商进口税收政策

财政部、海关总署、国家税务总局先后两次发布关于跨境电商税收政策的通知，2016 年 3 月 24 日发布了《财政部 海关总署 税务总局关于跨境电子商务零售进口税收政策的通知》，自 2016 年 4 月 8 日起执行；2018 年 11 月 28 日又发布了《财政部 海关总署 税务总局关于完善跨境电子商务零售进口税收政策的通知》，自 2019 年 1 月 1 日起执行。这两个"通知"的核心内容如下。

（1）跨境电商零售进口商品的单次交易限额为人民币 5 000 元，个人年度交易限额为人民币 26 000 元。在限额以内进口的跨境电商零售进口商品，关税税率暂设为 0；进口环节增值税、消费税按法定应纳税额的 70%征收。

（2）完税价格超过 5 000 元单次交易限额但低于 26 000 元年度交易限额，且订单下仅一件商品时，可以自跨境电商零售渠道进口，按照货物税率全额征收关税和进口环节增值税、消费税，交易额计入年度交易总额，但年度交易总额超过年度交易限额的，应按一般贸易管理。

（3）跨境电商零售进口商品自海关放行之日起 30 日内退货的，可申请退税，并相应调整个人年度交易总额。

（4）已经购买的电商进口商品属于消费者个人使用的最终商品，不得进入国内市场再次销售；原则上不允许网购保税进口商品在海关特殊监管区域外采用"网购保税+线下自提"模式。

2. 跨境电商出口税收新政策

为有效配合《财政部 税务总局 商务部 海关总署关于跨境电子商务综合试验区零售出口货物税收政策的通知》落实工作，于 2019 年 10 月 26 日发布了《国家税务总局关于跨境电子商务综合试验区零售出口企业所得税核定征收有关问题的公告》（自 2020 年 1 月 1 日起施行），其主要内容如下。

第一，综试区内的跨境电商企业，同时符合下列条件的，试行核定征收企业所得税办法。

（1）在综试区注册，并在注册地跨境电子商务线上综合服务平台登记出口货物日期、名称、计量单位、数量、单价、金额的。

（2）出口货物通过综试区所在地海关办理电子商务出口申报手续的。

（3）出口货物未取得有效进货凭证，其增值税、消费税享受免税政策的。

📖 **视野拓展**

跨境电商出口货物试行增值税、消费税免税政策

2018 年 10 月 1 日起，财政部、国家税务总局、商务部、海关总署联合发文明确，对跨境电商综合试验区电商出口企业出口未取得有效进货凭证的货物，同时符合下列条件的，试行增值税、消费税免税政策。

第一，电子商务出口企业在综试区注册，并在注册地跨境电商线上综合服务平台登记出口日期、货物名称、计量单位、数量、单价、金额的；第二，出口货物通过综试区所在地海关办理电子商务出口申报手续的；第三，出口货物不属于财政部和国家税务总局根据国务院决定明确取消出口退（免）税货物的。

第二，综试区内核定征收的跨境电商企业应准确核算收入总额，并采用应税所得率方式核定征收企业所得税。应税所得率统一按照 4%确定。

第三，综试区内实行核定征收的跨境电商企业符合小型微利企业优惠政策条件的，可享受小型微利企业所得税优惠政策；其取得的收入属于《中华人民共和国企业所得税法》规定的免税收入的，可享受免税收入优惠政策。

📕 **实训案例**

了解亚马逊

亚马逊是全球最早开展电子商务活动的公司之一。亚马逊一开始只经营网络图书销售业务，后来扩展到计算机、软件、电子产品、服装、家具等商品的销售。

1. 亚马逊的发展

亚马逊是美国最大的电子商务公司，总部位于华盛顿州的西雅图市。2020 年，亚马逊的营收达 3 860.64 亿美元，较上年同比增长 38%。除了北美洲和欧洲，亚洲的日本、中国和印度也有其足迹。

亚马逊成为完全意义上的全品类线上商城，得益于其强大的物流体系建设和平台上第三方卖家的支持。2019 年的数据显示，亚马逊占据了美国电子商务行业 52%的市场份额。

随着中国跨境电商市场的迅速发展，亚马逊在中国以"海外购"和"全球开店"为"双引擎"，成为中国消费者便捷选购国际产品、中国企业轻松拓展境外零售与商业采购市场的桥梁。

2. 亚马逊"海外购"

亚马逊"海外购"商店于 2014 年上线，此后不断扩充，涵盖了亚马逊美国、亚马逊英国、亚马逊日本和亚马逊德国的选品，成为亚马逊第一个涵盖多站点的全球商店（其首页参见图 1.10）。

图 1.10 亚马逊"海外购"首页

除了持续扩充选品，亚马逊还将其最成功的会员项目之一——"亚马逊 Prime 会员"带到了中国。基于中国消费者在跨境网购中的痛点，"亚马逊 Prime 会员"为中国消费者提供了全球首项跨境订单全年无限次免费配送的会员服务。

在亚马逊内部，有一个独特的创新方法论——逆向工作法，即亚马逊的创新总是以客户需求作为本源。亚马逊"海外购"在跨境前置仓、智能尺码助手、千人千面等方面的创新，都是基于对客户需求的洞察、为了优化客户体验而进行的创新。同样，Prime 会员服务也是围绕客户在购物过程中的痛点，不断提升客户权益、优化客户体验。

3. 亚马逊"全球开店"

亚马逊于 2012 年在中国推出了"全球开店"业务。在亚马逊"全球开店"的助力下，越来越多的中国卖家通过跨境出口直接接触到亚马逊全球数亿消费者及大量的企业，拓展了全球业务。在本书出版前，包括亚马逊在美国、加拿大、德国、英国、法国、意大利、西班牙、日本、墨西哥等在内的站点已向中国卖家全面开放，数十万名中国卖家已加入了亚马逊"全球开店"。

2021 年，亚马逊"全球开店"围绕四大战略重点稳步推进，支持中国企业打造全球品牌。这四大战略包括：亚马逊"全球开店"（中国）在 2021 年将继续支持企业向线上业务模式转型，抓住跨境电商发展机会；支持卖家拓展全球机遇，发展多站点业务、降低风险；支持卖家打造受全球消费者及企业与机构买家信赖的国际品牌，构建"品牌力"；支持卖家持续优化选品策略，增强"产品力"。

思考讨论

1. 亚马逊（中国）的跨境电商"双引擎"战略是什么？请做简要分析。
2. 亚马逊给中国的零售业带来了什么启示？

归纳与提高

本章介绍了什么是电子商务、电子商务的分类、电子商务的产生和发展、电子商务的行业新应用、电子商务系统的组成及一般框架、电子商务的法律环境等内容。

建议读者在学习时注意以下几点：电子商务本身并不是高新技术，它只是对高新技术的应用；电子商务的本质是商务的电子化，而非技术；对企业来说，电子商务不只是建立网站，更是一个事关企业发展全局的战略问题；电子商务是改良而非革命。

知识巩固与技能训练①

一、名词解释

电子商务　O2O　电子政务　MIS　企业资源计划　电子数据交换

二、单项选择题

1. 电子商务的本质是（　　）。
   A. 计算机技术　　　　B. 数据库技术　　　C. 网络　　　　　　D. 商务的电子化
2. 电子数据交换的英文缩写是（　　）。
   A. EB　　　　　　　　B. EDI　　　　　　　C. NET　　　　　　D. EC
3. 生产类企业网上采购是一种典型的（　　）电子商务活动。
   A. B2C　　　　　　　B. B2B　　　　　　　C. C2C　　　　　　D. B2G
4. 企业资源计划的英文缩写为（　　）。
   A. CRM　　　　　　　B. ERP　　　　　　　C. SCM　　　　　　D. MIS
5. 广义上的电子商务对应的标准英文写法是（　　）。
   A. E-Business　　　B. E-Commerce　　C. E-mail　　　　　D. E-Internet
6. 阿里巴巴网站的类型是（　　）。
   A. B2B　　　　　　　B. C2C　　　　　　　C. B2C　　　　　　D. B2G
7. 最早的网上 B2C 公司是（　　）。
   A. 英国的网上服装店　　　　　　　　B. 美国的网上商城亚马逊
   C. 英国的网上书店亚马逊　　　　　　D. 美国的网上书店亚马逊
8. SCM 指的是（　　）。
   A. 客户关系管理　　B. 企业资源计划　C. 供应链管理　　　D. 人力资源管理
9. 我国最早产生的电子商务模式是（　　）。
   A. B2B　　　　　　　B. C2C　　　　　　　C. B2C　　　　　　D. B2G
10. 国际现代商业的最新形式是（　　）。
    A. EDI 商务　　　　B. Internet 商务　C. Intranet 商务　D. 网站电子商务
11. 上下级政府、不同地方政府、不同政府部门之间的电子政务，称为（　　）。
    A. G2G　　　　　　　B. G2B　　　　　　　C. G2C　　　　　　D. G2E
12. 我国第一部关于电子商务的综合性法律是（　　）。
    A.《电子合同法》　B.《电子签名法》C.《电子商务法》　D.《民法典》

三、多项选择题

1. （　　）是电子商务概念模型的组成要素。
   A. 交易主体　　　　B. 电子市场　　　　C. 交易事务　　　　D. 交易手段
2. 按商务活动的运作方式分类，电子商务可以分为（　　）。
   A. 完全电子商务　　B. B2B 电子商务　C. B2C 电子商务　　D. 不完全电子商务

---

① 本书习题中包含少量超范围的题目，建议读者在遇到这类题目时通过网络自行查找答案，以增强分析和解决问题的能力。

E. C2C 电子商务

3. 电子商务中的每一笔交易基本都包括（　　　）。

    A. 物流   B. 资金流   C. 信息流   D. 现金流

4. 从结构层次的角度看，电子商务的一般框架包括（　　　），支付服务属于（　　　）。

    A. 网络层   B. 技术支持层

    C. 服务支持层   D. 国家政策及法律规范

    E. 技术标准和网络协议   F. 电子商务应用层

5. 电子政务可按用户分为三类，它们是（　　　）。

    A. G2B   B. G2C   C. B2B   D. G2G

四、复习思考题

1. 电子商务系统的基本要素中，每个要素的功能是什么？

2. 目前，电子商务涉及的法律问题主要有哪些？已经出台的电子商务法律有哪几部？

3. 2019 年 1 月 1 日实施的《电子商务法》主要解决了电子商务哪些方面的问题？

4. 目前，电子商务涉及的税收问题主要有哪些？与跨境电商相关的税收政策主要有哪些？

5. 电子商务产生和发展的主要条件有哪些？电子商务的发展经历了哪些阶段？

6. 谈谈你对电子商务的理解。你认为电子商务在哪个行业中的应用前景较好？为什么？

五、技能实训题

1. 分类搜索在线教育网站（如网易公开课）、互联网医疗电商网站（如平安好医生）、在线旅游电商网站（如携程旅行网）、农业电商网站（如中粮我买网）等，浏览并记录相关信息，选择其中一个类别总结其电子商务应用现状。

2. 分别进入京东商城、淘宝网、阿里巴巴 1688，浏览各网站首页的主要内容和功能，就其交易模式、所经营的产品、购物搜索、支付方式、物流配送等进行详细的分析与对比，总结出这些网站的不同点和相同点，填入表 1.1。

表 1.1　电商网站对比

不同点	电商网站		
	京东商城	淘宝网	阿里巴巴 1688
交易模式			
所经营的产品			
购物搜索			
支付方式			
物流配送			

相同点：

第二章 电子商务技术基础

【知识框架图】

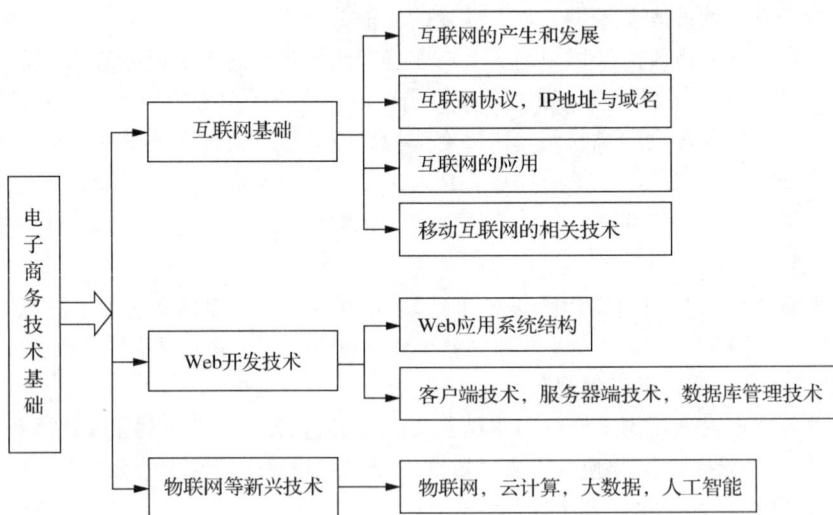

【学习目标】

【知识目标】

1. 了解互联网的基础知识。
2. 熟悉物联网等新兴技术。
3. 了解客户端技术和服务器端技术的相关知识。

【技能目标】

1. 掌握互联网的应用。
2. 了解物联网、云计算、大数据、人工智能等新兴技术的应用。

引例

互联网的应用

供电企业 A 是一家大型企业，该企业员工多、部门多、工作地点分散、业务种类繁杂，这就需要企业使用一种强有力的手段，使企业内部信息能有效流通，各部门协调一致以完成工作任务，对外界环境变化及时做出反应。利用互联网，该企业可以实现以下功能。

（1）办公自动化。实现公文传送和审批自动化，极大地提高了业务处理流程的自动化水平。

（2）综合信息查询。基于各个应用软件管理系统，如用电管理系统、财务管理系统、人事管理系统和运行管理系统，实现综合信息查询。

（3）信息发布。各部门可把通知、新闻动态、规章制度及时发布出去。

（4）收发电子邮件。员工有自己的电子信箱，方便对内和对外交流。

（5）企业内部即时通信。员工可利用企业微信或钉钉进行沟通或工作协同，同时可以结合视频会议系统和网络电话对工作问题进行讨论。

该企业的员工每天上班就可以利用网络了解任务、处理业务、记录结果，即使出差在外，也可上网了解情况或处理业务——互联网成为该企业不可缺少的一部分。

那么，互联网主要有哪些方面的应用呢？

第一节　互联网基础

电子商务是基于计算机的软硬件和网络通信等技术开展的经济活动。它以互联网、企业内部网和企业外部网为载体，使企业能够有效完成自身内部的各项经营管理活动，并完成企业之间的商业贸易，确立合作关系，最终降低产、供、销的成本，增加企业利润，开辟新的市场。互联网是由分布在全世界的计算机系统遵循一定的通信协议并通过各种网络设备相互连接而成的。

一、互联网的产生和发展

电子商务是基于互联网技术来传输和处理商业信息的。互联网是人类历史发展中的一个里程碑，也被称为国际互联网络、因特网、交互网络和网际网等。

互联网是将处于不同地理位置并且有独立计算能力的计算机系统，利用传输介质和通信设备相互连接在一起，在网络操作系统和网络通信软件的控制下，实现资源共享的计算机集合。互联网已经成为世界上覆盖面最广、规模最大、信息资源最丰富的计算机信息网络。

视野拓展
互联网的发展
历史示意图

互联网起源于 1969 年，美国国防部高级计划研究局（DARPA）在这一年建立了 ARPAnet，推动了互联网技术进步并使其成为互联网的发展中心；1986 年，NSFnet 替代 ARPAnet 成为 Internet 的主干网，世界上第一个互联网产生；1995 年，Internet 正式宣布商业化；2000 年，移动互联网出现，将移动通信终端（如手机、笔记本电脑、平板电脑等）与互联网融合，获取网络服务。2009 年后，随着 3G、4G 及 5G 通信技术的发展，移动互联网逐渐渗透到人们生活、工作的各个领域。

视野拓展

互联网发展史上的重要事件

1969 年，美国国防部高级计划研究局出于冷战考虑建立的 ARPAnet，被认为是互联网的起源。

1971 年，电子邮件被开发出来；1986 年，世界上第一个互联网产生；1993 年，搜索引擎出现；1994 年，网络广告产生；1995 年，网上书店亚马逊上线，中国黄页上线；1998 年，搜狐诞生，京东成立，新浪网上线，3721 网站诞生；1999 年，8848 电子商务网站诞生，阿里巴巴平台发布，腾讯 QQ 上线，当当网上书店上线，百度诞生；2000 年，移动互联网出现。

二、互联网协议

互联网协议是由多个协议组成的，包括 TCP/IP、HTTP、SMTP、POP3 和 IMAP 等。

1. TCP/IP

TCP/IP，即 Transmission Control Protocol/Internet Protocol 的简写，中文译名为传输控制协议/

因特网互联协议，又名网络通信协议，是 Internet 最基本的协议、Internet 国际互联网络的基础，由网络层的 IP 和传输层的 TCP 组成。TCP/IP 规范了网络中所有的通信设备，尤其是一台主机与另一台主机之间的数据往来格式及传送方式，可保证所有送到某个系统的数据能够准确无误地到达目的节点；并且非常详细地规定了计算机在通信时应遵循的规则。

TCP/IP 采用了四层的层级结构，每一层都呼叫其下一层提供的网络来满足自己的需求。这四层结构分别介绍如下。

（1）应用层：为应用程序间沟通的层，如简单电子邮件传输协议（SMTP）、超文本传输协议（HTTP）、文件传输协议（FTP）和网络远程访问（Telnet）协议等都属于该层的协议。

（2）传输层：提供节点间的数据传送及应用程序之间的通信服务，其主要功能是进行数据格式化、数据确认和丢失重传处理等。

（3）互联网络层：负责提供基本的数据封包传送功能，让每一个数据包都能够到达目的主机（但不检查是否被正确接收）。

（4）网络接口层：接收 IP 数据包并进行传输。

2. HTTP

HTTP 是指超文本传输协议（Hyper Text Transfer Protocol），是客户端浏览器或其他程序与 Web 服务器之间的应用层通信协议，也是互联网中最核心的协议之一。互联网的网络服务器上存放的都是超文本信息，客户机需要通过 HTTP 获取所要访问的超文本信息。

用户在浏览器的地址栏中输入的网站地址称为统一资源定位符（Uniform Resource Locator，URL）。在浏览器的地址栏中输入一个统一资源定位符或在网页中点击一个超链接时，URL 就确定了要浏览的地址。例如，URL "http://www.abc.com/china/index.htm" 的含义如下。

（1）"http://" 代表超文本传输协议，通知 abc.com 服务器显示网页，通常不用输入。

（2）"www" 即万维网（World Wide Web），通常简称 Web。

（3）"abc.com" 是存储网页文件的服务器的域名或站点服务器的名称。

（4）"china" 是该服务器上的子目录，与文件夹类似。

（5）"index.htm" 是 "文件夹" 中的一个 HTML 文件（网页）。

3. SMTP、POP3 和 IMAP

SMTP 是指简单电子邮件传输协议（Simple Mail Transfer Protocol），其作用是向用户提供高效、可靠的邮件传输服务。SMTP 的一个重要特点是它能够在传送中接力传送邮件，即邮件可以通过不同网络上的主机进行接力式传送。它在两种情况下工作：一种情况是电子邮件从客户机传输到服务器；另一种情况是电子邮件从某一个服务器传输到另一个服务器。

POP 是指邮局协议（Post Office Protocol），用于电子邮件的接收。它使用 TCP 的 110 端口，现在常用的是第三版，所以简称为 POP3。POP3 仍采用客户机/服务器工作模式。当客户机需要服务时，客户端的软件（如 Outlook Express、Foxmail 等）将与 POP3 服务器建立 TCP 连接，从而完成邮件的发送。

IMAP 是指互联网邮件访问协议（Internet Message Access Protocol），是通过互联网获取信息的一种协议。IMAP 提供了方便的邮件下载服务，能让用户离线阅读电子邮件。

视野拓展
IP 地址分类

三、IP 地址与域名

（一）IP 地址

IP 地址也称网际协议地址，它给每个连接在互联网中的主机（Host）

分配一个地址，使互联网上的每台主机都有一个唯一的地址，计算机利用这个地址在主机之间传递信息。常见的 IP 地址分为 IPv4 与 IPv6 两大类。

在采用 IPv4 技术时，IP 地址的长度为 32 位，分为 4 段，每段 8 位；用十进制数字表示，每段数字的范围为 0～255；段与段之间用英文句点隔开，如 159.226.1.1。IP 地址由两部分组成，一部分为网络地址，另一部分为主机地址。其中，网络地址用来标识连入互联网的网络，主机地址用来标识该网络上的主机。

随着互联网及物联网的发展，人们对 IP 地址的需求量越来越大，而 IPv4 的网络地址资源有限。2011 年 2 月 3 日，由互联网号码分配局（IANA）管理的 IPv4 即时可用分配地址耗尽。2019年 11 月 25 日，全球所有 43 亿个 IPv4 地址已分配完毕。截至 2020 年 12 月，我国 IPv4 地址数量为 38 923 万个。

为了扩大地址空间，IPv6 应运而生。IPv6 采用 128 位地址长度，几乎可以不受限制地提供地址。它不仅可以实现计算机之间的联网，还可以实现硬件设备与互联网的连接，如家用电器、传感器、照相机和汽车等的联网。目前，拥有 IPv6 地址数量前五的国家分别是美国、中国、英国、德国和法国。截至 2021 年 6 月底，我国 IPv6 地址数量为 62 023 块/32，较 2020 年年底增长了 7.6%。

视野拓展

解释：IPv6地址数量62 023块/32

　　IPv6 地址的长度为 128 位，/32 就意味着前 32 位为网络号，由国际互联网相关管理机构分配给各个国家或企业整体使用，每个企业获得一个/32 的 IPv6 地址，由于还剩余 96（128-32）位长度，这个长度意味着地址可再分配给约 2^{96} 个接口（一般情况下一个接口代表一个终端，当然，到了 IPv6 时代，由于地址数多了，也很可能出现一个终端使用多个接口的情况）用于联网。

　　我国拥有的 IPv6 地址数量为 62 023 块/32，意思是我国已经从国际互联网管理机构申请获得了 62 023 个网络号为 32 位的 IPv6 地址块，每个地址块又可提供大约 2^{96} 个有效地址。

（二）域名

由于 IP 地址是数字标识，使用时难以记忆和书写，因此在 IP 地址的基础上发展出了一种符号化的地址方案，用以代替数字型的 IP 地址。每一个符号化的地址都与特定的 IP 地址相对应，这种与网络上的数字型 IP 地址相对应的符号化地址称为域名。在访问一个域名时，域名服务器会通过域名解析将域名转换成 IP 地址。

1. 域名的构成

这里以人邮教育社区的域名为例来说明域名的构成，它的网址（www.ryjiaoyu.com）由两部分组成：www 是网络名，ryjiaoyu.com 为域名。其中，标号 "ryjiaoyu" 是这个域名的主体，最后的标号 "com" 则是该域名的后缀，代表这是一个国际域名，是顶级域名。

域名中的标号由英文字母和数字组成，每一个标号不超过 63 个字符，字母不区分大小写。标号中除连字符（-）外不能含有其他标点符号。级别最低的域名写在最左边，级别最高的域名写在最右边。由多个标号组成的完整域名应总共不超过 255 个字符。

一些国家也纷纷开发使用由本国文字构成的域名，如德文、法文等。我国也开始使用中文域名，但在今后相当长的一段时期内，以英文为基础的域名仍然是主流。

2. 域名的级别

域名可分为不同的级别，包括顶级域名（参见表 2.1）和二级域名等。

顶级域名分为两类：一类是国际顶级域名，如表示商业机构的是 "com"，表示网络提供商的是 "net"，表示非营利组织的是 "org"；另一类是国家（地区）顶级域名，如中国是 cn、美国是

表 2.1　域名及类型

顶级域名		域名类型
国际顶级域名	com	商业机构
	edu	教育机构
	gov	政府部门
	int	国际组织
	mil	军事部门
	net	网络提供商
	org	非营利组织
国家（地区）顶级域名	国家（地区）代码，如 cn、us	各个国家（地区）顶级域名

us、日本是 jp。

二级域名是指顶级域名之下的域名。在国际顶级域名之下，它是指域名注册人的网上名称，如 ibm、yahoo、microsoft 等；在国家（地区）顶级域名之下，它表示的是注册企业的类别，如 com、edu、gov、net 等。

3. 注册域名

域名的注册遵循先申请先注册的原则，管理机构对申请人提出的域名是否损害了第三方的权利不进行任何实质审查。同时，每一个域名都是独一无二、不可重复的。

与传统的知识产权领域相比，域名是一种全新的客体，具有其独特性，如域名可在全球范围内使用，没有传统的、严格的地域限制；域名一经获得即可永久使用，但需要定期续费；域名在网络上是唯一的，一旦注册，其他任何人不得注册、使用相同的域名，因此其专有性也是绝对的。另外，域名非经法定机构注册不得使用，这与传统的专利和商标等客体不同。

视野拓展
化工网跨国域名诉讼案

四、互联网的应用

为了实现相互沟通和资源共享，互联网提供了许多服务功能。随着互联网的发展，其服务功能还会不断增加。互联网的应用极为广泛，此处仅介绍几种基础应用。

（一）万维网信息浏览

万维网是当前最流行、最受欢迎的信息浏览工具之一。

万维网是以 HTML 和 HTTP 为基础，建立在客户机/服务器模型之上，能够提供包含各种互联网服务的、用户界面统一的信息浏览系统。浏览器提供了一个友好的信息查询界面，用户可以用 URL 直接链接到主页，或者从已启动的主页开始通过超链接逐级浏览下去，漫游整个万维网。

视野拓展
电子邮件地址的格式
电子邮件地址的格式是"USER@SERVER.COM"，由三部分组成。第一部分"USER"代表用户电子邮箱的账号；第二部分"@"是分隔符；第三部分"SERVER. COM"是用户电子邮箱的邮件接收服务器域名，用以标识其所在的位置。

（二）电子邮件服务

通过电子邮件系统，用户可以快速地与世界上任何一个角落的网络用户取得联系。电子邮件可以包含文字、图像和声音等。同时，用户还可以得到大量免费的新闻和专题邮件，并轻松实现信息搜索。

电子邮件的传输是通过 SMTP 来完成的。

（三）FTP 文件传输服务

文件传输协议是互联网提供的一项基本文本传输服务。用户可以通过 FTP 把自己的计算机与世界各地所有运行 FTP 的服务器相连，访问服务器上的大量信息。FTP 既能将远程计算机上的文件复制到本机上，也能将本机的文件复制到远程计算机上。前者叫作下载（Download），后者叫作上传（Upload）。

学而思，思而学
FTP 和 HTTP 有何不同？

（四）网络社区

网络社区就是网络化、信息化的社区，包括 BBS、贴吧、公告栏、群组讨论、个人空间等形式。同一主题的网络社区集中了具有共同兴趣的用户。在 Web 2.0 时代，网络社区呈现出巨大的商业价值。Web 2.0 与 Web 1.0 相比，最大的进步就是用户和用户之间、产品供应商和企业之间具有更强的协作性。

视野拓展

Web 2.0简介

Web 2.0 更注重用户间的交互作用，用户既是网站内容的浏览者，又是网站内容的制造者。网站内容的制造者是指，互联网上的每一个用户不仅是互联网的读者，还是互联网的作者；不仅在互联网上冲浪，还制造"波浪"；在模式上，用户由单纯的"读"向"写"和"共同建设"方向发展，由被动地接收互联网信息向主动地创造互联网信息方向发展。Web 2.0 技术应用主要包括博客（Blog）、聚合内容（RSS）、网络百科全书（Wiki）、网摘、社会网络（SNS）等。

---

1. BBS

BBS（Bulletin Board System），即网络论坛最初采用的是纯文字的实时交谈方式，随着技术的进步，陆续增加了图片、文件共享等功能，但文字交谈方式仍是 BBS 的主要交流方式。网络用户可以注册成为论坛的会员，发表具有主题和内容的文章。

（1）高校论坛，如清华大学的"水木社区"等。

（2）地方性网站论坛，如杭州 19 楼本地论坛、上海热线、北京的回龙观社区网等。这些论坛人气较旺，用户忠诚度也很高。如果针对某个城市做重点产品推广，就可以选择在这些论坛上发布消息。

（3）门户网站的对应论坛板块，如搜狐、新浪、网易、腾讯等的论坛板块。

（4）国内知名综合类网上社区，如知乎、天涯社区、360 问答、西祠胡同等。

案例 2.1

知乎

知乎是网络问答社区，也是以知识问答为核心基础的社交平台，连接着各行各业的用户。用户分享各自的知识、经验和见解，源源不断地为互联网提供多种多样的信息。对于概念性的解释，网络百科几乎可以解答所有的疑问；但是对于发散思维的整合，知乎独具特色。截至 2020 年年底，知乎上的总问题数超过 4 400 万条，总回答数超过 2.4 亿条；在知识付费领域，知乎月活跃付费用户数超过 250 万，总内容数超过 300 万，年访问人数超过 30 亿。知乎的功能体系主要有知识问答和知识付费两大模块。

知识问答模块主要包含提出问题和回答问题两部分。知乎能系统地归纳、整理问答知识，然后根据用户需求，进行智能分发。

知识付费模块主要分为付费内容和会员机制两部分。付费内容种类丰富，包括盐选专栏、读书会和 Live 讲座等；会员机制则由读书卡和盐选会员构成。

2019 年 10 月 11 日，知乎上线了直播功能；同期，知乎还推出了"好物推荐"功能，即内容创作者可在编辑页面插入商品卡片，若其他用户通过该卡片上的第三方平台商品链接购买商品，内容创作者可获得相应收益。此外，知乎直播带货功能相当于直接打通了直播间和"好物推荐"之间的通道。

启发思考：总结知乎得以快速发展的原因。

---

2. 社交电子商务

所谓社交电子商务，是指将关注、分享、沟通、讨论、互动等社交化的元素应用于电子商务交易过程。与传统电子商务相比，社交电子商务是先通过社交激发用户的购买需求，然后促使其实施购物行为；而传统电子商务是用户先产生强烈的购买需求，再根据需求有目的地购物。采用社交电子商务模式的有微商、拼多多等。

3. 社区电子商务

社区电子商务是用户通过具有社区属性的互联网平台，实现网上交易的行为，其将分享、关注、讨论、团购等平常的社交元素运用到新兴的电子商务中，具有快速、高效、低成本等特点。

（1）专业的时尚网站论坛，如 OnlyLady、YOKA 网、瑞丽网、ELLEChina 等。由于用户主要是女性，因此这些网站是推广时尚、健康和女性用品的好渠道。

（2）内容社区，如小红书、蘑菇街等。内容社区指依托一类有共同兴趣爱好的人，先将之聚集到一起，使之产生交流，从而积淀内容，然后进行推荐，以实现订单转化。例如，小红书前期主要把精力集中在沉淀 UGC（User Generated Content，用户创造内容）上，中后期则通过平台上众多达人的影响力达成订单转化的目的。

（3）社区团购，如美团优选、多多买菜、橙心优选等。社区团购是真实居住在社区内的居民团体的一种互联网线上线下购物行为，是依托真实社区的一种区域化、小众化、本地化、网络化的团购形式。社区团购主要销售生鲜商品；高频刚需的日常用品，如纸巾、毛巾、牙膏、牙刷等；时效性要求高的鲜奶、鲜花等；化妆、护肤类商品等。

👓 视野拓展

社交和社区

在网络环境中，社交指人们在日常生活或者工作中，与其他人产生对话（如微信的文字、语音聊天）、互动（如微信朋友圈的点赞、评论等）的行为。

社区一是指城市范围内人们的某一生活片区；二是指因具有共同的兴趣爱好，许多人在某个网站、微信群或 QQ 群里交流，产生内容积淀的地方。

社区电子商务离不开社交元素，社交场所也因为人们有共同的兴趣爱好而变成社区。通常来说，社区电子商务和社交电子商务没有严格的区别。

（五）即时通信

即时通信软件是实现即时通信的基础，基于互联网运行，如微信、Messenger、WhatsApp、LINE、阿里旺旺等。在国内，微信居重要地位，美国、加拿大、澳大利亚等国目前使用更多的是 Messenger；东欧、中亚、南亚、非洲以及部分西欧国家用 WhatsApp 的更多；在日本、泰国等地，LINE 的市场占有率较高。其他即时通信软件的活跃用户数量或与这些软件的差距甚大，或局限在某一领域。

（1）微信是腾讯公司于 2011 年推出的可在手机、平板电脑上运行的即时通信软件，可发送语音、视频、图片和文字。该软件推出后在国内迅速壮大，于 2012 年推出了国际版 WeChat。截至 2021 年 3 月底，微信与 WeChat 合并月活跃用户数超过 12.41 亿。微信在国内迅速扩张的同时，国际化步伐相对缓慢。

（2）Messenger 是 Facebook 旗下的通信软件，支持用户利用无限制短信、语音、视频通话和视频群聊功能随时随地与其他人联络，具有跨应用收发消息和通话的功能。

（3）WhatsApp Messenger（简称 WhatsApp）是 Facebook 旗下的一款用于智能手机之间通信的应用程序。该应用程序借助推送通知服务，可以让用户即刻接收到亲友和同事发送的信息，并支持免费从发送手机短信转为使用 WhatsApp，以发送和接收文本、图片、音频和视频。

（4）LINE 是韩国互联网集团 NHN 的日本子公司 NHN Japan 推出的一款即时通信软件，于

2011 年 6 月正式推向市场。LINE 的"聊天表情贴图"超过 250 种，让用户在使用 LINE 时多了一个传达心情的工具。

（5）阿里旺旺是将原来的淘宝旺旺与阿里巴巴贸易通整合在一起形成的，是淘宝网和阿里巴巴为买卖双方提供的免费网上商务沟通软件。它不仅能帮卖方轻松找到客户，发布和管理商业信息，及时把握商机，随时洽谈生意，还能帮助买方在线咨询商品或物流等问题。

（六）网络会议软件

网络会议软件是一个以网络为媒介的多媒体会议平台，用户可突破时间、地域的限制，利用互联网取得面对面交流的效果。网络会议又称远程协同办公，它可以利用互联网实现不同地点的多个用户间的数据共享。近几年我国许多公司开发了网络协同办公软件，如阿里巴巴的钉钉就提供免费视频会议功能等。常见的网络会议软件还有腾讯会议、ZOOM 云视频会议等。2020 年年初，人们对网络会议系统的需求大增，这给网络会议软件的发展带来了很大的机遇。

（七）共享经济

共享经济是互联网背景下的新型应用，是指以获得一定报酬为主要目的，基于陌生人且存在物品使用权暂时转移的一种新的经济模式，其本质是整合线下的闲散物品或服务。在共享经济模式下，供给方通过在特定时间内让渡物品的使用权或提供服务，来获得一定的经济回报；需求方不直接拥有物品的所有权，而是通过租、借等方式使用需要的物品。

在住宿、交通、教育及旅游等领域，新的共享模式不断涌现。房屋共享、车位共享、专家共享、社区服务共享、导游共享及 Wi-Fi 共享都是共享经济的产物。共享经济的新模式层出不穷，在供给端整合线下资源，在需求端不断为用户提供更优质的体验。

五、移动互联网的相关技术

视野拓展
到底什么是共享经济

（一）移动网络技术

1. 无线应用协议

无线应用协议（Wireless Application Protocol，WAP）是一个全球性的开放协议。无线应用协议定义可通用的平台，把目前互联网上 HTML 的信息转换成用无线标记语言（Wireless Markup Language，WML）描述的信息，显示在移动电话或其他手持设备的显示屏上。无线应用协议不依赖某种网络而存在，在 4G、5G 时代到来后仍可继续存在，不过传输速率更快，协议标准也会随之升级。

2. 蓝牙技术

蓝牙（Bluetooth）是一种短距离无线电技术，有时候人们也直接把蓝牙适配器简称为蓝牙。蓝牙技术是掌上电脑、笔记本电脑和手机等移动通信终端设备之间的一种无线通信方式。蓝牙技术能让我们摆脱有线连接的束缚，并且其传输速度也非常快。现在市面上的大多数手机和笔记本电脑都带有蓝牙功能。

3. 3G、4G 和 5G

3G（the 3rd Generation Communication System，3rd-generation）是第三代移动通信技术的简称，是指支持高速数据传输的蜂窝移动通信技术。3G 能够同时传送声音（通话）及数据信息（电子邮件、即时通信等）。3G 的应用已由最初的无线宽带上网拓展到了视频通话、手机电视、无线搜索、手机音乐等领域。

4G（4th-generation）即第四代移动通信技术。4G 集 3G 与无线局域网（WLAN）于一体，能够传输高质量的视频图像，功能比 3G 更先进，频带利用率更高，传输速度更快。

5G（5th-generation）即第五代移动通信技术。5G 具有传输速度快、时延短、连接能力强、应用广泛等优势。5G 的网速是 4G 的 10 倍以上；5G 的时延为 4G 的 1/10；5G 的网络连接容量更大，即使 50 个用户在同一个地方同时上网，网速也能达到 100Mbit/s 以上；"5G+"的应用场景广泛，如 5G+无人驾驶、5G+物联网、5G+工业、5G+零售、5G+教育、5G+医疗、5G+农业等，市场可发掘空间巨大。

> 时延是指一个报文或分组从一个网络的一端传送到另一端所需要的时间。它包括发送时延、传播时延、处理时延、排队时延。时延=发送时延+传播时延+处理时延+排队时延。

（二）移动应用开发技术

目前主流的 App 开发方式有 Native App（原生 App）、Web App（网页 App）和 Hybrid App（混合型 App）三种。

1. 原生 App

原生 App 是一种基于智能手机本地操作系统，如安卓、iOS 和 Windows Phone，并且使用原生程序编写运行的第三方移动应用程序。开发原生 App 需要针对不同智能手机的操作系统来选择不同的 App 开发语言，如安卓 App 使用的是 Java 开发语言，iOS App 使用的是 Objective-C 语言，Windows Phone 的 App 使用的是 C#语言。

如今，市面上多数 App 开发都使用原生程序编写。原生 App 应用的 UI 元素、数据内容、逻辑框架均安装在手机终端上，支持在线或离线消息推送，访问本地资源，以及摄像、拨号功能的调取。

原生 App 具有以下优势：①针对不同的平台为用户提供不同的体验；②可以访问本地资源，如通讯录、相册等，打开速度更快，能节约宽带成本；③能够设计出色的动效，为用户提供最佳的体验和优质的用户界面。

原生 App 开发成本高，不同平台不仅需要开发不同程序，还需要经过提交、审核流程，才能上线发布。

2. 网页 App

网页 App 开发是一种框架型 App 开发模式，该模式具有跨平台的优势，通常由"HTML5 云网站+App 应用客户端"两部分构成，App 应用客户端只需安装应用的框架部分，而应用的数据则是在用户每次打开 App 的时候，去云端调取呈现的。

网页 App 最大的优势就是可以跨平台运行，开发完成后可以在不同的平台上运行，而且更新成本低。但是，网页 App 是通过 App 从云端调取相关数据的，这会导致 App 在没有网络的情况下不能运行，而且网页 App 无法调用手机终端的硬件设备（语音、摄像头、短信、卫星定位、蓝牙、重力感应等）。

3. 混合型 App

混合开发是结合了原生 App 和 HTML5 开发的技术，并取长补短的一种开发模式。混合型 App 内嵌一个轻量级的浏览器，将一部分原生的功能改为用 HTML5 来开发，这部分功能不仅能够在不升级的情况下动态更新，而且可以在安卓或 iOS 系统上同时运行，让用户的体验更好，同时也可以节省开发资源。

（三）二维码技术

二维码是用特定的几何图形按一定规律在平面（二维方向）上分布的黑白相间的记录数据符号信息的图形，是新一代条码技术。其具有信息量大、纠错能力强、识读速度快、全方位识读等特点。将手机需要访问、使用的信息编码应用到二维码中，利用手机的摄像头即可识读。

1. 二维码的用途

二维码是移动互联网的强大入口。二维码营销是一种十分具有潜力的营销方式，企业通过二维码营销，可实现传播、引导、刺激购买等目标。

二维码的用途极广泛，如信息（电话号码、邮箱地址、名片、无线网络、文本等）获取、网页跳转、优惠促销（下载优惠券、抽奖等）、防伪溯源、会员管理、转账支付、账号登录等。以前，消费者在看到某种商品后，要查询详细信息或者获取优惠券，需要通过手机搜索进行。而现在，消费者只需要扫描该商品的二维码，就可以直接进入条码中隐藏的商品网页或者其他一些商家希望消费者看到的内容。

二维码还可用于显示商品相关信息。流通环节的任何用户，只要使用二维码扫描枪或装有二维码阅读软件的手机就可以读取商品相关信息，如生产者信息、运输者信息等，这在一定程度上可以帮助用户识别商品的真假。

2. 二维码的特点

二维码具有储存量大、保密性强、追踪性强、抗损性强、备援性强、成本低等特点，所以特别适用于手机购物、安全保密、追踪、存货盘点和资料备援等方面。

与条形码相比，首先，二维码信息容量大，是条形码信息容量的几十倍，能够对图片、声音、文字、指纹等可以数字化的信息进行编码并将其表示出来；其次，二维码容错能力强，具有纠错功能，译码时可靠性强，二维码在因穿孔、污损等出现局部损坏时，仍可以被正确识读，其译码错误率不超过千万分之一，远低于一维码百万分之二的错误率；最后，二维码可以引入保密措施，其保密性较条形码强很多。而与射频识别相比，二维码的最大优势在于成本较低。

互联网上有不少免费的二维码生成软件，用户只要输入相关的文本、网址、名片、图片、多媒体内容和微信账号等即可直接生成二维码。常见的二维码生成器有草料二维码、联图网、微微二维码等。

第二节　Web 开发技术

Web 是建立在互联网基础上的应用技术。Web 主要由 Web 服务器、Web 浏览器，以及一系列的协议和约定组成，它使用超文本和多媒体技术，以便人们在网上漫游、进行信息浏览和信息发布。它可以提供收发电子邮件、阅读电子新闻、下载免费软件、网络查询、聊天和网上购物等功能。

一、Web 应用系统结构

B/S（Browser/Server，浏览器/服务器模式）结构是典型的 Web 应用系统结构。这种结构统一了客户端，将系统功能实现的核心部分集中到服务器上，简化了系统的开发、维护和使用流程。

B/S 结构采用的是浏览器请求、服务器响应的工作模式，如图 2.1 所示。

B/S 结构包括客户端和服务器端。用户可以通过浏览器访问互联网上由 Web 服务器产生的文本、数据、图片、动画、视频点播和声音等信息。而每一个应用程序服务器又可以通过各种方式与数据库服务器连接，大量的数据实际存放在数据库服务器中。

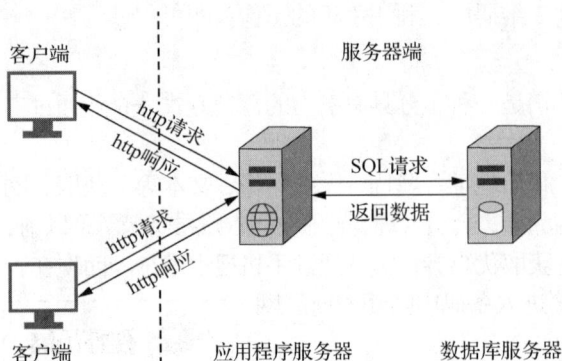

图 2.1　Web 应用系统 B/S 结构

B/S 结构的工作流程如下。

（1）客户端发送请求：用户在客户端提交表单操作，向服务器发送请求，等待服务器响应。

（2）服务器端处理请求：服务器端接收并处理请求，如涉及数据库，则需要访问数据库，然后才能对请求进行数据处理，并进行响应。

（3）服务器端发送响应：服务器端把用户请求的数据（网页文件、图片、声音等）返回给浏览器。

（4）浏览器解释执行 HTML 文件，将页面呈现给用户。

二、客户端技术

信息在客户端浏览器显示的样式，客户端对页面的控制、与服务器端的通信等均由客户端技术实现。常用的客户端技术有超文本标记语言、脚本语言、可扩展标记语言（XML）、串联样式表和文档对象模型（DOM）等。这些技术各有优势，也各有适用的领域，这里只简要介绍前三种客户端技术。

1. 超文本标记语言

超文本标记语言是构建 Web 页面的主要工具，是用来表示网上信息的符号标记语言，是对标准通用语言（SGML）的简化实现。

超文本标记语言文档虽然制作起来不是很复杂，但功能强大，它支持不同数据格式的文件嵌入，这也是 Web 盛行的原因之一。它具备简易性、可扩展性和通用性等特点。

网页设计软件实现了超文本标记语言文档编写的"所见即所得"，使用起来十分方便。目前，常用的网页设计软件主要有 Adobe Dreamweaver 等。

Dreamweaver 最初是由美国 Macromedia 公司开发的集网页制作和网站管理于一身的"所见即所得"网页编辑器，它是针对专业网页设计师开发的视觉化网页开发工具。网页设计师利用它可以轻而易举地制作出跨越平台和跨浏览器的充满动感的网页。Dreamweaver 还集成了程序开发语言，支持 ASP、PHP、JSP 等语言的编辑。

2. 脚本语言

超文本标记语言可以实现文字、表格、声音、图像和动画等多媒体信息的显示。然而采用这种技术存在一定的缺陷，那就是它只能提供静态的信息资源，缺少动态的客户端与服务器端的交互。

脚本语言的出现，不仅使信息和用户之间不再仅是显示和浏览的关系，还实现了实时的、动态的、可交互的表达方式。脚本语言是一种新的描述语言，它可以被嵌入超文本标记语言的文件之中。脚本语言可以回应用户的需求，当用户输入一条信息时，信息不用经过传给服务器端处理再传回来的过程，可以直接被客户端的应用程序处理。

3. 可扩展标记语言

可扩展标记语言是专为 Web 应用而设计的，它是标准通用标记语言的一个优化子集，是由万维网联盟（W3C）于 1998 年 2 月发布的一种标准。它以一种开放的自我描述方式定义了数据结构，在描述数据内容的同时能突出对结构的描述，从而体现数据之间的关系。可扩展标记语言所组织的数据对应用程序和用户都是友好的、可操作的。

可扩展标记语言的精髓是允许文档的编写者制定基于信息描述、体现数据之间逻辑关系的自定义标记，以确保文档具有较强的易读性、易检索性和清晰的语义。因此，一个完全意义上的可扩展标记语言文档不仅要求有标准的格式，而且需要自行定义一些标签。它必须遵守文档类型定义（DTD）中已声明的种种规定。

文档类型定义是作为可扩展标记语言标准的一部分发布的。目前大多数面向可扩展标记语言的应用，都支持可扩展标记语言和文档类型定义。当前大多数与可扩展标记语言模式相关的算法研究都是基于可扩展标记语言和文档类型定义展开的。

三、服务器端技术

随着电子商务的发展，静态网页越来越不能满足用户的需求。在此背景下，动态网页技术应运而生，逐渐成了电子商务系统中 Web 服务器端的基本实现方式。

1. 公共网关接口

公共网关接口（Common Gateway Interface，CGI）是运行在网络服务器上的可执行程序，它的作用是接收从客户端传过来的请求信息，然后运行服务器端的应用程序或数据库，再把结果转换为 HTML 代码并传送到客户端。

公共网关接口可以用许多编程语言来设计，如 C/C++、Java、Delphi、Visual Basic 和 Perl 等，但必须遵守一定的规则。公共网关接口由于设计复杂、移植性差、功能有限等问题，现在已经较少被使用。图 2.2 所示为公共网关接口运行示意图。

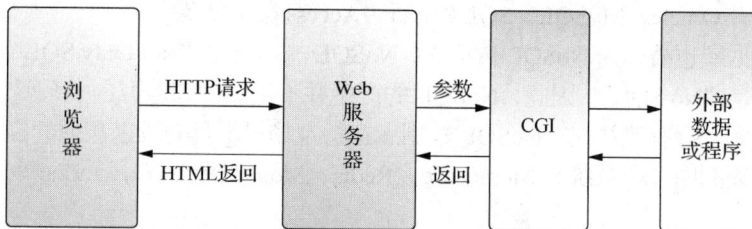

图 2.2　公共网关接口运行示意图

2. ASP

ASP（Active Server Pages，活动服务器页面）也是在服务器端执行的程序。ASP 由微软公司推出，实际上是一种在服务器端开发脚本语言的环境。利用 ASP 可以开发动态、交互、高性能的 Web 服务器端应用程序。因为脚本是在服务器端运行的，所以 Web 服务器在完成所有处理后，会将标准的 HTML 页面送往浏览器。ASP 只能在可以支持它的服务器上运行，用户不能看到原始脚本程序的代码，只能看到最终产生的 HTML 内容。图 2.3 所示为 Web 程序语言运行示意图。

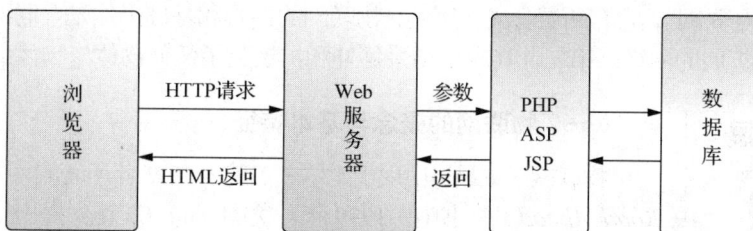

图 2.3　Web 程序语言运行示意图

3. JSP

JSP（Java Server Pages，Java 服务器页面）是由 Sun Microsystems 公司倡导，许多公司参与并一起建立的一种动态网页技术标准。JSP 技术有点类似于 ASP 技术，它是在传统的网页超文本标记语言文档中插入 Java 程序段和 JSP 标记，从而形成 JSP 文件。用 JSP 技术开发的 Web 应用是跨平台的，既能在 Linux 下运行，也能在其他操作系统上运行。自 JSP 技术推出后，众多大公司都支持采用 JSP 技术的服务器，如 IBM、Oracle 和 BEA 公司等，所以 JSP 迅速成为商业应用的服务器端语言。

4. PHP

PHP（Page Hypertext Preprocessor，页面超文本预处理器）是一种超文本标记语言内嵌式的语言，是在服务器端执行的、嵌入超文本标记语言文档的脚本语言。PHP 语言的风格类似于 C 语言。PHP 语言具有非常强大的功能，不仅能实现所有的公共网关接口的功能，而且支持几乎所有流行的数据库及操作系统。

四、数据库管理技术

数据库是存储在计算机中的有组织、可共享的数据集合。数据库管理系统是为管理数据库而设计的计算机软件系统，一般具有存储、截取、安全保障、备份等基础功能。

早期比较流行的数据库模型有三种，分别为层次式数据库、网络式数据库和关系型数据库。而在当今的互联网中，最常用的数据库模型主要是关系型数据库和非关系型数据库。

关系型数据库是把复杂的数据结构归为简单的二元关系（即二维表格形式）。主流的关系型数据库管理系统有 Oracle、MySQL、SQL Server、Access 数据库等。

非关系型数据库也被称为 NoSQL 数据库，NoSQL 的本意是 "Not Only SQL"，指的是非关系型数据库，而不是 "No SQL"。因此，NoSQL 的产生并不是要彻底地否定关系型数据库，而是对传统关系型数据库进行有效补充。NoSQL 数据库在特定场景下具有难以想象的高效率和高性能。常用的非关系型数据库管理系统有 Memcaced、Redis、MongoDB 和 Cassandra 等。

第三节　物联网等新兴技术

一、物联网

物联网（Internet of Things，IoT）是新一代信息技术的重要组成部分。顾名思义，物联网就是 "物物相连的互联网"，它有两层含义：第一，物联网的核心和基础仍然是互联网，它是在互联网基础上延伸和扩展的网络；第二，其应用场景延伸和扩展到了任何物体与物体之间的联通。

视野拓展

物联网应用新闻

（一）物联网的概念与基本特征

物联网一词最早出现于比尔·盖茨于 1995 年所著的《未来之路》（*The Road Ahead*）一书中。1999 年，美国 Auto-ID 首先提出了 "物联网" 的概念，其主要建立在物品编码、射频识别技术和互联网的基础上。2005 年 11 月 17 日，在突尼斯举行的信息社会世界峰会（WSIS）上，国际电信联盟（ITU）发布了《ITU 互联网报告 2005：物联网》，正式提出了"物联网"的概念。根据国际电信联盟的描述，物联网是指通过为各种日常用品嵌入一种短距离的移动收发器，使人类在信息与通信世界里获得一个新的沟通维度，从任何时间、任何地点的人与人之间的沟通连接扩展到人与物和物与物之间的沟通连接。

物联网具有网络化、物联化、互联化、自动化、感知化、智能化等基本特征。

（1）网络化。机器到机器（Machine to Machine，M2M）的连接无论是无线还是有线形式，都必须形成网络；不管是什么形态的网络，最终都必须与互联网相连接，从而形成真正意义上的物联网（泛在性的）。

（2）物联化。人物相连、物物相连是物联网的基本要求之一。计算机和计算机连接成互联网，可以实现人与人之间的交流。而物联网就是在物体上安装传感器、植入芯片，然后借助无线或有线网络，让人和物体"对话"，让物体和物体"交流"。

（3）互联化。物联网是一个让人与自然界、人与物、物与物之间进行交流的平台。因此，在一定的协议条件下，实行多种网络融合互联，分布式与协同式并存，是物联网的显著特征。

（4）自动化。自动化指通过数字传感设备自动采集数据，根据事先设定的运算逻辑，利用软件自动处理采集到的信息，一般不需要人为干预；按照设定的逻辑条件，如时间、地点、压力、温度、湿度、光照等，可以在系统的各个设备之间自动进行数据交换或通信；对物体的监控和管理实现自动按指令执行。

（5）感知化。各种物体都能被植入微型感应芯片，这样，任何物体都可以变得有"感觉"、有"知觉"。这主要是依靠射频识别设备、红外线感应器、定位系统、激光扫描器等信息传感设备来实现的。

（6）智能化。通过安装在各类物体上的电子标签、传感器和二维码等经过接口与网络相连，配以人工智能软件，可实现人与物体的沟通和对话、物体与物体的沟通和对话。

（二）物联网的体系结构

物联网应用广泛，它将成为继计算机、互联网与移动通信网之后的世界信息产业的第三次浪潮。物联网的体系结构大致可分为感知层、网络层和应用层三个层次。典型的物联网体系结构如图 2.4 所示。

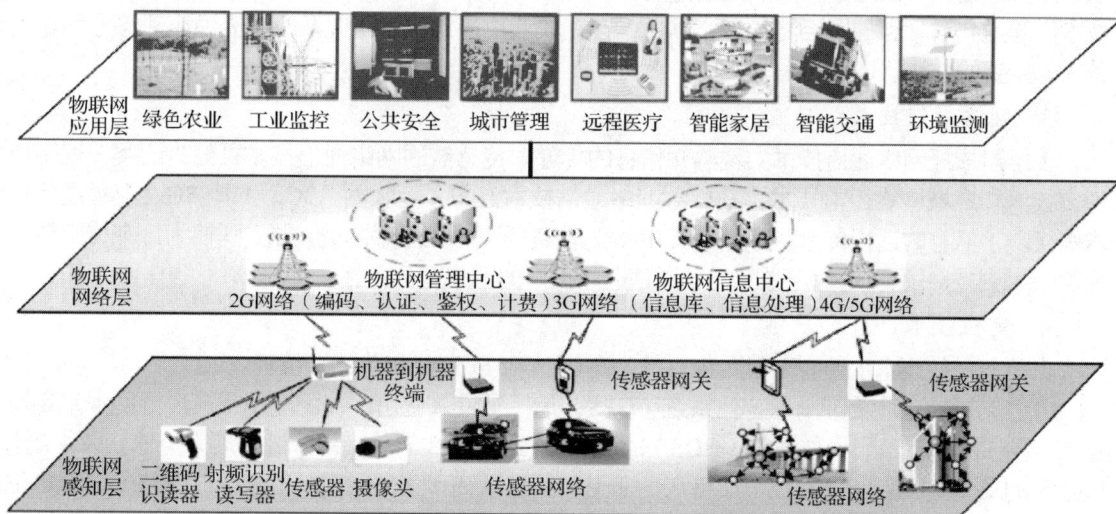

图 2.4　典型的物联网体系结构

物联网的感知层的主要功能是信息感知与采集。感知层主要包括二维码识读器、射频识别读写器、传感器、摄像头等装置和设备，传感器主要有温度感应器、声音感应器、震动感应器、压力感应器等。感知层可完成物联网应用数据的采集和设备控制。

微课堂
物联网的体系结构

物联网的网络层是在现有通信网和互联网的基础上建立起来的，综合使用了 3G/4G/5G 网络、有线宽带、无线通信技术，实现了有线与无线的结合、感知层与通信网的结合。

物联网的应用层由各种应用服务器（包括数据库服务器）组成，可利用经过分析、处理的感知数据为用户提供丰富的特定服务。应用层服务可分为监控型（工业监控、环境监测等）、查询型（智能检索、远程抄表等）、控制型（智能交通、智能家居、路灯控制等）、扫描型（手机钱包、高速公路不停车收费系统）等。

（三）物联网的关键技术

从物联网的体系结构中可以看出，物联网产业链可细分为物体标识、感知、处理和信息传送四个环节，关键技术包括射频识别技术、传感器技术、网络通信技术和定位技术等。

1. 射频识别技术

射频识别（Radio Frequency Identification，RFID）技术又称电子标签或无线射频识别技术，是物联网中一种非常重要的通信技术。射频识别技术是一种非接触式的自动识别技术，它通过射频信号自动识别目标对象并获取相关数据，识别工作无须人工干预，可于各种恶劣环境中工作。射频识别技术可识别高速运动物体并可同时识别多个标签，操作快捷、方便。

一套完整的射频识别系统是由阅读器（Reader）、电子标签（Tag，也就是所谓的应答器，Transponder）及应用软件三部分组成的。其工作原理是阅读器发射某一特定频率的无线电波能量给电子标签，用以驱动电子标签电路将内部的数据送出，之后阅读器便依序接收、解读数据，并传送给应用软件进行相应的处理。射频识别技术可应用于社会各个领域，如安防、物流、仓储、追溯、防伪、旅游、医疗、教育等，主要用于实现产品的识别、追踪和溯源等。

2. 传感器技术

传感器是一种检测装置，能检测到被测量的信息，并能将检测到的信息按一定规律变换成电信号或其他所需形式输出，以满足信息的传输、处理、存储、记录和控制等要求。目前，传感器技术已渗透到科学和国民经济的各个领域，在工农业生产、科学研究及改善人民生活等方面起着越来越重要的作用。

3. 网络通信技术

传感器依托网络通信技术实现感知信息的传递。传感器的网络通信技术可分为两类：近距离通信技术和广域网络通信技术。在广域网络通信技术方面，互联网、3G、4G、5G、卫星通信技术等实现了信息的远程传输。特别是以 IPv6 为核心的下一代互联网的发展，既使为每个传感器分配 IP 地址成为可能，也为物联网的发展创造了良好的网络基础条件。

4. 定位技术

目前，定位技术主要有卫星定位、基站定位、Wi-Fi 定位和蓝牙定位等。

（1）卫星定位。美国全球定位系统（GPS）是最早投入使用、在民间使用最广泛的卫星定位系统。我国的北斗卫星导航系统（BDS）的服务范围在 2018 年年底由区域扩展为全球。另外，比较成熟的卫星定位系统还有俄罗斯格洛纳斯卫星导航系统和欧洲伽利略卫星导航系统。卫星定位是最常见的定位技术，在生活中随处可见，如汽车车载导航和手机上的百度地图、高德地图，都使用了卫星定位技术。

（2）基站定位。基站定位一般应用于手机用户。手机基站定位服务又叫作移动位置服务，它通过移动网络运营商的网络获取移动终端用户的位置信息（经纬度坐标）。基站定位精度较低，其精度取决于基站分布密度：有资料显示，基站分布密集区域的定位精度可达 20～50 米甚至更高，而基站分布稀疏地区的定位误差可达数千米。

（3）Wi-Fi 定位。Wi-Fi 定位系统的服务器有每个无线访问接入点（AP）的坐标数据，只要移动电子设备连接了 Wi-Fi 信号，Wi-Fi 定位系统便可根据一个或者多个无线访问接入点的坐标来确定该移动电子设备的位置。Wi-Fi 定位一般用于室内定位，比基站定位的精度高很多。

（4）蓝牙定位。蓝牙定位和 Wi-Fi 定位的原理有一定的相似性。蓝牙定位最大的优点是设备体积小、距离短、功耗低，容易集成在手机等移动电子设备中。只要开启设备的蓝牙功能，就能够对其进行定位。对于复杂的空间环境，蓝牙定位稳定性稍差，受噪声信号干扰大，花费比较多。

案例 2.2

传感器及卫星定位技术的应用

山东某公司依托物联网打造温室大棚智能监控平台，开展育苗生产。该公司将物联网技术引入温室大棚中，在种苗培育阶段可以对每一个点进行实时动态监控，采集温度、湿度信息，保证各个工序被精确控制，使菜苗就像工业零件一样被生产出来；可以自动播种、自动喷水，自动调节温度、湿度，进行高效管理，从而应对环境的变化。5G 信号已经覆盖整个种苗生产基地，负责人只要在手机 App 上进行简单操作，两千米之外的种苗培育大棚里，自动洒水机就可以开始行走，补光灯也相应亮起。应用这项技术，工作人员可以帮助千里之外的蔬菜种植者进行生产调控，使销售出去的种苗得到正确的技术指导，这样下游的种植效益也就有了保障。总之，物联网技术的应用大大提高了劳动效率，节省了育苗人工成本。

启发思考：本案例中，育苗生产是如何运用物联网技术减小工人劳动强度的？

（四）物联网的应用

目前，我国的物联网行业处于稳步发展阶段，初步具备了一定的技术、产业和应用基础，呈现出良好的发展态势。《中国互联网发展报告（2021）》显示，2020 年中国物联网产业规模突破 1.7 万亿元，预计 2022 年将超过 2 万亿元。

物联网的应用主要包括智能家居、智能穿戴、智能交通、智能医疗和智慧城市等。今天的物联网，无时无刻不存在于我们的生活中。国内比较成功的物联网的应用主要有列车车厢管理、第二代身份证、大部分高校的学生证、市政交通一卡通、高速公路电子不停车收费系统等。

在电子商务体系里，物联网的应用也非常广泛。现在的电子商务，产品的生产、仓储、物流配送等各个环节都存在较大的改进空间，物联网技术可以有效地解决目前移动电商在运营和管理中出现的各种问题。利用物联网，电商企业不仅可以实现对每一件产品的实时监控，对物流体系的管理，还可以对产品在供应链各阶段的信息进行分析和预测。在电子商务的库存层面，物联网技术可以通过对库存物品信息的实时感知，实现自动化库存管理，并和网上零售营销体系实现数据共享。在物流领域，物体标识和定位技术可将配送包裹模块化，让消费者、网上零售商户和物流公司三方实时获悉货物的位置。

二、云计算

云计算（Cloud Computing）是通过网络提供可伸缩的、廉价的分布式计算能力的一种技术。用户只要在具备网络接入条件的地方，就可以随时随

视野拓展
物联网智能时代

地获得所需的虚拟化资源，如网络、服务器、存储、应用软件、服务等。

1. 云计算的模式

云计算包括公有云、私有云和混合云三种模式。

（1）公有云面向所有用户提供服务，用户一般可通过互联网使用，如阿里云、腾讯云、金山云和百度云等。它使用户能够访问和共享基本的计算机基础设施，包括硬件、存储和带宽等资源。

（2）私有云是为某一个用户单独使用而构建的，因而可实现对数据、安全性和服务质量的有效控制。私有云既可以被部署在企业数据中心的防火墙内，也可以被部署在一个安全的主机托管场所。私有云能保障用户的数据安全，目前有些企业已经开始构建自己的私有云。

（3）混合云是公有云和私有云两种模式的结合。企业在选择公有云服务的同时，出于对安全和控制的考虑，会将部分企业信息放置在私有云上。因此，大部分企业使用的是混合云模式。

2. 云计算的应用

随着云计算技术产品、解决方案的不断成熟，云计算理念迅速得到推广和普及，云计算在许多领域被大规模应用，如云教育、云医疗和云社交等。

云教育从信息技术的应用方面打破了传统教育的固有边界。云计算能够在校园系统、远程教育、公开课或慕课（MOOC）、数据归档、协同教学等多种教育场景中得到应用，从而降低教育成本，实现教育资源的共享和及时更新。

医药企业与医疗单位一直都是国内信息化水平较高的行业用户。在"新医改"政策的推动下，医药企业与医疗单位对自身信息化体系进行优化升级，以适应医改业务调整要求，在此影响下，以"云信息平台"为核心的信息化集中应用模式应运而生，进一步增强了医药企业与医疗单位的内部信息共享能力以及医疗信息公共平台的整体服务能力。

云社交是一种虚拟社交应用。它以资源分享作为主要目标，将物联网、云计算和移动互联网相结合，通过其交互作用创造新型社交方式。云社交对社会资源进行测试、分类和集成，并向有需求的用户提供相应的服务。用户流量越大，资源集成越多，云社交的价值就越大。

三、大数据

大数据（Big data）是指无法在一定时间范围内用常规软件工具进行捕捉、管理和处理的数据集合，是需要采用新处理模式才能具有更强的决策力、洞察发现力和流程优化能力的海量、高增长率和多样化的信息资产。

（一）大数据处理流程

大数据技术，就是从各种类型的数据中快速获得有价值的信息的技术。一般来说，大数据处理流程包括大数据采集及预处理、大数据存储及管理、大数据分析及挖掘和大数据展现四个步骤。

1. 大数据采集及预处理

在互联网时代，数据来源广泛，包括商业数据、互联网数据、传感器数据等；数据类型复杂多样，有结构化、半结构化及非结构化等多种类型。

大数据采集，就是从大量数据中采集有用的信息，为大数据分析打下基础，是整个大数据分析中非常重要的一步。大数据的采集需要庞大的数据库作为支撑，有时也会利用多个数据库同时进行大数据的采集。

采集端有很多数据库，工作人员需要将这些分散的数据库中的海量数

据全部导入一个集中的大的数据库中，在导入的过程中依据数据特征对其进行简单的清洗、筛选，这就是大数据的导入和预处理。

2. 大数据存储及管理

大数据存储及管理要用存储器把采集到的数据存储起来，建立相应的数据库，并进行管理和调用，这一步主要解决大数据的可存储、可表示、可处理、可靠性及有效传输等关键问题。

3. 大数据分析及挖掘

大数据分析指对已经导入的海量数据依据其本身的特征进行分析并对其进行分类汇总，以满足大多数常见的分析需求。分析过程需要用到大数据分析工具。

数据挖掘则是从大量的、不完全的、有噪声的、模糊的、随机的实际应用数据中，提取隐含在其中的、人们事先不知道的、但又是潜在有用的信息和知识的过程。数据挖掘涉及的技术方法很多，只有运用相对准确、合适的方法，才能从大数据中得到有价值的结果。

4. 大数据展现

大数据技术能够将隐藏于海量数据中的信息和知识挖掘出来，为人们开展社会经济活动提供依据，从而提高各个领域的运行效率。大数据展现方式包括图形化展示（散点图、折线图、柱状图、地图、饼图、雷达图、K 线图、箱线图、热力图、关系图、直方图、树图、平行坐标、桑基图、漏斗图、仪表盘）和文字化展示等。

（二）大数据的应用

大数据已被广泛应用于各个行业，包括制造、金融、汽车、互联网、餐饮、电信、物流等在内的各行各业都已经与大数据紧密融合，如表 2.2 所示。大数据的应用往往是与云计算、人工智能及物联网紧密结合的。

表 2.2　大数据的应用

行业	应用范围
制造业	利用工业大数据提升制造业水平，包括产品故障诊断与预测、工艺流程分析、生产工艺改进，生产过程能耗优化、工业供应链分析与优化、生产计划与排程等
金融业	对高频交易、社交情绪和信贷风险进行分析
汽车行业	无人驾驶汽车
互联网行业	分析用户行为，进行产品推荐和精准广告投放，为用户提供更加周到的个性化服务
餐饮行业	实现餐饮精准营销，改变传统餐饮经营方式
电信行业	实现用户离网分析，及时掌握用户离网倾向，出台用户挽留措施
物流行业	优化物流网络，提高物流效率，降低物流成本
城市管理	实现智能交通、环保监测、城市规划和智能安防
生物医学	实现流行病预测、智慧医疗、健康管理；研究 DNA，攻克医学难题

案例 2.3

大数据在疫情防控中的应用

新冠肺炎疫情发生以来，大数据、云计算、人工智能等新一代信息技术加速与交通、医疗、教育、金融等领域深度融合，让疫情防控的组织和执行更加高效，成为战"疫"的强有力武器。

从疫情信息统计分析，到流动人员健康监测、确诊病例追踪，再到疫情态势研判、预测，大数据技术助力筑牢疫情防控网，为科学防控、复工复产、民生保障等提供了有力支撑。

（1）移动通信大数据辅助城市管理。通信大数据行程卡、城市疫情预测仿真系统等应用在疫情监测分析、病毒溯源、防控救治、资源调配等方面发挥了重要的支撑作用，为相关部门的政策制定提供了参考。

（2）大数据技术可以追踪传播路径。大数据技术可以梳理感染者的移动轨迹，追踪人群接触史，为精准定位疫情传播路径、防控疫情扩散等工作提供重要信息。在位置数据方面，除了利用航空、铁路、公路、轮渡等交通部门统计的出行数据外，在用户授权的前提下，电信运营商可以基于手机信令等包含地理位置和时间戳信息的数据有效定位用户手机。

（3）数据挖掘民众需求。由于信息获取方式、生活方式的改变，搜索大数据已成为疫情之下了解民意的重要载体——每一次搜索都精准揭示了民众的需求与问题。例如在疫情初始阶段，"口罩""酒精"等的搜索量大增；随着疫情防控形势好转，"樱花"相关内容的搜索热度超过"口罩"，这反映出民众心理需求的变化：期盼走出家门拥抱春天。

启发思考：总结大数据在疫情防控中的应用。

四、人工智能

人工智能是计算机科学的一个分支，可以对人的意识、思维过程进行模拟。该领域的研究包括机器人、语音识别、图像识别、自然语言处理和专家系统等。

（一）人工智能的关键技术

人工智能已经逐渐发展为一个庞大的技术体系，它涵盖了机器学习、深度学习、人机交互、自然语言处理、机器视觉等多个领域的技术。

1. 机器学习

机器学习是一门多领域交叉学科，涉及统计学、系统辨识、逼近理论、神经网络、优化理论、计算机科学、脑科学等诸多领域。机器学习主要研究计算机怎样模拟或实现人类的学习行为，以获取新的知识或技能，重新组织已有的知识结构，使之不断改善自身的性能。

2. 深度学习

深度学习是机器学习研究中的一个新领域，其动机在于建立、模拟人脑进行分析、学习的神经网络，它模仿人脑的机制来解释图像、声音和文本等数据。

3. 人机交互

人机交互主要研究人和计算机之间的信息交换，它是人工智能领域重要的外围技术。人机交互与认知心理学、人机工程学、多媒体技术、虚拟现实技术等密切相关。人机交互技术除了传统的基本交互和图形交互外，还包括语音交互、情感交互、体感交互及脑机交互等技术。

4. 自然语言处理

自然语言处理是研究人与计算机交互语言问题的一门学科。它主要研究的是能实现人与计算机之间用自然语言进行有效通信的各种理论和方法，涉及的领域较多，主要包括机器翻译、机器阅读理解和问答系统等。

5. 机器视觉

机器视觉就是用机器代替人眼来进行测量和判断，让计算机拥有类似于人类的提取、处理、理解及分析图像和图像序列的能力。机器视觉系统通过机器视觉设备（即图像摄取装置）将被摄取目标转换成图像信号，并传送给专用的图像处理系统，得到被摄取目标的形态信息，根据像素分布和亮度、颜色等信息，将其转换成数字信号，图像处理系统再对这些信号进行各种分析并抽取目标特征，根据判别的结果来控制现场的设备动作。

（二）人工智能的应用

人工智能具有广阔的应用前景，目前"AI+"已经成为发展趋势。下面介绍人工智能应用最多的几大领域。

1. 智能家居

智能家居主要是指基于物联网技术，由智能硬件、软件系统、云计算平台构成的一套完整的家居生态圈，用户可以对设备进行远程控制，设备间可以互联互通，并进行自我学习等。智能家居系统能整体优化家居环境的安全性、节能性、便捷性等，常见的有海尔智能家电、小米智能家居（包括小米手机、小米电视、小米路由器三大核心产品）等。

2. 智能零售

人工智能在零售领域的应用已经十分广泛，无人便利店、重力感应无人售货机、自助结算、情绪识别系统、人脸识别技术及生物识别支付技术已经逐步应用于新零售领域。智能零售正在一点一滴地改变人们的生活。例如，亚马逊实体店（Amazon Go）用人工智能取代收银员、优衣库用人工智能倾听顾客的心声。

3. 智能交通

智能交通系统是人工智能、物联网、云计算及大数据在交通系统中集成应用的产物。目前，我国主要通过对车辆流量、行车速度进行采集和分析，对交通实施监控和调度，以有效增强通行能力、简化交通管理、减少环境污染等。

4. 智能医疗

医疗是人工智能应用的一大领域。智能医疗在辅助诊疗、疾病预测、医疗影像辅助诊断、药物开发等方面发挥了重要作用。目前，比较流行的可穿戴设备，如智能手环、手表等，具有心血管状况监测、血压监测、睡眠监测、运动计步、行走里程计数、热量消耗统计等多种功能，对个人的疾病预防和医疗保健具有辅助作用。

5. 智能教育

智能教育通过图像识别可以实现机器批改试卷、识题答题等，通过语音识别可以纠正、改进学生的发音；而人机交互可以用来进行在线答疑解惑等。人工智能和教育的结合可以从工具层面给学生提供更有效的学习方式。

视野拓展
人工智能的应用领域

6. 智能物流

智能物流指利用集成智能化技术，使物流系统能模仿人的智能，具有思维、感知、学习、推理、判断和自行解决物流中的某些问题的能力，实现货物运输过程的自动化运作和高效率优化管理，提高物流行业的服务水平，降低成本，减少自然资源和社会资源消耗。目前，物流行业的大部分人力分布在"最后一千米"的配送环节，京东、苏宁、菜鸟争先研发无人车、无人机、无人仓等，都是为了抢占市场先机。

案例 2.4

京东智慧物流

2018年12月22日，浙江国际智慧交通产业博览会期间，京东物流作为科技物流企业代表参展，在现场展示了无人机、无人仓、无人车、京东地图、智能空间物流、青流箱等物流"黑科技"。

在博览会现场，京东物流新一代无人机、无人仓、配送机器人等智能物流设备一一亮相，让人大开眼界。

其中，X1无人机和Y3无人机成为与会者关注的焦点，它们不仅可往返20千米送货，而且能全自主定点悬停抛货、自动卸货并返航。

截至2018年年底，京东物流无人机已经在江苏、陕西、海南、青海等地实现了常态化运营，配送机器人已在全国20多个城市投入使用，有效降低了物流配送成本、提升了配送效率。

除了无人机，京东无人仓、无人车同样吸睛。京东无人仓强大的仓储系统，连同多个系列的自动驾驶技术产品，从商品入库、存储，到包装、分拣，真正实现了全流程、全系统的智能化、无人化。

2019年7月，京东物流研发团队为了解决"包裹异常"问题，推出了以"流计算+AI"为核心的异常订单动态履约解决方案。简单来说，此方案就是通过技术手段，让用户实时了解异常包裹动态，告知用户异常包裹到达的确切时间。

启发思考：京东的无人机、无人仓、无人车等技术对电商的物流环节有什么影响？

7. 智能安防

近年来，我国安防监控行业发展迅速，视频监控数量飞速增长，实现了对公共区域的监控。在部分一线城市，视频监控已经实现了公共场合全覆盖。人工智能监控设备的出现，成为打击犯罪的一大利器。

实训案例

阿里新制造——犀牛智造正式亮相

2020年9月16日，阿里巴巴打造的全球首个新制造平台——犀牛智造正式亮相。当天，阿里新制造"一号工程"——犀牛智造工厂也在杭州正式投产。

2016年10月，马云在云栖大会上首次提出"五新"：新零售、新制造、新金融、新技术、新能源。其中，"新制造"意味着数字技术将对传统制造业进行深度重构，实现制造业的智能化、个性化和定制化。

2017年8月，阿里巴巴启动"犀牛智造"项目。犀牛智造的亮相是2020年互联网行业的大事件。这个专门为中小企业服务的数字化、智能化制造平台，率先在服装行业开始了新制造的探索。

本案例整理自猎云网2020年9月16日讯《阿里新制造来了！"犀牛智造"正式亮相》。

2020年，潜行三年的犀牛智造平台揭开了面纱。过去三年里，它和淘宝上200多个中小商家进行试点合作，一步一步跑通了小单起订、快速反应的柔性制造模式，取得了令人意想不到的成效：通过洞察需求和数字化制造，不少商家真正做到了按需生产。

阿里巴巴新制造的初衷是帮助中小企业解决生产供应链中的一系列痛点，如销售预测难、快速反应难、消化库存难等。犀牛智造平台运用阿里巴巴的云计算、物联网、人工智能技术，赋予工厂"智慧大脑"，连通消费趋势洞察、销售预测和弹性生产，构建云、端、智、造融合的新制造体系，从而让服装制造业实现智能化、个性化、定制化的升级。

"新制造让'Made in Internet'成为现实。"犀牛智造平台负责人说。阿里巴巴新制造团队中，80%的成员是工程师。相信有一天，工厂的制造能力可以像云计算一样被调用，从而实现生产的云端化，让服装行业变得更加灵敏。届时，不仅是中小型服装生产企业，全国的创业者、主播、设计师都将从新制造中受益。

思考讨论
1. 查找资料，解释"五新"概念。
2. 犀牛智造平台是如何应用新兴技术实现对服装制造业的升级的？

归纳与提高

本章主要围绕开展电子商务活动所需的技术基础，介绍了互联网的基础知识及使用的协议，并针对互联网应用进行了总结概括，还分析了移动互联网相关技术，同时介绍了常用的电商网站建设客户端技术和服务器端技术。本章对物联网、云计算、大数据、人工智能等新兴技术进行了全面的介绍，包括其概念、关键技术及应用领域，这些技术是相互融合、相互支撑的。电子商务是一种技术含量很高的商务活动，需要各参与方共同努力，才能真正实现健康和稳定发展，体现出应用价值。

知识巩固与技能训练

一、名词解释

互联网　Web 2.0　网络社区　IP 地址　域名　Web 开发技术　物联网　云计算　大数据　人工智能

二、单项选择题

1. 以下选项中不属于电子邮件的主要特点的是（　　）。
   A. 可以访问远程计算机　　　　　　　B. 价格低
   C. 速度快　　　　　　　　　　　　　D. 可传送多媒体文件

2. 在网络环境中，（　　）提供超级文本服务。
   A. FTP　　　　　B. WWW　　　　　C. Telnet　　　　　D. 电子邮件

3. 浏览 Web 网页，应使用（　　）。
   A. 资源管理器　　　B. 浏览器　　　　C. 电子邮件　　　　D. Office 2000

4. 以下选项中，（　　）是文件传输协议。
   A. FTP　　　　　B. HTTP　　　　　C. Telnet　　　　　D. BBS

5. 浏览网页属于 Internet 提供的（　　）服务。
   A. FTP　　　　　B. E-mail　　　　C. Telnet　　　　　D. WWW

6. IPv4 地址中，IP 地址分为 4 段，每一段使用十进制数字描述，每段数字的范围是（　　）。
   A. 0～128　　　　B. 0～255　　　　C. -127～127　　　D. 1～256

7. 下面的 IP 地址中书写正确的是（　　）。
   A. 123.32.1.258　　　　　　　　　　B. 145，42，15，50
   C. 168.12.150.0　　　　　　　　　　D. 142；54；23；123

8. 为了解决地址紧缺问题，IPv6 将 IP 地址空间扩展到了（　　）。
   A. 64 位　　　　　B. 128 位　　　　C. 32 位　　　　　D. 256 位

9. 如果网址为 http://www.xxx.yyy.edu.cn，则可知这是一个（　　）网站。
   A. 商业部门　　　B. 教育机构　　　C. 政府部门　　　　D. 科研机构

10. 在浏览器地址栏中分别输入网站域名和 IP，结果发现访问的是同一个网站，则此工作是由（　　）完成的。
    A. Web 服务器　　B. DNS 服务器　　C. FTP 服务器　　　D. 代理服务器

11. 物联网这个概念最先是由（　　　）提出的。

    A. Auto-ID   B. IBM   C. 比尔·盖茨   D. 贝索斯

12. 射频识别属于物联网的（　　　）。

    A. 感知层   B. 网络层   C. 业务层   D. 应用层

三、复习思考题

1. 互联网提供的服务主要有哪些？移动应用开发技术有哪些？

2. WWW 的传输协议是什么？URL 的含义是什么？

3. Web 客户端和服务器端分别有哪些开发技术？

4. 分析物联网、云计算、大数据、人工智能等新兴技术在电子商务中的应用及其对电子商务产生的影响。

四、技能实训题

1. 下载一款网络会议或网络电话软件（如钉钉）并安装使用，总结该软件能给电子商务带来哪些便利。

2. 通过体验，根据表 2.3 中的比较项目，分析不同的社区电子商务网站的不同之处并填写表 2.3。

表 2.3　社区电子商务网站比较

比较	小红书	蘑菇街	橙心优选
网址			
产品和市场细分			
网站功能和服务			
赢利模式			
网站特色			
目前企业的重点业务			

通过体验，你认为哪个网站更具有竞争优势：

第三章　网络零售

【知识框架图】

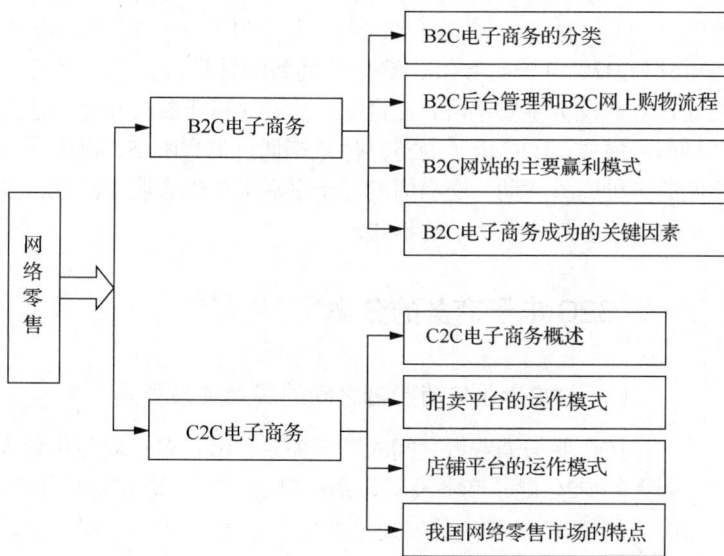

网络零售
- B2C电子商务
  - B2C电子商务的分类
  - B2C后台管理和B2C网上购物流程
  - B2C网站的主要赢利模式
  - B2C电子商务成功的关键因素
- C2C电子商务
  - C2C电子商务概述
  - 拍卖平台的运作模式
  - 店铺平台的运作模式
  - 我国网络零售市场的特点

【学习目标】

【知识目标】

1. 熟悉 B2C 电子商务及 C2C 电商平台的分类。

2. 掌握 B2C 网站的后台管理功能及 B2C 网上购物流程。

3. 掌握 C2C 网上开店的流程。

【技能目标】

1. 能熟练进行网上购物，学会网上支付。

2. 能够举例分析不同 B2C 网站的赢利模式。

3. 能够熟练地在淘宝网上开设和运营自己的店铺，并将拍卖的相关知识应用于淘宝店铺的运营。

引例

企业如何开展B2C电子商务

小李是一名刚刚毕业的大学生，他想通过 B2C 电子商务模式来创业，通过网上零售来赚钱。在开始创业之前，小李必须要考虑：哪种类型的 B2C 电子商务模式比较合适？主要的利润来源有哪些？如何才能经营好 B2C 网店？[1]

如何在C2C电商平台上开网店

王强得知，淘宝网等平台上有很多在校大学生成功创业，如"东京着衣""小米

---

[1] 绘图：宋柯南。

稀饭 88" 等。这些成功案例给了王强足够的勇气，使他也想在 C2C 电商平台（如淘宝网）上开网店，进行网上创业。但是他遇到了很多困难：他不了解如何开设网店，如何选择货源，什么样的产品在网上好销售，以及如何才能经营好自己的网店等。只有克服了这些困难，王强才能着手在 C2C 电商平台上开设自己的网店。

第一节　B2C 电子商务

网络零售是指交易双方以互联网为媒介进行的商品交易活动，即通过互联网进行的信息组织和传递，以实现有形商品和无形商品所有权的转移或服务的消费。买卖双方通过电子商务（线上）应用实现交易信息的查询（信息流）、交易（资金流）和交付（物流）等行为。按照平台的交易对象划分，网络零售可分为 B2C 电子商务和 C2C 电子商务两种模式。

B2C 电子商务是以互联网为主要手段，由商家或企业（以下统称企业）通过网站向消费者提供商品和服务的一种商务模式。B2C 电子商务具体是指通过信息网络，以电子数据流通的方式实现企业与消费者之间的各种商务活动、交易活动、金融活动和综合服务活动，是消费者利用互联网直接参与经济活动的形式。

一、B2C 电子商务的分类

（一）按企业与消费者之间的买卖关系分类

按企业与消费者之间的买卖关系，B2C 电子商务可分为卖方企业对买方个人的 B2C 电子商务及买方企业对卖方个人的 B2C 电子商务两种模式。

卖方企业对买方个人的 B2C 电子商务模式是常见的 B2C 电子商务模式，即企业出售商品和服务给消费者个人，京东商城和当当网就是两个比较典型的代表。

买方企业对卖方个人的 B2C 电子商务模式是企业在网上向个人求购商品或服务的一种电子商务模式。这种模式多应用于企业在网上招聘人才。例如，智联招聘就以这种模式为招聘企业和求职个人提供了沟通平台。

案例 3.1

网络招聘

网络招聘行业的运营模式，主要包括促进招聘方（一般为企业）和求职者的信息匹配，以及提供其他相关人力资源服务。这一模式通过对招聘方发布的职位需求以及求职者填写或上传的资料、简历的信息进行匹配，促进普通的线上沟通及线下面试，以完成常规的求职招聘过程。除常规面试服务，网络招聘平台还有偿提供进阶求职相关培训和课程，使求职者体验更全面、完善的求职过程，在为求职者助力的同时实现自身赢利。其典型代表有智联招聘、前程无忧等。

智联招聘面向大型企业和中小企业，通过整合市场中求职者与企业的信息，扮演中间平台和服务提供商的角色。智联招聘包括测评（我是谁）、网络招聘（我能干什么）、教育培训（我如何进步）三类产品，通过线上、线下、无线三个渠道，为职场人的全面发展打造平台。智联招聘成为企业和个人之间高效交流的互动平台，是企业招聘和个人求职的高效中转站。图 3.1 所示为智联招聘价值网络示意图。

随着互联网的发展，我国网络招聘平台逐步进入多元扩展时期，其业务领域多样化，覆盖招聘行业的各个方面，逐步打造并完善行业全产业链。

目前，我国网络招聘平台已形成综合招聘、垂直招聘、社交化招聘、分类信息招聘以及新兴招聘等五种招聘模式。

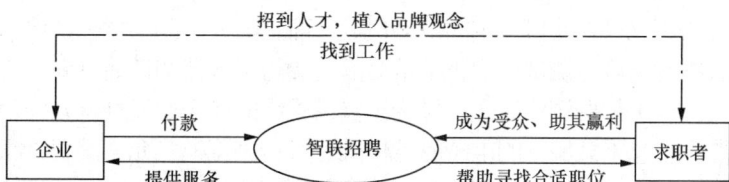

图 3.1　智联招聘价值网络示意图

（1）综合招聘模式。采用此种模式的平台发展较早，在 PC 端时期便已占据市场主导地位。其口碑、规模、人才库均处于网络招聘行业领先地位，代表企业为前程无忧、智联招聘、中华英才网等。

（2）垂直招聘模式。这种模式指专注于某个行业、特定人群或某个特定区域提供招聘服务，包括人群垂直、行业垂直、地域垂直、企业垂直等。其专业性和针对性强，代表企业包括行业垂直的拉勾网、人群垂直的应届生求职网等。

（3）社交化招聘模式。这种模式指基于社交圈子和职业人脉的招聘方式，主要通过社交建立关系、寻找工作，代表企业有脉脉、领英等。

（4）分类信息招聘模式。采用此种模式的企业涉及的业务模式多样，招聘只是其中一部分业务，代表企业有 58 同城等。

（5）新兴招聘模式。这种模式指近年来兴起的新的招聘模式，代表企业包括采用直聊模式的 BOSS 直聘、采用兼职模式的兼职吧等。

启发思考： 1. 请简要分析网络招聘的运营模式。

2. 目前，我国网络招聘平台有哪些招聘模式？请简要分析每一种模式。

（二）按交易客体分类

按交易客体不同，B2C 电子商务可分为无形商品和服务的 B2C 电子商务模式、有形商品和服务的 B2C 电子商务模式两种。前者可以完全通过网络进行；后者则不能完全在网上实现，要借助传统手段才能完成。

1. 无形商品和服务的 B2C 电子商务模式

计算机网络本身具有信息传输和信息处理功能，无形商品和服务（如电子信息、计算机软件和数字化视听娱乐产品等）一般可以通过网络直接提供给消费者。无形商品和服务的 B2C 电子商务模式主要有网上订阅模式、广告支持模式、网上赠予模式和付费浏览模式。

> **学而思，思而学**
> 腾讯、淘宝等网站设有课程学习频道，试分析它们让浏览者报名参加课程学习的意图。

（1）网上订阅模式。网上订阅模式是指消费者通过网络订阅企业提供的无形商品和服务，在网上直接浏览或消费的电子商务模式。这种模式主要被一些商业在线企业用来销售电子刊物、有线电视节目、课程等。还有一些在线服务提供商以这一模式提供培训服务和在线娱乐等，如消费者可在网易云课堂、腾讯课堂等网站订阅关于互联网、电子商务和网络营销等课程的内容。

（2）广告支持模式。广告支持模式是指在线服务提供商免费向消费者提供在线信息服务，其营业收入完全来自网站上的广告的电子商务模式。这种模式不直接向消费者收费，是目前最成功的电子商务模式之一。百度等在线搜索服务网站主要就是依靠广告收入来维持经营活动的。

> 例如，网上管家婆软件支持免费下载、预约试用测试版，这可以推动该软件的销售。

（3）网上赠予模式。采用网上赠予模式的企业主要有两类：软件公司和出版商。软件公司在发布新产品或软件新版本时常在网上免费提供测试版，网上用户可以免费下载试用。这样，软件公司不仅可以获得一定的市场份额，而且扩大了测试群体，保证了软件测试的效果。当最终版本公布时，参与测试用户也常常会因为参与了软件测试而享受一定的价格优惠。

（4）付费浏览模式。付费浏览模式指的是企业通过网站向消费者提供按次收费的网上信息浏览和信息下载服务的电子商务模式。付费浏览模式允许消费者根据自己的需要，在网站上有选择地购买一篇文章或一部分内容，在数据库（如中国知网、百度文库等）里查询到的内容也可付费获取。另外，一次性付费参与游戏娱乐将成为未来很流行的付费浏览模式之一。

视野拓展
B2C 电子商务实例（新闻）

2. 有形商品和服务的 B2C 电子商务模式

有形商品是指传统的实物商品。有形商品和服务的查询、订购和付款等均可在网上进行，但最终的交付活动不能通过网络实现，需用传统的方法完成。有形商品和服务的 B2C 网店根据经营主体的不同，主要分为以下两类。

（1）独立 B2C 网站。独立 B2C 网站主要是指企业自行搭建的网上交易平台。那些拥有较强资金和技术实力的企业能够自行完成电子商务前台系统和后台系统的构建。此类 B2C 网站主要有以下三种。

1）新生网店。新生网店是完全的虚拟企业，最初在线下没有实体店。其典型代表是亚马逊、京东商城等。目前，亚马逊、京东商城等新生网店也在尝试开设线下实体店。

2）传统商店自办网店。部分传统商店因生存压力所迫纷纷上网经营，如苏宁（苏宁易购）和国美（国美在线，2021 年更名为"真快乐"）等。已开设网店的传统零售企业多采用互补性的经营策略：一方面，通过建立门户网站，树立企业形象及推广企业产品，起到广告宣传和信息发布的作用，从而增加线下店铺的销售量；另一方面，采用"错位经营"的方法，使网上业务与线下业务尽量不重合，并通过网络平台提供售后服务和技术支持。

> 错位经营即把多家经销商的产品分为公共产品和错位产品。公共产品是所有经销商都经营的产品，经销商通常通过公共产品带动其他产品的销售。错位产品则由某些经销商独立开发与维护市场，与公共产品互不影响。错位产品通常不是销量最大的产品，但可能是利润最高的产品。

3）开展网络直销业务的自建网站。此类网站由生产制造商开设，生产制造商生产出产品后利用网络平台直销。网络平台使传统的销售方式发生了变化，给这些传统企业带来了更大的商机。比较典型的企业有戴尔（DELL）、海尔和联想等。一般情况下，生产制造商的电子商务网站采用 B2B2C 的混合模式。

案例 3.2

戴尔的电子商务模式分析

戴尔是著名的计算机厂商之一，是传统企业成功向电子商务转型的典型，于 1996 年开展了网络直销业务。戴尔最开始是通过电话进行直销的，互联网革命开始之时，戴尔把握住了机遇，将自己的全部业务搬到了网上，并对原有的组织和流程进行了梳理，开发了包括销售、生产、采购、服务全过程在内的电子商务系统，充分利用互联网手段，为客户提供个性化定制和配送服务，大大提高了客户满意度，对其他转型较慢的竞争对手造成了巨大的威胁和挑战。

1. **戴尔的个性化定制**

戴尔的个性化定制，由客户直接向戴尔下订单（订单中可以详细列出所需的计算机配置），然后由戴尔"按单生产"。戴尔通过各种途径获得的订单被汇总后，供应链系统会自动分析出所需原材料，同时比较公司现有库存和供应商库存，生成一个供应商材料清单。曾有媒体报道，戴尔的供应商仅需要 90 分钟即可将所需原材料运送到戴尔的工厂，戴尔再花 30 分钟卸载货物，并严格按照订单的要求将原材料放到组装线上。

由于戴尔仅需按订单所需准备原材料，因此原材料在工厂的库存时间平均仅为 7 个小时。

2. 戴尔的"零库存"

"按单生产"可以使戴尔实现"零库存"的目标，"零库存"实际是相对的。"零库存"不仅意味着具有减少资金占用的优势，还意味着降低了计算机行业巨大的降价风险。直销的精髓在于速度，优势在于库存的成本。特别是计算机产品更新迅速、价格波动频繁，更使控制库存成本的重要性体现得淋漓尽致。库存成本高是计算机行业最大的"隐形杀手"。调研数据显示，戴尔在全球的平均库存天数不超过 7 天，一般计算机厂商的库存时间为 2 个月以上。这使戴尔可以以比其他竞争对手快得多的速度将最新的技术和产品提供给客户。

3. 戴尔的优势

电子商务化使戴尔可以先拿到客户的预付款，待货运到后再向货运公司结算运费。如此一来，戴尔既占压着客户的流动资金，又占压着物流公司的流动资金，加之"按单生产"没有库存风险，因此戴尔的利润率高于竞争对手。当然，无论采用什么销售方式，企业都必须为客户提供价值。戴尔的网络直销方式给客户带来的价值包括以下几项：一是能够在一定程度上满足客户的个性化需求；二是戴尔精简的生产、销售、物流过程可以省去一些中间成本，因此戴尔的产品价格较低；三是客户可以享受完善的售后服务，包括物流、配送服务，以及其他售后服务。

启发思考：1. 戴尔是如何增强公司的核心竞争力的？
2. 分析戴尔的电子商务模式。

（2）B2C 电子化交易市场。B2C 电子化交易市场也称为 B2C 电子商务中介商，是指在互联网环境下，利用通信技术和网络技术等手段把参与交易的买卖双方集成到一起形成的虚拟交易环境。B2C 电子化交易市场的运营商一般不直接参与电子商务交易。B2C 电子化交易市场作为新型的电子商务中介商，其经营重点是聚集入驻企业和消费者，扩大交易规模，形成一定的商业"马太效应"，提升电子化交易市场的人气。例如，天猫商城和招商银行网上商城等都属于 B2C 电子化交易市场。

📖 视野拓展

马太效应

20 世纪 60 年代，著名社会学家罗伯特·莫顿将"马太效应"归纳为：任何个体、群体或地区，一旦在某一个方面（如金钱、名誉和地位等）获得成功和进步，就会产生一种积累优势，会有更多的机会取得更大的成功和进步。马太效应揭示了个人和企业的需求原理，关系到个人的成功和生活幸福，是影响企业发展和个人成功的重要法则。

（三）按 B2C 网购模式分类

目前，B2C 电子商务模式主要是从 B2C 网购模式的角度来分类的。按 B2C 网购模式，B2C 电子商务模式可分为综合平台商城模式、综合独立商城模式、网络品牌商城模式、连锁购销商城模式等。

表 3.1 所示为以代表平台为例，从销售的商品、商城的优势、商城的劣势等方面对 B2C 网购模式进行的比较。

表 3.1　B2C 网购模式比较

模式	代表平台	销售的商品	商城的优势	商城的劣势
综合平台商城模式	天猫	商品的采购、拍摄、上架、发货均由开店卖方全程自营、维护	只做网络交易平台，不涉及具体的商品采购和销售服务，便于平台商城做强、做大	卖方依靠自有品牌的知名度，需要缴纳一定的租金；平台难以控制商品的质量等

模式	代表平台	销售的商品	商城的优势	商城的劣势
综合独立商城模式	京东商城、当当网、亚马逊	一般自行经营商城，商品来源于正规渠道，自行采购、上架、仓储、发货、配送等	商城握有经营权，可以根据市场情况对销售的产品作出整体调整	内部机构庞大，竞争对手强大，投资巨大，在产品展示和订单管理等方面仍具有一定的不足
网络品牌商城模式	凡客诚品、珂兰钻石	品牌通常归属于在线商城，采用自主生产或贴标的形式进行销售	对市场趋势反应快速，拥有自己的品牌	商品线单一，毛利非常低，推广成本巨大，消费者认可度低，公司品类扩张困难
连锁购销商城模式	苏宁易购、国美在线	采用"实体+网销"模式，自主采购，独立运营	依托传统零售商采购平台与强大供应链的支撑，与厂商有合作关系，具有较高的品牌信誉度，品牌品类更丰富	线上、线下价格如不统一，易冲击现有的流通渠道与价格体系

视野拓展

京东商城是综合性网上购物商城，京东集团于 2014 年 5 月 22 日在纳斯达克挂牌上市，2020 年 6 月 18 日正式在香港交易所上市交易。

凡客诚品创办于 2007 年，销售自有服装品牌。红极一时的凡客诚品，却用十年走出一条发人深省的曲线。

苏宁易购采用"实体+网销"的模式，是传统商家开办网上商城的典型代表。

（四）按商品品类多少分类

按商品品类多少，B2C 电子商务模式可分为垂直 B2C 电子商务模式、综合 B2C 电子商务模式。

1. 垂直 B2C 电子商务模式

垂直 B2C 电子商务专门销售某一行业或某一品类的商品。按照商品品牌的多少，垂直 B2C 电子商务又可以分为品牌型垂直电子商务商城和平台型垂直电子商务商城。

（1）品牌型垂直电子商务商城，销售单品类、单品牌商品，如小米商城、华为商城均是分别销售小米和华为品牌旗下商品的品牌型垂直电子商务商城。品牌型垂直电子商务商城不仅需要有强大的品牌影响力和足够多的商品种类，而且需要能吸引足够大的流量。

（2）平台型垂直电子商务商城，销售单一品类下的多个品牌的商品，如聚美优品覆盖化妆品品类下的众多品牌商品。平台型垂直电子商务商城不仅提供了多个品牌供消费者选择，还针对品类做了细分。

2. 综合 B2C 电子商务模式

综合 B2C 电子商务销售的商品品类多、品牌多，如京东商城、天猫和亚马逊等，它们销售 3C 产品（指计算机、通信和消费类电子产品）、服装、化妆品和图书等多品类商品，每个品类又涉及多个品牌的商品。

二、B2C 后台管理和 B2C 网上购物流程

图 3.2 所示为 B2C 后台管理流程和 B2C 网上购物流程示意图。

1. B2C 后台管理流程

B2C 后台管理流程一般分为以下几步：①网上客户下订单→订单受理→查询商品库存；②库

存有货→生成销售单/库存无货→生成采购单→确认入库→生成销售单；③确认出库→发货确认→结算；④库存综合查询。

2．B2C 网上购物流程

B2C 网上购物流程如下：客户注册会员→商品搜索选购→下订单（放进购物车）→收银台→选择送货方式→选择支付方式（在线支付或货到付款）→购物完成→订单查询。

3．B2C 后台管理的功能

B2C 后台管理具有如下功能。

（1）会员管理。会员管理包括会员的审核与账号清理、会员密码查询与更改、会员预付款充值及会员消费扣款（从预付款中扣除费用）等。

（2）产品管理。产品管理包括产品的分类管理、产品的资料管理、产品的属性管理、产品的营销管理，以及产品的评论管理等。

> 客户可以在订购过程中注册会员；送货方式和支付方式可以在注册会员时选择，在订单完成前可以随时修改。

（3）价格管理。价格管理功能用来定义价格级别（非会员价、普通会员价、金牌会员价等）、制定产品价格、设置营销方式（数量折扣、赠品）等。

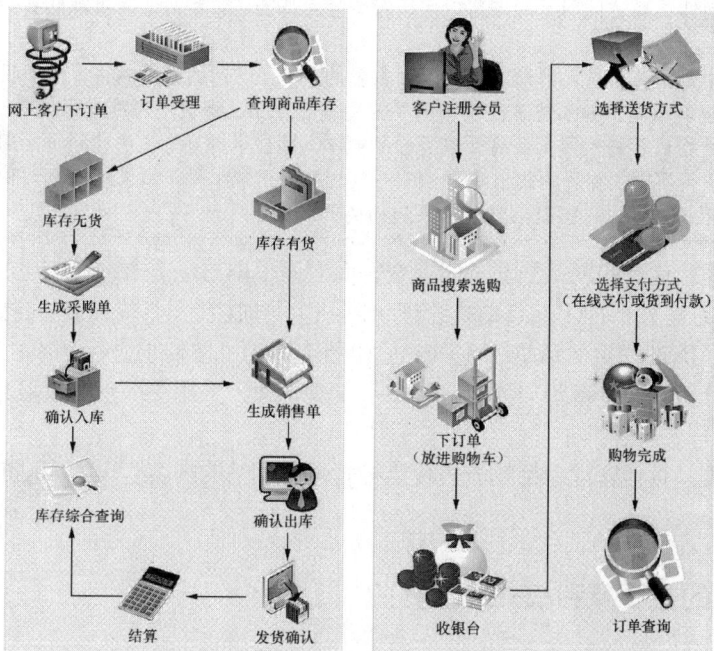

（a）B2C 后台管理流程　　　　　（b）B2C 网上购物流程

图 3.2　B2C 后台管理流程和 B2C 网上购物流程示意图

（4）订单管理。客户提交订单之后，可以在后台查询订单的处理进度。网站系统的后台订单处理包括订单审核、财务处理和物流处理等内容。订单一般有待付款、待发货、待收货和待评价等状态。B2C 企业要注意分析订单转化率。

![视野拓展图标] **视野拓展**

订单转化率

订单转化是指当访客访问网站（或网店）时，访客转化为网站（或网店）的常驻用户，进而成为网站（或网店）的消费用户。订单转化率为统计时间内，下单买家数与访客数的比值。订单转化率越高，说明网站（或网店）的运营水平越高。提高订单转化率可以提高网站的交易金额。例如，网站（或网店）一周内有 1 000 个访客，支付成功的消费用户数为 20 人，订单转化率即为 2%。

（5）销售统计分析。销售统计分析既可为网站的运营团队提供详尽的分析报表，为经营者的广告投放、网站阵列方式选择提供指导，还可按日、周、月、季提供营收报表（销售、预售、实收），商品销售报表（汇总/明细）及商品类别销售报表（汇总/明细）。

（6）网站统计分析。网站统计分析既可对访客 IP、地区、访问时间进行跟踪统计，提供图形化的统计分析工具，还可对站内的商品访问进行统计。网站经营者可以利用流量统计软件来完成网站统计分析，如百度统计和友盟+等。

（7）站点管理。优秀的网站绝非一成不变，而应该根据市场需求进行相应的改进。例如，某 B2C 网上商城的方案如下：①站点结构管理，网站主导航栏、网页布局均可按要求重新设置；②站点样式管理，网站的主体风格、色彩搭配和图片等均可按要求进行调整；③站点数据管理，随时进行数据的分析、安全备份与恢复；④站点安全管理，采用更严密的权限分配策略、重新配置操作员权限等。

（8）其他管理。其他管理包括物流进程监控管理、网站的内容管理、网站的功能管理和服务管理等。

三、B2C 网站的主要赢利模式

B2C 网站一般有以下几种赢利模式。

1. 网络广告收益模式

大多数 B2C 网站都把收取广告费作为主要的赢利模式。网络广告赢利是互联网经济的常规收益模式，也是很多电子商务网站的主要利润来源。这种模式成功的关键是其网页能吸引大量的访客，网络广告能受到关注，如京东商城的"快车"广告就是京东的一大利润来源。

2. 产品销售营业收入模式

一些 B2C 网站通过在网上销售产品，赚取采购价与销售价之间的差价和交易费，从而获取更大的利润。有形商品和服务电子商务网站的赢利模式大多属于这种，如亚马逊、京东商城、唯品会和海尔商城等。

3. 出租虚拟店铺和提供服务收费模式

有的 B2C 电子化交易平台的主要收入来源就是出租虚拟店铺，如天猫。一部分 B2C 网站在销售自营产品的同时，也通过出租虚拟店铺赚取中介费，如京东商城、当当网等 B2C 网站会向入驻商家收取一定的费用，并根据提供服务级别的不同收取不同的服务费和保证金。

> **视野拓展**
>
> **天猫的收费模式**
>
> 天猫店铺的常规费用分为保证金、技术服务年费和实时划扣的技术服务费（佣金）。保证金：品牌旗舰店、品牌专卖店为 5 万元（带有 R 标志）和 10 万元（带有 TM 标志）；专营店为 10 万元（带有 R 标志）和 15 万元（带有 TM 标志）；特殊类目保证金。其中 R(Register) 是注册商标的标志；TM(Trademark) 表示网店已经拿到了商标局下发的《注册申请受理通知书》，但还未成为注册商标。技术服务年费的金额以一级类目为参照，分为每年 3 万元和 6 万元；在达到天猫"基础服务考核分"的前提下，年销售额满 60 万元返还 50%，年销售额满 120 万元返还 100%。实时划扣的技术服务费（佣金）是按照实际交易的价格乘以一定百分比（不包含运费）得出的，各个类目的佣金不一样，具体要看天猫类目对应的佣金比例。

4. 网站的间接收益模式

除了将自身创造的价值变为现实的利润，B2C 网站还可以通过价值链的其他环节赢利。当网上支付拥有足够多的用户时，B2C 网站就可以开始考虑通过其他方式获取收入了。以淘宝、天猫为例，有近 90% 的淘宝、天猫用户会通过支付宝付款，这为淘宝、天猫带来了巨大的利润。淘宝、天猫不仅可以通过支付宝收取签约商户一定的交易服务费用，而且可以依靠庞大的用户群赚取广告费。

案例 3.3

天猫和京东商城运营模式的区别

天猫和京东商城是 B2C 电子商务的两种典型模式，也是很多企业首选入驻的平台。

1. 领域区别

天猫是一个为买卖双方搭建的第三方平台；京东商城是以自营模式为主的平台。

2. 商家入驻区别

（1）天猫分为旗舰店、专卖店、专营店。旗舰店是商家以自有品牌（商标为 R 或 TM 状态）入驻天猫开设的店铺。专卖店是商家持品牌授权文件在天猫开设的店铺。专营店是经营天猫同一招商大类中两个及以上品牌商品的店铺。天猫旗舰店、专卖店、专营店又有多种细分模式。

> 旗舰店可以分为经营一个自有品牌商品的品牌旗舰店、经营多个自有品牌商品且各品牌归属于同一实际控制人的品牌旗舰店（仅限天猫主动邀请入驻）、卖场型品牌（服务类商标）所有者开设的品牌旗舰店（仅限天猫主动邀请入驻，如苏宁易购、酒仙网等）。

（2）京东商城主要分为自营和第三方店铺。京东的第三方店铺也分为旗舰店、专卖店、专营店，但京东对这三种类型的店铺没有再做细分。相较而言，天猫的入驻门槛高、成本高；京东开店的成本低，也相对容易。

3. 赢利模式区别

天猫的收入来源：①保证金、技术服务年费和实时划扣的技术服务费（佣金）；②广告收入和关键词竞价收费；③软件和服务收费；④间接收益，如天猫不仅可以通过支付宝收取签约商户一定的交易服务费用，而且可以充分利用用户存款和支付时间差形成的巨额资金进行其他投资而赢利。

京东商城的收入来源：①店铺出租费、产品登录费；②广告费；③靠厂商返点和其他补贴获利；④以低价获得大销量，赚取采购价和销售价之间的差价和交易费；⑤间接收益，如京东金融收益等。

4. 物流区别

天猫没有自己的物流系统，依靠第三方物流商和菜鸟物流体系，第三方物流商主要是"四通一达"以及EMS。商家如果不在本省，用户收到货需要三天左右，偏远地区则更长。京东商城的物流是自建的，它在全国大部分城市都设有物流配送中心，商品基本能当日送达。在物流配送上，京东自营可以说优势巨大。

5. 搜索规则区别

天猫和京东商城的搜索规则是两套完全不同的体系。天猫拥有较强的店铺概念，如店铺搜索、店铺评分，店铺相关指标对天猫商品的排序有较大影响。在京东商城，店铺的概念较弱，主要按商品搜索的规则来判断哪些商品能排在前面。

（本案例整理自网经社 2019 年 1 月 25 日《实战：京东和天猫的运营模式的区别》）

启发思考： 1. 天猫和京东商城的主要收入来源分别包括哪几项？

2. 天猫的旗舰店、专卖店、专营店有何不同？

3. 简述天猫和京东商城的运营模式的主要区别。

四、B2C 电子商务成功的关键因素

近年来，虽然 B2C 电子商务在我国发展得非常迅速，但目前许多 B2C 电商企业因不能赢利而面临生存危机。采用适合企业发展的赢利模式，是促进 B2C 电商企业可持续发展的关键。B2C电子商务成功的关键因素包括以下几点。

> **问与答**
>
> 问：B2C 电子商务的关键因素有哪些？
>
> 答：B2C 电子商务的关键因素主要包括物流配送、诚信与安全认证、支付方式等。

1. 解决物流配送问题

物流配送是指在经济合理的区域范围内，根据客户的要求对物品进行拣选、加工、包装、分割、组配等作业，并按时送达客户指定地点的物流活动。在 B2C 电子商务模式中，物流是必不可少的关键因素。

2. 诚信与安全认证

根据中国互联网络信息中心的调研结果，最初许多人不接受电子商务这种购物模式的首要原因是，担心安全得不到保障。安全认证包括消费者身份确认及支付确认。诚信与安全认证是 B2C 网站取得成功的关键因素之一。

3. 合理使用支付方式

支付方式决定了资金的流动过程，对 B2C 网站成功与否也起着决定性作用。目前，在 B2C电子商务中，主要的支付方式有在线支付、货到付款及其他支付方式。

（1）在线支付。在线支付主要是指依托银行卡完成的支付。B2C 网站接受银行卡支付的条件是必须和相应的银行签约，成为特约网站。目前，在线支付方式主要有网上支付、第三方支付、电话支付、移动支付等。在线支付具有方便、快捷、高效、经济的优势。

（2）货到付款。货到付款是最原始的支付方式。商家将商品交给客户，客户查验货物后支付货款。目前，货到付款已经不仅仅指当面支付现金，很多网店（如京东商城、当当网和亚马逊等）支持客户在收到货物后用 POS 刷卡、扫码支付等。

（3）其他支付方式。其他支付方式包括银行转账、现金账户支付、现金抵用券支付、礼品卡支付和红包支付等。

4. 特色经营

B2C 企业取得成功的另一个关键因素就是特色经营。B2C 企业只有在产品定位和客户定位上

下功夫，灵活经营，找准特色，才能在 B2C 电子商务里找到一条合适的经营之路。

美国沃尔玛在线的特色是"大而全"，凡是在线下能买到的商品，在线上也能买到，并且价格不会比线下高；京东商城最初的特色是在数码产品这一专业化领域做到了商品全和价格低（京东商城现已逐渐发展为"大而全"）；唯品会的特色在于正确选择了细分市场和目标客户。

5. 网站黏着度

网站黏着度是指用户对网站的依赖度。对一个网站而言，网站黏着度越高，说明用户的忠诚度越高，用户不容易流失，而且通常黏着度越高的网站，其赢利能力越强，商业价值越高。因此，B2C 电商企业需要对自己平台上的商品进行价值分析，结合相关用户分析，对商品的质量、价格和结构等方面进行优化，以增强平台的吸引力。B2C 电商平台的服务贯穿于购买前、购买中及购买后，网站黏着度的高低与平台提供的服务密切相关。

> **学而思，思而学**
> （1）总结京东商城的不断发展的特色经营模式。
> （2）如何提高 B2C 网站的黏着度？

6. 有效控制成本

B2C 电子商务本质上属于零售业，而零售业在相当程度上代表着低利润。所以，B2C 企业首先要解决成本控制问题。据调查，消费者选择在网上购物的一个很重要的原因就是网上的商品价格较低。

7. 商业能力的合理应用

从目前的趋势看，企业越了解传统行业市场的货源调配、客户管理、市场营销，越具备实战经验，就越能在电子商务时代脱颖而出。

商业能力包括对市场的了解，对供货商的选择，了解消费者的消费心理和行为习惯，刺激消费者的购物欲望等，而这些是传统企业比较擅长的。美国的沃尔玛在线在 2001 年推出网上零售以后，迅速发展成为仅次于易贝（eBay）和亚马逊的美国第三大在线销售商；我国的苏宁、国美、百联在开设网店以后也都取得了不错的经营业绩。这些传统企业具有的商业能力是它们快速取得成功的重要原因。

8. 打造成功的网店品牌

打造一个成功的网店品牌对 B2C 企业来说是至关重要的。在虚拟的网络世界里，消费者可以不受任何时间和空间限制地从一个商店转移到另一个商店，他们在网络上接触到的商店和商品都是无形的。优秀的品牌可以使消费者建立起对 B2C 企业的信任感，这种信任感反过来又为 B2C 企业造就了广阔的空间，使其进一步改善产品质量和服务。所以，在虚拟世界中，成功的品牌更有助于企业取得成功。

第二节 C2C 电子商务

C2C 电子商务是指消费者与消费者之间通过互联网进行个人交易的电子商务模式。C2C 电商平台为买卖双方提供在线交易的中介平台，在该类平台的支持下，卖方可以自主进行商品的网上展示与销售；而买方可以自行选择商品、购买付款或以竞价方式在线完成交易。

> **学而思，思而学**
> 登录淘宝网和易贝中国，比较这两个网站的异同。

目前，我国的 C2C 电商平台主要有淘宝网、易贝中国等。淘宝网已成为我国最大的 C2C 电商平台，易贝中国主要是为面向境外销售的用户提供的交易平台。

一、C2C 电子商务概述

（一）C2C 电子商务的特点

与其他电子商务模式相比，C2C 电子商务有如下特点。①用户数量大、分散，往往扮演多种角色，既可以是买方，也可以是卖方。②C2C 电商平台为买卖双方提供交易场所、技术支持及相关服务。③没有自己的物流体系，依赖第三方物流体系。④商品多，质量参差不齐，既有有形商品，也有无形商品；既有全新商品，也有二手商品；既有大工厂统一生产的商品，也有小作坊或个人制作的商品。⑤交易次数多，单笔交易额小，低价值商品加上物流费可能会造成商品价格偏高。

（二）C2C 电商平台的分类

1. 按交易的商品类型分类

按交易的商品类型，C2C 电商平台可以分为实物交易平台和智慧交易平台。

（1）实物交易平台。实物交易平台（如淘宝网、拍拍网和易贝中国等）的商品种类很多，从汽车、计算机到服饰、家居用品，种类齐全，除此之外，还有网络游戏装备交易区等。

案例 3.4

淘宝网简介

淘宝网创办于 2003 年 5 月，经过近 20 年的快速发展，当前正在利用大数据、个性化、视频、社区等增强网购人群的黏性，利用优酷、微博、阿里妈妈、阿里巴巴影业等内容平台打造从内容生产、内容传播到内容消费的生态体系。下面是淘宝网的几种典型特色服务。

1. 千牛

千牛由阿里巴巴集团官方出品，淘宝卖家、天猫商家均可使用。千牛包含卖家工作台、消息中心、阿里旺旺、生意参谋、订单管理、商品管理等主要功能。其核心功能是为卖家整合店铺管理工具、经营咨询信息和商业伙伴关系，借此提升卖家的经营效率，促进合作共赢。千牛目前有计算机版和手机版两个版本。

2. 淘宝的安全制度

（1）引入实名认证制。淘宝网注重诚信安全方面的建设，引入了实名认证制，并区分了个人用户认证与商家用户认证。两种认证需要提交的资料不一样，个人用户认证只需提供身份证明，而商家用户认证还需提供营业执照。一个用户不能同时申请两种认证。

（2）支付宝担保支付模式。对于买卖双方在支付环节中的交易安全问题，淘宝网推出了支付宝担保支付模式，以降低交易的风险。

（3）引入信用评价体系。买卖双方都可以查看对方的信用评价。淘宝网信用评价的基本原则是，成功使用支付宝支付完成一笔交易后，双方都可以对对方做一次信用评价。

3. 生意参谋

生意参谋是由阿里巴巴数据团队出品的店铺数据化、精细化经营分析工具，能帮助淘宝卖家、天猫卖家分析店铺经营状况，包括人（流量）、货（商品）、钱（交易）；通过实时直播（及时性）、无线专题（多终端）、竞争情报（结合行业）等增强卖家的精细化运营能力。

利用生意参谋，卖家可以了解店铺的整体情况及每条商品信息的排名，并可对比了解整个行业内的推广情况。同时，根据推广情况，生意参谋会向卖家提出优化建议，帮助卖家更好地推广产品。图 3.3 所示为生意参谋的首页。

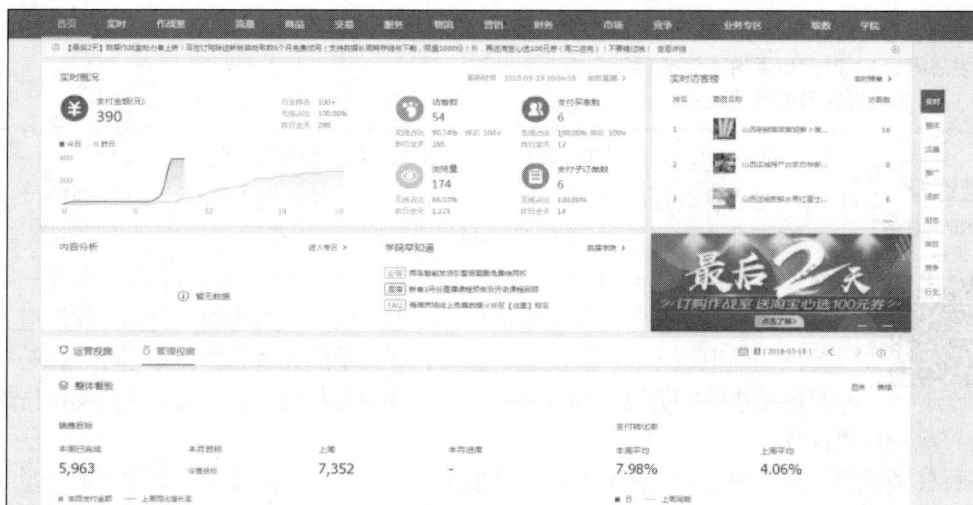

图 3.3　生意参谋的首页

启发思考：1. 淘宝网的三种典型特色服务分别能为卖家带来什么样的间接收益？
2. 生意参谋能帮助卖家分析哪些数据？

（2）智慧交易平台。威客网一般"交易"的是企业或个人的智慧，是常见的智慧交易平台。威客的英文 Witkey 是由"wit"（智慧）和"key"（钥匙）两个单词组成的，它也是"the key of wisdom"的缩写，是指那些利用互联网把自己的智慧、知识、能力、经验转换成实际收益的人。

威客网的用户按照行为可以分为两类：回答者和提问者。其中，提问者提出问题和发布任务，在获得满意的解决方案后支付报酬给回答者。回答者接受任务和回答问题，当回答者的解决方案得到提问者的认可后，回答者获得约定的报酬。

按参与的方式不同，威客网可分为三种类型，即 A 型威客（Ask Witkey）网、B 型威客（Bid Witkey）网和 C 型威客（C2C Witkey）网。

A 型威客网即知道型、知识问答型威客网，如百度知道和爱问等。

B 型威客网即悬赏型威客网，用户通过对某个项目进行投标并争取中标，从而获得项目开发机会，最终产生价值，如任务中国、猪八戒网、一品威客网和时间财富网等。

C 型威客网即点对点威客网，用户通过对自身能力进行展示、证明，将能力转化为能力产品，与需求者之间建立 C2C 的买卖交易关系，如时间财富网等。

其实，A、B、C 型威客网的划分并没有绝对的界限，如时间财富网既属于 B 型威客网，又属于 C 型威客网。

〰️ 案例 3.5 〰️〰️〰️〰️〰️〰️〰️〰️〰️〰️〰️〰️〰️〰️

时间财富网

时间财富网即原威客中国网，是一个通过互联网解决科学、技术、生活和学习问题的交流平台。威客可通过时间财富网把自己的智慧、知识、能力和经验转化成实际收益。

时间财富网上的悬赏项目囊括软件开发、平面设计、装修设计、文案取名、工业设计、网站建设等多个领域。时间财富网的金点子库会收集威客的创意，让更多的人了解威客的想法，与威客合作。每天，来自各地的威客都在这里交流，每位威客均可展示自己的特长，承接与发布悬赏项目，拥有时间财富网的二级域名。

时间财富网没有门槛，威客只要有本事就能拿到悬赏金，能使知识和智慧充分体现其价值，是极容易发展威客潜力、展示威客才华、让威客成功的地方。

时间财富网上的威客年龄大多为18~35岁，主要群体为在校大学生和在职人员，工作方式多为兼职。

启发思考： 1. 时间财富网能为威客带来哪些利益？

2. 分析时间财富网的运营模式。

🎬 微课堂

威客的两种任务流程

威客的运营流程取决于其任务形式，具体内容如下。

现金悬赏任务流程（参见图3.4）：任务发布者发布任务→全额预付定金给威客网→众多威客完成任务→威客网将任务奖金支付给完成得最好的一名威客。现金悬赏任务流程易于操作和理解，但应该注意它的应用范围有一定的限制。现金悬赏任务流程主要适用于：①与生活相关的领域，如百度知道、新浪爱问用虚拟现金（积分）进行悬赏；②简单的在线工作，如起名、撰写文章、金额较小的图像设计和程序设计等；③威客营销，如万元悬赏征集广告语、好点子、产品使用建议等。

招标任务流程（参见图3.5）：任务发布者发布任务→支付少量定金或不支付定金→经威客网确认的高水平威客报名参加→任务发布者选择最合适的威客开始工作→由任务发布者或威客网根据工作进度向威客支付酬劳。招标任务流程可避免任务发布者预先支付大量定金，但需要威客网对威客和任务发布者进行信用管理。其适用的领域包括：①金额较大、难度较高的在线工作任务，如高水平的翻译、网站建设、企业策划、法律咨询、软件开发等；②工程技术领域，如化工、建筑、工程、电力、能源等。

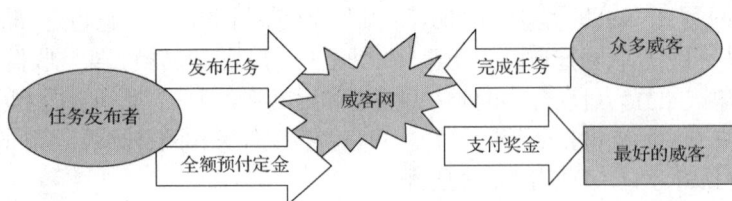

图 3.4 现金悬赏任务流程

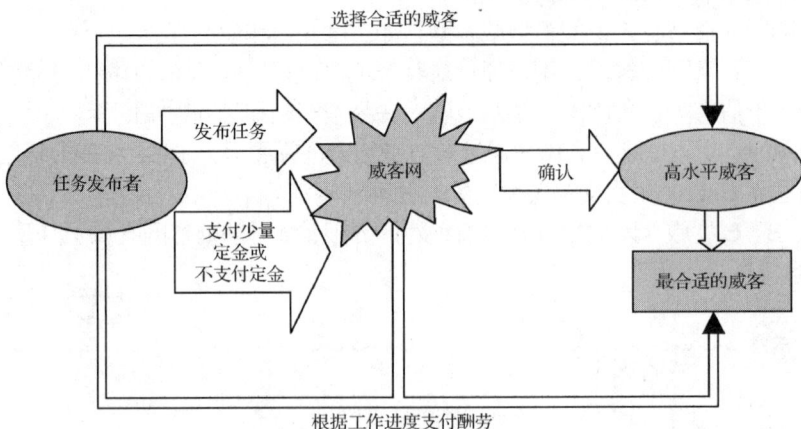

图 3.5 招标任务流程

2. 按交易平台的运作模式分类

按交易平台的运作模式，C2C电商平台可以分为拍卖平台和店铺平台。

（1）拍卖平台。在拍卖平台运作模式下，C2C电商企业为买卖双方搭建网络拍卖平台，以成交金额的一定比例收取交易费用。在拍卖平台上，商品所有者或某些权益所有人可以独立开展竞价、议价、在线交易等活动。

（2）店铺平台。在店铺平台运作模式下，C2C电商企业提供平台，以方便卖方在平台上开设店铺。其可以以会员制的方式收费，也可以通过广告或提供其他服务收取费用。

拍卖平台与店铺平台间没有明确的界限，如淘宝网既是拍卖平台，又是店铺平台。

二、拍卖平台的运作模式

C2C电子商务的典型应用是网络拍卖和网上交易等，如易贝是全球最早建立的C2C电商平台，其典型应用是为买卖双方搭建拍卖平台。

（一）网络拍卖平台的形式

《中华人民共和国拍卖法》（以下简称《拍卖法》）明确规定，拍卖（Auction）是指以公开竞价的形式，将特定物品或者财产权利转让给最高应价者的买卖方式。

拍卖主体包括竞买人、买受人、委托人和拍卖人。竞买人是指参加竞购拍卖标的活动的公民、法人或者其他组织；买受人是指以最高应价购得拍卖标的的竞买人；委托人是指委托拍卖公司拍卖特定物品或者财产权利的公民、法人或者其他组织；拍卖人是指依照《拍卖法》和《公司法》设立的从事拍卖活动的企业法人。在网络上，拍卖人一般是指C2C电子商务拍卖平台或在平台上拍卖商品的企业或个人。

网络拍卖（Auction Online）是指网络服务商利用互联网通信传输技术，向商品所有者或某些权益所有人提供有偿或无偿使用的互联网技术平台，让其在平台上独立开展拍卖活动的在线交易模式。

网络拍卖的基本运作方式如下：卖家在拍卖网站上展示欲出售物品的图片等资料供买家挑选，买家可以随时登录拍卖网站挑选自己想购买的物品，出价竞标，实时查看整个拍卖过程。这种以竞拍方式进行的网上交易既能让卖家争取到公平的市场价格，又能让买家找到相对廉价的所需物品。

拍卖网站大致分为以下两种形式。

1. 专业拍卖网站

专业拍卖网站一般是指传统拍卖公司为实现其现实空间（实际经营）中的既有业务在网络空间中的延伸而建立的拍卖网站。这种形式包括拍卖公司之间为联合开展拍卖业务而合作建立的网站，如路易森林。虽然目前专业拍卖网站为数不多，但由于有明确的目标市场，它们比平台式拍卖网站更具优势。

> 路易森林（原嘉德在线）是传统拍卖行向网络平台转化的典型，已成为艺术品专业市场进入大众消费领域的重要推手。

2. 平台式拍卖网站

平台式拍卖网站是在网络拍卖中提供拍卖服务和交易程序，为众多买家和卖家构筑网络交易市场，由卖家进行网络拍卖交易的平台。这类网站的拍卖服务主要采用C2C或B2C模式，在我国以淘宝网为突出代表。平台式拍卖网站的经营目标是促成用户之间的在线交易，网站并不以买家或者卖家的身份参与交易活动。

从技术角度看，提供竞买过程的跟踪和管理服务是网络拍卖的关键。用户登录网站后，即可通过页面或电子邮件进行交易或跟踪拍卖进程。例如，淘宝网的拍卖有阿里司法拍卖、资产交易、珍品拍卖、拍卖服务。图3.6所示为阿里司法拍卖的首页。

视野拓展

阿里司法拍卖、资产交易、珍品拍卖、拍卖服务

阿里司法拍卖的商品包括机动车、住宅、土地、林权、无形资产等诉讼资产。资产交易的商品包括诉讼资产、金融资产、二手商品等。珍品拍卖的商品包括艺术品、珠宝等，常以专场形式定期拍卖。拍卖服务有房产服务、汽车服务、土地服务、债权服务等，服务商可以入驻该平台为企业和个人提供相应的服务。

图 3.6　阿里司法拍卖的首页

（二）网络拍卖的方式

以淘宝网的拍卖为例，拍卖的方式有增价拍、荷兰拍、降价拍三种。

（1）增价拍，拍卖商品的数量为 1，拍卖价格由低到高自由竞价，拍卖结束时，出价最高者获得拍卖的商品。这种方式通常规定了最低加价金额（即加价幅度）。买家在拍卖规定的时间内竞价，如果价格是唯一标准，获胜者就是出价最高的人。另外，拍卖前卖家可设定底价，若最高价低于底价，则卖家有权不出售此商品。增价拍是目前使用最普遍的网络拍卖竞价方式。

🤓 视野拓展

加价幅度

加价幅度指参与竞拍的买家为了超越前一个人的出价，在当前出价基础上允许增加的最低出价金额。

卖家在发布拍卖品的时候可以自定义加价幅度，也可以使用系统自动代理加价。系统自动代理加价的加价幅度会随着当前出价金额的增加而增加。

竞价拍卖的相关知识

- 起始价：拍卖品最初拍卖时的价格。
- 底价：委托人出售商品的最低价格，即能接受成交的最低心理价位。
- 一口价：只要有人出价达到该价格，出价人可立即购得相应数量的商品。
- 三者的关系：一口价≥底价＞起始价。
- 代理出价：系统根据买家输入的最高价格，在有其他买家出价时，自动以加价幅度向上出价，以维持买家最高出价者的位置，直到买家的最高出价被其他买家超过为止。如果代理出价的最高价格与其他出价相同，则最先设置该价格者获胜。代理价格对其他买家是保密的。拍卖结束时，如果没有人出价超过该买家，则该买家就是获胜者，将以目前的出价购得拍卖的商品。

（2）荷兰拍，拍卖商品的数量大于 1，竞价结束时，出价高者优先获得拍卖商品，若价格相同，先出价者先得。与传统的荷兰拍略有不同，淘宝网的荷兰拍的最终成交价一般是最低成功出

价。如果出价靠后的买家可获得的商品数量不足，买家就可以放弃购买（淘宝网中发布荷兰拍商品的卖家的信用分数必须大于等于 11 分）。

（3）降价拍。降价拍是拍卖商品的竞价由高到低依次递减，直到竞买人应价时成交的一种拍卖方式。如果拍卖商品的数量为 1，则商品在第一个竞买人应价时成交且拍卖结束；如果拍卖商品的数量大于 1，则拍卖在所有商品被竞买人应价完后结束。

学而思，思而学

请分析：1. 易贝的荷兰拍与淘宝网的荷兰拍有何不同？

2. 在淘宝网上，如果拍卖商品的数量大于 1，应用什么方式拍卖？

淘宝拍卖详细规则

案例 3.6

易贝和淘宝网的荷兰拍

1. 易贝的荷兰拍

易贝的荷兰拍的特点：出售者列出商品的起价及待售数量，如果没有人竞价就降低价格；竞拍者同时指定出价和希望购买的数量；所有竞拍成功者均按最低成交价购买；如果竞拍者需要的数量等于或大于商品数量，则最早出价者获得商品；出价更高的竞拍者将能得到需要的商品数量；荷兰拍不使用代理拍卖机制；竞拍者可以拒绝购买数量不足的商品，如某人竞价 10 个单位的商品，但是拍卖后只得到 8 个单位，那么他可以一个都不买。

淘宝荷兰拍

2. 淘宝网的荷兰拍

淘宝网的荷兰拍举例如下。

（1）一位卖家拍卖 10 个摄像头，起拍价格是 1 元；10 位买家各出价购买一个摄像头，出价金额均为 1 元。在这种情况下，10 位出价者都将以 1 元的价格购得一个摄像头。

（2）一位卖家拍卖 10 个摄像头，起拍价格是 1 元。到竞价拍卖结束的时候，有 3 位获胜的出价者：一个出价 5 元，买 1 件；一个出价 3 元，买 1 件；1 个出价 2 元，买 10 件。最后，这 3 位出价者都将以 2 元的价格购得此商品。前两位出价者因为出价较高，所以都能得到自己需要的数量（出价相同的，先出价者排在前面）；最后一位出价者因为出价较低，只能得到 8 件（此时只剩下 8 件，不能满足他的购买数量，他可以放弃购买）。

（3）一位卖家拍卖 10 个摄像头，起拍价格是 1 元。到竞价拍卖结束的时候，有 2 位获胜的出价者：一个出价 5 元，买 1 件；一个出价 3 元，买 1 件。因为他们的购买数量均不足 10 件，所以商品将以起拍价格（即 1 元）成交。

启发思考： 1. 简述淘宝网的荷兰拍的规则。

2. 易贝的荷兰拍和淘宝网的荷兰拍哪个可以使用代理出价机制？请解释什么是代理出价机制。

竞价方式可分为个人竞价和集体议价两种方式。个人竞价又分为透明竞价和不透明竞价两种。透明竞价类似于股市的交易，买方随时可见最新的出价；不透明竞价就是买方出价，卖方认为合适即可成交，所有的出价只有卖方知道。集体议价是一种由多个买方购买同一商品而集体议价，形成一定的购买规模后以获得优惠售价的交易方式。

三、店铺平台的运作模式

店铺平台运作模式又称网上商城运作模式，由电商企业提供平台，方便用户在网上开设店铺。目前，国内主要的 C2C 网店平台有淘宝网等。

（一）C2C 网上交易及开店的流程

1. C2C 的购买流程

（1）会员注册。如果是 C2C 平台的新用户，首先要进行会员注册。

（2）搜索商品。用户可以利用 C2C 平台的搜索引擎，也可以按照商品分类来选择所需购买的商品。一般 C2C 平台都具有"高级搜索"的功能。

视野拓展
C2C 的购买和
拍卖流程

（3）联系卖家。用户可以通过多种沟通工具联系卖家，如淘宝网买家除了可以直接给卖家留言外，还可以用阿里旺旺和卖家联系（卖家用千牛工作台）。

（4）出价和付款。买家如果选择的是以拍卖方式出售的商品，首先必须认真学习该拍卖网站的拍卖规则，其次要看好邮费、剩余的时间、起拍价格、加价幅度和当前的价格；如果选择的是以一口价方式出售的商品，且卖家不包邮费，则付款金额将是一口价加邮费。

（5）收货和评价。收货后，买家应在第一时间检查商品的状况，如尺寸、新旧程度、颜色等是否和照片或描述一致。如果商品和照片或描述有出入或自己不满意，买家就可以和卖家协商退货。最后，买家要对卖家进行客观、公正的评价。

2. C2C 的开店流程

（1）会员注册。方法与买家注册会员的方法相同。如果作为买家已注册为会员，则可以使用同一会员账号。

（2）开通 C2C 平台的支付工具，如在淘宝网开店则需要开通支付宝。

（3）实名认证。如果用户要在 C2C 平台上出售商品，就必须通过实名认证，具体有个人实名认证和企业实名认证两种。个人实名认证包括支付宝实名认证和淘宝开店认证，认证时用户必须提供本人的身份证；企业实名认证时必须提供营业执照等能证明商家身份的证件。

（4）发布商品，开设店铺。通过实名认证后，卖家就可以发布商品、开设店铺进行销售了。目前，在淘宝网上定价销售（拍卖）商品不用交任何中介费用，是完全免费的，但 C2C 平台的增值服务是要收取费用的，如淘宝网的旺铺、试衣间等都要收取一定的服务费。

（5）联络买家。在商品销售过程中，随时会有买家留言提问，卖家应及时、耐心地回复留言；也有买家会通过发站内信件的方式联系卖家，卖家应及时通过沟通工具回复买家。

（6）发货和评价。在确认收到买家的货款后或者知道买家已把货款付给第三方支付机构后，卖家就可以放心地安排发货了。在买家收到货物，卖家收到货款后，卖家须客观、公正地对买家进行评价，买卖双方互相评价后都会得到一定的信用积分。

（二）货源的选择

C2C 网上开店成功与否，关键在于货源的选择。货源的好坏与店铺动态评分有直接关系，并会直接影响网店运营。因此，如何找到好货源，对新手卖家而言至关重要。

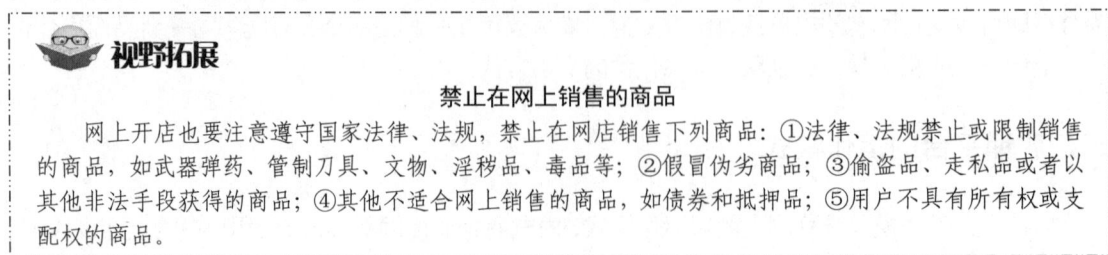
视野拓展

禁止在网上销售的商品

网上开店也要注意遵守国家法律、法规，禁止在网店销售下列商品：①法律、法规禁止或限制销售的商品，如武器弹药、管制刀具、文物、淫秽品、毒品等；②假冒伪劣商品；③偷盗品、走私品或者以其他非法手段获得的商品；④其他不适合网上销售的商品，如债券和抵押品；⑤用户不具有所有权或支配权的商品。

1. 淘宝网官方平台

（1）阿里巴巴。阿里巴巴是国内最大的在线交易平台，目前已覆盖原材料、工业品、服装服饰、家居百货、小商品等多个行业大类的产品。

在阿里巴巴平台上选择货源方便、快捷，但是淘宝卖家对商品品质、供应链情况等难以把握。因此，在阿里巴巴平台上挑选货源时要比较商家的销量、评价和复购率，要注意查看图片质量、店铺单品及其销售情况、响应速度和发货速度、诚信通年限、是否有金牛标志等，另外还需要查看厂家的联系方式、地址等信息。

学而思，思而学
如果某淘宝店铺为网上代理商，卖出商品后，由谁来发货？

淘宝卖家可以利用阿里巴巴的货源做代理，也可以通过阿里巴巴进货，然后在自己的店铺中上架销售。

（2）天猫供销平台。在淘宝卖家中心按"货源中心"→"分销管理"的顺序进入图 3.7 所示的天猫供销平台。商家首先需要在天猫供销平台上注册，然后才能采购货物。天猫供销平台提供的都是有品牌的商品，商品品质相对较好，图片是原图，但是对商家有一定限制，如信用等级达到一钻级别、好评率达到 99%等，通常在商家的招募书中可以看到详细要求。另外，其对商品的销售价格也有控制，因此商家的利润空间有限。

2. 产业带工厂

产业带是一个带状的链条产业集中区域，是相关或相同产业的基地，在此区域内可以形成产业集聚效应，有助于更好地壮大产业，较知名的产业带有杭州的女装、扬州的毛绒玩具、深圳的 3C 数码、佛山的卫浴等。卖家登录阿里巴巴中国产业带，点击"产地地图"，即可看到不同类目产品的产业带，以及每个产业带工厂的联系信息，也可以实地考察其产品质量、价格等情况。卖家在产业带工厂拿货的优点是价格低、款式多、货源充足、供应链可把控，但缺点是要求进货量大、容易压货，且多数厂家不愿与小规模的卖家打交道。

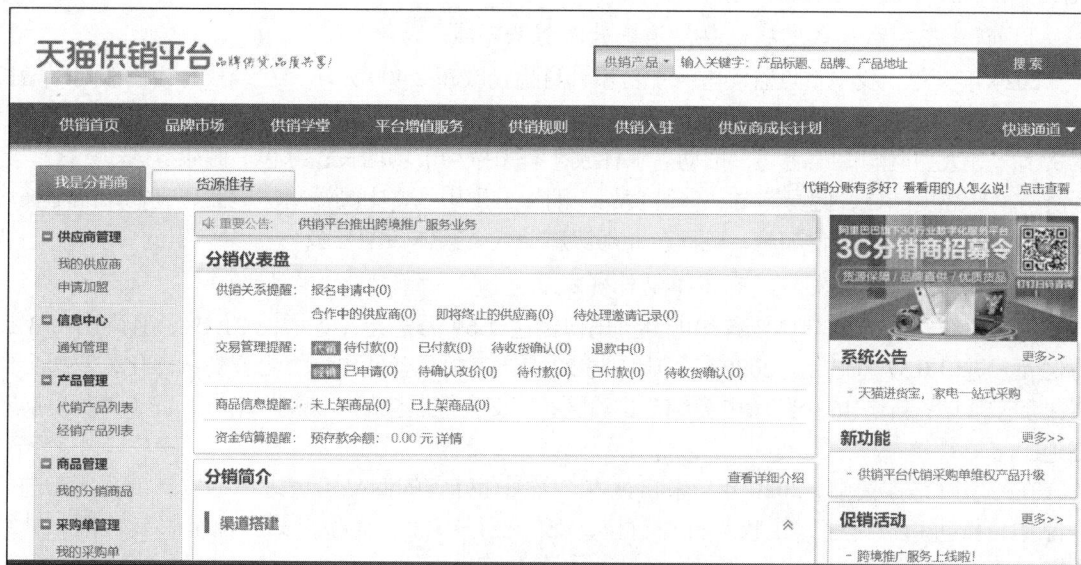

图 3.7　天猫供销平台

3. 线下批发市场

普通的线下批发市场有很多，如广州流花服装批发市场、义乌小商品城等，这些都是开网店找货源的不错选择。线下批发市场的商品更新快、品种多，但是容易断货且品质不易控制。

4. 当地特色产品

当地特色产品，如山西的核桃、枣等，在当地产量大，方便直接和农户对接，这样可以节约成本、提高利润。

视野拓展

淘宝直通车

淘宝直通车是为淘宝卖家量身定制的营销工具，能够实现商品的精准推广。淘宝直通车没有任何服务费，淘宝卖家第一次开户预存的 500 元将全部用作广告费。淘宝直通车是按点击量付费的，即当别人搜索到你的广告，点击广告后才扣除费用，点击一次最低扣除 0.05 元。

（1）直通车商品在淘宝网电脑端上出现在搜索商品结果页面的右侧（16 个单品广告位）和最下端（5 个广告位）。搜索商品结果页面可一页一页地往后翻，展示位以此类推。展现形式为图片+文字（标题+简介）。淘宝网手机端直通车商品的主图左上角有 "HOT" 标志。

（2）其他的展示位："已买到宝贝"页面中的掌柜热卖，"我的收藏"页面中的掌柜热卖，"每日焦点"中的热卖排行，"已买到宝贝"中的物流详情页面。

（3）直通车活动展示位：淘宝网首页下方的热卖单品，各个子频道下方的热卖单品等区域。

（4）天猫页面下面的直通车展示位：输入搜索关键词或点击搜索类目后，搜索结果页面最下方"掌柜热卖"的 5 个位置。

四、我国网络零售市场的特点

我国的网络零售市场逐渐成熟后，C2C 规模增速不及 B2C，C2C 的市场份额逐渐减少。随着网络零售市场的发展，国内用户规模增长速度已在下降，这更加剧了网络零售平台之间的竞争。国家统计局数据显示，2020 年我国网上零售额达到 11.76 万亿元，比 2019 年增长 10.9%。目前，我国网络零售市场呈现出如下特点。

1. 新业态、新模式发展迅猛，消费升级势头不减

2020 年全年，我国重点监测电商平台累计直播场次超 2 400 万场，在线教育销售额同比增长超过 140%，在线医疗患者咨询人次同比增长 73.4%；"双品网购节""618""双十一"以及"网上年货节"等大型网购促销活动，推动需求释放，有力拉动市场增长；绿色、健康、"家场景""宅经济"消费热度凸显，健身器材、保健食品、消毒卫生用品、中高端厨房电器、宠物用品增长均超过 30%；线上线下融合加速，电商企业加快赋能线下实体转型升级。

2. 跨境电商持续发力，有力推动外贸发展

据海关统计，2020 年中国跨境电商进出口额达 1.69 万亿元，年增长 31.1%，其中出口 1.12 万亿元，进口 0.57 万亿元。2020 年，中国与 22 个国家的"丝路电商"合作持续深化，双边合作成果加速落地；新增 46 个跨境电商综合试验区；广交会等展会的"云端"举办开辟了外贸发展新通道。

在跨境网络零售中，2020 年，来自日本、美国和韩国的商品跨境进口额位居前三。在进口商品中，按进口额排序，化妆品排在首位，第二位是粮油、食品，第三位是服装鞋帽、针纺织品。

3. 农村电商提质升级，电商兴农不断深入

商务大数据监测显示，2020 年全国农村网络零售额达 1.79 万亿元，同比增长 8.9%。电商加速赋能农业产业化、数字化发展，一系列适应电商市场的农产品持续热销，有力推动乡村振兴。商务部持续开展农产品"三品一标"认证、农产品品牌推介洽谈，推动农产品上行。

电子商务概论（附微课　第5版）

"双十一"源于淘宝商城（天猫）于 2009 年 11 月 11 日举办的促销活动，现 11 月 11 日已经演变为网络促销日。2009 年，淘宝/天猫的"双十一"交易额达到 5 200 万元；2020 年淘宝/天猫"双十一"的交易额达 4 982 亿元，物流订单量达 10.42 亿。表 3.2 为淘宝/天猫 10 年来"双十一"的销售额对比。

2020 年，越来越多的商家选择在天猫实现线上与线下的融合。在入驻天猫的商家中，包括王府井、银泰、大悦城等在内的百货集团与天猫合作搭建了专场。参与"双十一"大促的品牌有 81 923 个、SKU 有 31 463 842 个，在"双十一"大促期间发布的新品占比为 6.41%。2020 年"双十一"全网零售额排名前三的行业分别为家用电器、手机数码、服装。表 3.3 为 2020 年"双十一"全网零售额前十的行业。

表 3.2 淘宝/天猫 10 年来"双十一"的销售额对比

时间	淘宝/天猫"双十一"销售额（亿元）	同比增长（%）
2011 年	52	455.5
2012 年	191	67.3
2013 年	350	83.2
2014 年	571	63.1
2015 年	912	59.7
2016 年	1 207	32.3
2017 年	1 682	39.3
2018 年	2 135	26.9
2019 年	2 684	25.7
2020 年	4 982	26

表 3.3 2020 年"双十一"全网零售额前十的行业

排名	行业
1	家用电器
2	手机数码
3	服装
4	个护美妆
5	女鞋/男鞋/箱包
6	家居建材
7	计算机办公
8	食品饮料
9	母婴玩具
10	运动户外

数据整理自中商情报网

📖 实训案例

下面以淘宝网为例，说明 C2C 网上竞买和网上开店的具体操作流程。

一、买家流程

买家流程主要包括会员注册、搜索商品、报名和提交保证金、出价和付款、收货和评价等。

1. 会员注册

如果是淘宝网的新用户，首先要进行会员注册。在淘宝网首页点击"免费注册"，然后阅读服务条款并点击"已阅读并同意淘宝平台服务协议、隐私权政策、法律声明、支付宝及客户端服务协议"，填写并提交个人资料，最后通过电子邮件激活会员账号即可完成会员注册。

2. 搜索商品

搜索可分为一般搜索和高级搜索。

（1）用一般搜索方式搜索商品。将"一元起拍茶叶"输入淘宝网首页的搜索框中，点击"搜索"按钮，即可出现图 3.8 所示的结果，同时可以看到高级搜索的页面。

（2）用高级搜索方式搜索商品。从图 3.8 所示的搜索结果页面中可以看出，淘宝网的高级搜索可以进行包邮、赠送退货运费险、新品、公益宝贝、7+天内退货、海外商品等分类搜索，同时买家可以选择将商品按销量、信用、价格等来排序。淘宝网 C2C 的销售形式主要有两种：一口价形式和拍卖形式。一口价形式类似于 B2C 的网上购物，这里主要介绍拍卖形式。

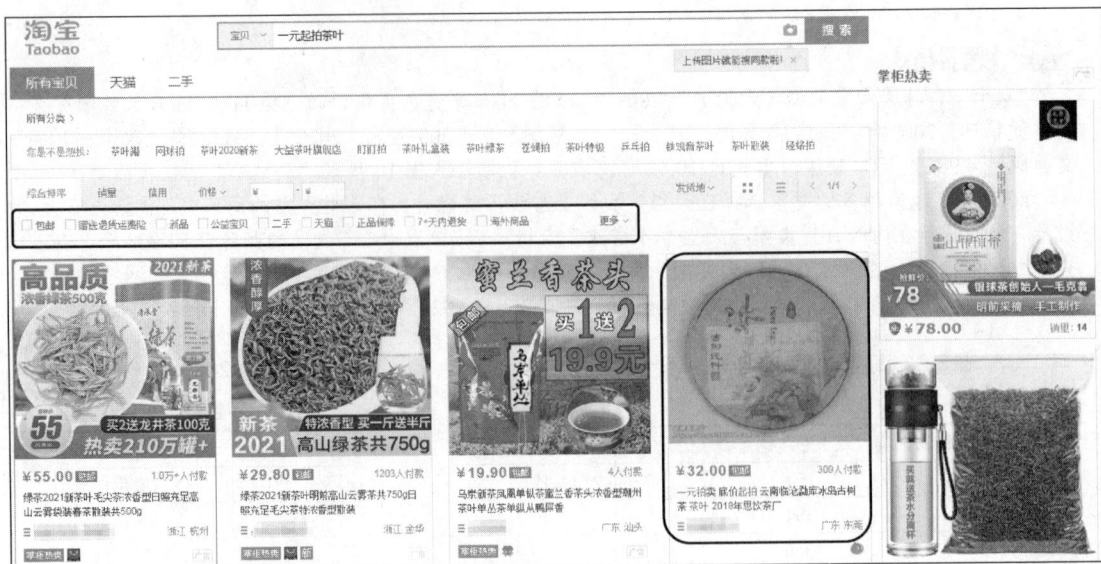

图 3.8 淘宝网的搜索结果页面

从图 3.8 所示页面或在搜索结果页面中点击一元起拍的某件商品，即可进入图 3.9 所示的页面。

3. 报名和提交保证金

买家报名参与某种商品竞买后，在对拍卖的商品进行出价竞拍前，必须先交保证金。如买家的支付宝账户中有足够的余额支付保证金，则系统会自动锁定该笔款项，并在支付宝账户余额中显示为"不可用余额"。竞拍中，买家交的保证金是不会被退回的，但是在竞拍结束后，没有中标的买家所交的保证金会被自动退回。中标的买家应在 3 天内付款，否则保证金会被赔偿给卖家。

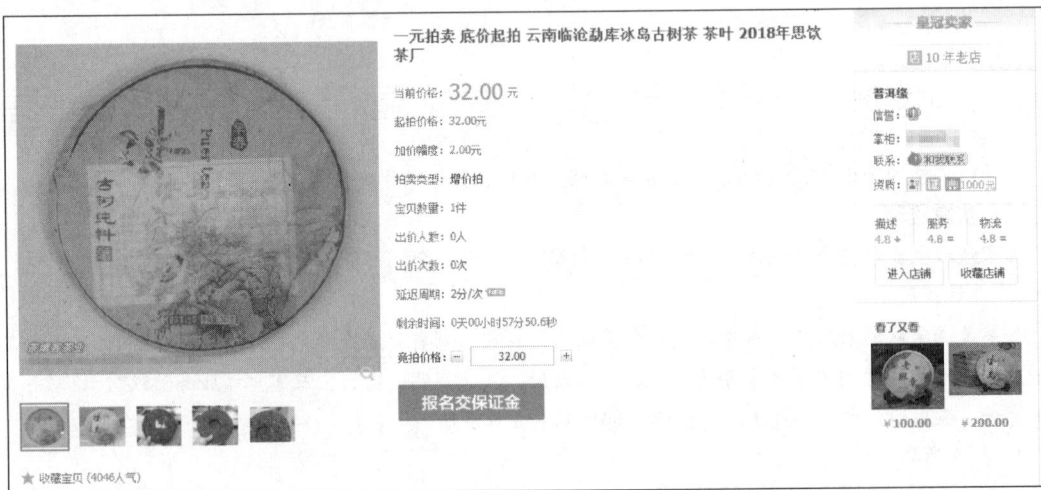

图 3.9 淘宝网"茶叶"拍卖页面

4. 出价和付款

买家在户提交保证金后就可以出价了，出价时应注意拍卖类型和加价幅度等。

5. 收货和评价

收货后，买卖双方可以互相评价，累积的信用级别与信用积分显示了交易信用等级的高低，提升信用级别对以后的交易有着重要的作用。评价分为好评、中评和差评三类，每种评价对应一种信用积分，具体为好评加 1 分，中评不加分，差评扣 1 分。如果买家在评价前已完成了支付宝全额退款，将不能进行评价。

附

淘宝网计分规范

自 2006 年 1 月 1 日起，只有使用支付宝并且对成功的交易才可以进行评价，好评加 1 分，差评扣 1 分，中评不得分，非支付宝交易不能评价。根据《淘宝网评价规范》的规定，每个自然月，相同买、卖家之间的评价分不超过 6 分（以支付宝系统显示的交易创建时间计算）；若 14 天内相同的买、卖家之间就同一件商品进行评价，则多个好评只计 1 分，多个差评只计-1 分。表 3.4 所示为淘宝网卖家的信用等级。

《淘宝网评价规范》

表 3.4　淘宝网卖家的信用等级

积分	信用等级标志	积分	信用等级标志
1 星：4～10		1 皇冠：10 001～20 000	
2 星：11～40		2 皇冠：20 001～50 000	
3 星：41～90		3 皇冠：50 001～100 000	
4 星：91～150		4 皇冠：100 001～200 000	
5 星：151～250		5 皇冠：200 001～500 000	
1 钻：251～500		1 金冠：500 001～1 000 000	
2 钻：501～1 000		2 金冠：1 000 001～2 000 000	
3 钻：1 001～2 000		3 金冠：2 000 001～5 000 000	
4 钻：2 001～5 000		4 金冠：5 000 001～10 000 000	
5 钻：5 001～10 000		5 金冠：10 000 001 以上	

二、卖家流程（网上开店的流程）

1. 注册淘宝网账户

如果是淘宝网的新用户，首先要进行会员注册，在淘宝网首页点击"免费注册"（参见图 3.10）。如果作为买家已注册了会员，卖家可以用同一个会员账户。

图 3.10　淘宝账户注册、登录、开店的入口

注：卖家必须开通支付宝账户，买家也应该开通支付宝账户，以保证自己的合法权益。

2. 支付宝实名认证

（1）打开淘宝网首页并登录，按"千牛卖家中心"→"免费开店"的顺序点击或直接点击淘宝网首页的"免费开店"（参见图 3.10）。

（2）在网店类型中点击"个人店铺入驻"，阅读相关条款，然后进入认证界面，分别需要进行"支付宝实名认证"和"淘宝开店认证"。

（3）点击"支付宝实名认证"的"立即认证"，进入银行卡认证界面；上传身份证正、反面图片，填写

证件有效期，点击"确定提交"；身份证认证审核通过后进入补充校验界面，通过后，即可完成支付宝实名认证。

3. 淘宝开店认证

（1）当完成支付宝实名认证操作后，返回免费开店页面，可以进行"淘宝开店认证"的操作。在"淘宝实人认证"一栏，使用手机淘宝或者千牛 App 扫码进行认证，进入之后根据系统提示完成人脸认证即可，认证完成后点击"认证后点此刷新"，认证状态就会变成"已完成"。

（2）审核通过后，进入卖家中心，即可看到"支付宝实名认证通过"和"淘宝开店认证通过"的结果。

（3）进入千牛卖家中心后台，首次进入时会跳出"开店协议"对话框，接受此协议后即可在后台进行操作。

4. 开通店铺，发布商品

卖家通过支付宝实名认证和淘宝开店所有人认证后，就可以在淘宝网上开通店铺、发布商品了。目前，在淘宝网上开通店铺、发布商品是完全免费的。

（1）登录"我的淘宝"，进入千牛卖家中心后台，在左侧的"宝贝管理"栏目下点击"发布宝贝"子栏目（参见图 3.11）即可进入智能发布商品页面。2020 年 4 月 30 日，阿里巴巴正式上线了商品智能发布系统。

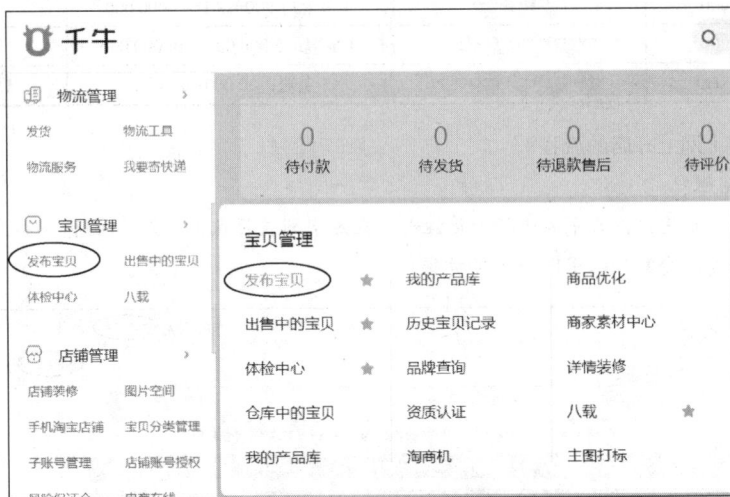

图 3.11 "发布宝贝"的入口

（2）在商品智能发布页面上传商品主图后，系统可以自动生成五张白底图，注意上传的主图分辨率要大于 700 像素×700 像素；上传条码图片或输入商品编码（商品如果没有条码则可以不选择，该选项为选填），可以使系统快速识别出商品的信息和类目。例如，输入《网店运营与管理》(第 2 版)的书号"9787115565082"，系统会自动识别出其对应的属性类目——"书籍/杂志/报纸"→"考试/教材/教辅/论文"→"教材"→"大学教材"，点击"下一步，完善商品信息"，如图 3.12 所示。

（3）进入完善"商品信息"页面，填写相关信息，所填的信息要尽量详细、真实、直观、有吸引力。点击"发布"品即可成功发布商品。

5. 联络买家

在网店经营过程中，随时会有买家留言提问，卖家应及时、耐心地回复留言。也有买家会通过发站内信件的方式与卖家联系，卖家也应及时处理。此外，卖家还可通过千牛联系买家。

图 3.12　商品发布智能发布页面

6. 发货和评价

确认收到买家的货款后，卖家就可以放心地安排发货了。成交后，卖家可以在"我的淘宝"→"评价管理"中客观、公正地对买家进行评价，评价的规则与买家评价规则相同。图 3.13 所示为淘宝网开设店铺的流程。

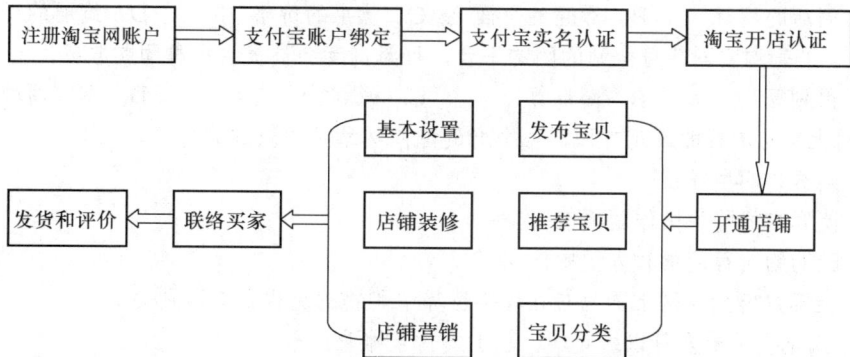

图 3.13　淘宝网开设店铺的流程

思考讨论

1. 尝试在闲鱼、淘宝二手、阿里拍卖竞买自己喜欢的商品，写出在 C2C 网站竞买的全过程和竞买感受。
2. 写出淘宝网开设店铺的流程。

归纳与提高

"B2C 电子商务"首先介绍了 B2C 电子商务的分类；接着介绍了 B2C 后台管理流程，重点介绍了网上购物的主要流程，包括客户注册会员、商品搜索选购、下订单（放进购物车）、收银台、选择送货方式、选择支付方式（在线支付或货到付款）、购物完成、订单查询等；同时还介绍了B2C 网站的主要赢利模式和 B2C 电子商务成功的关键因素等。

"C2C 电子商务"主要介绍了拍卖的相关知识、C2C 的购买流程、C2C 的开店流程和货源的选择等。C2C 的竞买流程：会员注册→搜索商品→报名和提交保证金→出价和付款→收货和评价。

C2C 开设网店的流程：注册淘宝网账户→支付宝账户绑定→支付宝实名认证→淘宝开店认证→开通店铺，发布商品→联络买家→发货和评价。

知识巩固与技能训练

一、名词解释

垂直电子商务　综合电子商务　马太效应　网站黏着度　威客　网络拍卖　直通车　网上代理　产业带

二、单项选择题

1. 每位消费者在 B2C 电商网站上购物前必须做并且只需做一次的事情是（　　）。

   A. 登录　　　　　　B. 结算　　　　　　C. 购物　　　　　　D. 注册

2. 在 B2C 电商网站上购物时提供的送货地址应该是（　　）。

   A. 真实的　　　　　B. 虚拟的　　　　　C. 多个的　　　　　D. 流动的

3. 当商品出现质量或其他问题时，消费者与商家联系，商家会要求消费者提供商品的（　　）。

   A. 订单号　　　　　B. 购买金额　　　　C. 商品名称　　　　D. 商品描述

4. 网店要尽可能给客户留下深刻的第一印象。为实现此目的，网店应将关注点放在（　　）上。

   A. 商店的商标　　　B. 漂亮的页面　　　C. 优惠的价格　　　D. 绚丽的动画

5. （　　）是淘宝网覆盖全站的团购平台，可为淘宝会员提供多种团购服务。

   A. 很划算　　　　　B. 超划算　　　　　C. 聚划算　　　　　D. 淘宝商城

6. 在网上交易流程的设定方面，一个好的电商网站必须做到的是（　　）。

   A. 对客户有所保留

   B. 使客户的购物操作烦琐但安全

   C. 让购物流程简单和方便操作

   D. 让客户感到在网上购物与在现实世界中购物的流程是有区别的

7. 一个淘宝会员最多可以绑定（　　）支付宝账户。

   A. 1 个　　　　　　B. 2 个　　　　　　C. 3 个　　　　　　D. 无数个

8. 淘宝网上卖家积分达到（　　）分时信用等级为 1 星，达到（　　）分时信用等级为 4 星。

   A. 4～10　　　　　 B. 5～10　　　　　 C. 91～150　　　　 D. 100～150

9. 淘宝网上卖家积分达到（　　）分时信用等级为 1 钻，达到（　　）分时信用等级为 1 皇冠。

   A. 250～500　　　　B. 251～500　　　　C. 10 000～20 000　　D. 10 001～20 000

10. 淘宝网上，每个自然月，相同买家和卖家之间的评价计分不得超过（　　）分；若（　　）天内相同买家和卖家就同一个商品进行评价，多个好评只计 1 分。

    A. 5,10　　　　　　B. 5,15　　　　　　C. 6,14　　　　　　D. 6,30

11. 在网上开店时，可能没有（　　）这一环节。

    A. 注册　　　　　　　　　　　　　　　B. 开通第三方支付工具

    C. 实名认证　　　　　　　　　　　　　D. 交保证金

三、多项选择题

1. B2C 电子商务的主要环节包括（　　）。

   A. 物流配送　　　　B. 支付　　　　　　C. 安全认证　　　　D. 电子商务技术

2. B2C 后台管理的功能包括（　　　）等。

    A. 会员管理　　　　　B. 价格管理　　　　C. 订单管理　　　　　D. 服务管理

3. B2C 网站的赢利模式包括（　　　）等。

    A. 收取广告费　　　　B. 收取交易费　　　C. 出租虚拟店铺　　　D. 收取软件使用费

4. （　　　）等网站属于 B2C 电子商务购物网站。

    A. 当当网　　　　　　B. 阿里巴巴　　　　C. 京东　　　　　　　D. 天猫

5. 无形商品和服务的 B2C 电子商务模式主要有（　　　）。

    A. 网上订阅模式　　　B. 广告支持模式　　C. 网上赠予模式　　　D. 付费浏览模式

6. 按 B2C 网购模式来分类，B2C 网站可分为（　　　）等。

    A. 综合平台商城　　　B. 综合独立商城　　C. 网络品牌商城　　　D. 连锁购销商城

7. 按交易客体分类，B2C 电子商务可以分为（　　　）的电子商务模式。

    A. 无形商品和服务　　　　　　　　　　B. 有形商品和服务

    C. 卖方企业对买方个人　　　　　　　　D. 买方企业对卖方个人

8. 常见的网络拍卖方式有（　　　）。

    A. 荷兰拍　　　　　　B. 美国式拍卖　　　C. 增价拍　　　　　　D. 降价拍

9. 拍卖主体主要包括（　　　）。

    A. 竞买人　　　　　　B. 买受人　　　　　C. 委托人　　　　　　D. 拍卖人

10. 网络拍卖平台的形式主要有（　　　）。

    A. 专业拍卖网站　　　　　　　　　　　B. 平台式拍卖网站

    C. B2B 拍卖网站　　　　　　　　　　　D. B2C 拍卖网站

11. 网上开店货源的选择主要有（　　　）。

    A. 淘宝网官方平台　　B. 产业带工厂　　　C. 线下批发市场　　　D. 当地特色产品

12. 按交易的商品类型分类，C2C 电商平台可以分为（　　　）。

    A. 实物交易平台　　　B. 智慧交易平台　　C. 拍卖平台　　　　　D. 店铺平台

四、复习思考题

1. 请谈谈如何使 B2C 网站获得更大的经济效益。

2. 解释什么是订单转化率，并讨论 B2C 网站提高订单转化率的方法。

3. 简述威客的两种运营流程：现金悬赏任务流程和招标任务流程。

4. 淘宝网的拍卖方式主要有哪几种？简要说明淘宝网的荷兰拍的拍卖规则。

5. 按交易平台的运作模式分类，C2C 电商平台可分为哪几种？简要说明每一种平台的特点。

五、技能实训题

1. 在京东商城、苏宁易购或唯品会上找一件自己需要的商品并完成购买（用网上支付方式付款），写出操作流程（对关键步骤进行截图，整理在一个 Word 文档中，并对每一张截图进行简单说明）。

2. 分别进入天猫商城、京东商城、苏宁易购、唯品会网站，分析这些网站的异同，填写在表 3.5 中。

表 3.5　B2C 电商网站对比

比较	天猫商城	京东商城	苏宁易购	唯品会
1. 创建时间				
2. 上一年度市场份额				
3. 商品来源				

比较	天猫商城	京东商城	苏宁易购	唯品会
4. 支付方式				
5. 配送方式				
6. 售后服务				
7. 赢利模式				
8. 特色				
9. 相同点				

3. 在淘宝网上开通自己的淘宝店,并寻找一些货源进行网上创业,写出创业计划。

4. 目前,国内外都有一些比较成熟的拍卖网站,选择两个拍卖网站(如阿里拍卖、洋觅网、聚拍网、易得网等)进行分析,并回答以下问题。

(1)这两个拍卖网站使用的是哪种拍卖方式?

(2)这两个拍卖网站的拍卖标的(物品)的特点是什么?

六、实训拓展题

京东商城、苏宁易购、当当网、亚马逊等都经历了由平台型垂直电子商务向平台型综合电子商务转型的历程。京东商城、苏宁易购都是以 3C 品类起家的,后来向图书、美妆、服装等品类扩张;当当网、亚马逊之前主营图书,后来也向全品类方向发展。请根据以上几大平台的转型发展路径,谈谈你对以下问题的看法。

1. 为什么这些企业都经历了从平台型垂直电子商务向平台型综合电子商务的转型历程?

2. 在京东商城等几大电商平台成为市场主流的格局下,你认为未来做电子商务应该选择垂直型电子商务还是综合型电子商务?

第四章　新零售

【知识框架图】

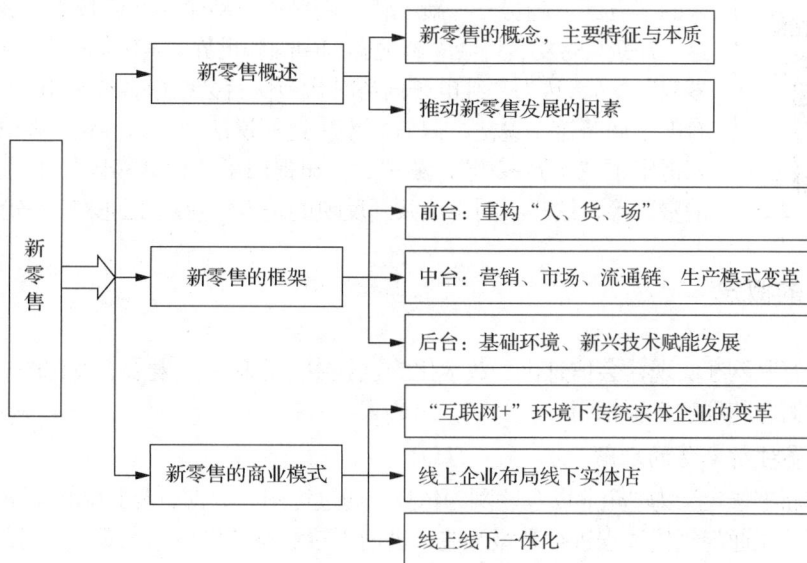

【学习目标】

【知识目标】

1. 掌握新零售的概念。
2. 了解推动新零售发展的因素。
3. 掌握新零售的系统框架及变革模式。

【技能目标】

1. 能够分别举例分析传统企业和互联网企业布局新零售的优势和劣势。
2. 能够清晰地描述互联网企业新零售的模式。

引例

"新零售"创造了无限的可能

Amazon Go 无人门店、阿里巴巴的"盒马鲜生"、小米之家门店等新零售业态，在 2017 年、2018 年如同雨后春笋般兴起。"对零售企业来说，这是一个最好的时代，也是一个最坏的时代。"新技术的发展为商业创造了无限的可能。

我们几乎每天都在经历不可思议的改变：以前，人们不会相信能够走进一个无人便利店，不用排队，拿着自己心仪的商品直接离开；以前，人们不会相信在逛超市时看到自己需要的生活用品后，只要用手机扫码，就可以让商品比自己先到家；以前，人们不会相信在家里带上一个虚拟现实眼镜就能"逛遍"南京路，在家里就能完成衣服的"试穿";以前,人们不会相信阿里巴巴也会涉足餐饮超市,逛国美电器门店最大的乐趣居然是玩游戏;……这些都是新零售催生消费新业态的表现。

那么什么是新零售?新零售的主要特征与本质是什么?新零售的商业模式主要有哪些?新零售未来的发展方向如何?带着这些疑问,我们来学习本章内容。

第一节　新零售概述

视野拓展
新零售的演变

2016年10月13日,在云栖大会的开幕式上,马云在演讲中提出了未来的"五新"趋势——新零售、新制造、新金融、新技术、新能源,并称这"五新"的发展将会深刻地影响中国和世界。其中第一个"新"就是"新零售",马云认为"纯电子商务时代很快就会结束,未来10年、20年后没有电子商务这一说法,只有新零售这一说法"。"新零售"概念提出后,京东提出了"无界零售",苏宁、腾讯提出了"智慧零售",网易提出了"新消费"等,这些不同说法共同反映的是零售业态正迎来新一轮的革命。

一、新零售的概念

新零售是互联网在实现社会信息化、数字化的过程中,零售行业发展、变化的一个阶段。各界对新零售的概念和理解各不相同。

1. 学术界对新零售的理解

有学者将新零售定义为"企业以互联网为依托,通过运用大数据、人工智能等先进技术手段,对商品的生产、流通与销售过程进行升级改造,进而重塑业态结构与生态圈,并对线上服务、线下体验以及现代物流进行深度融合的零售新模式"。

也有学者认为"新零售"是指未来电商平台会消失,线上线下和物流结合在一起产生的一种新的经营业务模式,即"线上+线下+物流"。线上是指云平台,线下是指零售门店或制造商,强大的物流系统可将库存水平降到最低,其核心是将以消费者为中心的会员、支付、库存、服务等方面的数据通道全面打通。

2. 阿里研究院对新零售的理解

2017年3月,《阿里研究院新零售研究报告》将新零售定义为"以消费者体验为中心的数据驱动的泛零售形态",同时,阿里研究院指出,新零售是从单一零售转向多元零售形态,从"商品+服务"转向"商品+服务+内容+其他",其中"内容"是商品在新零售环境中最重要的属性。我们应该从以下几方面对新零售进行理解。

(1)以"心"为本。数字技术无限逼近消费者的内心需求,以期最终实现"以消费者体验为中心",也即掌握数据就是掌握消费者需求。

(2)零售二重性。任何零售主体、任何消费者、任何商品既是物理的,也是数字化的。基于数据逻辑,企业内部与企业间流通的损耗最终可以达到无限接近于"零"的理想状态,最终实现价值链重塑。

(3)零售"物种"大爆发。借助数字技术,物流业、大文化娱乐业、餐饮业等多元业态均延伸出零售形态,更多零售"物种"即将孵化产生。

3. 亿欧智库对新零售的理解

亿欧智库认为，"新零售"是整个零售市场在新技术和新思维的冲击下发生的新变化，其内涵和外延不应该局限于"阿里巴巴的新零售"。

亿欧智库通过对各种说法进行归纳，总结出了关于新零售概念的认知图谱，进而提炼出了新零售的概念："通过新零售的表现形式，进行人、货、场三要素重构，达到满足需求、提升行业效率的目标，从而实现人人零售、无人零售、智慧零售的最终形态"。图 4.1 为亿欧智库对新零售概念的认知。

4. 本书观点

综合以上说法，编者认为，新零售指以消费者体验为中心，进行人、货、场三要素重构，真正发挥"线上+线下+数据+物流"的系统化优势，以达到满足消费升级的需求、提升行业效率的目标。

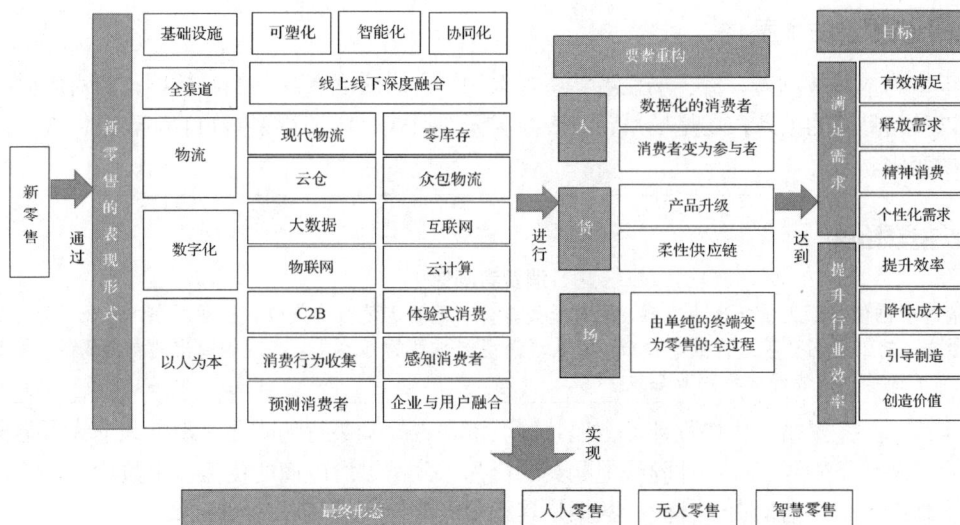

图 4.1　亿欧智库对新零售概念的认知

二、新零售的主要特征与本质

（一）新零售的主要特征

1. 渠道一体化

渠道一体化即线上线下融合。真正的新零售应是 PC 网店、移动 App、微信商城、直营门店、加盟门店等多种线上线下渠道的全面打通与深度融合，商品、库存、会员、服务等环节成为一个整体。零售商不仅要打造多种形态的销售场所，还必须实现多渠道销售场景的深度融合，这样才能满足消费者的需求。

2. 经营数字化

商业变革的目标是先通过数字化把各种行为和场景搬到线上，再实现线上线下的融合。零售行业的数字化指依托互联网技术实现顾客数字化、商品数字化、营销数字化、交易数字化、管理数字化等经营数字化，其中，顾客数字化是经营数字化的基础和前提。

3. 门店智能化

大数据时代，"一切皆智能"成为可能。门店利用物联网等新兴技术进行智能化改造，应用智能货架与智能硬件延展店铺时空，构建丰富多样的全新零售场景。门店智能化可以优化顾客互动体验和提升购物效率，可以增加多维度的零售数据，可以很好地把大数据分析结果应用到实际零售场景中。对于零售行业，在商家进行数字化改造之后，门店的智能化进程会逐步加快，但脱离数字化基础去追求智能化，可能只会打造出"花瓶工程"。

4. 物流智能化

（1）新零售要求实现消费者全天候、全渠道、全时段购物，并能实现到店自提、同城配送、快递配送等，这就需要对接第三方智能配送、物流体系，以缩短配送周期、实现去库存化。

（2）新零售能够实现库存共享，改变传统门店大量铺陈与囤积商品的现状，引导消费者线下体验、线上购买，实现门店去库存化。

（3）新零售从消费者需求出发，倒推至商品生产，零售企业按需备货，供应链企业按需生产，真正实现零售去库存化。

（二）新零售的本质

新零售的本质是对人、货、场三者关系的重构。人对应消费者画像、数据；货对应供应链组织关系以及与品牌的关系；场是场景，对应商场表现形式。场是新零售的前端表象，人、货是后端的实质变化。

视野拓展

消费者画像

消费者画像指以大量数据为基础，通过收集与分析消费者的社会属性、生活习惯、消费行为等主要信息数据，对消费者全貌进行数学建模，以实现消费者类型的标签化，直观构建出消费市场的"全息画像"，完美地抽象出消费者的商业全貌。

线上线下关系紧密，优势互补、合作共赢。消费者的购买行为明显呈现出线上线下融合的趋势，线上了解线下购买、线下体验线上购买的行为十分常见。电商的优势在于数据，体验是其软肋，而实体店的优势恰恰在于体验，数据是其弱项。

在线上流量红利期结束、消费升级的大背景下，线上企业比拼的不再是价格，而是服务和体验，因此阿里巴巴等线上巨头纷纷拥抱线下企业，致力于打造线上线下消费闭环。线下实体店作为流量新入口，弥补了传统电商数据的缺失，可助力线上企业描绘多维、清晰的消费者画像。线下门店依托线上数据，有利于提高营销精准度和经营效率。

案例 4.1

盒马鲜生的新零售模式

2016 年 1 月，阿里巴巴的自营生鲜类商超盒马鲜生在上海金桥国际商业广场开设了第一家门店，面积达 4 500 平方米，当年坪效高达 5 万元，是传统超市的 3～5 倍。盒马鲜生是阿里巴巴在对线下超市完全重构后形成的新零售业态，消费者可到店购买，也可以在盒马 App 下单，盒马鲜生由此实现线上线下一体的全渠道融通。截至 2020 年 9 月 30 日，盒马鲜生在中国的自营门店数量为 222 家，主要位于一、二线城市。

坪效是每平方米营业面积产生的销售额，坪效=销售额/坪数。特定营业面积上经营的商品项目和具体的商品是影响坪效的主要因素。对商场来说，每一平方米都是需要付租金的，如何及时发现并整改坪效过低的区域是管理人员增强门店赢利能力的一个重要方面。

传统卖场一般坪效较低；新零售卖场以体验为主，在线上完成销售，在完成同等销售额的前提下，其坪效更高。

盒马鲜生是一家主要经营食品这个大品类的全渠道体验店，整个门店完全按全渠道经营的理念来设计，完美实现了线上线下的全渠道整合。

盒马鲜生凭借着集"生鲜超市+餐饮体验+线上业务仓储配送"于一体的开创性零售模式，让广大消费者得到了全新的购物体验。盒马鲜生的商品有生鲜、海鲜、3R产品（生食、熟食、半熟食）、无人售货商品（如使用自动比萨机、自动椰汁机销售的商品）等。盒马鲜生门店内设餐厅区，消费者在店内选购了海鲜等食材之后还可以即买即烹，直接在现场制作，门店会提供厨房给消费者使用。这种做法深受消费者欢迎，提升了到店客流的转化率，带动了整个客流的高速增长。

除了支持消费者在线下门店内"逛吃"，盒马鲜生的线上体验也同样不凡。盒马鲜生通过电子价签等新技术手段，可实现线上线下同品同价；基于门店自动化物流设备，确保了门店的分拣效率。消费者使用App下单后，只要位于门店方圆3千米内，30分钟内即可收到货物。

盒马鲜生这种商业模式完美诠释了"线上+线下+物流"的最初构想，利用大数据、移动互联网、物联网等技术实现了"人、货、场"的最佳匹配。盒马鲜生不仅一出现就成了人们眼中的"网红店"，还为传统超市的转型升级提供了参考样本。

盒马鲜生出现后，各路商家纷纷进入生鲜超市赛道，行业竞争越来越激烈。例如，苏宁旗下的苏鲜生、美团旗下的小象生鲜相继开业；而诸如物美超市、王府井百货等老牌零售"劲旅"也先后推出了自有的生鲜品牌……悄然间，生鲜超市已成为新零售战场上的兵家必争之地。

启发思考：1. 盒马鲜生是如何改善线下体验的？
2. 查阅更多资料了解盒马鲜生，分析其是如何实现全渠道整合的。

三、推动新零售发展的因素

1. 线上零售的获客成本越来越高

电商经过多年的高速增长后，线上增量空间开始缩小，增速减慢，电商平台的获客成本越来越高，流量红利越来越小，线上企业纷纷转到线下寻求新的利润增长空间，这导致线上线下进一步融合。

2. 传统线下零售企业的利润空间被不断压缩

（1）经营模式同质化。传统零售品牌缺乏个性化建设，导致企业经营同质化，日趋严重的同质化竞争极大地压缩了企业的利润空间。

（2）经营成本不断升高。传统零售企业的人力成本和房租成本等不断攀升，导致企业利润空间被不断压缩。

（3）受线上零售企业冲击严重。线上零售企业的中间环节减少，一方面可以有效地降低交易成本，提高交易效率；另一方面可以促进企业与终端市场紧密连接，更加全面地掌握终端市场的消费需求。电子商务的出现使产品性能、类别、价格的透明度越来越高，市场竞争越来越激烈。很多电商企业建立了从生产到终端市场的供应链体系，在这种"短平快"的销售模式下，传统实体企业的利润空间进一步被压缩。

3. 新技术的应用开拓了线下场景智能终端市场

新技术的不断涌现和应用，成为推动零售变革的核心力量，大数据、虚拟现实等技术革新，进一步开拓了线下场景和消费社交。科技领域的高速发展为零售市场创新提供了可能，而技术不断革新的背后是企业对数据化的不断探索与不懈追求。

4. 移动支付的普及

移动支付越来越普及，并与消费者的日常生活紧密相连，成为人们的一种生活习惯。支付越来越便捷和高效是推动新零售创新的重要因素。

5. 消费需求的变化

消费者的需求引领市场趋势，消费成为拉动经济发展的主要力量，需求推动消费升级成为主旋律。品质化、个性化、重体验是未来消费需求的主要特征。

6. 新中产阶级崛起

新中产阶级画像："80后""90后"普遍接受过高等教育、追求自我提升，他们逐渐成为社会的中流砥柱。新中产阶级消费观的最大特征是理性化倾向明显，他们往往在意商品（服务）的质量及相应的性价比，对于高质量的商品和服务，他们一般愿意为之付出更高的价格。

第二节　新零售的框架

表 4.1　新零售的框架

表现层	人（消费者）、货（商品）、场（场景）		
支撑层	营销、市场、流通链、C2B 生产模式		
基础层	基础环境	新兴技术	智能制造技术、VR/AR
			物联网、信息传感设备、人工智能

2017 年 3 月发布的《阿里研究院新零售研究报告》指出，新零售的框架可以从前台（表现层）、中台（支撑层）、后台（基础层）三个维度来阐述。表 4.1 所示为新零售的框架。

一、前台：重构"人、货、场"

1. 人：消费者画像

在传统零售条件下，为消费者画像是一件非常困难的事情，商家即使借助各种调研也只能得到模糊的画像；而在 DT（Data Technology，数据技术）条件下，商家可以得到更清晰的消费者画像，对其性别、年龄、收入、特征等都可以进行画像，直至完成全息、清晰的画像，从而使消费者的形象跃然纸上。图 4.2 为形成全息消费者清晰画像过程的示例。

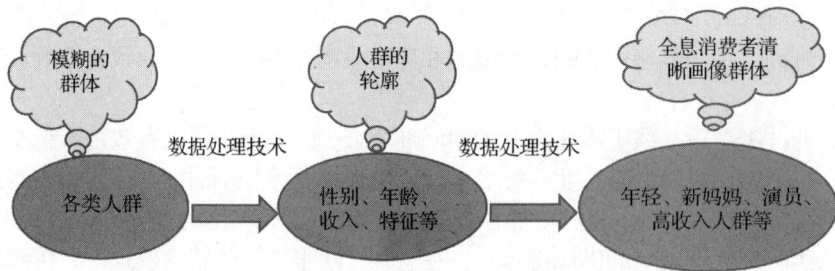

图 4.2　形成全息消费者清晰画像过程的示例

微课堂

前台：重构"人、货、场"

视野拓展

全息消费者画像

全息消费者画像技术是消费者画像技术的延伸，消费者画像"建立在一系列真实数据的基础上，描述目标个体特性的模型"，而全息则是指在描述消费者时做到"全面、真实"。

2. 货：在交易商品上，消费者的需求过渡到"商品+服务+内容+其他"

消费者的需求已从单纯的"商品+服务"过渡到"商品+服务+内容+其他"。消费者不仅关心商品的性价比、功能、耐用性、零售服务等指标，更关心商品的个性化功能，以及商品背后的社交体验、价值认同和参与感。在服务方面，基于数字技术的定向折扣、个性化服务、无缝融合的不同场景，都将给消费者带来全新的体验。

3. 场：消费场景无处不在

新零售将带来"无处不在"的消费场景，无论是百货公司、购物中心、大卖场、便利店，还是线上的网店、各种文娱活动、直播活动，都将成为消费的绝佳场景。在这些消费场景中，各种移动设备、智能终端、虚拟现实设备等将发挥重要的作用。

4. 新零售对人、货、场的重构

新零售将重构人、货、场这三个要素，使过去的"货—场—人"进化为"人—货—场"。

（1）在传统零售条件下，品牌商按照经验供货，线上线下割裂，消费者画像是模糊的。

（2）在新零售条件下，消费者实现了数字化和网状互联，可以被清晰地辨识；最优供应链+智能制造使企业实现了按需智能供货；无处不在的消费场景则实现了对人、货、场的重构。

二、中台：营销、市场、流通链、生产模式变革

（1）新营销。新零售的营销模式，是以消费者为核心的全域营销：用数据打通消费者认知、兴趣、购买、忠诚及分享反馈的全链路；数据可视、可追踪、可优化；为品牌运营提供全方位的精细支撑。

（2）新市场。新零售基于数字经济的统一市场，具有全球化、全渗透、全渠道等特征。

（3）新流通链。新零售服务商重塑了高效流通链：新生产服务（数字化生产、数字化转型咨询、智能制造）—新金融服务（供应链新金融）—新供应链综合服务（智能物流、数字化供应链、电商服务商）—新门店经营服务（数字化服务培训、门店数字化陈列）。

（4）新生产模式。新零售真正实现了消费方式逆向牵引生产方式，是一种由C2B催生的高效经营模式，是一种以消费者为中心、个性化的定制模式。企业通过线上店铺或线下店铺收集"消费者的声音"，甄别这些信息后再将其反馈到生产链上的不同部门。数据的流动会催生定向牵引，真正实现消费方式逆向牵引生产方式（参见图4.3）。

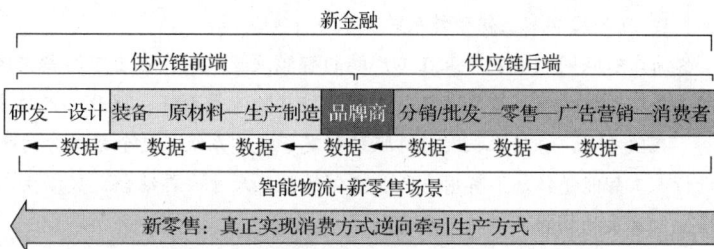

图4.3 新零售的消费方式逆向牵引生产方式的过程

三、后台：基础环境、新兴技术赋能发展

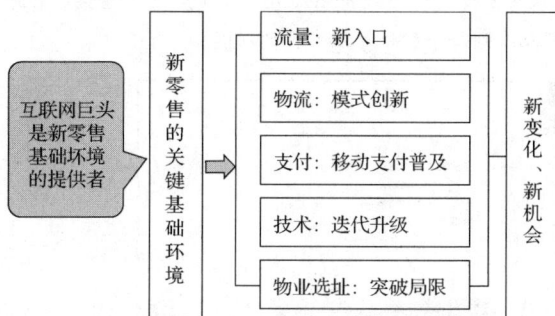

图4.4 新零售的关键基础环境

1. 基础环境

新零售的关键基础环境（参见图4.4）主要包括流量、物流、支付、技术和物业选址等，它们共同影响着新零售的发展。

（1）流量：线上网店与线下门店结合为双方均带来新的流量入口，促进线上线下融合。

（2）物流：模式的创新（如前置仓）既可以有效降低物流成本，也给零售旧有的物流模式带来了冲击，为新零售提供了更多想象空间。

（3）支付：移动支付的迅速普及与移动支付习惯的养成促进了新零售的发展。

（4）技术：技术积累赋能零售业的发展，为零售业态演化提供了更多可能。

（5）物业选址：与对物业选址要求极高的传统零售业态相比，线上线下结合的新零售模式使得各门店物业选址的灵活度明显提高。

新零售基础环境的提供者主要是以阿里巴巴、腾讯、京东、亚马逊为首的互联网巨头，它们为新零售的良性可持续发展提供了技术支持和平台建设保证。

新零售基础环境的变化会导致某些要素成本下降，许多原有的行业壁垒也不再是壁垒，在提升传统零售的运作效率和产品销售量的基础上，也给新业态的孵化提供了新的机会。

2. 智能制造技术改变了产品生产方式

智能制造技术贯穿应用于整个制造企业的子系统，可以极大地提高生产效率。智能制造技术主要包括智能产品、智能服务、智能产线、智能车间、智能管理、智能物流与供应链等。智能制造技术的应用催生了产业模式的变革，主要体现在三个方面：一是大规模流水线生产转向定制化规模生产；二是产业形态从生产型制造向服务型制造转变；三是催生出"互联网+先进制造业+现代服务业"的模式。智能制造能够实现生产现场无人化、生产数据可视化、生产设备网络化、生产文档无纸化、生产过程透明化等。

案例 4.2

厂、店、家工业互联网平台——海尔衣联网

海尔衣联网围绕服装全生命周期的场景体验，提供服装量体定制、成衣购买、衣物穿搭、专业洗护的一站式服务，是全球首个厂、店、家全场景工业互联网平台。据介绍，海尔衣联网既支持 1 000 甚至 10 000 件定制，也能 1 件起订，它是怎么做到的？

1. 在工厂端，上软硬件系统

海尔衣联网利用多年来在工厂端的智能改造成果、在上下游积累的大量产业资源，根据工厂现有设备、用户类型等特性推荐智能裁床、智能吊挂及物流等系统，提升生产效率。

在软件上，海尔衣联网针对服装研发了定制系统，这个系统分为很多环节。平台会根据用户上传的信息进行人工智能量体，了解用户所要定制的服装尺寸，再结合大数据生成模型。用户可以通过智能下单系统选择他们喜欢的物料、绣花、颜色等。

选定后，数据会自动流向工厂端的排产系统，再由排产系统生成整套作业流程，把相应的工序推送到对应的员工工作台上。

排产系统除了完成派单工作，还需要做很多协调工作。例如，平台突然接到一个定制的订单，但生产线上正在进行大货生产，此时排产系统就要协调使订单按时生产，在仓储端要协调物料，在发货端要保证 7 天内发货，确保订单及时交付。点击图 4.5 所示的海尔衣联网首页的标签云 RFID、智能工厂、智能仓储、智慧门店、智慧云店、生态宝、智慧溯源等相应的栏目就可以看到每个栏目可以实现的功能。

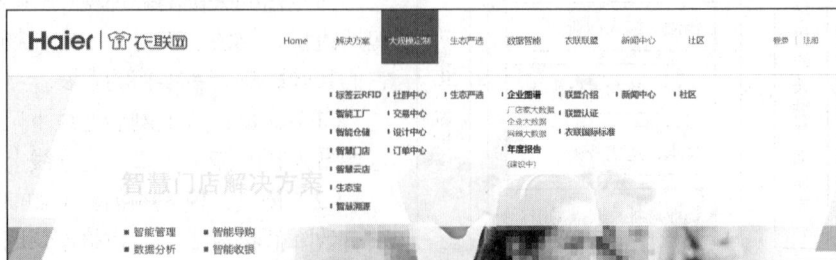

图 4.5　海尔衣联网首页

2. 在门店端，上智能识别系统

通过系统识别，当一块布料进厂制造时，它的信息就已经被识别。门店在进行适配后，也能够识别布料。售货员只需要通过系统扫码，就可以知道布料该放在哪里，拣货效率由此大大提升。同时，在客流分析上，系统可以测试衣服放在哪些位置销量更高，这样店铺主推哪个产品就可以把该产品放在对应的位置。现在，海尔洗衣先生还能提供洗衣养护、存放及回收等一条龙服务。

3. 在家庭端，用户在家量体，在家下单

海尔衣联网在家庭端提供了很多服务，包括将阳台、衣帽间、试衣镜、衣柜等设备进行联网，使一件衣服到了用户手里就可以及时得到反馈。例如，牛仔裤洗几次就有磨损，这个信息可以及时反馈到工厂端，工厂可以第一时间对产品进行升级迭代。

对家庭端来讲，通过智慧门店方案的应用，用户家庭的衣物洗、护、存、搭、购、捐的全流程需求都有高端洗护、智慧穿搭等全场景解决方案。用户收到衣物后，家中的智慧洗衣机、智能衣柜等物联设备还能感知衣物的使用情况，把新需求传达到工厂端，从而不断优化用户体验。

这种厂、店、家全场景解决方案，不仅能提升服装企业的大货生产效率，还能帮助它们实现1件起订的定制化服务，包括尚牛、正凯新材料、陕西伟志、安吉倍豪、青岛环球、威海迪尚等众多纺织服装企业都在借助海尔衣联网向数字化方向转型。

据介绍，通过应用海尔衣联网提供的厂、店、家全场景解决方案，尚牛的生产成本降低了30%，生产效率提高了28%，生产周期从过去的45天缩短到了7天。并且，尚牛不再受1 000件起订的数量限制，1件也能定制，其库存水平降低了35%，产品毛利率更提高至40%以上。

（本案例整理自亿邦动力网2021年6月28日《1件起订 7天交货 全球首个厂店家工业互联网平台"海尔衣联网"亮相》）

启发思考：1. 在工厂端，海尔衣联网是如何通过软硬件系统实现智能制造的？
2. 海尔衣联网是如何实现消费方式逆向牵引生产方式的？

3. VR/AR虚实结合的消费体验

（1）VR（虚拟现实）技术通过计算机技术生成一种模拟环境，使用户沉浸在创建出的三维动态实景中，通过多种传感器设备给用户提供关于视觉、听觉、触觉等感官的虚拟体验，让用户仿佛身临其境。我们可以将其理解为一种对现实世界进行仿真的系统。

用户躺在家里戴上VR头显就可以直接"穿越"到商场、购物街、超市、美食店、体验店等任何场景，选择心仪的商品，眨眨眼、动一下手指就可以下单，所见即所得，如亲临购物现场一般，能省下不少精力和时间。VR的新零售应用领域主要有购物、汽车试驾、旅行体验等。

> **学而思，思而学**
>
> 什么是VR和AR
>
> 总结VR与AR的异同，并举例说明VR与AR的应用。

（2）AR即增强现实（Augmented Reality）技术，是一种全新的人机交互技术。它将真实世界和虚拟世界的信息"无缝"集成，通过计算机图像技术将虚拟的信息应用到真实世界，使之被人类感官所感知，从而达到"增强"现实的目的。

AR购物体验能让用户将商品的虚拟形象覆盖到真实世界的环境中，从而看到商品的真实效果。例如在购买家具时，AR技术能让用户在购买商品前就感受到其安装到家中的实际效果。表4.2为VR/AR组成方式及零售应用。

表4.2　VR/AR组成方式及零售应用

	VR	AR
组成方式	虚拟数字画面	虚拟数字画面+数字化现实
零售应用	购物、汽车试驾、旅行体验等	京东、百事可乐、宜家、资生堂Topshop、实体AR游戏等

资料整理自阿里研究院

京东的AR试妆

AR 试妆通过人脸识别技术准确识别用户的唇部、脸部、眉眼等的特征，利用人脸特征与口红、腮红、眉笔颜色相结合，使用户只需选择不同色号即可看到试妆效果。下面简单介绍京东的 AR 试妆过程。

① 登录京东的 App，点击"我的"页面→设置图标（参见图 4.6）→"功能实验室"→"AR 试试"，进入图 4.7 所示的页面；②选择"主题妆""口红""眉笔""腮红""眼影"等，如选择"口红"→"兰蔻哑光#196 胡萝卜色"，可以看到口红被涂到"用户的嘴唇"上，这样就看到了真实的试妆效果（参见图 4.7）；③用户选择合适的口红后，点击产品进入图 4.8 所示的页面，点击"在线试妆"也可以看到试妆效果。点击"加入购物车"或"立即购买"即可完成购物。

| 图 4.6 京东"我的"页面 | 图 4.7 京东"AR 试试" | 图 4.8 京东销售商品的在线试妆 |

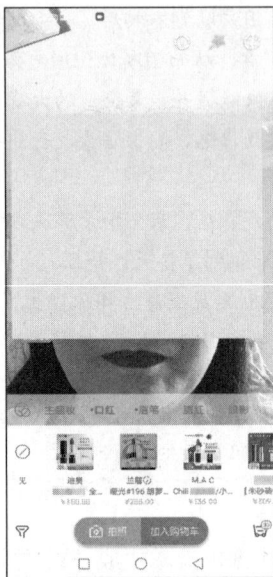

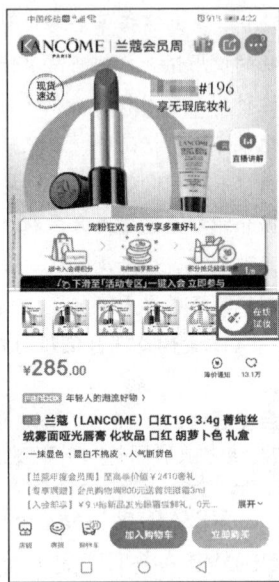

4. 物联网和信息传感设备优化门店消费体验

物联网是指通过信息传感设备，按约定协议将任何物品通过物联网域名建立连接，进行信息交换和通信，即将互联网络延伸和扩展到任何物品与物品之间。信息传感设备主要包括射频识别设备、红外感应器、定位系统、激光扫描器等。利用物联网和信息传感设备可以实现以下功能。

（1）自动结账：消费者走出商店时自动结账。

（2）布局优化：基于店内消费者数据全面分析，以便合理布局店内商品。

（3）消费者追踪：实时追踪店内消费者行为数据，以优化消费者的体验。

（4）实施个性化促销：根据消费者的特点、过往消费记录给消费者定向推送促销信息。

（5）库存优化：基于自动货架和库存监控补货。

5. 人工智能贯穿新零售全过程

人工智能是用计算机科学对人的意识、思维的信息过程进行模拟的技术。人工智能的三大基石是数据、计算和算法。人工智能能够帮助零售业预测需求、实现自动化操作。国内外众多大型电商平台均已开始应用人工智能，如在促销、商品分类、配货等环节减少手工操作，自动预测客户订单、优化仓储和物流、设置价格、制订个性化促销手段等。

第三节　新零售的商业模式

一、"互联网+"环境下传统实体企业的变革

（一）传统实体企业向互联网转型的常见模式

自 2015 年政府工作报告提出制定"互联网+"行动计划后，线下实体店开始大规模地在网上开店。通俗来说，"互联网+"就是"互联网+各个传统行业"，但这并不是两者的简单相加，而是利用通信技术及互联网平台将互联网与传统行业进行深度融合，创造新的发展生态。"互联网+"环境下传统实体企业转型的模式主要有以下几种。

1. 在第三方购物平台上开网店

传统实体企业借助已经成熟的第三方购物平台（如天猫、京东商城）销售自己的产品，可增加销售额，培养网店运营人才，为企业的进一步发展打下基础。这比较适合较少涉足零售业的传统生产企业和刚刚起步的零售商，无论是代理品牌还是自有品牌，均可以通过投入有限的资源来拓展网上零售。例如，人民邮电出版社于 2014 年在天猫开设旗舰店，进一步在零售端扩大其影响力。

2. 利用传统连锁店的品牌优势建立独立电商平台

传统实体企业利用传统连锁店的品牌优势建立一个属于自己的独立电商平台，在平台上为目标客户提供尽可能丰富的品类或某一个品类的众多品种。独立电商平台的虚拟渠道品牌既可以和实体渠道品牌名称一致，也可以是一个新品牌，如苏宁电器的"苏宁易购"和国美电器的"真快乐"。

案例 4.3

苏宁新零售商业模式

2013 年，苏宁确立了"店商+电子商务+零售服务商"的新型零售商业模式，并为此制定了"一体两翼"的互联网战略，即以互联网零售为主体，实现全品类经营，采用线上线下同价政策，巩固家电、凸显 3C、发展母婴消费的模式。2015 年，苏宁与阿里巴巴牵手，通过"租、建、并、购、联"的模式，与拥有丰富的商业、住宅等零售网络资源的各类企业，共同打造全场景互联、多业态并发的共赢平台。

1. 苏宁布局新零售

2014 年，线上快消平台"苏宁超市"创建；2016 年，首家苏宁小店开业；2017 年，首家苏鲜生精品超市开业；2019 年初，苏宁宣布成立快消集团，进一步融合商品规划、供应链管理、双线运营、市场、服务等职能；2021 年 5 月 6 日，苏宁与江苏省国资、南京市国资等签署框架协议，出资成立新零售创新基金，又于 6 月 2 日与江苏新新零售创新基金（有限合伙）签署《股份转让协议》。

> 苏宁实体店不再是只有销售功能的门店，而是一个集展示、体验、物流、售后服务、休闲社交、市场推广于一体的新型门店——云店。店内开通免费 Wi-Fi，实行全产品的电子价签，布设多媒体的电子货架，利用互联网和物联网技术收集、分析各种消费行为，推动实体零售进入大数据时代。

2. 大数据"武装"无人店，实现智慧零售

2017 年，苏宁在上海、南京、北京、重庆、徐州开设了五家无人店。2018 年 2 月 2 日，苏宁第六家无人店在南京新街口开业，该店首次采用了第二代苏宁"Biu 店"技术，将刷脸支付时长从 10 秒缩短至 6 秒。消费者在下载苏宁金融 App 并进行人脸信息绑定后，

便可以刷脸进店，选购完商品后自由出店，整个购物过程中的支付环节用时不超过6秒。

2019年8月18日，苏宁推出了第四代智慧无人店Suning Biu。该店安装有若干摄像头和重力感应货架，不再依靠成本较高的RFID标签识别，而是利用"视觉识别+重量感应"系统精准获取商品信息，消费者从货架上取下的商品会自动加入虚拟购物车，放回商品时则自动清除。利用人工智能人脸识别技术，消费者出店时，闸机自动开门放行，系统同步提交购物车清单完成扣款，且支持单人单账户支付、多人单账户支付等支付方式。据统计，在此模式下，平均购物时间将节省45秒，买一瓶矿泉水最快仅用1秒。

3. 打造智慧零售赋能平台

苏宁零售云，简称零售云，是苏宁针对县域市场重点打造的智慧零售赋能平台。它通过整合品牌、供应链、技术、物流、金融等智慧资源，通过全场景、全价值链的赋能，让消费者买到更好更便宜的商品、让门店更赚钱、让商品流通更高效，从而让各端共享智慧零售时代红利。

2021年5月18日，苏宁零售云第9000家门店开张。苏宁零售云"最成功的创新"在于苏宁转型为"零售服务商"之后，对供应链C2M、门店数字化的持续创新，对家居等新场景融合的探索，以及对县域市场长期的深耕。

实现智慧零售的关键就是整合企业的线上和线下资源，实现线上线下的完美融合。

除了要满足线上和线下自身优势互补的需要，智慧零售还需要迎合消费者的喜好，使其既能享受到实体店的购物环境和真实体验，又能享受到线上购物的便捷和优惠。

启发思考：1. 分析苏宁"一体两翼"的互联网战略。
2. 苏宁的无人店和零售云门店是如何运营的？苏宁是如何实现智慧零售的？

3. 借助自媒体做移动电商

自媒体是私人化、平民化、普泛化、自主化的传播者，以现代化、电子化的手段，向不特定的大多数或者特定的个人传递规范性及非规范性信息的新媒体的总称。自媒体平台包括微博、微信、抖音、快手、今日头条等。

4. 利用手机应用程序做移动电商

传统企业可通过手机应用程序（App）打通现有资源，结合线下实体店，帮助企业走上O2O之路，提高企业服务水平和品牌知名度。同时，App具有完善的会员管理系统，通过相关数据，企业能够对用户行为进行分析，进而精准地为用户推送信息，适时组织一些用户喜欢的优惠活动，提高用户黏着度。目前，已逐渐发展为"信息传播+销售渠道+品牌推广+会员管理+社交平台"的移动应用程序。

案例 4.4

餐饮企业海底捞对App的应用

2013年，随着移动互联网的迅猛发展，餐饮业掀起了App的应用热潮。以服务好著称的海底捞也拥有了属于自己的订餐App。消费者只需在手机上下载一个海底捞App，注册和登录后即可在线查询海底捞门店的位置、预订座位、点餐、了解促销活动等，并能即时同步到社交网站，分享心得和感受。餐饮业App一方面很好地为消费者提供了便利，使其能直接"掌上订餐"；另一方面，有效降低了餐饮企业的管理成本，提高了品牌知名度，可吸引更多的消费者就餐消费。

启发思考：1. 除了餐饮业，你见过的App主要应用在哪些行业？
2. 分析、讨论App的其他应用。

5. 自有品牌商组建虚拟渠道

自有品牌商组建虚拟渠道的目的不仅仅是建立品牌在虚拟空间的销售渠道，还包括建立品牌在虚拟空间的品牌影响力，从而建立品牌与消费者互动的通道。品牌商既可以通过第三方的通用平台销售商品（如通过天猫、京东商城等销售），又可以自建官方商城以提供商品和服务，还可以通过网络分销，借助外力快速占领市场。例如，李宁是中国体育用品的品牌商之一，于2008年年底正式成立了电子商务公司，并建立了李宁天猫官方旗舰店和李宁官方网站，同时着手建立了网上分销和代理体系。

（二）传统实体企业转型新零售的典型代表之一——大润发优鲜

2017年7月7日，大润发优鲜上海杨浦店开业。大润发优鲜包含5 000多个SKU，以销售生鲜食品为主，经营范围涵盖生鲜、进口食品、日用百货、快消品等品类。在商品选择上，大润发优鲜选择能满足家庭日常生活需要的品类，并对部分品类进行了选品升级，引进了更多进口商品和中高端商品。大润发优鲜有独立的App，消费者使用大润发官网账号可直接登录。消费者在大润发优鲜App下单后，1小时左右就能收到购买的商品。消费者也可以在线下门店购买商品。

> 大润发是一家大型连锁超市，隶属于高鑫零售有限公司，自身定位是成为社区的好邻居。在探索新零售模式方面，拥有大润发和欧尚两大品牌的高鑫零售更愿意先行一步。高鑫零售为阿里巴巴控股公司。

首家大润发优鲜是在大润发杨浦店内改建上线的，其门店展示部分与大润发杨浦店重合，以店为仓，从前端拣货到后端装箱，都是由传送带实现的，这套设备在传统大型商超使用尚属首次。

视野拓展

SKU

一种商品，当其品牌、型号、配置、等级、花色、包装容量、单位、生产日期、保质期、用途、价格、产地等属性与其他商品存在不同时，可称为一个单品。通常，将一个单品定义为一个SKU（Stock Keeping Unit，库存量单位）。每款商品都有一个SKU，以便对商品进行识别。例如，一款女装中粉红色的S码是一个SKU，M码是一个SKU，L码也是一个SKU，所以一款粉红色女装有S、M、L、XL等若干个SKU。而每个SKU不能相同，以免出现混淆，导致卖家发错货。

（三）传统实体企业转型新零售的典型代表之二——银泰百货

通过大数据分析，银泰百货门店可以掌握所在地消费者的消费习惯和喜好，并据此调整商品类别，这既有助于快速推出新品，也能在SKU有限的情况下，最大限度地满足消费者的购物需求。

银泰百货杭州下沙店还实行线上线下同步，消费者在结束购物后不需要排队结账，只需扫描商品上的二维码，打开App，筛选购物清单，即可用支付宝完成支付。两天后，商品会从原产地直接送到消费者的家门口。当然，消费者也可以选择当天直接从商场提货回家。

银泰新零售的逻辑：一要回归零售本质，从最底层做起，服务好消费者，拼商品、拼价格、拼服务；二要数字化人、货、场，从过去的"人"找"货"变成真正的"货"找"人"，使"物以类聚"的生意变成"人以群分"的生意。

银泰集团负责人说："此前，银泰百货的增长主要是靠规模的扩张，多做一元钱的生意就需要多一个柜台。发展新零售战略，银泰百货追求的是通过大数据和技术实现商业效率提高。依托新零售，银泰成功突破了百货业地理位置和时间的局限，在线上跑出第二条增长曲线。"

（四）传统实体企业转型新零售的典型代表之三——屈臣氏实体店变身前置仓

在新零售业态下，天猫与菜鸟联合物流伙伴和商家推出基于门店发货的"定时送"服务。消费者网购下单时，可以选择让商家从就近的实体门店发货，商品最快2小时送达。此外，消费者还可以预约送货时段。已开通此服务的屈臣氏在上海、广州、深圳、杭州、东莞等城市的多家门店变身"前置仓"。

消费者在屈臣氏天猫官方旗舰店购物时，系统根据消费者的收货地址，定位附近 3 千米内的屈臣氏门店，同时根据消费者下单的商品查询门店内的库存。如果门店有库存可以发货，系统将在消费者支付前的页面上显示"定时送"字样。消费者选择"定时送"服务后，可以根据自己的情况选择送货上门的时间段，最快下单 2 小时后即可收到商品。

屈臣氏的"电商平台（销售）+商家门店（前置仓）+定时达物流"模式是新零售模式下线上线下物流融合的一大突破。从此，消费者购买的商品不仅可以从专属的电商仓库发出，还可以灵活地从附近门店发货。屈臣氏位于线下的门店成为放在消费者身边的一个个"前置仓"，既能满足消费者的极速、精准配送的物流需求，又能帮助屈臣氏降低仓储成本，更加智能化地进行供应链运营。

二、线上企业布局线下实体店

线上企业也在加速布局线下实体店。网店获得成功后，在线下开设实体店可做到线上和线下相结合。目前，亚马逊、阿里巴巴、京东、小米、三只松鼠等均已开设了线下实体店。

2014 年 11 月 20 日，京东集团全国首家大家电"京东帮服务店"在河北省赵县正式开业。美国时间 2015 年 11 月 3 日，亚马逊的首家实体书店 Amazon Books 在西雅图开张，2016 年 12 月 5 日又开放了 Amazon GO 无人门店。2017 年 12 月 30 日，京东首家无人超市门店在山东烟台大悦城正式营业。截至 2020 年 7 月 7 日，京东家电线下体验店突破 1.5 万家。除了京东家电，线下的京东实体店还有京东便利店、京东母婴生活馆、7fresh。表 4.3 所列为我国线上代表企业在线下布局的案例。

表 4.3　我国线上代表企业在线下布局的案例

线上代表企业	线下布局举措
阿里巴巴	百货超市领域：收购了银泰百货、高鑫零售、三江购物的部分股份 便利店领域：推出了加盟式天猫小店以赋能传统便利店，并开设无人便利店淘咖啡 生鲜领域：打造了实体生鲜体验店盒马鲜生 汽车领域：推出了天猫无人汽车超市
京东	百货超市领域：收购了永辉超市部分股份 便利店领域：开设了京东便利店，京东到家无人货架的目标是覆盖京东便利店及中小门店 生鲜领域：入股社区"肉菜店"钱大妈，开设实体生鲜体验店 7fresh 其他实体店：开设了京东帮服务店、京东家电线下服务店、京东母婴生活馆等
小米	开设线下实体店小米之家，截至 2021 年 4 月 1 日，在我国境内已开设 5 000 家小米之家，另有多家小米授权店，在境外也在快速布局
三只松鼠	开设线下体验店"松鼠小店"，截至 2021 年 1 月 30 日，"松鼠小店"达到 1 000 家

1. 无人门店：阿里巴巴和亚马逊提供新零售的样本

无人门店指商店内所有或部分经营流程，通过技术手段进行智能化、自动化处理，减少或消除人工干预。这就意味着店内可能不再需要导购、收银、安保等零售行业从业者进行业务的分工合作：从消费者的角度来看，店员的工作不在其眼前展现；从零售行业从业者的角度来看，员工工作集中于店外运营环节；从人员投入上来看，能够节约大量资源。无人门店本地部分已经具备了"店"最为重要的"展示"和"交易"两个要素。阿里巴巴、亚马逊等互联网企业相继开设了线下无人门店。

2017 年 7 月，阿里巴巴开办了无人便利店淘咖啡。淘咖啡是线下实体

店样板，它集购物、餐饮于一体，拥有生物特征自主感知、目标检测与跟踪、结算意图识别等功能，将无人结算技术应用到线下。消费者使用手机淘宝扫描二维码进入店内购物，离店时通过"支付门"自动扣款，可实现"自动识别、即走即付"。

亚马逊的线下无人门店 Amazon GO 和传统零售店最大的不同在于，这里没有收银台。消费者使用 Amazon GO 的 App 扫描店内二维码即可完成购物，结算由与 App 绑定的信用卡等支付手段在"消费者不注意"的情况下完成。店铺中有大量的传感器采集实时变化的信息并通过服务器传递给 App。整个 Amazon GO 是通过人工智能、深度学习等技术运行的，消费者的虚拟购物车会随着消费者拿取商品的不同而变化。

学而思，思而学

分析 Amazon GO 无人门店运用了哪些新兴技术。

2. 多品类经营：小米之家

小米科技的全渠道零售战略包括线上和线下零售渠道，其中线上零售渠道包括小米商城、有品平台及第三方线上分销，线下零售渠道包括小米之家和第三方分销网络。小米之家利用线上的流量把线上用户导入线下，其实体店内有主营商品和其他商品，多品类经营模式有利于增加销售额。小米之家的新零售模式（参见图4.9）如下。

（1）小米产品和小米生态链产品（除手机以外，小米还有电饭煲、旅行箱、电视、空气净化

视野拓展

推荐读者阅读《"小米之家"的新零售模式》，体会线上导流、线下多品类经营模式。

器、净水器、吸尘器等生态链产品，覆盖个人、家庭、旅行、办公等不同场景）进入小米之家门店和小米商城。小米商城为小米之家引流。

（2）小米之家通过产品展示、科技体验、增值服务、商品特卖、社交互动等把产品展示给"米粉"。

（3）小米之家通过对"米粉"进行大数据分析，优化选址策略，分析商品的SKU。

（4）小米之家可为小米产品和小米生态链产品提出建议与意见反馈。

（5）小米之家与小米商城共享、共用仓储和物流体系。

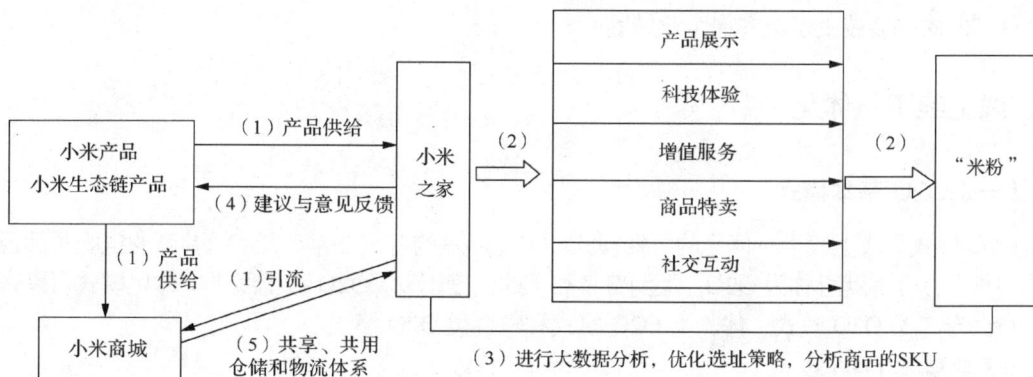

图4.9　小米之家的新零售模式

3. 软件硬件化：三只松鼠投食店

三只松鼠将线上的流量引入线下，并延伸到主营产品之外的其他产品，还拓展了品牌IP。例如，三只松鼠投食店把可爱的品牌IP融入实体场景，森林、松鼠加零食的搭配让这家妙趣横生的投食店备受欢迎。投食店的本质是软件（三只松鼠品牌的超级IP）的硬件化，品牌IP化就是使IP承载一切流量、渠道、产品、品牌和管理。随着品牌IP化的进程愈来愈向娱乐化发展，消费者的观念和购物习惯也在变化——购买食品不仅是因为某种食品很好吃，更是因为该食品能给他们带来一种情感上的愉悦。三只松鼠投食店的新零售模式主要通过以下三个方面来实现。

品牌IP化

IP（Intellectual Property，知识产权）是创造者创造出来的知识产权和独享的专利。品牌始终依托于某一个具体的产品或服务，然后对这个产品或服务赋予理念和情怀；而 IP 的终极目的是追求价值和文化的认同，它可以是跨形态、跨时代、跨行业的。IP 是内容，是方式；品牌是母体，是渠道。

IP 可以将一个品牌诉说不出来的情感和想象空间表达出来。长期来看，品牌 IP 化的投资回报率是比较高的，品牌的契合度、消费者的卷入度也是比较高的。

（1）买零食："森林里摘果子"。300 平方米的投食店内，有几棵松树，可爱的小美、小酷、小贱三只松鼠玩偶随处可见。以灯光做树叶，座椅是树墩，……投食店被布置成了一片可爱的小森林。店内设施的昵称也很有趣：收银台叫作"打赏处"，分装袋叫作"投食袋"，标签价格叫作"投食价"……三只松鼠巧妙地把 IP 融入了店铺的全部角落。

除了布景有新意，消费者进店后的购买过程也充满乐趣：在投食店内，大家拿着店员发放的袋子挑选零食，让人有种采摘果实的感觉。三只松鼠实现了软件（品牌 IP）的硬件化，可爱的 IP 特质被融入店里的每一个角落，消费者进入投食店就能感受到三只松鼠的零食文化。线下的体验既加深了消费者对品牌的印象和认知，也逐步为品牌构筑了差异化竞争力。

（2）线下"嗨玩"新体验。投食店不仅卖零食，还有很多娱乐设施，如坚果自助购买设施有 3 米长的透明管道，管道里装满了坚果，消费者只要打开阀门就能用纸杯接住坚果。这里没有人推销零食，只有想让你玩得开心的店员。不强调买卖，只重视消费者的体验和参与感，这大大增强了品牌的用户黏性。

（3）概念延伸。三只松鼠还玩起了动画片和电影。如果说投食店、动画片、电影等还只是单点布局，那么三只松鼠筹划的松鼠城，无疑承载着该公司的文化梦想。松鼠城是一个以松鼠 IP 为核心的新型商业业态，它介于商业综合体和主题公园之间，是一个开放的城市公园。

三只松鼠将线上的流量引入线下，并延伸到坚果之外的其他"萌系"产品，还拓展了品牌的 IP，这种做法将会被更多新零售企业借鉴。

三、线上线下一体化

（一）O2O 基本模式

O2O 模式为线上线下一体化的主要模式。O2O 涵盖的范围非常广泛，只要产业链既可涉及线上又可涉及线下，就可称为 O2O。从消费者需求的角度出发，O2O 线上线下一体化模式可以进一步划分为导流类 O2O 模式、体验类 O2O 模式和整合类 O2O 模式。

1. 导流类 O2O 模式

导流类 O2O 模式是目前 O2O 模式中的主流模式，以门店为核心，O2O 平台主要用来为线下门店导流、提高线下门店的销量。采用该模式的企业旨在利用 O2O 平台吸引更多的新的消费者到门店消费，建立一套线上和线下的会员互动、互通机制。

（1）利用地图导航来导流。地图导航是 LBS 的一种引流方式，主要软件有高德地图、百度地图和腾讯地图等。地图导航产品利用其在 O2O 和 LBS 方面的优势，提供地图服务和导航服务，进一步扩展到了餐饮、景点、酒店等的预订服务领域，并专门开发了独立的 App 来满足消费者的需求，帮商家引流。

例如，高德地图在用户、流量和渠道等方面的优势明显，消费者通过高德地图可进行景点门票预订、机票预订、美食查找等。通过手机上的高德购物导航，消费者可就近找到品牌门店进行消费，再回到网上完成下单支付。线上商家也因此可以吸引更多地理位置上与实体店邻近的消费者。百度地图集聚了众多 O2O 领域的伙伴，如糯米网等，可基本满足用户的需求，进一步运用用户原创内容和商家生产内容（Business Generated Content，BGC）方式共建 LBS 的生态圈。

视野拓展

LBS的含义

简单地说，LBS 就是借助互联网，在固定用户或移动用户之间完成定位和服务。

LBS 包括两层含义：首先，确定移动设备或用户所在的地理位置；其次，提供与位置相关的各类信息服务，如先找到手机用户的当前地理位置，然后寻找手机用户当前位置几千米范围内的宾馆、影院、图书馆、加油站等的名称和地址等相关信息。

（2）利用 App 入口来导流。门店里放置手机应用程序的标志，鼓励用户下载和登录。App 有具体门店的优惠信息和优惠券，可吸引用户到店消费。该模式适用于品牌号召力较强，且以门店体验和服务拉动为主的品牌。

例如，优衣库的 O2O 引流是以强化线下体验为基础的，通过线上互动营销及 App 等为线下导流，并注重线下向线上回流，从而形成良性循环。优衣库的 App 支持查找附近门店的信息、电话号码、营业时间及在售产品等实时信息，消费者可以在 App 上直接下单；此外，为线下门店提供位置指导，线下门店通过 App 可以了解下单的客户在哪里。优衣库也积极提升线下门店体验，并以促销或发放优惠券的形式向客户推荐 App（扫二维码有优惠，所有产品的二维码只有使用优衣库 App 才能扫描），从而实现线下向线上的回流。

视野拓展

从线上到线下的营销闭环体系

2. 体验类 O2O 模式

体验类 O2O 模式的核心是使消费者享受到良好的服务和感受到生活的便利。先在网上寻找商品，再到线下门店体验和消费，是最典型的 O2O 模式。

例如钻石小鸟（zbird）将线上销售与线下体验店相结合。钻石小鸟在网上销售的商品包括钻石、婚戒、配饰等，为满足消费者的需求，2004 年，钻石小鸟开始采用线上销售与线下体验店相结合的营销模式，体验店开张当月商品销量就增加了五倍。其体验店只是网店的补充，商品展示还是以网络展示为主。

类似于家具这种家居商品，实物给顾客的直观感受很重要。部分网店开设了家居体验馆，顾客在家居体验馆现场体验后，既可在实体店购买，也可在网店购买，如宜家家居网上商城和宜家家居线下体验馆就采用了这种模式。

在 O2O 布局上，腾讯已经构建起腾讯系大平台，并搭建起 O2O 生态链条：以微信平台为大入口，后端有腾讯地图、微信支付等做支撑，中间整合本地生活服务，如餐饮由美团外卖承接，电影票由猫眼电影承接等，这样就构建起了线上线下互动的闭环。

3. 整合类 O2O 模式

整合类 O2O 模式的核心是全渠道的业务整合，即线上、线下全渠道的业务整合。

（1）先线上后线下。所谓先线上后线下，就是企业先搭建一个线上平台，再以这个平台为依托和入口，将线下商业流导入线上进行营销和交易，同时，用户又可到线下门店享受相应的服务。这个线上平台是 O2O 模式运转的基础，应具有强大的资源转化能力和促使线上线下互动的能力。在现实中，很多本土生活服务性的企业都采用了这种模式。例如，腾讯凭借其积累的流量资源和转化能力构建的 O2O 平台生态系统即采用了这种模式。

（2）先线下后线上。所谓先线下后线上，就是指企业先搭建线下平台，再以这个平台为依托进行线下营销，让消费者享受相应的服务，同时将线下商业流导入线上平台，在线上进行交易，以促使线上线下互动并形成闭环。在这种 O2O 模式中，企业需自建两个平台，即线下实体平台和线上互联网平台。其基本结构是先开实体店，后自建网店，再实现线下实体店与线上网店的同步运行。在现实中，采用这种 O2O 模式的实体企业居多，苏宁云商构建的 O2O 平台即采用了这种模式。

（二）新零售与 O2O

O2O 是线上线下两种渠道的融合，是新零售的必要条件之一，而新零售是 O2O 模式的进化。新零售不是两种渠道的融合，而是全渠道融通，可实现商品、会员、交易、营销等数据的共融互通，为消费者提供跨渠道的无缝式体验。我们通常把新零售的全渠道融通总结为"六通"，即商品通、会员通、服务通、数据通、分销通、区域通。

1. 商品通、会员通、服务通

商品通、会员通、服务通是阿里巴巴总结的新零售的"三通"（参见表 4.4）。商品通意味着线下零售和线上零售高度融合，新零售的优势在于具有使商品实现线上线下同步销售的能力。线上线下库存无缝打通，支持线上下单、线下提货，可提升转化率和库存周转率。新零售的发展，在于其具有强大的商品销售能力。企业需要强化商品的价格同步、库存同步、促销同步等，这样线上线下的商品销售才能并驾齐驱。

表 4.4　新零售的"三通"

分类		作用
商品通	价格打通	同款同价
	库存打通	库存无缝打通，支持线上下单、线下提货
	促销打通	终端可调拨发货
会员通	账号通用	方便线上线下采集数据
	积分通用	以利益捆绑消费者
	行为记录	方便数据挖掘和精准营销
服务通	售前服务	门店与线上导购融合
	售中服务	锁定消费者，方便社群服务
	售后服务	退换货服务，线上线下皆可办理

会员通指线上账号和线下账号融合。企业利用在线上快速精准获取的大量会员信息，通过（客户关系管理）系统解决方案，打通会员数据，让消费者体验到线下和线上完全一致的、无缝式会员权益和服务（如线上线下积分通用等）；甚至可以通过数据分析，提供更加有针对性的服务，从而提高消费者对品牌的黏着度和忠诚度。

服务通指线上服务和线下服务的通达。随着国内商业的发展，多数企业已经从单纯的商品销售过渡到了"商品+服务"并重，而服务的通达包括售前、售中、售后的服务通达：门店与线上导购融合（售前）；锁定消费者，方便社群服务（售中）；退换货服务，线上线下皆可办理（售后）。服务通是新零售运作的"核心环节"之一，它能强化线上终端和线下终端的互联互通，并使其充分发挥各自的价值。

2. 数据通、分销通、区域通

新零售的数据通、分销通、区域通的核心内容及作用见表 4.5。

数据通不仅依赖于系统内数据中心、会员数据管理等技术模块的落地实现，更依赖于线下实体店的场景对接、活动核销对接和用户数据同步等。数据通是新零售运作的"情报站"，海量的数据是新零售发展的巨大推动力之一。

分销通让用户既有消费的愉悦感，又可以获得一定的积分奖励或佣金收益，其让用户乐于传播，也乐于分销。在新零售中，用户不仅是消费者，也

表 4.5　新零售的数据通、分销通、区域通的核心内容及作用

	核心内容	作用
数据通	系统内数据打通	方便数据应用
	会员数据打通	方便会员管理
	线下实体店数据打通	场景对接、活动核销对接和用户数据同步
分销通	用户是消费者	让用户有消费的愉悦感
	用户是分享者、分销者	意见领袖、分享达人等群体通过分销获得一定的佣金
区域通	区域深度服务、区域的互联互通	发挥口碑效应，让分销商拥有自己的社群影响力
	终端互连	让各区域终端相互配合，创造更多场景价值

可以成为分销商，他们既消费产品又分享产品。新零售的分销通强调的是意见领袖、分享达人等群体的影响力，其影响力可以帮助商家提升销售额和用户的价值。

区域通就是要立足于区域服务，强化区域的扶植，精耕区域以挖掘服务互通、终端互连等的价值。区域通的价值就在于强化区域的互联互通，真正发挥自己的口碑效应，让分销商拥有自己的社群影响力，让各区域终端能相互配合，创造更多场景价值。

实训案例

优衣库的新零售模式

优衣库属于日本迅销公司，建立于 1984 年，当年只是一家销售西服的小服装店，现已成为国际知名的服装品牌。优衣库网络旗舰店于 2008 年 4 月 16 日上线，其淘宝商城店铺（优衣库天猫旗舰店）和优衣库官方旗舰店同时上线（后来两者合并）。在对"新零售"的不断推进与探索中，优衣库加入了更多的玩法。

1. 场景化搭建：牢牢抓住"门店机会"

无论是新零售还是智能营销，都需要以情感作为基础连接消费者。随着线上线下交融趋势的日益凸显，有效抓住消费者的每一次"出街"机会，促使其成为最大化品牌认同尤为关键。

作为一个快时尚品牌，优衣库产品品类涉及消费者日常生活的多种场景。如何将消费场景转化为生活场景？优衣库将店铺区隔为 LINEN 高级麻系列、POLO 系列、男女衬衫系列、UNIQLO U 系列等四个特质明显的时尚空间，分别对应不同消费者的生活方式与生活态度。

2. 智能化体验：迎合消费体验升级

随着新技术的涌现与更迭，人们更看重购物的便捷感与科技感。优衣库支持消费者在线上、线下店铺中随意逛，实现商品即时随心看。消费者在线上登录优衣库"数字体验馆"，即可仿若置身实体店，体验门店的空间层次；更能 24 小时随时浏览最新人气主力产品、最全功能与穿搭信息；随时在网店下单，全国门店可实现 24 小时内自提。

3. 人性化思考：忠实于消费者的需求

优衣库将门店升级分为四个阶段：①人货打通；②无现金支付；③与阿里巴巴合作，打通线上下库存，实现线上下单、门店自提；④推出门店"智能买手"大屏，使消费者可以进行个性化定制，以沉淀客户数据。

优衣库在全国门店引入与消费者互动的"智能买手"大屏，构建完成了从交易、服务、物流到互动的闭环。"智能买手"内置感应系统，可在 5 米范围内主动问候消费者，邀请消费者体验互动屏幕。互动屏幕包括"选新品""优惠买""时尚穿""互动玩"四个板块，消费者可以针对自己感兴趣的内容选择互动板块，获取想要的信息。

从优衣库的销售数据来看，门店开得越多的地方，相应地区的线上订单也会越多。因为消费者到了门店，可以亲身体验优衣库的产品质量与服务，对品牌的认可度会更高。优衣库真正懂得抓住在线零售的"门店机会"，而门店更像"传递核心品牌价值"的概念店。

"新零售"愈演愈烈，一边是"无人店"等充满科技感的新模式迅速发展，一边是快时尚行业在中国整体的增速放缓。利用科技提升门店体验、效率和转化率，对优衣库这样的大型服装公司来说也越来越重要。

本案例整理自大耀纺织，2018 年 5 月 5 日《情景+智能：优衣库"新零售"再下一城》。

思考讨论
1. 优衣库是如何使消费者获得线上线下智能化体验的？
2. 优衣库的"门店"在新零售的发展中起了什么样的作用？

归纳与提高

本章介绍了什么是新零售、新零售的主要特征与本质、推动新零售发展的因素、新零售的框架及商业模式等内容。新零售具有渠道一体化、经营数字化、门店智能化、物流智能化等主要特征。新零售的本质是对人、货、场三者关系的重构。新零售的诞生是一场场景革命，推动新消费升级、大数据赋能、人工智能技术的应用等，这些都将使新零售最终达到降低成本、提高效率、优化体验的目的，能让人们以更便利的方式买到质量更好的商品。

知识巩固与技能训练

一、名词解释

新零售　消费者画像　VR　AR　SKU　品牌 IP 化　坪效

二、单项选择题

1. 新零售的本质是（　　）。
   A. 渠道一体化　　　　　　　　　　　B. 对人、货、场三者关系的重构
   C. 经营数字化　　　　　　　　　　　D. 以消费者体验为中心
2. （　　）是新零售的前端表象。
   A. 人　　　　　　B. 货　　　　　　C. 场　　　　　　D. 数据
3. 电商经过几年的高速增长，电商平台的获客成本越来越高，流量红利（　　）。
   A. 增加　　　　　　B. 减少　　　　　　C. 不变　　　　　　D. 不确定
4. 新零售的关键基础环境不包括（　　）。
   A. 流量　　　　　　B. 物流　　　　　　C. 支付　　　　　　D. 物业选址
   E. 技术　　　　　　F. 商品
5. 新零售卖场以体验为主，在线上完成销售，坪效一般比传统卖场（　　）。
   A. 高　　　　　　B. 低　　　　　　C. 一样　　　　　　D. 不确定
6. 全球率先提出无人门店的电商企业是（　　）。
   A. 阿里巴巴　　　　　　B. 亚马逊　　　　　　C. 京东　　　　　　D. 三只松鼠

三、复习思考题

1. 新零售的主要特征有哪些？
2. 按照《阿里研究院新零售研究报告》的内容分析人、货、场三要素。
3. 新零售的基础环境主要包括哪些关键因素？
4. 解释新零售的"三通"。
5. 分别列举传统企业做新零售、互联网企业做新零售的典型案例，并分别分析其中两个案例。

四、技能实训题

1. 请查询资料解释"五新"（新零售、新制造、新金融、新技术、新能源），并分析"五新"之间的关系。
2. 理解新零售的概念及其真正的内涵，调研分析你所在地区的一家大型百货商场的现状，并完成以下任务。
（1）该商场是否已开始做新零售，为什么？
（2）如果该商场已开始做新零售，调研分析其在开展新零售的过程中存在的问题，并提出改进措施。
（3）如果该商场还未开始做新零售，试着为其提出开展新零售的具体方案。

第五章 B2B电子商务

【知识框架图】

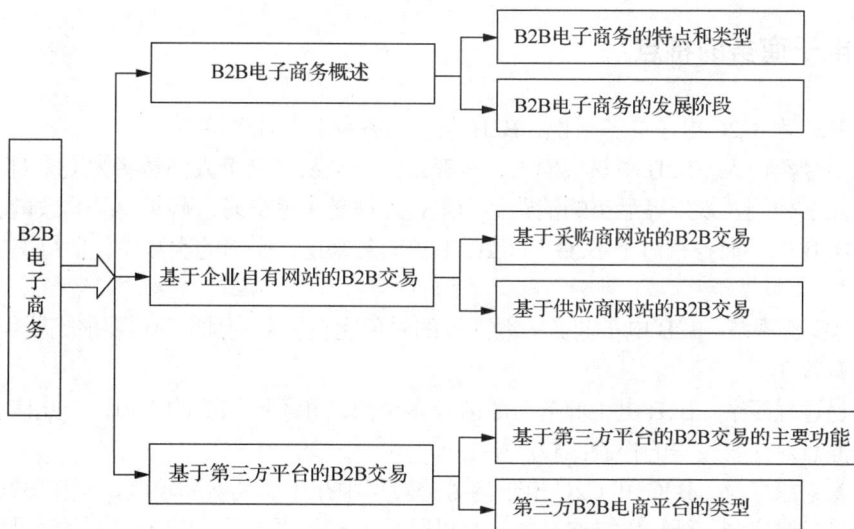

【学习目标】

【知识目标】

1. 了解 B2B 电子商务的相关知识以及垂直 B2B 电商平台和水平 B2B 电商平台的区别。
2. 了解基于第三方平台的 B2B 交易。

【技能目标】

1. 学会在采购商网站上进行网上招投标。
2. 学会在第三方 B2B 电商平台上进行交易。

引例

企业如何实施网络采购

A 公司是一家家具生产企业，随着市场竞争的加剧，遇到了许多困难，如面对众多的原材料供应商不知如何选择，如果派专人去和这些供应商一一谈判，成本又太高。为了解决这些问题，A 公司想通过网络采购来提高效率、降低成本，但又不了解网络采购，如不熟悉电子化采购的流程、网上招投标系统等。本章将讲解相应知识。

第三方B2B电商平台的运营模式及信息发布

B 公司是一家经营医疗器械的企业，目前主要通过电视、广播、报纸、杂志等传统媒体进行产品宣传。随着经营规模的扩大及市场竞争的日趋激烈，B 公司当前的营销工作遇到了许多困难，主要表现在：通过传统媒体推广品牌形象和向用户传递产品信息的效率低、成本高，用户只能通过电话、电子邮件等方式反映意见和要求等。B公司的营销人员听说在阿里巴巴等第三方B2B电商平台上发布产品信息可给公司带来更大的商机，所以很想了解这些第三方B2B电商平台的运营模式，以便在这些平台上发布公司的产品信息。本章将对以上问题涉及的知识进行阐述。

第一节　B2B电子商务概述

B2B电子商务也称企业对企业的电子商务或商家对商家的电子商务，是指企业与企业之间通过互联网或私有网络等现代信息技术手段，以电子化方式开展的商务活动。

一、B2B电子商务的特点

相对于B2C和C2C电子商务来说，B2B电子商务有以下几个特点。

（1）交易金额较大。B2B交易规模大，一般是大宗交易；以个人消费者为交易对象的B2C、C2C多以日用、休闲、娱乐等品类的消费品为主，往往是单笔交易，购买商品的数量、交易金额都比较小。B2B电子商务相对于B2C和C2C电子商务来说，交易的次数少，但每次的交易金额都比较大。

（2）交易操作规范。B2B电子商务一般涉及的对象比较复杂，因此合同要求比较规范和严谨，注重法律的有效性。

（3）交易过程复杂。B2B电子商务一般涉及多个部门和不同层次的人员，因此信息交互和沟通比较多，而且对交易过程的控制比较严格。

（4）交易对象广泛。B2C和C2C电子商务一般集中在生活消费品领域，而在B2B交易平台上交易的商品种类广泛，既可以是原材料，又可以是半成品或成品。B2B交易平台可将交易双方汇聚在一起，撮合双方的交易。

企业与企业之间开展电子商务的条件比较成熟，B2B电子商务模式是未来电子商务发展的主流，具有巨大的发展潜力。

二、B2B电子商务的类型

根据B2B交易平台构建主体的不同，B2B电子商务可以分为基于企业自有网站的B2B交易和基于第三方平台的B2B交易。

1. 基于企业自有网站的B2B交易

企业为进行B2B交易自建的网站是一种以传统企业为中心的B2B电商网站，也叫作面向制造业或面向商业的垂直B2B网站，一般依托于传统企业的自有网站。企业建立电商网站的目的主要是自用，即利用这一网站实现供应链管理和客户关系管理的优化，以实现本企业采购、营销和企业形象宣传等商务目的。这种B2B电子商务的典型代表有海尔企业购等。

2. 基于第三方平台的B2B交易

第三方平台既不是拥有产品的企业建立的，又不是经营商品的商家建立的，该平台并不参与交易，只是提供一个使销售商和采购商可以聚集在一起

视野拓展
外贸B2B平台实例

进行交易的平台。按照面向的行业范围，B2B 电商平台可以进一步划分为垂直 B2B 电商平台（面向同一个行业）和水平 B2B 电商平台（面向多个行业）两种。

三、B2B 电子商务的发展阶段

B2B 电子商务的发展可以分为信息服务、交易服务和产业链综合服务等三个阶段（参见图 5.1）。

图 5.1　B2B 电子商务的发展阶段

1. 信息服务阶段

信息服务阶段，也称为 B2B 电商 1.0 阶段。这一阶段主要聚焦于信息展示，将买卖双方的线下信息转移到互联网上，网站通过收取加盟费和信息推广服务费赢利。自 1999 年阿里巴巴开启了中国 B2B 电子商务后，化工网、中国制造网等一大批 B2B 电商平台相继涌现。

（1）经营模式：B2B 电商平台以提供信息服务为主，从信息入手，通过信息联通供需各方，以信息平台带动商业平台。B2B 电商平台的主要经营模式为提供信息黄页。

（2）赢利模式：B2B 电商平台通过提供会员服务、广告展示、流量变现、竞价排名和线下展会服务等收取费用。

2. 交易服务阶段

交易服务阶段，也称为 B2B 电商 2.0 阶段。这一阶段，越来越多的企业开始切入交易，B2B 电商平台（如找钢网、科通芯城等）通过系统或人工撮合，提供供需信息匹配和在线交易服务。

（1）经营模式：B2B 电商平台除了具备信息展示功能，还支持企业间在平台上进行线上交易，B2B 电商平台有自营、撮合、现货寄售等经营模式。

视野拓展

自营、撮合、现货寄售

自营是以公司为主体进行货物的买卖，公司承担货物买卖中的各项风险（包括价格波动及供应链流通），并享受（或承担）相应的收益（或损失）。

撮合是指在多方交易中，由中间一方将多方的信息集中起来，然后对信息进行匹配，以便满足多方对信息的需求。例如在多方交易中，市场运营机构或经纪人按照市场规则对交易信息进行匹配。

现货寄售指供应商把自己的库存商品存放于平台方控制之下的物理仓库中，供应商拥有商品的所有权，平台方拥有商品的管理权与控制权。这种现货寄售模式在找钢网上又被称为保价代销模式，即平台方按供应商指定的价格卖掉商品之后才和供应商结算，平台方挣的是交易完成之后的一定比例的佣金。

（2）赢利模式：B2B 电商平台有收费会员服务、出售营销增值服务、交易佣金、平台资金沉淀等赢利模式。

3. 产业链综合服务阶段

产业链综合服务阶段，也称为 B2B 电商 3.0 阶段。随着云计算、大数据的发展，B2B 电子商务将打通供应链，构建产业生态圈，为产业链参与主体提供综合服务，实现信息流、资金流、商流和物流的四流合一。这一阶段主要体现为垂直 B2B 电商平台的迅速崛起。

（1）经营模式：随着交易数据的积累，B2B 电商平台可为买卖双方提供包括仓储、金融信贷、大数据分析等在内的一系列高附加值的服务。

（2）赢利模式：通过打通供应链，B2B 电商平台的赢利模式变得多样化。B2B 电商平台可通过向客户提供数据服务、信息服务、物流服务、金融服务等收取费用。

在 B2B 电商 3.0 阶段，垂直 B2B 电商平台具备较强的"纵深"服务能力，能深入产业链上下游，满足企业的多样化需求，大批量、低成本地提供个性化、定制化商品。垂直 B2B 电商平台的出现极大地促进了 B2B 电子商务市场的发展，以易采办、粮达网电商平台为代表的垂直 B2B 电商平台迅速崛起。

B2B 电子商务兴起于黄页信息展示，发展于撮合交易，最终将走向大数据整合。B2B 电子商务市场正进入变革拐点，逐步走进 3.0 时代。未来，B2B 电商平台的发展重点在于构建完善的生态圈，提供线上交易、大数据应用和供应链金融等一系列服务。

> **视野拓展**
>
> **电商生态圈**
>
> 电商生态圈，是指企业在开展电子商务的过程中，与上下游企业及供应商等利益相关者建立的同一个价值平台。在该平台中，各方关注平台的整体特性并通过平台调动其余各参与者开展电子商务活动的能力，使电子商务生态系统能够创造价值，并从中分享利益。

第二节　基于企业自有网站的 B2B 交易

基于企业自有网站的 B2B 交易一般依托于传统企业的自有网站，可以分为两种，即基于采购商网站的 B2B 交易和基于供应商网站的 B2B 交易。

一、基于采购商网站的 B2B 交易

基于采购商网站的 B2B 交易也称为以买方为主导的 B2B 电子商务，是指采购商基于自有网站与其上游供应商开展的各种商务活动，即网络采购或电子化采购。

网络采购即利用互联网或专用网络在企业间开展的商品、服务等的购买活动。网络采购的主要目标是对那些成本低、数量大或对业务影响大的关键商品和服务订单实现处理和完成过程的自动化。在我国，网络采购主要采用网上招投标的方式。

微课堂
基于企业自有
网站的 B2B 交易

1. 网上招投标的形式

网上招投标是指企业通过互联网发布采购信息、接受供应商网上投标报价、采购商网上开标及公布采购结果的全过程。网上招投标是在市场经济条件下进行大宗货物买卖、工程建设项目的发包与承包以及服务项目的采购与提供时采取的一种交易方式。网上招投标主要有公开招投标和邀请招投标两种形式。

（1）公开招投标是指招标人以招标公告的方式邀请不特定的法人或者其他组织投标。公开招标的投标人应不少于七家。

（2）邀请招投标是指招标人以投标邀请书的方式邀请特定的法人或者其他组织投标。邀请招标的投标人应不少于三家。

2. 网上招投标的流程

图 5.2 所示为网上招投标的流程。

网上招投标既可以实时进行，由采购商终止招标，也可以持续几天，直到预先确定的截止日期。网上招投标的流程如下：①采购商新建招标项目；②采购商在自己的网站上发布招标公告，

之后采购商可以寻找潜在的供应商，邀请供应商参加项目竞标；③供应商从网站上下载标书，并以电子化的方式提交标书；④截标后，采购商评定供应商的标书，可能会以电子化方式谈判，以实现"最佳"交易；⑤采购商发布中标公告；⑥供应商查看中标公告；⑦采购商与最符合其要求的供应商签订合同，生成销售单。

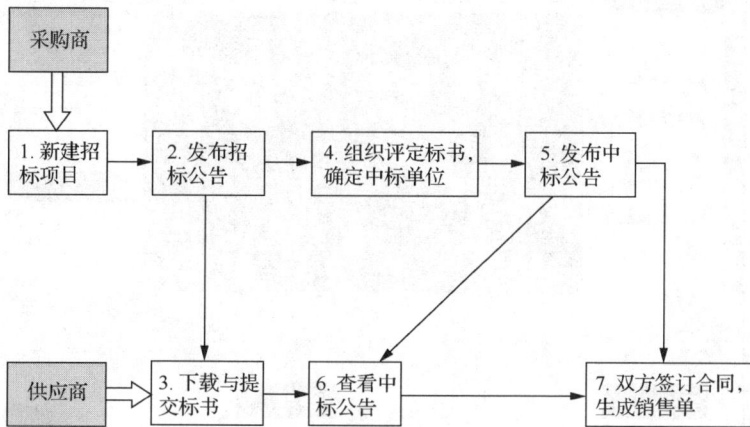

图 5.2　网上招投标的流程

案例 5.1

海尔采购网

海尔采购网主要有海尔招标网和海尔企业购两个网站。

1. 海尔招标网

海尔网上招标采购主要通过海尔招标网（首页参见图 5.3）实现。海尔招标网主要为海尔系列产品的原材料等进行网络招标采购。

（1）如果海尔要采购生产海尔系列产品的原材料，海尔采购方就可以先在海尔招标网发布采购预告，再发布招标公告。参与海尔招标采购的供应商在注册登录该网站后方可进行投标。

> 采购预告：采购方最近一段时间的采购需求情况的预告。
>
> 招标公告：由采购方发布的最近一段时间的网上招标采购项目的信息。
>
> 变更公告：如果采购方有投标时间变更、项目取消等，相关信息会被放到变更公告中。
>
> 中标公告：采购方每完成一次招标项目，就会在线发布该项目的中标公告，查看中标公告的详细信息需供应商登录招标网后方可进行。

（2）选择招标公告中的某一个"采购公告"，可以看到海尔招标采购的详细信息，包括项目名称、招标方式、交货地点和时间、投标人资格要求等。

（3）投标时间截止后，海尔采购方会进行评标定标，然后发布中标公告。

（4）中标的供应商看到中标公告后，与海尔采购方联系，双方签订合同并生成销售单，采购交易达成。

2. 海尔企业购

海尔企业购（首页参见图 5.4）是海尔面向企业用户、工程客户的线上交互、交易、交付平台，集结海尔旗下六大品牌（统帅、海尔、卡萨帝、GE Appliances、AQUA、斐雪派克），通过"采购租赁+方案定制+创客社群"的创新模式为企业用户提供个性化解决方案和管家式采购服务。

围绕行业用户生态，海尔企业购建立起集社群平台、制造平台、电商平台、营销平台、内容平台于一体的商业物联生态体系。通过海尔企业购平台，用户可以查询、购买工程专享产品、获得行业细分的解决方案等基础性的采购服务，同时也可以获取节能数据运营分析、供应链协同、商业大数据服务、供应商竞价服务等增值服务，同时享受一对一客服、送装一体、工程采购专享价等八大服务权益。

海尔企业购在行业内首创"工程创客社群"交互模式，通过采购系统、方案众包系统、物联数据系统的运用，提供社群电商、供应链应用、开放式 SaaS、行业信息服务、生态运营等服务，搭建起共创、共赢、共享的工程生态圈。海尔企业购的目标是成为国内领先的工程物联服务平台。

图 5.3　海尔招标网首页

图 5.4　海尔企业购首页

海尔企业购用智慧互联引领新商业。海尔作为全球工业 4.0 的样板企业，在实施网络化战略的进程中，基于制造技术创新和用户数据模型，以智慧集成解决方案业务驱动的数据处理技术作为基础架构，携手企业用户和合作伙伴联合创新，以智慧集成解决方案为服务与支撑，为企业提供一站式工程采供服务，对业务有效增长、市场竞争力和用户满意度负责。

📖 **问与答**

问：什么是工业 4.0？工业 4.0 最突出的特点是什么？

答：工业 4.0 是德国政府提出的一个高科技战略计划，旨在提升制造业的智能化水平，在商业流程及价值流程中整合客户及商业伙伴。在工业 4.0 和物联网的支持下，企业的生产设备将互相连接，企业有更好的条件去改进自身的生产工艺。

工业 4.0 可以用两个词来概括："互联"与"融合"。在工业 4.0 背景下，人、设备和产品将通过互联技术实现融合，在企业内部实现人与人、人与机、机与产品的无缝对接，在组织层面实现企业与企业、企业与消费者的对接。以物理信息系统为基础，实现信息技术与制造技术的深度融合，是产品设计过程、制造过程、服务过程及企业管理的数字化、网络化和智能化，这是工业 4.0 最突出的特点。

启发思考：1. 海尔是如何实施工业 4.0 战略的？
2. 海尔招标网和海尔企业购面对的用户有何不同？简述海尔招标的过程。

二、基于供应商网站的 B2B 交易

基于供应商网站的 B2B 交易也称为以卖方为主导的 B2B 电子商务，主要是指供应商基于自有网站与其下游的企业用户开展的以电子化分销或网络直销为核心的各种商务活动。

基于供应商网站的 B2B 交易流程如图 5.5 所示。基于供应商网站的 B2B 交易类似于 B2C 电子商务，其一般程序分为以下几步。

（1）供应商利用自己网站的信息发布平台发布买卖、合作、招投标等商业信息；采购商登录供应商网站，注册后查询有关商品信息。

（2）采购商提出经销申请；供应商进行资格审查后授予采购商经销资格。

（3）在询价及商务谈判的基础上，采购商通过供应商网站信息交流平台下订单；供应商报价。

（4）采购商下订单后，供应商接受订单，如有必要双方还需签订合同。

（5）进行信息反馈与订单跟踪。

（6）进行货款结转和物流配送。

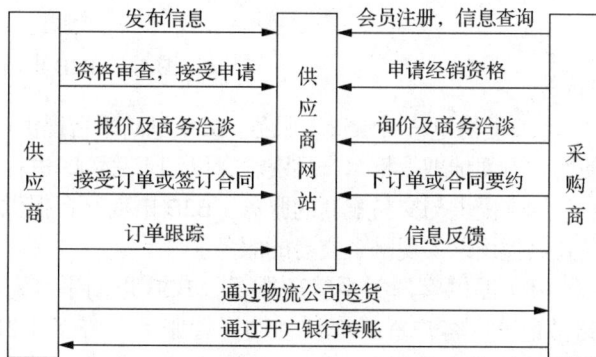

图 5.5　基于供应商网站的 B2B 交易流程

第三节　基于第三方平台的 B2B 交易

一、基于第三方平台的 B2B 交易的主要功能

开展基于第三方平台的 B2B 交易时，由第三方 B2B 网站提供一个电子商务交易服务平台，交易双方需要注册成为该网站会员，才可以借助该平台进行交易。平台方并不参与交易，而是发挥中介服务作用。图 5.6 所示为 B2B 电商平台的机制。

B2B 电商平台的主要功能有以下几种。

（1）提供供求信息服务。买方或卖方只要注册成为网站会员就可以在 B2B 电商平台上发布采购信息或者供应信息，并根据发布的信息来选取潜在的供应商或者客户。网上发布的信息一般是图片、视频或文字信息。随着互联网的发展，信息样式会越来越丰富。

（2）提供附加信息服务。B2B 电商平台为企业提供其需要的相关经营信息，如行业信息和市

场动态等；为交易双方提供网上交易沟通渠道，如网上谈判室、沟通软件和商务电子邮件等；提供信息传输服务，如根据客户的需求，定期将客户关心的交易信息发送给客户。

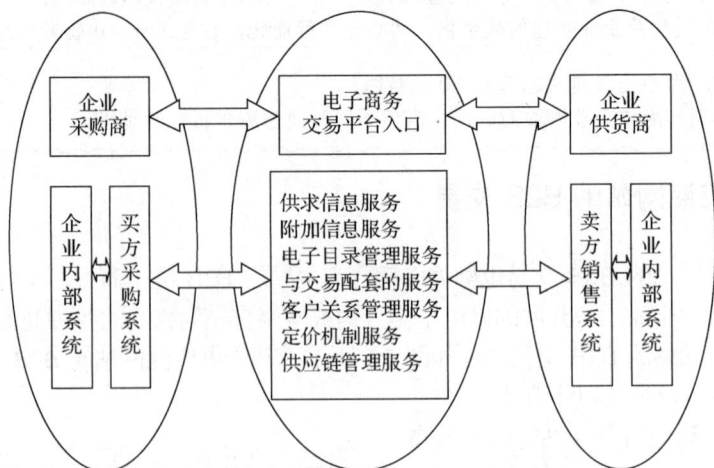

图 5.6　B2B 电商平台的机制

（3）提供电子目录管理服务。B2B 电商平台提供产业所需的不同的供应商产品目录管理系统，使客户方便地取得相关产品资料，以利于采购的进行。

（4）提供与交易配套的服务。B2B 电商平台提供网上签订合同服务、网上支付服务、物流配送及其他用以实现网上交易的服务。

（5）提供客户关系管理服务。B2B 电商平台为企业提供网上交易管理服务，包括合同、交易记录、客户资料等信息的托管服务。许多 B2B 电商平台专门开发了客户管理软件来帮助企业管理客户资料。

（6）提供定价机制服务。B2B 电商平台通过提供一些交易手段，如正向拍卖、逆向拍卖、协商议价和降价拍卖等，来满足交易双方的需求，在交易过程中形成合适的价格。

（7）提供供应链管理服务。供应链管理服务可分为两大部分：供应链规划和供应链执行。供应链规划包括供应链网络设计、需求规划与预测、供给规划和配销规划等；供应链执行包括仓储管理、运输管理、库存管理和订单管理等。

二、第三方 B2B 电商平台的类型

按照第三方 B2B 电商平台面向的行业范围，我们可以将第三方 B2B 电商平台进一步划分为垂直 B2B 电商平台和水平 B2B 电商平台两种。

1. 垂直 B2B 电商平台

垂直 B2B 电商平台也称行业性 B2B 电商网站，如化工网、全球纺织网和全球五金网等。此类网站的优点是容易将一个行业做深、做透，有较强的专业性，其缺点是受众过窄，难以形成规模效应。

由于垂直 B2B 电商平台的专业性强，其客户很多都是本行业的，潜在购买力较强，广告的效用也较大，因此其广告费较水平 B2B 电商平台更高。除了发布广告，垂直 B2B 电商平台还可以通过举办拍卖会、出售网上店铺、收取客户的信息费及数据库使用费等赢利。

垂直 B2B 电商平台的发展趋势是深入产业链上下游，做好产业电商、供应链生态，逐渐形成电子商务生态圈。

垂直 B2B 电商平台又分为以下四种模式。

（1）以提供供求信息服务为主的行业 B2B 模式。此类模式以向交易双方提供供求信息服务为主，主要以收取广告费来赢利。该模式涉及的企业数量较多，产品品种繁多且标准化，能形成很大的市场。如一呼百应网、化工网、全球五金网、全球纺织网等都属于此类模式。

（2）以提供行业资讯服务为主的行业 B2B 模式。此类模式以提供行业资讯服务为主，主要收入来源为广告费。该模式一定要有精通行业、善于做市场分析调查的行业专家参与，只有这样才能形成高质量的市场分析报告，帮助企业正确决策。如我的钢铁网、纸业联讯等都属于此类模式。

（3）以提供招商加盟服务为主的行业 B2B 模式。此类模式以提供招商加盟服务为主，下游企业为了使产品能更好地面向消费者，可以通过采用这类模式的平台找分销商、代理商来销售其产品。此类模式一般是以收取下游企业的广告费、会员费来维持运转，会员可在平台的一级或二级栏目上为自己的品牌做广告，也可以查看经销商的联系方式。如中国服装网、中国医药网等都属于此类模式。

（4）以提供在线交易服务为主的行业 B2B 模式。此类模式以提供在线交易服务为主，主要以收取交易费来赢利，交易的对象一般为大宗商品，运营时必须建立良好的诚信机制，可采用与第三方合作伙伴合作的方式来解决物流、资金流及诚信度审核等问题。如浙江塑料城网上交易市场就属于此类模式。

🤔 学而思，思而学

浙江网盛生意宝股份有限公司（以下简称网盛生意宝）是一家产业互联网基础设施提供商，可为企业提供 B2B 电商平台基础设施、供应链金融基础设施、物流网络基础设施，实现信息流、资金流、物流的"三流合一"。公司成功运营化工网、纺织网、医药网及生意宝，是首家在境内上市的互联网企业，是采用专业 B2B 电子商务发展模式的标志性企业。

B2B 电商平台基础设施（信息流）依托行业网联盟的 B2B 社交电商平台（生意宝）、大宗商品数据平台（生意社）与网盛商品交易中心，为产业链企业提供产品推广、行情资讯与交易撮合等服务。供应链金融基础设施（资金流）为产业链企业提供全流程在线、全场景覆盖的供应链金融解决方案，解决企业向上采购的采购资金短缺问题与向下销售的应收账款回笼问题。物流网络基础设施（物流）为有实力的物流企业提供支持物流金融与物流供应链的网络货运平台完整解决方案。

化工网成立于 1997 年 12 月，是国内最早的垂直 B2B 电商平台，主要提供化工行业的网上信息发布及交易撮合等服务，建有国内最大的化工专业数据库，内含 40 多个国家和地区的 2 万多个化工站点、2.5 万多家化工企业、20 多万条化工产品记录，日访问量超过 100 万人次。

请分析：网盛生意宝是如何实现"三流合一"的。

案例 5.2

美菜网："两端一链一平台"重塑农产品供给体系

农产品移动电商平台美菜网成立于 2014 年 6 月 6 日，定位为餐饮食材行业的 B2B 平台。美菜网的核心业务是通过全程精细化管控采购、仓储、物流、商品品控、售后等各个环节，为中小餐厅（馆）提供食材采购服务，并利用这些需求撬动现有的农产品供应链，整合仓储、物流资源，对接蔬菜、肉、蛋、米面粮油、酒水饮料、调味品等生产商及农业基地。

美菜网通过"两端一链一平台"建设，全面打通了农产品"采仓配销"，压缩了中间环节，从而推动了农业供给侧结构性改革，实现了农产品的标准化。

1. 生产端直采

（1）订单农业提高行业效率。商家与农户、基地和产地加工商签订采购订单，建立长期合作关系，可以帮助交易各方有效规避市场风险，提高产品质量，保证整条供应链的稳定、通畅。

（2）通过自有品牌创建获得品牌溢价。创建自有品牌可以帮助平台获得更为稳定的品牌溢价。美菜网建立了自有品牌的开发流程，并针对每一个品类制订了详细的开发计划，从内部实现自有品牌的精细化开发。

（3）为供货商提供金融服务。鉴于农产品供货商大都面临短期资金短缺、因缺乏抵押品而难以获得贷款的问题，美菜网推出了供应链金融产品"美供贷"，为供货商提供周转资金贷款，利率比市场上供应链金融的平均贷款利率略低。

2. 派送端直达

（1）物流团队建设。发展之初，在占据很大成本的物流配送环节，美菜网采取社会化方式招募司机和车辆，按照配送里程和客户量付费，节约了自建物流成本，赢得了市场先机。在物流团队的管理方面，美菜网采用的是"军事化"管理的方式。

（2）通过信息技术确保物流的时效性和标准化，降低损耗。最能代表美菜网物流技术软硬件水平的，是其自主研发并全面推广使用的 WMS 2.0 仓储管理系统和 TWS 物流管理系统。对仓储物流进行全流程信息化监测管理，可有效提升现场作业的效率。这两个系统一方面可降低人工成本，另一方面可减少人为错漏，还可以为平台沉淀大量的交易、仓储物流数据。

（3）售后服务。鉴于生鲜产品的特性，美菜网承诺生鲜类产品（蔬菜水果、鲜肉禽蛋、海鲜水产、面点等）支持 24 小时质量问题退货；而非生鲜类产品（米面粮油、调料干货、厨房用品等）则支持 7 天无理由退货。这样既保障了客户的权益，又为自己减少了不必要的损失。

（4）为中小餐厅（馆）客户提供增值服务。美菜网的核心业务是为中小餐厅（馆）提供价格更优惠、品质更高的食材采购服务，这可以帮助本小利薄的中小餐厅（馆）降低总成本中超过 1/3 的采购成本和运营成本，从而扩大利润空间。

3. 高效冷链物流网络

美菜网采用的自建仓储、冷链配送物流基础设施的模式虽然成本较高，但同时也提高了行业壁垒，对竞争对手的进入形成了相当大的阻力。同时，美菜网通过专业化的管理体系和规模化的成本分摊措施来降低成本，形成了一定的行业垄断优势。

4. 开放供应商入驻平台

美菜网商城开启了"供应商入驻平台"功能，符合条件的食材供应商都可以入驻美菜网商城开一家自己的店。美菜网使其业务全面覆盖仓储、配送、营销、售后等环节。入驻商家可以免费享受美菜网在全国铺开的仓储物流系统，这实实在在地解决了生鲜产品电子商务配送难、规模小的问题。

美菜网未来的发展方向与战略构想：通过缩短菜品、食品供应链，压缩物流成本，从而降低产品价格；通过搭建城乡通道，为农民提供更多的农产品销路；解决当地的就业问题；解决食品安全问题。

（本案例整理自搜狐科技 2017 年 6 月 9 日《美菜网："两端一链一平台"重塑农产品供给体系》）

启发思考：1. 分析美菜网通过"两端"提高效率所采取的措施。

2. 美菜网是如何全面打通农产品"采仓配销"、压缩中间环节的？

2. 水平 B2B 电商平台

水平 B2B 电商平台也称为综合类 B2B 电商网站。之所以用"水平"这一概念，主要是因为这类平台覆盖的行业范围很广，很多行业都可以在这类平台上开展商务活动。典型的水平 B2B 电商平台有阿里巴巴、慧聪网等。这类平台一般注重在广度上下功夫，在品牌知名度、用户数、跨行业、技术研发等方面具有垂直 B2B 电商平台难以企及的优势，但是在用户精准度和行业服务深度等方面略有不足。

水平 B2B 电商平台可以有多种利润来源，如广告费、竞价排名费、分类目录费、交易费用、拍卖佣金、软件使用许可费、会员费和其他服务费等。此外，平台自身也可以开展电子商务，并

微课堂
水平 B2B 电商平台

从商务活动中直接获利。

水平 B2B 电商平台又可分为以下几种模式。

（1）以外贸服务为主的综合 B2B 模式。此类模式以提供外贸线上服务为主，主要收入来源为会员费、提供增值服务所获取的广告和搜索引擎排名费用，以及向供应商收取的企业信誉等的认证费用。阿里巴巴、中国制造网等都属于此类模式。

（2）以内贸服务为主的综合 B2B 模式。此类模式以提供内贸线下服务为主，主要收入来源为线下会展收费，出售商情刊物、出售行业咨询报告等获取的广告收入和增值服务收入。慧聪网、环球资源网等都属于此类模式。

（3）以"行业门户+联盟"为主的综合 B2B 模式。此类模式以联盟的方式对各行业 B2B 网站进行资源整合，提供"既综合、又专业"的 B2B 服务，主要收入来源为通过提供网络基础服务、网络信息推广服务、加盟服务所收取的费用。中国网库等就属于此类模式。

（4）以交易服务为主的综合 B2B 模式。此类模式不仅提供信息服务，同时还整合了支付、物流以及客户关系管理等，其主要收入来源是企业交易佣金。敦煌网等就属于此类模式。

视野拓展

慧聪网作为国内 B2B 电子商务服务提供商，依托其核心互联网产品买卖通及强大的传统营销渠道——慧聪商情广告与中国资讯大全、研究院行业分析报告，为客户提供线上、线下全方位的服务，为中小企业搭建诚信的供需平台、提供全方位的电子商务服务。供应商通过慧聪网可以快捷地完成交易的前期工作，并获得来自采购者的长期采购订单。面对快速发展迭代的产业互联网以及业已到来的 5G 和物联网时代，慧聪集团秉承技术驱动和产品驱动的理念，于 2019 年 1 月 6 日再次对其组织构架进行了全面升级，成立了科技新零售、智慧产业、平台与企业服务三大事业群，形成了完整的产业互联网生态圈。截至 2020 年 8 月，慧聪网的企业注册用户已超过 2 700 万，覆盖 70 余个行业，每天都有很多企业在该网站上发布供应、采购、招标、代理等信息，日均发布量达数十万条。

表 5.1 为水平 B2B 电商平台和垂直 B2B 电商平台的比较。

表 5.1　水平 B2B 电商平台和垂直 B2B 电商平台的比较

类型	特点	优点	缺点
水平 B2B 电商平台	为交易双方创建一个交流信息和交易的平台，涵盖不同行业和领域，服务于不同行业的从业者	追求的是"全"，能够获利的机会很多，潜在用户群较大，能够迅速地获得收益	用户群不稳定，被模仿的风险大
垂直 B2B 电商平台	将交易双方集合在一个市场中进行交易，网站的专业性很强，面向某一特定的专业领域，如信息技术、农业、化工、钢铁等。它将特定产业的上下游企业聚集在一起，让各层次的企业都能很容易地找到原料供应商或买主	专业性很强，容易吸引针对性较强的用户，并易于建立起忠实的用户群，从而吸引固定的回头客	短期内不能迅速获益，较难转向多元化经营或向其他领域渗透

实训案例

阿里巴巴平台交易实训

阿里巴巴中国站为阿里巴巴 1688 网站，可注册的会员有普通会员和诚信通会员两种。普通会员享受免费服务；诚信通会员于 2002 年 3 月推出，目前，会员费统一为 6 688 元/年。阿里巴巴为诚信通会员提供旺铺，旺铺域名可以为二级域名，如"http://用户名.cn.1688.com"，也可以是 WWW 下的一级域名。图 5.7 所示为阿里巴巴普通会员的业务流程，图 5.8 所示为阿里巴巴诚信通会员的业务流程。

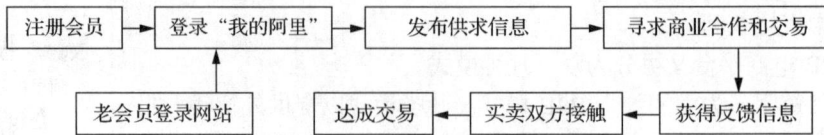

图 5.7　阿里巴巴普通会员的业务流程

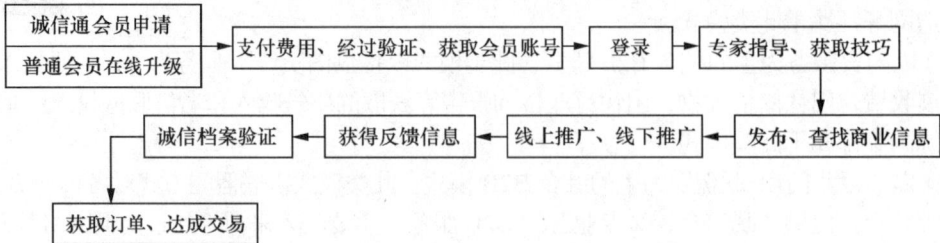

图 5.8　阿里巴巴诚信通会员的业务流程

下文为某企业在阿里巴巴 1688 网站注册普通会员、发布供应或需求信息的操作步骤。

一、采购流程

1. 注册普通会员

注册普通会员时，用户只需在阿里巴巴 1688 网站首页点击"免费注册"，然后填写表单就可以完成注册（现在阿里巴巴和淘宝的会员系统已经打通，用户也可以直接用淘宝账户登录）。

2. 找货源，填写询价单

会员在平台上寻找货源，可以在搜索到货源或供应商后直接询价，也可以发布询价单等待卖家反馈。

（1）在阿里巴巴 1688 网站首页的搜索框上方，选择"货源"或"工厂"，如图 5.9 所示。选择一个合适的供应商，之后选择"在线询价" → "新建询价单"，填写询价单，如图 5.10 所示。

图 5.9　阿里巴巴 1688 网站的搜索引擎

图 5.10　填写询价单

（2）在阿里巴巴 1688 网站首页登录"我的阿里"。图 5.11 所示为"我的阿里"卖家工作台。选择"发布询价单"，填写询价单，如图 5.12 所示。发布询价单后，等待卖家反馈。相应的供应商看到会员发布的信息后，就会通过阿里旺旺、站内留言等方式与会员联系，买卖双方可以进行贸易磋商，达成一致后即可成交。

二、销售流程

用户在阿里巴巴平台上销售产品有两种方式：一是直接发布产品供应信息，等待买家与自己联系；二是搜索求购信息，主动与买家联系。

1. 直接发布产品供应信息，等待买家与自己联系

（1）发布信息。在图 5.11 所示的页面中，点击"我的阿里"→"卖家中心"→"发布供应产品"，进入选择类目页面，如图 5.13 所示。

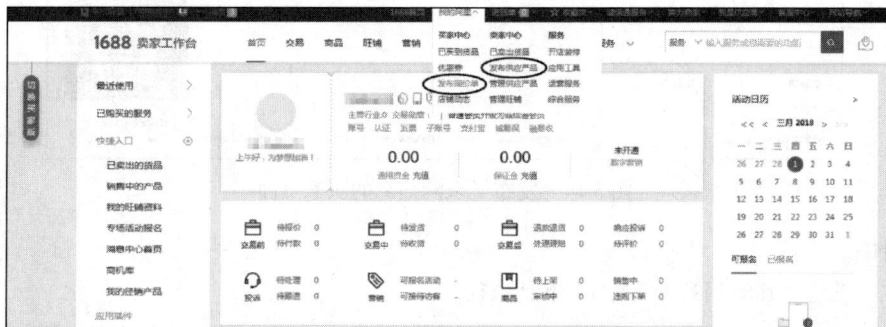

图 5.11　"我的阿里"卖家工作台

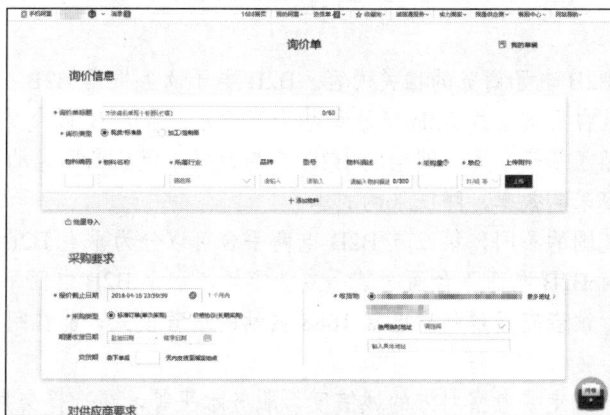

图 5.12　填写询价单

（2）选择类目。在选择类目页面选好类目后，点击"下一步，填写信息详情"，进入产品详情页面。在填写完详细信息后，用户可选择预览这条信息，之后点击"同意服务条款，我要发布"；系统会提示"恭喜，您的信息已发布成功并提交审核"。如果审核通过，则该信息发布成功。

2. 搜索求购信息，主动与买家联系

（1）选择求购商。在阿里巴巴 1688 网站首页搜索框上方选择"求购"（参见图 5.9），再输入"服装"，点击"搜索"，此时所有发布了该产品求购信息的买家都会被列出。图 5.14 所示为发布了求购信息的买家页面。

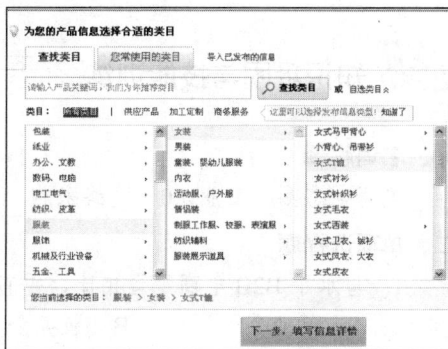

图 5.13　选择类目页面

（2）点击信息标题，即可看到采购详情。普通会员没有权限查看买家的联系方式；诚信通会员可以在选中某条信息后点击"立刻报价"（参见图 5.14）查看报价，之后再进行后续操作即可。

图 5.14　发布了求购信息的买家页面

思考讨论

写出在阿里巴巴 1688 网站上采购和销售的流程。

📖 归纳与提高

本章主要介绍了 B2B 电子商务的相关内容。B2B 电子商务根据 B2B 交易平台构建主体的不同，可以分为基于企业自有网站的 B2B 交易和基于第三方平台的 B2B 交易两类。

此外，本章还介绍了基于采购商网站的 B2B 交易、基于供应商网站的 B2B 交易。通过网络采购，采购商可以提高采购效率，降低采购成本。

按照面向的行业范围的不同，第三方 B2B 电商平台可以分为垂直 B2B 电商平台和水平 B2B 电商平台。其中，垂直 B2B 电商平台面向某一专业市场，水平 B2B 电商平台面向多个行业。

学习本章内容后，读者应了解阿里巴巴 1688 网站的运营模式，能在阿里巴巴 1688 网站上发布产品信息。

我们在网上交易时一定要考察对方的诚信度、服务水平等，在选择交易平台时也要注意平台的可信度和服务水平。

📖 知识巩固与技能训练

一、名词解释

电商生态圈　工业 4.0　网络采购　网上招投标

二、单项选择题

1. 与水平 B2B 电商平台相比，垂直 B2B 电商平台的主要优点是（　　　）。

　　A. 行业全　　　　　B. 服务全　　　　　C. 专业性强　　　　　D. 内容丰富

2. 阿里巴巴的电子商务交易模式属于（　　　）。

　　A. 基于企业自有网站的 B2B 交易　　　　B. C2C 电子商务交易

C.　基于第三方平台的 B2B 交易　　　　D.　B2C 电子商务交易
3.　阿里巴巴在 B2B 电子商务交易中扮演的角色是（　　　）。
　　A.　中介　　　　　　B.　金融认证机构　C.　交易主体　　　　D.　商业银行
4.　敦煌网的商业模式是（　　　）。
　　A.　自营式模式　　　B.　平台式模式　　C.　综合服务商模式　D.　企业应用式模式
5.　下列选项中属于水平 B2B 电商平台的是（　　　）。
　　A.　戴尔官网　　　　B.　化工网　　　　C.　上海书城　　　　D.　环球资源网
6.　（　　　）电子商务模式是未来电子商务发展的主流。
　　A.　B2B　　　　　　B.　B2C　　　　　　C.　C2C　　　　　　D.　B2G

三、多项选择题

1.　网络采购的方式主要有（　　　）。
　　A.　网上招投标　　　B.　集中目录　　　C.　团体购买　　　　D.　易货交易
2.　水平 B2B 电商平台的特征为（　　　）。
　　A.　面对某一行业　　B.　面对多个行业　C.　追求"全"　　　　D.　专业性强
3.　下列各项中属于 B2B 电子商务主要应用的有（　　　）。
　　A.　供应商管理　　　B.　存货管理　　　C.　配送管理　　　　D.　渠道管理
4.　按照面向的行业范围的不同，第三方 B2B 电商平台可分为（　　　）。
　　A.　垂直 B2B 电商平台　　　　　　　　B.　水平 B2B 电商平台
　　C.　信息服务型 B2B 网站　　　　　　　D.　交易服务型 B2B 网站
5.　根据 B2B 交易平台构建主体的不同，B2B 电子商务可分为（　　　）。
　　A.　基于企业自有网站的 B2B 交易　　　B.　基于第三方平台的 B2B 交易
　　C.　水平 B2B 网站交易　　　　　　　　D.　垂直 B2B 网站交易

四、复习思考题

1.　网上招投标的形式有哪几种？网上招投标的流程是怎么样的？

2.　试比较水平 B2B 电商平台和垂直 B2B 电商平台的异同。

3.　水平 B2B 电商平台和垂直 B2B 电商平台分别有哪些类型？请举例并简要说明每一种类型。

4.　试分析 B2B 电子商务的发展阶段及趋势。

（a）B2B 水平电商平台

五、技能实训题

1.　进入海尔企业购网站，总结该网站能为用户提供什么样的服务；并对两个行业或两种产品的智慧解决方案进行分析，总结海尔的智慧解决方案为企业带来了哪些机会。

2.　联系一家企业，帮助该企业在阿里巴巴 1688 网站上开展网络销售，并试着主动寻找阿里巴巴 1688 网站上有采购意向的买家。

3.　尝试在阿里巴巴 1688 网站上进行网络采购。

（b）B2B 垂直电商平台

图 5.15　B2B 水平电商平台和 B2B
垂直电商平台

六、实训拓展题

从图 5.15 所示的水平 B2B 电商平台、垂直 B2B 电商平台中选择至少三个不同类型的 B2B 网站，分析其近期的会员数量、赢利模式、主要业务模式等。你认为水平 B2B 电商平台和垂直 B2B 电商平台哪个更具有发展潜力？为什么？

第六章 网络营销

【知识框架图】

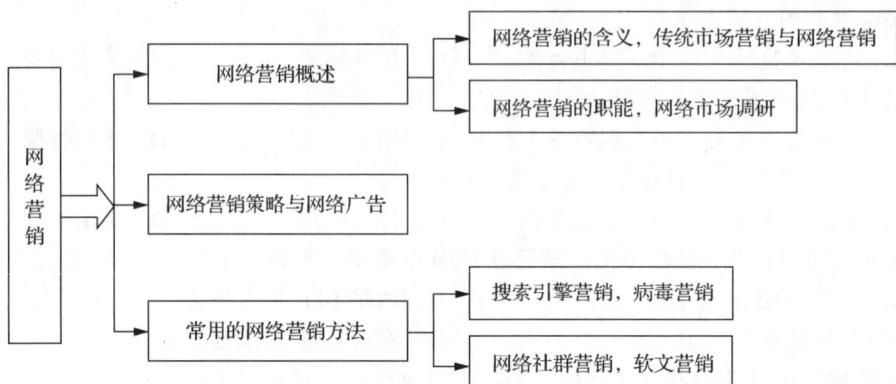

【学习目标】

【知识目标】

1. 掌握网络营销的含义及职能。
2. 了解网络市场调研的方法。
3. 熟悉网络营销策略的应用与网络广告的形式。
4. 掌握常用的网络营销方法。

【技能目标】

1. 能够写出网络市场调研报告。
2. 学会运用网络营销策略为企业制订网络营销方案。
3. 学会运用网络营销方法为企业做产品或网络推广。

引例

如何增强网络营销效果

综合媒体报道2020年,"秋天的第一杯奶茶"成为风靡全网的"梗",仅用1天时间,就在微信朋友圈、微博、抖音、小红书、B站等社交平台"刷屏"。这个"梗"的意思是秋分已至,在这个渐冷的秋天,在意你的人会主动让你喝到秋天的第一杯奶茶。仪式感强、参与门槛低、"秀恩爱"和从众"玩梗",共同造就了这次"刷屏"。各大奶茶品牌开始借势营销,其中奈雪更是联合德芙、大龙燚、农夫山泉继续炒热话题。"秋天的第一杯奶茶"的刷屏使多个品牌的奶茶销量翻了三四倍,喜茶、一点点等品牌的部分门店甚至因为"爆单"而出现了"暂时打烊"的现象。这次营销有效地实现了病毒式社交传播和超预期的网络营销效果。

如何进行网络营销

3A汽车集团公司生产新能源电动轿车,在国内外新能源汽车市场上具有一定的影响力。目前,该公司拥有官方网站、官方微博、官方微信公众号、官方抖音账号等自有网络营销资源，同时也借助搜索引擎、社交媒体等第三方平台积极开展促销宣传，提供车型介绍、信息发布、价格查询、客户咨询服务等。小张是该公司的一名网络营销专员，他应如何通过各种网络营销方法提升公司知名度及销售业绩呢？[①]

第一节　网络营销概述

　　网络营销是以互联网为基础实现的信息创建、发布、传递与沟通等一系列营销活动，是企业营销战略的核心。从广义上说，凡是以互联网为主要手段开展的营销活动，都可以称为网络营销。每个互联网用户都可能是网络营销的对象，如网络购物、网上订餐、网上订票、在线观看带有广告的短视频、在网页或 App 上浏览新产品信息等，都是在参与某种网络营销活动。近年来，在互联网、移动互联网高速发展的大背景下，自媒体、直播经济等互联网的新模式层出不穷，以微博、微信为代表的新兴网络营销方式加快了信息传播速度，为企业与用户之间构建了新的沟通桥梁。

> **问与答**
>
> 问：网络营销和电子商务的关系是什么？
> 答：网络营销是电子商务的组成部分；网络营销推动了电子商务的发展。

　　网络营销诞生于 20 世纪 90 年代中期，目前已经成为企业重要的营销手段。网络营销是伴随着互联网进入商业应用而产生的，尤其是在万维网、电子邮件、搜索引擎等得到广泛应用之后，网络营销的价值越来越明显。电子邮件早在 1971 年就出现了，但在互联网普及之前并没有被应用于营销领域。到了 1993 年，世界上才出现了基于互联网的搜索引擎；1994 年 10 月，网络广告诞生。1994 年被认为是网络营销发展的最重要的一年，因为在网络广告诞生的同时，基于互联网的知名搜索引擎雅虎（Yahoo）、Webcrawler、Infoseek、Lycos 等也相继诞生。另外，"第一起利用互联网赚钱"的"律师事件"促使人们对电子邮件营销进行了深入思考，直接促成了网络营销概念的形成。

> **学而思，思而学**
> 网络营销能代替传统的市场营销吗？为什么？

一、网络营销的含义

　　网络营销是市场营销的一个重要组成部分，其本质与市场营销是相同的，但在技术手段和应用背景上又有独特之处。在移动互联网广泛发展的基础上，我们将网络营销的定义总结为：网络营销是企业为了满足用户获取有价值的信息和服务的需求，通过互联网及社会关系网络连接企业、用户及公众，为实现顾客价值及企业营销目标所进行的规划、实施及运营管理活动。对于这一定义，我们可以从以下几个方面理解。

> **学而思，思而学**
> 有人认为网络营销就是网上销售，你认为这种看法对吗？为什么？

　　（1）体现了网络营销的生态思维。网络营销以互联网为技术基础，它连接的不仅是计算机和其他智能设备，还建立了企业与用户及公众的连接。连接是网络营销的基础，运营则是网络营销的内容。

　　（2）突出了网络营销中人的核心地位。通过互联网建立的社会关系网络，其核心是人。人是网络营销的核心，网络营销的一切活动都以人为出发点，而不是网络技术、设备、程序或网页内容。

---

① 绘图：宋柯南。

（3）强调了网络营销的顾客价值。为顾客创造价值是网络营销的出发点和目标，网络营销是一个以顾客为核心的价值关系网络。

（4）延续了网络营销的系统性。网络营销的系统性是经过长期实践检验的基本原则之一，网络营销的内容包括规划、实施及运营管理，而不仅仅是对某种方法或某个平台的应用。

二、传统市场营销与网络营销

根据美国市场营销协会（AMA）的定义，市场营销研究引导商品和服务从生产者到达消费者和使用者所进行的一切商业活动，包括消费者需求研究、市场调研、产品开发、定价、分销、广告宣传、公关和销售等。网络营销作为一种全新的营销理念，对传统市场营销产生了巨大的影响。网络营销与传统市场营销相互促进、相互补充，并且随着"互联网+"和移动通信技术的发展，二者之间的界限越来越模糊。企业在进行营销时应根据企业的经营目标进行市场细分，并恰当地整合网络营销和传统市场营销的策略，以最低的成本取得最佳的营销效果。

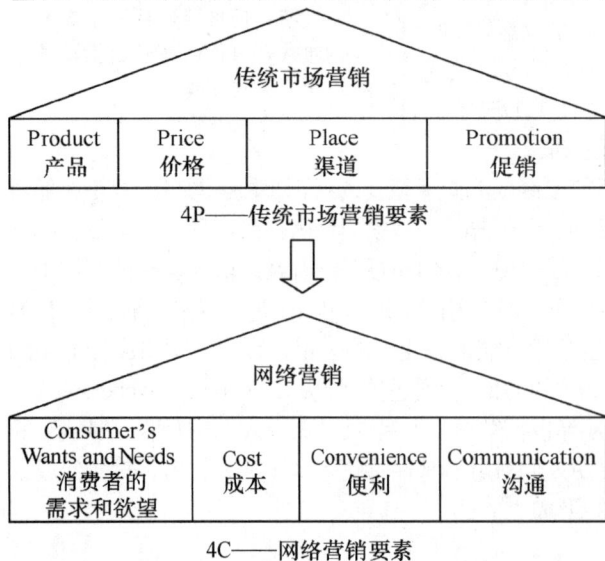

图 6.1 传统市场营销的 4P 策略与网络营销的 4C 策略

1. 网络营销由传统市场营销的 4P 策略转向 4C 策略

网络营销已由在传统市场营销理论中占中心地位的 4P 策略逐渐转向 4C 策略（参见图 6.1）。网络营销与传统市场营销的"以产品为中心"相比，更强调"以消费者为中心"。4C 所代表的含义分别如下。

（1）消费者（Consumer）。企业不应急于制订产品（Product）策略，而应研究消费者的需求和欲望（Consumer's Wants and Needs），据此来提供产品。同时，企业提供的不仅仅是产品和服务，更重要的是由此产生的客户价值（Customer Value）。

（2）成本（Cost）。企业应首先了解消费者为了满足需要愿意付出多少钱（Cost），而不是先给产品定价（Price），即向消费者要多少钱。

（3）便利（Convenience）。企业应忽略渠道（Place）策略，着重考虑为消费者提供便利。

（4）沟通（Communication）。企业应抛开促销（Promotion）策略，着重加强与消费者的沟通。

网络营销应该支持企业的整个营销体系，成为企业整体经营方案的一部分。网络营销必须与企业的战略规划相互匹配、相互支撑。

2. 网络营销与传统市场营销的整合

网络营销与传统市场营销整合后为整合营销，就是利用整合营销的策略来实现以客户为中心的传播统一性和双向沟通，用目标营销的方法来开展企业的营销活动。整合营销包括 4P 策略与4C 策略的整合、传播统一性、双向沟通和目标营销四个方面的内容。

（1）4P 策略与 4C 策略的整合。传统市场营销 4P 策略的基本出发点是企业的利润，而没有将消费者的需求放到与企业的利润同等重要的位置上，这个营销决策过程是一个单向的链条。而网络营销则需要企业同时考虑客户需求和企业的利润。整合营销理论始终体现了以客户为出发点以及企业和客户不断交互的特点，它的决策过程是一个双向的链条。

（2）传播统一性。传播统一性是指企业向客户传达统一的信息，即用一种声音"说话"，客户由任何途径获得的信息都是一致的。其目的是运用和协调各种不同的传播手段，使营销策略发挥最佳且集中、统一的效用，最终在企业与客户之间建立长期良好的关系。

（3）双向沟通。双向沟通是指企业与客户展开富有意义的交流，迅速、准确地获得客户反馈的信息。如果说传统市场营销理论的座右铭是"客户请注意"，那么整合营销的格言则是"请客户注意"。营销策略已从企业消极、被动地适应客户，向企业积极、主动地与客户进行沟通转变。

（4）目标营销。目标营销是指企业的一切营销活动都应该围绕企业的整体目标和整体营销战略来进行。

学而思，思而学
试列举一些企业的例子，说明网络营销与传统市场营销是如何进行整合的。

三、网络营销的职能

网络营销的职能不仅表明了网络营销的作用和网络营销工作的主要内容，同时也说明了网络营销应该实现的效果。认识网络营销的职能有助于全面理解网络营销的价值和网络营销的内容体系，因此，网络营销的职能是网络营销理论的基础。

网络营销的基本职能表现在八个方面：网络品牌建设、网站推广、信息发布、网上销售、销售促进、客户服务、客户关系管理、网络调研。

1. 网络品牌建设

网络营销的重要任务之一是在互联网上建设并推广企业品牌，让企业品牌在网上得以延伸和拓展。网络营销为企业利用互联网建立品牌形象提供了有利条件，使大型企业和中小企业都可以用适合自己的方式展现品牌形象。网络品牌价值是网络营销效果的一种表现形式，网络品牌的价值转化可以实现持久的客户忠诚，使企业获得更多的直接收益。移动互联网的发展为网络品牌提供了更多的展示机会。除了建设自己的网站，企业还可以通过在各种社交平台注册企业账户、开发企业 App 等扩大自己的影响。

视野拓展
网络品牌
存在于互联网上的企业品牌即网络品牌。网络品牌有两个方面的含义：一是通过互联网手段建立起来的品牌；二是互联网对线下既有品牌的影响。两者在品牌建设和推广方式、侧重点上各不相同，但它们的目标是一致的，都是实现企业整体形象的树立和提升。

2. 网站推广

传统的网络营销以网站运营和推广为基础，网络推广尤其是网站推广是企业网络营销的基本组成部分。企业网站获得必要的网站访问量是网络营销取得成效的基础。对中小企业而言，由于经营资源的限制，其发布新闻、投放广告、开展大规模促销活动等的机会较少，因此，通过互联网手段进行网站推广就显得尤为重要。即使对大型企业来说，网站推广也是非常有必要的。许多大型企业虽然有较高的知名度，但其网站访问量并不高。网站推广是网络营销最基本的职能之一，是网络营销的基础工作。在移动互联网环境下，网站推广的职能还需要进一步扩展到企业的其他官方信息平台，如企业 App 的推广、企业社交平台账号的推广等。

3. 信息发布

网络营销的基本方法就是通过各种互联网手段，将企业营销信息以高效的方式向目标用户、合作伙伴、客户等群体传播，因此，信息发布是网络营销的基本职能之一。发布信息的渠道包括企业内部平台（如企业网站、企业 App、企业社交网络等）及第三方信息发布平台（如开放式网络百科平台、文档共享平台、B2B 信息平台等）。充分利用企业内外部平台发布企业信息，是提高企业信息网络可见度、实现网络信息传播的基础。

4. 网上销售

网上销售是企业线下销售渠道在互联网上的延伸。无论是否拥有实体销售渠道，企业都可以开展网上销售。网上销售渠道包括企业自建的官方网站、官方商城、官方 App，建立在第三方电商平台上的网店，通过社交网络销售及分销的微店，参与团购，以及加盟某 O2O 电商平台成为供货商等。与早期网上销售在网络营销中处于次要地位的情况相比，当前网上销售已发挥出越来越重要的作用，许多新兴企业甚至已完全依靠网上销售。

5. 销售促进

市场营销的基本目的是为最终增加销量提供支持，网络营销也不例外。各种网络营销方法大都直接或间接地促进了销售。同时还有许多有针对性的网上促销方法（如发放网络优惠券、团购、积分兑换等），这些促销方法并不限于对网上销售的支持，事实上，它们对促进网下销售同样很有价值，这也是一些没有开展网上销售业务的企业有必要开展网络营销的原因。

6. 客户服务

互联网提供了方便的在线客户服务手段，从最简单的常见问题（Frequently Asked Questions，FAQ）解答，到电子邮件、邮件列表，以及在线论坛、即时信息、网络电话、网络视频、社交网络服务（Social Networking Service，SNS）等，它们均有不同形式、不同功能的在线沟通和服务功能。在线客户服务具有成本低、效率高的优点，在提高客户服务水平、降低客户服务费用方面具有显著作用，同时也会直接影响网络营销的效果。因此，在线客户服务是网络营销的基本组成内容。

问与答

问：什么是 FAQ？网站为什么应该重视 FAQ 系统设计？

答：FAQ 意为"经常被问到的问题"，或者可更通俗地称为"常见问题"。在网络营销中，FAQ 系统被认为是一种常用的在线客户服务工具。一个好的 FAQ 系统应该至少可以回答客户 80%的常见问题。这样不仅方便了客户，还大大减轻了网站工作人员的压力，节省了大量的客户服务成本，并且提高了客户满意度。因此，网站应该重视 FAQ 系统设计。

7. 客户关系管理

客户关系管理是社交关系网络中最重要的环节，对促进销售及开发客户的长期价值具有至关重要的作用。建立和维系客户关系的方式，从早期的电子邮件、邮件列表、论坛等发展到目前的微博、微信、社群等，使企业和客户的连接更紧密、沟通更便捷。客户关系资源是企业网络营销资源的重要组成部分，也是创造客户价值、发挥企业竞争优势的基础保障。

8. 网络调研

> 网络营销各个职能之间并非相互独立，而是相互联系、相互促进的。网络营销的最终效果是其各项职能共同作用的结果。

网络调研具有调查周期短、成本低的特点。网络调研不仅可以为企业制订网络营销策略提供支持，而且是企业开展市场研究活动的辅助手段之一。合理利用网络调研手段对企业正确制订网络营销策略具有重要的意义。网络调研与网络营销的其他职能具有同等地位，既可以依靠其他职能的支持开展，又可以相对独立地进行，其结果也为改善其他职能提供了依据。

四、网络市场调研

企业通过网络市场调研可以更精准地掌握消费者的需求变化，从而可以灵活地调整营销战略。互联网为企业高效开展网络市场调研提供了良好的基础条件，而开展网络市场调研是网络营销的基本内容。

（一）网络市场调研的含义

我们把基于互联网系统地进行营销信息收集、整理、分析和研究的过程称为网络市场调研，也即利用各种网站、App、搜索引擎、第三方信息平台等寻找竞争环境信息、客户信息、供求信息的过程。

网络市场调研所采用的信息收集方式与传统市场调研所采用的信息收集方式有所不同，因而对市场调研设计中的部分内容（如调查问卷的设计、发放和回收等）提出了不同的要求。

（二）网络市场调研的步骤

网络市场调研一般包括以下几个步骤。

1. 明确问题与确定调研目标

明确问题与确定调研目标对网络市场调研是至关重要的，只有明确了希望通过网络市场调研解决的问题，并确定了清晰的调研目标，才能制订调研计划、选择合适的调研方法。

2. 制订调研计划

具体来说，制订调研计划就是要确定资料来源、调研方法及手段、抽样方案和联系方法。

（1）资料来源。确定收集的是二手资料还是一手资料。一手资料是调研人员直接向有关被调查者收集的资料，二手资料则是他人收集、记录、整理的各种数据资料。

（2）调研方法及手段。网络市场调研可以采用网上搜索法、网站跟踪法、在线调查法和电子邮件调查法等。

（3）抽样方案。要确定抽样单位、样本规模和抽样程序。

（4）联系方法。采取网上交流的形式，如通过电子邮件传输问卷等。

3. 收集信息

网络市场调研可以在全国甚至全球进行，收集信息的方法也很简单，如网络问卷调研。

在回答问卷中的问题时，被调查者经常会有意或无意地漏掉一些内容，对此，页面中的程序会进行检查。如果被调查者遗漏了问卷中的一些内容，程序会拒绝被调查者提交调查问卷或者在验证后重发问卷给被调查者要求其补填。最终，被调查者会收到问卷已完成的通知。问卷调查的缺点是无法保证问卷上被调查者所填信息的真实性。

4. 分析信息

收集信息后要对其进行分析，这一步非常关键，因为调研人员只有仔细分析信息才能得出需要的结果。调研人员能否从数据中统计和分析出与调研目标相关的信息，将直接影响最终的调研结果。目前，国际上较为通用的分析软件有 SPSS、SAS 等。绝大多数的调研数据较简单，可用电子表格（如 Excel、WPS 电子表格）分析和处理。

> 调研报告一般包括标题、目录、引言、正文（调研目的、调研方法、调研数据统计分析等）、结论、启示及建议、附录等内容。

5. 提交报告

调研报告不是数据和资料的简单堆砌，所以调研人员不能把大量的数据和资料堆到管理人员面前，否则将失去调研的价值。调研人员应分析并得出与市场营销关键决策有关的调研结论，并形成正式的调研报告。

（三）网络市场调研的方法

网络市场调研的方法一般有直接调研和间接调研两种。直接调研也叫作一手资料的收集，间接调研也叫作二手资料的收集。获取一手资料的网络市场调研方法主要有网上搜索法、网站跟踪法、在线调查法、电子邮件调查法、随机抽样调查法等；二手资料的收集相对容易、成本更低、来源更广，常用方法有网上搜索法、网站跟踪法和订阅邮件法等。

然而，我们在利用互联网进行市场调研时，实际上已经很难严格区分一手资料和二手资料了。

第二节　网络营销策略与网络广告

一、网络营销策略

互联网的商业应用改变了传统的买卖关系，带来了企业营销方式的改变，对市场营销提出了新的要求。营销的内容也由此发生了较大的变化，但影响网络营销的基本因素仍是产品、价格、渠道和促销。

网络营销策略是企业根据自身在市场中所处地位的不同而采取的多种营销策略的组合，包括网络营销产品策略、价格策略、渠道策略和促销策略。

（一）网络营销产品策略

在网络营销中，产品的整体概念可分为五个层次，每个层次都有相应的网络营销策略。

（1）核心利益层次。这一层次是指产品能够提供给顾客的基本效用或利益。企业在确定产品的核心利益时要从顾客的角度出发，要根据以往的营销效果来制订当前的产品设计开发策略。企业要注意网络营销的全球性，在提供核心利益时要面向全球市场。

（2）有形产品层次。物质产品必须保障品质，这要求企业注重产品的品牌和产品的包装，在样式和特征方面要根据不同的文化来有针对性地进行设计。

> 期望产品示例：戴尔的消费者可以向戴尔提出自己的个性化需求，如期望拥有各种个性化配置等，戴尔会根据消费者的个性化需求进行产品设计和生产。

（3）期望产品层次。在网络营销中，顾客处于主导地位，其消费呈现出个性化的特征，且不同的消费者可能对产品的要求不一样。为了满足这些个性化的需求，对于有形产品，企业在设计、生产和供应等环节必须实行柔性化的生产和管理；对于无形产品（如服务、软件等），企业要能根据顾客的需要来设计。

（4）延伸产品层次。在网络营销中，由于大多数竞争对手都能提供送货、安装等附加服务，因此网络营销应突破传统的限制来加强和延伸外延产品的开发，如增加售后服务、免费提供培训等。

（5）潜在产品层次。潜在产品与延伸产品的主要区别是，客户没有潜在产品层次的需要时，仍然可以很好地获得所需要的产品核心利益，但在得到潜在产品后，其心理会得到超值的满足，其对产品的偏好度与忠诚度会得到提高。

在刚进入线上销售并需要选择适合网络营销的产品时，建议企业从以下角度进行考虑：选择具有持续性消费特征或者有后续性消费特征的产品（如零食、生活用品、生活服务等）；选择单价相对较低的产品，以免造成压货；选择体积小、方便运输的产品；选择具有分享特性的产品（如美容护肤、健康类产品等），方便消费者在亲朋好友间传播扩散产品信息；选择有质量保证的、由正规厂家生产的产品；选择具有较高利润的产品，这样的产品更适合进行网络分级代理销售。

> 延伸产品示例：IBM 最先发现，用户购买计算机时不仅是在购买工具设备，而且主要在购买解决问题的服务。用户希望得到产品使用说明、配套的软件程序、快速简便的维修方法等；因此，该公司率先向用户提供了一整套服务体系，包括硬件，软件，安装、调试、使用与维修技术等。

案例 6.1

亚马逊、易贝的产品和服务策略

1994 年，网络零售商亚马逊成立。亚马逊的产品策略是选定目标、不断拓展。其在开始时主要经营图书、音乐和影视光盘，后来拓展到百货。其周到、新颖、快捷、实惠的服务不断吸引着消费者来此购物。

1995 年，易贝正式运营，世界上第一个虚拟的网上拍卖市场诞生。易贝不销售自己的产品，其产品策略主要是为用户提供良好的服务，其主要的服务策略为：采用社区商务模式；完善保障体系，建立一套完善的信用评价系统，提供及时的送货服务；实行第三方货款抵押制度。

启发思考：1. 亚马逊的产品和服务策略主要有哪些？
2. 易贝主要是通过哪些服务策略获得成功的？

（二）网络营销价格策略

网络营销价格是指网络营销过程中买卖双方的成交价格。网络营销价格的形成机制是极其复杂的，会受到成本、供求关系和竞争等多种因素的影响和制约。企业在进行网络营销决策时，必须综合考虑各种因素，从而采用相应的价格策略。很多传统营销中的价格策略在网络营销中得到了应用，同时也得到了创新。根据影响网络营销价格的因素的不同，网络营销价格策略可分为如下几种。

1. 竞争定价策略

竞争定价策略是企业根据竞争对手的同类产品或服务的定价调整自己相应产品或服务的定价的策略。这种定价策略可以使企业保持相对价格优势。企业在采用此种定价策略时，除了要随时关注竞争对手的同类产品或服务的定价外，还要密切关注客户和潜在客户需求的变化。

2. 个性化定价策略

消费者往往对产品的外观、颜色和样式等有具体的内在个性化需求，个性化定价策略就是利用网络的互动性和特定消费者的需求特征来确定产品价格的一种策略。利用网络的互动性，企业可以实时了解消费者的需求，从而使个性化营销成为可能。

3. 自动调价、议价策略

根据季节变动、市场供求状况、竞争状况及其他因素，在考虑收益的基础上，企业可建立自动调价系统对价格进行自动调整。同时，建立与消费者直接在网上协商价格的集体议价系统，可使价格的调整具有灵活性和多样性。例如，团购网站就是企业依据薄利多销的原理，给出低于零售价格的团购价格或消费者在单独购买时得不到的优质服务，从而使消费者获得更多实惠。

4. 特有产品的特殊价格策略

采用特有产品的特殊价格策略需要根据产品在网上的需求状况来确定产品的价格。当人们对某种产品有很特殊的需求时，企业不用过多地考虑其他竞争对手，只要制订令自己满意的价格就可以了。这种策略往往针对两种类型的产品：一种是创意独特的新产品（炒"新"）；另一种是有特殊收藏价值的商品（炒"旧"），如古董、纪念物或其他具有收藏价值的商品。

5. 捆绑销售策略

捆绑销售是将两种或两种以上的商品捆绑起来销售的方式。纯粹的捆绑销售只有一种价格，消费者必须同时购买两种或两种以上的商品。混合搭售则是一种菜单式销售，企业既提供捆绑销售的选择，也提供单独购买其中某种商品的选择。

不是所有的产品和服务都能随意地"捆绑"在一起。捆绑销售能否达到"1+1>2"的效果取决于两种或多种商品能否协调和相互促进。

例如，在消费者确定要购买某款手机后，商品介绍详情页的上方会有一个相关商品的推荐区域，以提醒消费者购买手机壳、移动电源、蓝牙耳机、手机支架等相关产品，促使其消费更多。图 6.2 所示为京东商城的捆绑销售策略示例。

图 6.2 京东商城的捆绑销售策略示例

6. 众筹自定价策略

众筹自定价策略是指众筹项目在达到最低筹资目标后，众筹产品或服务的价格会依据参与众筹的消费者数量而调整：消费者越多，平均每位消费者需支付的钱越少。在该模式下，消费者在定价环节中的主动性得到了极大的释放，人人都能够以自己的力量去影响最终的价格。常见的众筹平台有京东众筹、苏宁众筹和淘宝众筹等。

> **问与答**
>
> 问：什么是众筹？什么是现代众筹？
>
> 答："众筹"一词翻译自 Crowdfunding，即大众筹资或群众筹资，由发起人、跟投人和平台构成，是一种向群众募资，以支持发起众筹的个人或组织的行为。现代众筹是指通过互联网方式发布筹款项目并募集资金，利用互联网和社交网络传播的特性，让企业或个人向公众展示其创意，争取大家的关注和支持，进而获得所需要的资金支持。
>
> 与传统的融资方式相比，众筹更为开放，发起人能否获得资金也不再以项目的商业价值为唯一标准。只要是大家喜欢的项目，其发起人都可以通过众筹的方式筹集资金，这为更多的经营者提供了机会。

（三）网络营销渠道策略

随着电子商务及网络技术的迅速发展，越来越多的消费者选择在网上购物。网络营销渠道就是指由借助互联网将产品或服务从生产者转移到消费者所经历的各个中间环节连接而成的路径。

1. 渠道的推式策略

推式策略也称高压策略，是指由企业的销售人员主导推动分销渠道上各环节人员推销的活动策略。推式策略一般用于销售过程中需要人员推销的工业品和消费品。在企业规模小或无足够的资金推行完善的广告促销、市场比较集中、渠道短、产品单价高等情况下应采用推式策略。推式策略常用的方法有示范推销法、走访销售法、网点销售法、服务推销法等。

2. 渠道的拉式策略

拉式策略也称吸引策略，是指生产企业通过开展密集的广告宣传、销售促进等活动，引起消费者的购买欲望，激发其购买动机，进而促使零售商向批发商、经销商、代理商等中间商进货，各类中间商向生产企业进货，最终满足消费者的需求，达到促进销售的目的。在企业资金充足、产品差异小、新产品初次上市、产品销售对象广泛等情况下应采用拉式策略。拉式策略常用的方法有广告宣传、代销、试销、召开产品展销会及订货会等。

3. 渠道的线上线下融合策略

"互联网+"时代给传统的渠道管理与运营带来了极大的挑战，线上与线下的渠道相融合是零售行业发展的趋势。消费者的生活及消费轨迹也已开始融合。对此，企业应快速整合各种线上线下的渠道，聚合二者的优点，多角度、全方位地拉近与消费者的距离，从各个方面关注并优化客户体验。

案例 6.2

美国高端零售商Nordstrom的智能试衣间

美国高端零售商 Nordstrom 利用易贝提供的一项技术，打造了功能强大的智能试衣间，实现了线上线下渠道的融合。智能试衣间中的试衣镜不仅是一面镜子，更是一个可操作的屏幕，可以展现店内所有款式的服装的详细资料。消费者只要在 Nordstrom 的智能试衣间中用手指轻触镜面，就可获得可供挑选的颜色、尺码，甚至相关配饰等。随后，卖场的工作人员就会把消费者选中的服装送至试衣间。据报道，该公司的高科技投入已达 12 亿美元，其中包括物流运输及店内服务的改造投入。Nordstrom 充分利用科技的力量，将实体店与虚拟世界相结合，为消费者提供了更好的购物体验。

启发思考： 零售商 Nordstrom 的智能试衣间是如何实现线上线下渠道的融合的？

（四）网络营销促销策略

促销是指企业通过人工和非人工的方式与消费者进行沟通，从而引发、刺激消费者的消费欲望，使其产生购买行为的活动。网络营销促销策略一般有四种形式，即网络广告、站点推广、网络销售促进和网络公关。

（1）网络广告是指企业借助互联网平台发布企业的产品或服务信息，对企业及企业产品或服务进行宣传推广的一种营销方式。网络广告主要有以下几种形式：以推销商品或服务为目的的含有链接的文字、图片或者视频等形式的广告；电子邮件广告；付费搜索广告；商业性展示中的广告；其他通过互联网媒介推销商品或服务的商业广告。

（2）站点推广是指企业利用网络营销策略，提高站点知名度、增加网站流量，从而达到宣传和推广企业、产品或服务的目的。站点推广策略也可以延伸到移动端的 App 推广。

（3）网络销售促进是指企业为了促进在线产品或服务的销售，利用各种短期诱因（如限时折扣、赠送优惠券、抽奖、满减等活动）吸引消费者购买产品或服务的促销方式。

（4）网络公关是指企业借助互联网的交互功能吸引用户与企业保持密切关系，以树立企业的良好形象，培养客户忠诚度，从而促进产品或服务销售的一种活动。网络公关的主要工作内容有事件营销、口碑营销、网络新闻发布、危机公关等。

二、网络广告

从广义上说，通过互联网形式传播商业信息的行为都是网络广告。

从狭义上说，网络广告是指企业通过网站、网页、互联网应用程序等互联网媒介，以文字、图片、音频、视频或者其他形式，直接或者间接地推销商品或服务的商业广告。

（一）网络广告的发展

1994 年 10 月 27 日，美国著名的 *Wired* 杂志推出了网络版 *Hotwired*，其主页上有 MCI 等 14 个客户的横幅广告。这是广告史上里程碑式的事件，标志着网络广告的诞生。

我国的第一个商业性网络广告出现在 1997 年 3 月，传播网站是 Chinabyte，该广告的表现形式为 468 像素×60 像素的动画旗帜广告。英特尔和 IBM 是最早在国内互联网上投放广告的企业。我国的网络广告一直到 1998 年年初才稍具规模。

艾瑞咨询发布的数据显示，2020 年，中国网络广告市场规模达到 7 666 亿元，同比增长 18.6%，预计在 2023 年市场规模将超过万亿元。受"双十一"等营销节日的影响，电商广告份额占比接近 40%，网络营销的发展重心进一步向移动端转移。阿里巴巴、百度和腾讯的广告营收位列前三。

（二）网络广告的形式

网络广告的形式多种多样，为方便读者学习，现根据不同标准对其进行分类。

（1）根据信息表现形式的不同，网络广告可以分为文字广告、图片广告和视频广告等。

（2）根据广告在网页中出现的形式的不同，网络广告可以分为横幅广告、按钮广告、弹出式广告、分类广告和信息流广告等。

（3）根据所选网络工具的不同，网络广告可以分为搜索引擎关键词广告、电子邮件广告、社会化媒体广告和即时信息（Instant Message，IM）广告等。

1. 横幅广告

横幅广告（Banner）又称为旗帜广告，它是以 GIF、JPG 等格式创建的图像文件，定位在网页中，大多用来表现广告内容。横幅广告是最早的网络广告形式，表 6.1 所示为横幅广告常见的类型与规格。

表 6.1 横幅广告常见的类型与规格

类型	规格（像素×像素）
全幅旗帜广告	468×60
半幅旗帜广告	234×60
垂直旗帜广告	120×240
宽型旗帜广告	728×90
小型广告条	88×31
1 号按钮	120×90
2 号按钮	120×60
方形按钮	125×125

2. 文本链接广告

文本链接广告是指在热门站点的网页上放置的其他站点的文本链接。该类广告能起到软性宣传的作用，但是一小段文本传达的信息是有限的，要想最大限度地发挥这段文本的作用需要好的创意。文本链接广告是一种对浏览者干扰最少、费用较低，却效果极好的网络广告形式。

3. 网络视频广告

网络视频广告是指视频中含有广告的网络广告形式，其主要表现形式有标准的视频形式、画中画形式和焦点视频形式等。如果用户在广告播放时点击此广告，则页面将自动转到此广告链接的网站。用户可控制广告的音量，也可选择重播该视频广告（视频广告不会自动重播）。

4. 搜索引擎广告

搜索引擎广告涉及多种方式，但基本原则都是广告主付费以换取搜索结果页面上的优先排名或显示位置。下面以目前国内流量比较大的搜索引擎网站百度来举例说明。

（1）竞价广告和品牌华表。竞价广告是一种用户自主投放、自主管理，按照广告效果付费的新型网络广告形式。在输入关键词搜索后，位于搜索结果页面的上方、注有"广告"二字的即为竞价广告。品牌华表通过关键词精准匹配，展现在网页右侧的图文品牌展示位。品牌华表主要针对客户的品牌推广营销策略，可自行将通用词（如手机、欧洲自由行等）、节日词（如国庆节、元旦）等关键词与自己的品牌相关联。品牌华表按周购买，最短购买时间为1周，最长为13周。图6.3所示为百度的竞价广告和品牌华表的展示位置。

> 谷歌竞价广告（Google AdWords）由广告主购买关键词，根据竞价价格决定关键词在网站上的排名。如果关键词较热门，那么广告费可能会较高。谷歌搜索结果页面右侧广告的起拍价为每次点击0.05美元，最高价格不定，具体要视竞价的激烈程度而定。

（2）品牌专区。品牌专区是指百度搜索结果页面最上方为知名品牌量身定制的资讯发布平台，是为优化用户搜索体验而整合了文字、图片、视频等多种展现形式的创新搜索模式。品牌专区是百度首创的搜索引擎上的品牌图文专区，包含图片与多个栏目区，用户在百度主页的搜索框中输入品牌全称或简称，单击搜索后就可以看到它。图6.4所示为百度的品牌专区。

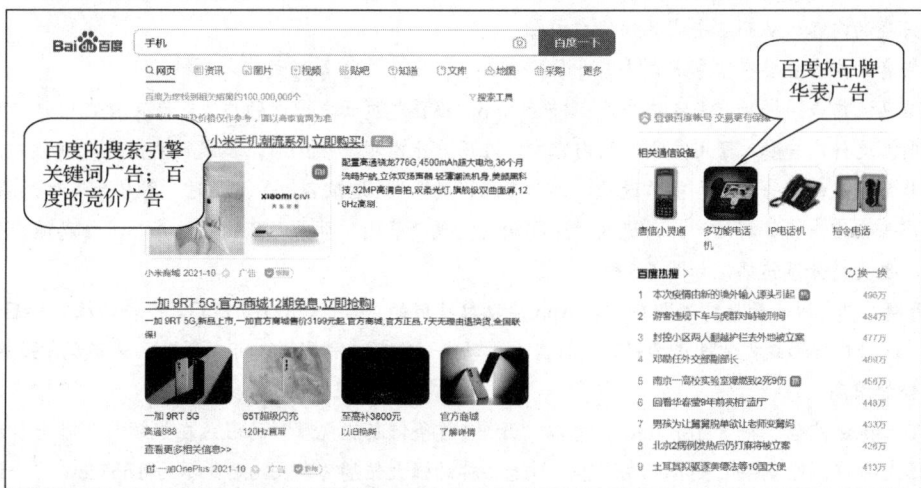

图6.3 百度的竞价广告和品牌华表的展示位置

5. 信息流广告

信息流广告又叫原生广告，就是与内容混排在一起的广告，是最不像广告的广告，也是看上去最像普通内容的广告。这种广告是通过大数据算法，由机器智能分析用户在平台内的一系列行为和兴趣分布，将用户的兴趣热点和广告进行精准匹配并主动推送给用户的一种全新广告形式。这种广告被嵌入用户日常浏览的资讯、社交动态或视频流中，在广告素材和广告文案上与普通内容完全一致、高度原生，并且跟随用户的刷新行为不断变化，更易于被用户接受。

2015年年初，微信朋友圈接入了信息流广告，之后今日头条、微博、抖音等各大社交媒体App也先后接入了信息流广告。2016年6月，手机百度App和百度浏览器首页等位置接入了信息流内容，而信息流广告就被嵌入其中。信息流广告是最适合移动互联网时代的广告形式，也是未来网络广告发展的趋势。图6.5为百度的信息流广告。

图 6.4　百度的品牌专区

图 6.5　百度的信息流广告

案例 6.3

抖音的广告形式

抖音用户使用抖音主要是为了娱乐，而商家则利用抖音短视频植入商品的推广内容，让用户在娱乐的同时点击感兴趣的内容，从而点击商品的推广内容。

目前抖音的广告主要有信息流广告、开屏广告、TopView 广告等形式。

（1）信息流广告。抖音信息流广告是在抖音 App "推荐"页面内出现的广告，即穿插在用户日常刷得最多的页面内。这种广告融入了用户浏览的内容中，在用户上滑观看视频时，不定期地出现在视频中。广告页面底部有非常明显的广告标志和操作选项，如"查看详情""抢先报名"等。此时，用户如果对产品感兴趣，就会点击广告去进一步了解该产品，进入"立即购买"或"参团"页面即可购买该产品。信息流广告既支持竖屏体验，也支持分享传播，如图 6.6 所示。

（2）开屏广告。抖音开屏广告即在抖音 App 启动时展现的广告，如图 6.7 所示，广告播放完毕后进入"推荐"页面。这种广告形式视觉冲击力强，支持静态、动态、视频三种形式，可以帮助品牌实现"强势"曝光，但是其广告费用高。

（3）TopView 广告。抖音 TopView 广告以"开屏+首条信息流视频"的形式在视频前 3 秒全屏展示，在4～60 秒曝光品牌，可多样化展示品牌信息，打造品牌的强大传播力。图 6.8 所示为 TopView 广告设计的产品路径和跳转逻辑。

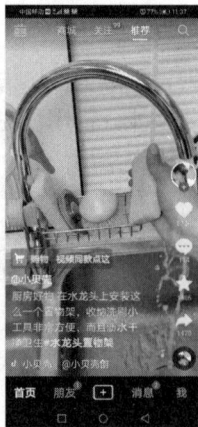

图 6.6　抖音信息流广告

图 6.7　抖音开屏广告

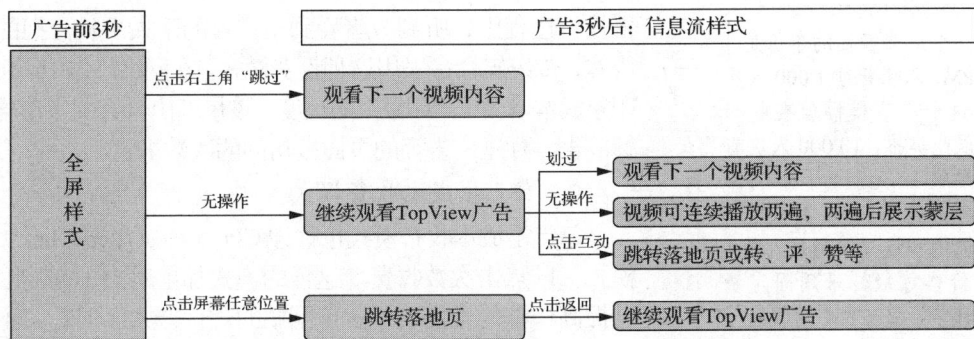

图 6.8　TopView 广告设计的产品路径和跳转逻辑

（4）其他广告形式。抖音还有抖音挑战赛、固定位广告、搜索广告、贴纸等创意、互动类的广告形式，其将内容分发与商业营销相结合以助力商家在抖音 App 内形成完整的营销闭环。

启发思考： 目前抖音的广告主要有哪几种形式？打开抖音 App 查看每一种广告形式。

6. 电子邮件广告

电子邮件广告具有针对性强（除非肆意滥发）和费用低的特点，且广告内容不受限制。它可以向具体某一位用户发送特定的广告，这是其他网络广告形式所不能及的。一般电子邮件广告做得越简单越好，文本格式的电子邮件广告兼容性最好。

7. 插播式广告

插播式广告即弹出式广告，是指在访客请求登录网页时强制插入一个广告页面或弹出广告窗口，它有点儿类似于电视广告，是强迫人们观看的。插播式广告有各种尺寸，有全屏的，也有小窗口的；互动程度不同，静态和动态的都有。网站的 VIP 会员通常可以关闭广告窗口（电视广告是无法关闭的）。

8. 游动式广告

游动式广告也叫移动广告，从外观上看有些类似于按钮式广告，但它与按钮式广告有着本质的区别。它会在屏幕上移动，像漂浮在水面上的树叶一样。当网页被上下滚动翻看时，它也会跟着移动，一直出现在屏幕上，只有当网页被关闭时才会被同时关闭。

9. 社会化媒体广告

社会化媒体广告是指利用社会化网络由用户自愿提供的及被用户自愿分享的交互广告，广告内容中有广告主的图像或用户名，这使用户可以与广告主产生交互。微博、微信、QQ 空间等社会化媒体中出现的广告就属于此类。以微博为例，其广告包括顶部公告、底部公告、右侧推荐、粉丝头条、粉丝通及微任务等形式。

10. 手机网络广告

手机网络广告已经成为网络广告市场的主流，在 PC 端适用的搜索引擎广告、数字视频广告、横幅广告等形式在手机端同样适用，同时也有一些专门适用于手机端的广告形式，如社交网络红包广告、LBS 广告、移动 Wi-Fi 广告等。

（三）网络广告的收费模式

1. 每千人印象成本收费模式

每千人印象成本收费模式也称为 CPM（Cost Per Thousand Impressions）收费模式，这是网络广告最科学的收费模式，是按照有多少人看到投放的广告来收费的。每千人印象成本指的是在广告投放过程中，听到或者看到某广告的千人平均分担的广告成本，传统媒介多采用这种收费模式。在网络广告中，每千人印象成本取决于"印象"的尺度，该尺度由含有文字广告、图标广告、标题广告等的页面被访问的次数来定。

2. 每点击成本收费模式

每点击成本收费模式也称为 CPC（Cost Per Click）收费模式，以点击次数收费。这样的模式加上对点击率的限制可以提高作弊的难度，是宣传网站的最优方式。但是，不少经营广告业务的网站觉得这种模式不公平。例如，虽然浏览者没有点击，但是已经看到了广告，对这些看到广告却没有点击的流量来说，网站没有收益。

3. 每行动成本收费模式

每行动成本收费模式也称为 CPA（Cost Per Action）收费模式，它是按广告投放的实际效果（如按回应的有效问卷数、注册会员数或订单数等）来收费的。这种模式对网站而言有一定的风险，但若广告投放成功，其收益也会比每千人印象成本收费模式多得多。

4. 每销售成本收费模式

每销售成本收费模式也称为 CPS（Cost Per Sale）收费模式，是指广告主为规避广告费用风险，只在网络用户点击广告并进行在线交易后，才按销售额付给广告站点费用的收费模式。

无论是每点击成本收费模式、每行动成本收费模式，还是每销售成本收费模式，都要求在目标用户产生"点击"行为甚至购买行为后，广告主才付费。

5. 竞价广告收费模式

竞价广告是一种网络定向广告，它通过上下文分析技术让广告出现在最合适的页面上，从而可以有效地将产品或服务推荐给目标客户。

以搜狐为例，其竞价广告服务采用实时计算、实时划账的付费方式。这就需要客户的账户预存一定数额的资金。当账户资金用完时，客户应及时补充，否则系统会在一个月内自动删除该账户。续费金额 100 元起，无上限要求。竞价广告按点击次数付费，广告收费＝有效点击次数×广告投放价格。

广告投放竞价时，不同网站设置的每次点击最低起价不同，一般以 0.05 元为一个竞价单位。出价高的广告排在前面，同一价格的广告，则按照投放时间的先后顺序进行排列。

6. 按时长收费模式

按时长收费模式即包时（Cost Per Time，CPT）收费模式，是广告主按广告投放时间的长短付给广告站点费用的一种收费方式。

国内很多网站是按照"一小时、一天、一个月多少钱"这种固定收费模式来收费的。这种收费模式对广告主和网站都不公平，无法保障广告主的利益，是一种不科学的网络广告收费模式。尽管现在很多大型网站已经采用每千人印象成本收费模式或每点击成本收费模式等较为科学的收费模式，但很多中小站点由于自身管理与发展比较落后，依然在使用包时方式。

7. 其他收费模式

某些广告主在实施特殊的营销方案时，会提出采用以下方法以个别计价：①CPR（Cost Per Response），根据浏览者的每一个回应来付费；②CPL（Cost Per Leads），根据搜集的潜在客户名单的多少来付费；③CPP（Cost Per Purchase），根据实际销售的笔数来付费；④PFP（Pay-For-Performance），根据业绩付费。

相较而言，每千人印象成本收费模式和包时收费模式对网站有利，而每点击成本收费模式、每行动成本收费模式、每回应成本收费模式、每购买成本收费模式或按业绩收费模式则对广告主有利。目前，最为流行的收费模式是每千人印象成本收费模式，其次是每点击成本收费模式。

表 6.2　网络广告形式记录表

项目	新浪网	新华网	在百度中搜索"智能手机"	人邮教育社区
网络广告的形式				

第三节　常用的网络营销方法

网络营销的职能需要通过一种或多种网络营销方法实现。常用的网络营销方法有网络广告、搜索引擎营销、病毒营销、网络社群营销、自媒体营销、网络直播和短视频营销、软文营销等。下面简要介绍四种网络营销方法。

微课堂
搜索引擎优化

一、搜索引擎营销

调查结果表明，使用搜索引擎进行搜索是人们发现新网站的基本方法。因此，做好搜索引擎营销是企业网站推广的基本任务。

搜索引擎营销（Search Engine Marketing，SEM）就是根据用户使用搜索引擎的方式，利用用户检索信息的机会，尽可能地将营销信息传递给目标用户。搜索引擎营销的方法包括搜索引擎优化、登录分类目录网站及关键词竞价排名等。

（一）搜索引擎优化

搜索引擎优化（Search Engine Optimization，SEO）就是企业通过提高网站设计质量，使网站界面友好、设计合理，便于百度等技术型搜索引擎索引。企业通常不需要自己登录搜索引擎，而是让搜索引擎自动发现自己的网站。一般认为，搜索引擎优化主要有两个方面的要求：被搜索引擎收录和在搜索结果中排名靠前。搜索引擎优化包括内部优化和外部优化。

内部优化是指在对一个网站进行搜索引擎优化时对网站内部做出的符合搜索引擎算法的改变，以便网站被搜索引擎收录并在搜索结果中排名靠前。外部优化通常指让网站合理、自然地获得更多外部链接，从而增加网站的流量。

1．内部优化

网站的内部优化主要通过以下几种手段实现。

（1）META 标签优化，如 Title（网页标题）、Keywords（关键词）、Description（描述）等的优化。图 6.9 所示为阿里巴巴首页的 Title（网页标题）、Keywords（关键词）和 Description（描述）。

（2）内部链接优化，包括相关性链接（Tag 标签）、各导航链接及图片链接等的优化。

```
<title>阿里巴巴 - 的采购批发平台,批发网</title>
<meta name="keywords" content="阿里巴巴，批发网，1688，批发市场，批发，采购，微商，微店，货源"
/>
<meta name="description" content="阿里巴巴（ ）批发网是全球企业间（B2B）电子商务的著名品牌，为数千万网商提供海量商机信息和便捷安全的在线交易市场，也是商人们以商会友、真实互动的社区平台。目前 已覆盖原材料、工业品、服装服饰、家居百货、小商品等12个行业大类，提供从原料--生产--加工--现货等一系列的供应产品和服务。"
/>
```

图 6.9　阿里巴巴首页的 META 标签

（3）网站内容更新，每天保持站内内容的更新（主要是文章的更新等）。

视野拓展

META 标签

META 标签是网页的 HTML 源代码中一个重要的代码，用来描述一个 HTML 网页文档的属性，如作者、时间、描述、关键词、页面刷新等。通常，打开某一网页，点击工具栏中的“查看”→“查看源代码或源文件”，就可以看到该网页的 META 标签。

2. 外部优化

网站的外部优化主要针对以下几个方面进行。

（1）外链类别：如博客、论坛、B2B、新闻、分类信息、贴吧、知道、百科、相关信息网等，尽量保持链接的多样性。

（2）外链运营：每天添加一定数量的外部链接，使关键词排名稳步提升。

（3）外链选择：与一些和本企业网站相关性比较高、整体质量比较好的网站交换友情链接，以巩固、稳定关键词排名。

（二）登录分类目录网站

登录分类目录网站是最传统的网站推广手段，由寻求收录的网站管理员向分类目录网站提交网站信息，分类目录网站编辑人工审核通过后，将不同主题的网站放在相应目录下，形成分类目录网站。登录分类目录网站包括免费登录和付费登录，最初以免费登录为主。随着基于超链接的技术性搜索引擎重要性的提高，现在传统分类目录网站的影响力已经越来越小，因而此方法只作为一种参考方法。

总的来说，搜索引擎营销可以分为免费搜索引擎营销和付费搜索引擎营销。免费搜索引擎营销比较常用的方法是登录免费分类目录网站和进行搜索引擎优化等。付费搜索引擎营销的主要手段为关键词竞价排名等。

（三）关键词竞价排名

关键词竞价排名是搜索引擎广告的一种形式，是按照单次点击付费较高者排名靠前的原则，对购买了同一关键词的网站进行排名的一种方式。关键词竞价排名一般采用按点击量收费的方式。关键词竞价排名有别于传统的搜索引擎营销方式，其主要特点有可以方便地统计、分析用户的点击情况，可以随时更换关键词以增强营销效果。目前，关键词竞价排名已成为一些企业开展搜索引擎营销的重要方式。

二、病毒营销

视野拓展

病毒营销实例

病毒营销又称病毒式营销、病毒性营销、基因营销或核爆式营销。病毒营销是一种快速增强网络信息传播效果的模式，鼓励目标受众把想要推广的信息像传播病毒一样传递给周围的人，让每一个受众都成为传播者，是让推广信息在曝光率上呈几何级数增长的一种营销推广策略。病毒营销可通过电子邮件、微博、微信、QQ、论坛、视频网站、电子书等多种渠道发布消息。

案例 6.4

拼多多的病毒营销

营销中最吸引人的就是“免费”二字。拼多多让用户邀请好友砍价以免费获得商品，这充分调动了用户参与分享活动的积极性。这种拼团砍价模式其实就是批发和微分销的概念。依靠 QQ、微信流量的"助攻"，分享的平台有了（社交圈传播）；在朋友、亲戚之间分享，信用背书也有了（诱导用户产生裂变效应并消费）；社交圈内的人的生活状态往往差不多，如你要用纸，我也要用，纸还这么便宜，拼团的成功率也大大提高（进一步扩大影响）。

于是，各种拼多多砍价互助群应运而生，宛若一个完整的"生态圈"。这个看似简单的分享、拼团砍价模式，恰恰是拼多多崛起的关键。在流量获取越来越贵的今天，拼多多通过这种病毒式社群玩法以低价获得了用户，从而做到了"后来居上"。

启发思考：通过本案例总结开展病毒营销的条件。

三、网络社群营销

网络社群是指因某种关系而连接成为一个圈子的互联网用户，如 QQ 群、微信群、同一微信公众号的订阅用户、同一话题的参与者、同一用户（如演员）的共同关注者（粉丝）、微博好友圈、微信朋友圈等。

网络社群营销是指通过互联网将有共同兴趣爱好的人聚集在一起，将一个兴趣圈打造成为消费家园，通过提供产品或服务来满足群体需求而产生的商业形态。网络社群营销是在网络社区营销及社会化媒体营销的基础上发展起来的、用户连接及交流更为紧密的网络营销方法。例如，通过微信培养各种粉丝，先向粉丝传递价值，再谋求赢利，这是网络社群营销的普遍形式。网络社群营销聚集的人群会通过各种关系延伸到陌生群体，最后形成一个庞大的市场。未来的商业形态会以各个自媒体的社群营销为主体。

> 小米就是应用网络社群营销的典范。小米先聚集了一群手机"发烧友"（"米粉"）共同开发系统、共同参与研发高性价比的手机，后来很多不是"米粉"的消费者也选择了小米的产品。

四、软文营销

软文是基于特定产品的概念诉求与问题分析，对消费者进行针对性心理引导的一种文字模式。软文营销是指通过满足特定的概念诉求，以摆事实、讲道理的方式使消费者走进企业设定的"思维圈"，以强有力的、有针对性的心理攻势实现产品销售的网络营销方法。其表现形式包括新闻、第三方评论、访谈、采访和口碑等。

一篇够"软"的软文应该是这样的：文笔好，内容引人入胜，能使读者有持续阅读的冲动；广告植入"润物细无声"。这种软文甚至会达到读者读了好几遍之后才恍然大悟——"我刚刚是不是读了几遍广告啊"的效果。即使有些读者很早便发现"这就是一则广告"，但依然会佩服软文的作者。

要做好软文营销，就要了解软文的基本类型和软文营销的技巧。

（一）软文的基本类型

根据载体的不同，软文可以分为两大类：一类是文章体裁，分为记叙文、议论文和说明文等；另一类是文学体裁，分为小说、诗歌、戏剧和散文等。这些文体都可以植入企业产品信息或品牌信息，因此都可以成为软文的载体。

根据内容特点的不同，软文可分为新闻类、故事类和科普类软文等。其中，新闻类软文包括新闻通稿、新闻报道和媒体访谈等。这类软文的题材包括企业重大事件、行业重大事件、新产品上市、企业领导人创业故事、企业领导人访谈和企业文化等。

根据撰写目的的不同，软文可以分为产品类软文、服务类软文、品牌类软文和公关类软文等。

（二）软文营销的技巧

营销产品不同，受众不同，软文的写作模式也不同。要想写好一篇互联网软文，做好软文营销，需要掌握以下技巧。

1. 设置具有吸引力的标题

就整篇软文而言，文章的标题犹如企业的 Logo，代表着文章的核心内容。标题不但要能够吸引读者的注意力，还应该让读者动心，产生"让我瞧瞧"的欲望。类似"人类可以长生不老？""奥普浴霸何以'霸'京城？"等类型的标题曾经风靡一时，为什么？因为其不但像新闻标题，而且比新闻标题更吸引人。

2. 以时事热点和流行词为话题

时事热点就是指那些具有时效性、最新鲜、最热门的新闻。软文的成功发布需要依靠天时、地利。"天时"主要表现在企业发布软文时对发布契机的把握和对当时的新闻热点的巧妙跟随。当新闻媒体在持续讨论某个重要话题时，企业要快速应变，撰写并发布与此话题相关的软文。"地利"主要是指软文发布的版面位置应有利于提高软文的关注度。软文写作要学会使用流行词，如"真香"等，这样能使读者在阅读时产生"亲近感"。

> 软文"地利"示例：西安良治电器公司采用新闻编排方式将软文设计成通栏广告（有利于"上贴新闻、下压广告"）。发布前又和广告公司在合同中约定：软文置于西安新闻版；软文上面紧贴新闻稿件，软文下面必须有广告。这种设计大大提高了软文的关注度。

3. 广告内容自然植入

一篇高质量的软文能让读者读起来几乎感受不到一点儿广告的味道，读完之后还会觉得受益匪浅，认为软文为他提供了不少帮助。写作者要在写软文之前就想好广告的内容和目的，如果写作能力不是很强，最好把文章中的软文部分放在第二段，切勿将软文中的广告放在最后，因为文章内容如果不够吸引人，读者可能没读完就已经关闭了网页。

4. 软文内容精准定位受众

要想真正发挥软文的营销价值，写作者需要认真调研目标受众的兴趣爱好和习惯特征等，了解其口味和需求，从而精准定位目标受众。只有这样，写作者才能写出满足受众需求的内容，为受众提供一定的价值，进而引起受众的关注，促进其阅读和传播。

📖 实训案例

元气森林的网络营销之路

元气森林成立于 2016 年，号称"互联网+"饮料公司，专门生产无糖、低热量的产品，上市饮品有气泡水、燃茶、乳茶等。2020 年，元气森林的估值达 140 亿元，在"双十一"活动期间同时斩获天猫和京东饮料类销量第一，成为受年轻人喜爱的"网红"品牌。元气森林的网络营销策略总结如下。

1. 布局线上销售

元气森林的产品在天猫、京东、拼多多、苏宁易购等电商平台的官方旗舰店及食品类专营店都有销售，其京东官方旗舰店、天猫官方旗舰店的粉丝数远超传统饮料品牌。同时，元气森林在抖音小店、快手小店、微博小店及小红书等社交媒体平台的产品销量也很可观。

2. 深耕自媒体营销

元气森林在微博、微信公众号与小程序、抖音、快手、小红书等社会化媒体平台都开设了官方认证的账号，在自媒体营销和运营方面精耕细作。元气森林官方微博通过文字、图片、视频等表现形式展示产品，推广健康饮品、代糖成分以及品牌活动等信息，不仅保持着极高的内容更新频率，而且与粉丝保持着良好的沟通与互动。

3. 鼓励用户原创内容

元气森林鼓励用户产出与其品牌相关的原创内容。元气森林官方除了会及时更新产品信息，还会定期发布活动，引导用户创作，并通过投票、抽奖、推荐等方式激励用户，这使元气森林收获了众多忠实粉丝。

4. 重视网络社群营销

元气森林在微博、微信、小红书等平台都建有粉丝群，并以企业微信群作为承载社群，为大批量的裂变和引流活动奠定了基础，与消费者产生了直接、高频的互动，所以消费者的重复购买率很高。

5. 直播带货与关键意见领袖口碑推广

元气森林在淘宝、抖音等平台开展自播和关键意见领袖代播，在微信、微博、抖音、B 站、小红书等各大社交媒体平台上曝光度极高，既得到了知名艺人的发文关注，还获得了直播界关键意见领袖的推荐。

无论是社会化媒体营销，还是直播带货，都是网络营销从单一的电商平台到多渠道升级的表现。元气森林顺应网络营销工具与方法的演变趋势，通过不同的线上渠道向目标消费者传递产品信息，取得了显著的成效。

思考讨论

1. 元气森林是如何通过网络营销成为饮料界的"网红"品牌的？
2. 请借鉴元气森林的网络营销策略，为某企业策划一次网络营销活动。

归纳与提高

本章主要介绍了网络营销的含义及职能，网络市场调研的步骤及方法；分析了网络营销策略，包括网络营销产品策略、网络营销价格策略、网络营销渠道策略和网络营销促销策略；介绍了网络广告的形式及收费模式；分析了常用的网络营销方法。

学习本章后，读者应掌握网络营销的常用方法，能通过网络广告、搜索引擎、各种自媒体平台、网络直播与短视频等方式对企业产品或服务开展网络宣传推广，具体步骤为：首先明确企业的营销对象，了解其需求，然后制订网络营销策略，利用网络营销工具和资源，形成有针对性的网络营销方案，最后采用具体的网络营销方法，并对网络营销效果进行跟踪、评价，不断调整、优化网络营销方案。

知识巩固与技能训练

一、名词解释

网络营销　搜索引擎营销　网络市场调研　众筹　病毒营销　竞价排名　软文营销
搜索引擎优化　网络社群营销

二、单项选择题

1. 追本溯源，网络广告产生于（　　）。
   A. 美国　　　　　B. 英国　　　　　C. 法国　　　　　D. 中国
2. 下列选项中，（　　）不属于网络营销的职能。
   A. 网站推广　　　B. 信息发布　　　C. 网络广告　　　D. 客户服务
3. 网络广告中的每千人印象成本收费模式是指（　　）收费模式，每行动成本收费模式是指（　　）收费模式。

    A. CPA　　　　　B. CPC　　　　　C. CPM　　　　　D. CPP

4. 企业可以在互联网上展示商品目录，提供查询有关商品信息的服务，还可以和客户做双向沟通。这体现的是网络营销的（　　）特点。

    A. 跨时空　　　　B. 个性化　　　　C. 交互性　　　　D. 经济性

5. （　　）是指企业通过向目标市场提供各种能满足消费需求的有形和无形产品来实现其营销目标。

    A. 定价策略　　　B. 产品策略　　　C. 分销策略　　　D. 促销策略

6. 网络市场调研的第一步是（　　）。

    A. 收集信息　　　　　　　　　　B. 制订调研计划
    C. 明确问题与确定调研目标　　　D. 确定调研的具体内容

7. 网络营销的主要传播渠道是（　　）。

    A. 企业—批发商—零售商—消费者　　B. 企业—消费者
    C. 企业—中介商—消费者　　　　　　D. 企业—零售商—消费者

8. 以下关于网络营销与传统市场营销的不同点的说法错误的是（　　）。

    A. 目标不同　　　B. 销售方式不同　C. 决策速度不同　D. 促销力度不同

9. 下列各项中，（　　）是网络广告。

    A. 横幅广告　　　B. 路牌广告　　　C. 灯箱广告　　　D. 公交车车身广告

三、多项选择题

1. 调研报告的基本内容包括（　　）。

    A. 标题　　　　　B. 目录　　　　　C. 引言　　　　　D. 正文
    E. 结论　　　　　F. 启示及建议　　　G. 调查问卷

2. 产品的整体概念分为（　　）。

    A. 核心利益层次　B. 有形产品层次　C. 期望产品层次　D. 延伸产品层次
    E. 潜在产品层次

3. 下列对网络营销的认识正确的是（　　）。

    A. 网络营销就是网上销售　　　　B. 网络营销不仅限于网上
    C. 网络营销不是孤立存在的　　　D. 网络营销等于电子商务

4. 整合营销理论主要是指（　　）。

    A. 产品和服务以客户为中心　　　B. 以客户不能接受的成本定价为主
    C. 产品的分销以方便客户为主　　D. 由压迫式促销转向加强与客户的沟通和联系

5. 二手资料的信息来源有（　　）。

    A. 内部来源　　　B. 原始资料　　　C. 报刊书籍　　　D. 商业信息

6. 下列关于网络营销策略的说法正确的是（　　）。

    A. 以网络为基础的营销活动使宣传和销售渠道统一到了网上
    B. 网络营销策略已经由传统的 4P 营销组合逐步转向 4P 与 4C 相结合的整合营销组合
    C. 以网络为基础的营销活动，其营销策略的范围在无限收缩
    D. 以网络为基础的营销活动使地域和范围的概念消失了

四、判断题

1. 网络营销可以代替传统市场营销。　　　　　　　　　　　　　　　　（　　）
2. 网络营销的出现，使个人目标市场向大规模目标市场转化成为可能。　（　　）

3. 传统市场营销强调 4C 策略。   （   ）
4. 网络营销比传统市场营销更能满足消费者对购物方便的需求。   （   ）
5. 产品策略是指企业以按照市场规律制订价格和变动价格的方式来实现其营销目标。（   ）
6. 网络营销实际上就是网上销售。   （   ）
7. CPC 是指每千人印象成本。   （   ）
8. 病毒营销就是以传播病毒的方式开展营销。   （   ）
9. 信息流广告是最适合移动互联网时代的广告形式，也是未来网络广告发展的趋势。（   ）
10. 在线问卷调研属于间接调研。   （   ）

五、复习思考题

1. 网络营销的八项职能是什么？
2. 网络市场调研的步骤和方法是什么？
3. 阐述网络营销策略的内容。
4. 举例说明网络营销方法有哪些。
5. 什么是网络广告？网络广告主要有哪些形式和收费模式？
6. 软文营销的技巧有哪些？

六、技能实训题

1. 为本章引例中提到的 3A 汽车集团公司设计网络调研问卷，并在网上发布该问卷（推荐网站见本章第一节末尾的"视野拓展"栏目），在学期末根据调研结果写出调研报告。

2. 为 3A 汽车集团公司撰写网络营销方案（注意软文营销的技巧）。

3. 登录百度营销的首页，完成下列任务或问题。

（1）什么是百度营销？

（2）百度有哪些营销形式？每种营销形式是如何计费的？

（3）如何加入百度营销？

（4）在百度网站首页的搜索栏中输入某关键词，查看"竞价广告""品牌华表""品牌专区"等的展示形式与位置。

4. 不同于传统广告，最有效的网络广告往往采用病毒营销方法。观看以下三个视频，分析病毒营销的运用方法和前提。

穿纸尿裤的宝宝
滑旱冰成网络"明星"
本视频是一则广告短视频，但推出后像病毒一样快速传播开来。

蠢蠢的死法
《蠢蠢的死法》是澳大利亚墨尔本政府为宣传铁路安全而制作的一则公益广告，因为墨尔本一年有 900 多人因掉落轨道而死亡。这则广告在发布后的 24 小时内即飙升至 iTunes 排行榜前十。

由玻璃构成的一天
《由玻璃构成的一天》是康宁公司的广告视频，它描绘了玻璃在家庭、工作、教育等方面更多、更前卫的作用。

第七章 新媒体运营

【知识框架图】

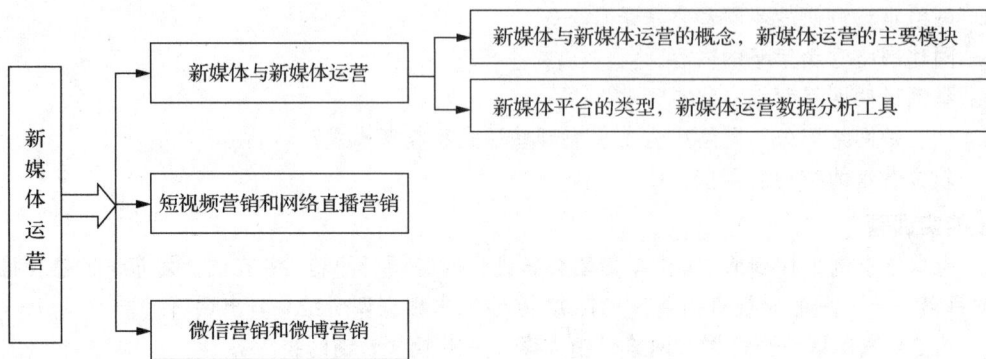

【学习目标】

【知识目标】

1. 掌握新媒体与新媒体运营的概念。
2. 熟悉新媒体平台的类型和运营数据分析工具。
3. 掌握短视频营销、网络直播营销、微信营销和微博营销的技巧。

【技能目标】

1. 能够撰写短视频和直播的脚本。
2. 学会运用新媒体运营数据分析工具寻找热门话题。
3. 学会在各大新媒体平台开展企业营销活动。

引例

如何实现超预期的网络营销效果

随着时代的发展，信息传播途径、用户习惯、商业环境都有了翻天覆地的变化。如何进行营销创新，如何吸引用户参与……网络营销不断面临新的挑战。2018 年 9 月 29 日，支付宝在新浪微博发起了"祝你成为中国锦鲤"的微博转发抽奖活动。活动上线 6 小时，该微博转发量破百万，成为微博有史以来转发量最快破百万的企业微博，最终这条微博共收获了 400 多万条转评赞、2 亿次曝光。这次活动也成为微博有史以来势头最大、反响最热烈的营销活动之一，有效地实现了病毒式社交传播。在多重营销挑战中，支付宝利用微博打造了一个教科书级别的营销案例，为行业树立了标杆，实现了超预期的营销效果。

第一节　新媒体与新媒体运营

一、新媒体与新媒体运营的概念

媒体是指人们用来传递信息和获取信息的工具、渠道、载体、中介等。新媒体与"传统媒体"相对应，特指利用数字技术和网络技术，以互联网、无线通信网等为渠道，利用计算机、手机和数字电视机等网络终端，向用户提供信息和服务的传播形态。

新媒体运营是通过现代化移动互联网手段，利用抖音、快手、微信、微博等新兴媒体平台工具进行产品营销的一系列运营手段。通过策划与品牌相关的优质、传播性强的内容和线上活动，企业可向用户广泛或精准地推送信息，提高用户参与度和企业知名度，从而充分利用粉丝经济达到相应的营销目的。

二、新媒体运营的主要模块

经典的新媒体运营分为用户运营、产品运营、内容运营、活动运营四大模块，每个模块在新媒体运营过程中都起着不同的作用。

1. 用户运营

用户运营是新媒体运营的核心。用户运营指的是以用户为中心搭建用户体系、开发需求产品、策划相关活动与内容，同时严格控制实施过程与结果，最终达到甚至超出用户预期，进而实现企业新媒体运营的目标。

无论是研发产品、策划活动，还是推送内容，都需要围绕用户有针对性地展开。因此，新媒体运营者需要进行用户日常管理，吸引新用户关注，减少老用户流失，同时还要想方设法地激活沉寂用户。在用户运营工作中，用户画像是工作的起点。只有构建了清晰的用户画像，后续的用户分类、"拉新""促活"与留存等工作才有意义。否则，用户运营的效果就会大打折扣，甚至会出现越努力越无效的结果。

2. 产品运营

产品运营是新媒体运营的根基。产品运营指的是从内容建设、用户维护、活动策划三个层面连接用户和产品，并塑造产品价值和商业价值。新媒体产品运营可以把新媒体运营过程中涉及的账号、平台、活动等项目都看作产品，并对其进行策划、运营与调试。

产品运营的关键是类型分析与周期判断。一方面，产品运营负责人需要准确识别产品的类型，针对不同的产品采用差异化的运营模式；另一方面，产品运营负责人必须清晰地判断产品所处的生命周期阶段，根据生命周期阶段及时调整运营策略。

> 例如，今日头条账号可以被看作一件"产品"。在开通今日头条账号后，产品运营负责人需要进行产品调研（搜索相关的今日头条账号，了解其日常内容）、前期设计（头像设计、简介设计、选题设计）、上线调试（撰写文章并测试阅读数据）、正式发布（度过新手期后正式撰写）等产品运营工作。

3. 内容运营

内容运营是新媒体运营的纽带。内容运营指的是新媒体运营者利用新媒体渠道，用文字、图片或视频等内容形式将企业信息友好地呈现在用户面前，并激发用户参与、分享、传播的完整运营过程。新媒体的内容用于连接产品与用户，新媒体运营者需要重点关注内容的定位、设计与传播，找到差异化的内容定位，用心设计内容形式，并辅以好的内容传播方式，从而惠及更多用户。

内容运营中的"内容"有以下两层含义。

第一层，内容指的是内容形式，是指用户利用手机或计算机通过网络看到的文章、海报、视频或声频等数字内容。

第二层，内容指的是内容渠道，用户浏览的互联网内容一般来自微信公众号、微信朋友圈、微博、门户网站、新闻类应用等内容渠道。新媒体运营者要将内容布局在相应的内容渠道，使之与用户的内容浏览习惯相匹配。

新媒体内容运营并不是简单地写一篇文章、录一段视频、做一张图片，而是要让更多的用户打开内容、完整地浏览内容并将其转发到朋友圈或转发给好友。因此，做好新媒体内容运营的关键是设计并采用好的传播模式，力争获得更多的传播机会。

4. 活动运营

活动运营是新媒体运营的手段。活动运营指的是围绕企业目标而系统地开展一项或一系列活动。规模较小的新媒体运营团队，一般不会设置专门的活动部门、活动小组等，因为活动是其他三大模块都会涉及的重要组成部分。

新媒体活动运营需要关注策划与执行。在开展新媒体活动前，活动负责人需要进行详细策划，明确活动目的并确定活动的形式、内容、时间计划等；活动完成后，活动负责人需要进行任务跟进与活动复盘。

活动运营的效果体现在活动参与度上，但是持续提升用户参与度比较困难。一方面，现阶段的用户选择较多，他们通常不会对同一家企业、同一个账号或同一类活动保持浓厚兴趣；另一方面，活动运营团队很容易在策划几次活动后进入思路枯竭、创意失效的状态，这样自然就无法激发用户的参与热情。

因此，活动运营的关键是跨界与整合。活动运营团队可以与其他行业的企业联合举办活动，同时整合各方面的传播资源，以确保活动效果。

对于新媒体运营的四大模块，企业需要根据各个模块的功能和作用寻找自身的立足点和推广方向，这样才能让新媒体运营助力企业的发展。

三、新媒体平台的类型

新媒体平台主要有视频和音频平台、直播平台、社交平台、自媒体平台、问答平台等类型。

1. 视频和音频平台

视频有短视频、长视频等多种形式，短视频近年来发展极快，成为企业和品牌运营的必争之地。现在较受欢迎的短视频平台是抖音、快手等，这类平台的特征是呈现的内容短而精，容易传播，用户年轻；长视频平台包括腾讯视频、爱奇艺、B 站等，这类平台一般有固定的用户群。

音频平台有喜马拉雅、猫耳等。与视频平台具有视觉"轰炸"的效果不同，音频平台具有伴随式的特点，其内容获取不需要占用眼睛，这一特点可以在一些生活场景中发挥很大的效用（如驾车时）。

2. 直播平台

典型的直播平台有斗鱼、花椒、映客等。现在很多其他类型的平台都有现场直播功能，如抖音、快手、微博、淘宝等。直播平台的特点是直观和实时交互，用户代入感强。

3. 社交平台

社交平台作为当今最重要的日常交流工具之一，已经渗透到人们的生活中，因此做新媒体运营，社交平台是绝对不能放过的。

微信是目前拥有最多用户的社交平台之一。微信中的微信公众号、微信群、微信小程序等，通过系统的运营，能给企业和品牌产品带来更高的知名度。

微博也是目前较受欢迎的社交平台之一，用户活跃度高、号召力非常强，是品牌营销推广的优秀载体。

小红书是社交电商平台，该平台上既有购买者又有销售者，同时还有第三方内容分享者。在小红书上分享好的产品和服务体验，可以引发用户"种草"的冲动，最终促成交易。

4. 自媒体平台

自媒体作为近年来异军突起的平台，已经收获了规模庞大的用户群。如今的今日头条、百家号、大鱼号、企鹅号等自媒体平台，已经成为许多用户获取新信息优先考虑的途径。不同的自媒体平台具有不同属性和特点，企业必须结合自己的特点，选择最适合自己的平台。

（1）头条号。头条号是今日头条旗下的自媒体平台，它通过智能推荐算法将优质内容推荐给相应的用户，以消重机制保护原创者的版权。入驻媒体/自媒体可借助头条广告和自营广告实现内容变现。头条号影响较大，涉及的内容也非常广泛，它属于"个人自媒体创作平台"，用户只能在上面发布指定形式的内容，软文或企业类广告是不能在该平台上发布的。

> 消重指对重复、相似、相关的文章进行分类和比对，使其不会同时或重复出现在用户的信息流中。头条号平台首先会通过消重机制来决定同样主题或内容的文章是否有机会被推荐给更多用户。

（2）百家号。百家号是百度旗下的自媒体平台，通过手机百度、百度搜索、百度浏览器等多种渠道分发企业或个人在百家号发布的文章。和其他平台一样，百家号也会通过封禁低质量的账号和非法账号保护原创者的权益。百家号新手账号转正后会自动开通广告收益，但原创者真正获得收益的速度相对较慢，一般需要坚持更新一个月才有可能有一些收益。

（3）大鱼号。大鱼号是阿里巴巴文娱体系为内容创作者提供的统一账号平台，其内容分发渠道有 UC 浏览器、优酷、土豆等。大鱼号新手账号度过新手期非常容易，而且很快，但转正后获得收益的速度较慢。内容创作者在注册大鱼号账号后，必须坚持每天更新多篇优质原创内容，这样才有可能获得平台邀请开通原创。同时，"原创指数"和"质量指数"高才有机会获得更多收益。

（4）企鹅号。企鹅号是腾讯为个人或企业提供的自媒体账号平台，其分发内容的渠道有 QQ 浏览器、天天快报、腾讯新闻、微信看一看和 QQ 看点等。

5. 问答平台

问答平台的推送方式如下：用户提出问题，系统将问题分发给感兴趣的普通用户或专家，收到问题的普通用户或专家可以回答问题，问题的解答也会由系统反馈给提出问题的用户和感兴趣的用户。常见的问答平台有知乎、360 问答等。运营问答平台所吸引的用户的精准度较高。

四、新媒体运营数据分析工具

不同的新媒体平台提供的数据不同，使用不同的数据分析工具得到的数据分析结果也不同，但它们的数据指标体系大体是一致的。下面介绍新媒体运营数据指标体系和基本的数据分析工具。

1. 新媒体运营数据指标体系

新媒体运营数据指标较多，一般可分为以下几类。

（1）展示数据。它属于基础数据，可以带给内容运营人员直观的效果反馈，用于展示内容被点击、查阅的情况。展示数据通常包括覆盖人群、推荐量、阅读量、页面停留时长、阅读次数等。

（2）转化数据。它属于投入与回报数据，用于判断内容是否能够促进用户的转化。转化数据通常包括页面广告的点击次数、付费人数、付费金额等。

（3）传播数据。它属于分享数据，用于表明内容的质量、趣味性等，以及监测数据主动转发、传播的情况。

（4）渠道数据。它是用于衡量投放渠道的质量和效果的数据，由产品的特性和目标用户的定位所决定。企业在多个平台推送内容后，可通过渠道数据分析各平台目标用户群体及其喜好的差异。

图 7.1 所示为某微信公众号的数据指标（包括阅读、分享、跳转阅读全文、微信收藏、群发篇数等）、传播渠道（包括公众号消息、聊天会话、朋友圈等）等数据分析。

> 以百家号为例，如果要衡量一篇文章的投放效果，需要检测这篇文章的推荐量、阅读量、分享量、点赞量、收藏量、阅读完成率、评论数，粉丝增长数和取关数，阅读来源等。

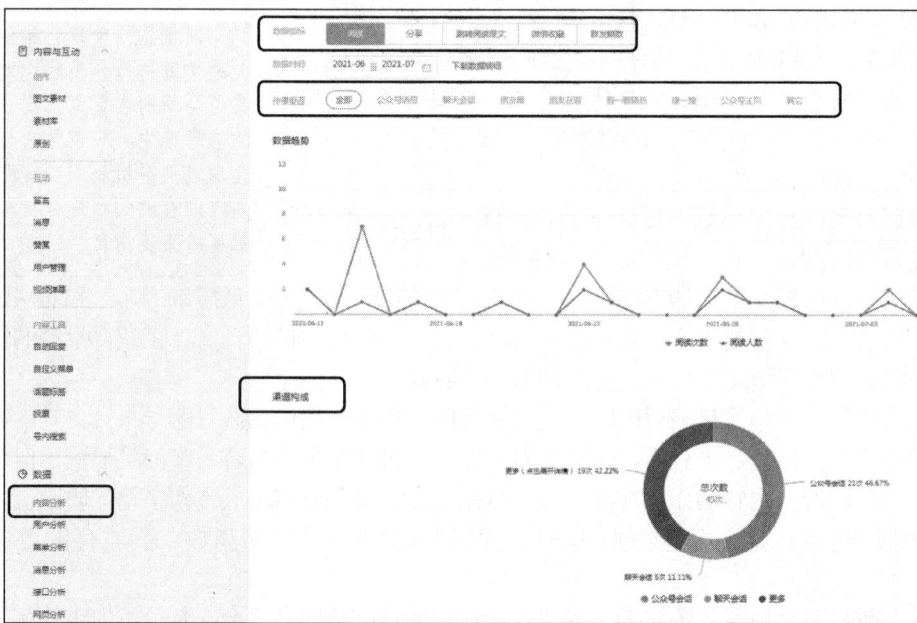

图 7.1　某微信公众号的数据分析

2. 基本的数据分析工具

（1）新榜。新榜创立于 2014 年，是较早提供微信公众号内容数据价值评估的第三方机构，构建了以微信公众号为代表的国内自媒体平台较真实、较具价值的运营榜单，与微信、微博、抖音、快手、B 站等多个国内主流内容平台签约形成独家或优先数据合作关系，进而形成国内移动端全平台内容数据价值评估体系，方便用户了解新媒体整体发展情况，为用户提供有效的参考。图 7.2 所示为新榜"微信公众号"的"周榜"。

（2）百度指数。百度指数可以对人群数据进行分析，如关心某个话题的用户的所在地区、年龄、性别等。百度指数可以帮助我们清晰地掌握某一关键词的市场动向，让我们的文案方向定位更精准、内容更受欢迎。图 7.3 所示为百度指数对关键词搜索的"需求图谱"。

（3）清博智能。清博智能能提供"两微一端"（微信、微博、App）的数据，是获取新媒体大数据的重要平台，是运营新媒体的利器。它提供的服务有指数评估、行业分析、行情报告、营销推广、数据新闻等。

图 7.2　新榜"微信公众号"的"周榜"

（4）西瓜数据。西瓜数据是专业的新媒体数据服务提供商，系统收录并监测大量公众号，每日更新数百万篇文章及相关数据，提供的服务有公众号诊断、阅读数监控、公众号雷达等。

（5）微信指数。微信指数整合了微信上的搜索和浏览行为数据，基于对海量云数据的分析，形成当日、7 日内、30 日内以及 90 日内的"关键词"的动态指数变化情况，方便用户看到某个词语在一段时间内的热度趋势和最新指数动态（参见图 7.4）。

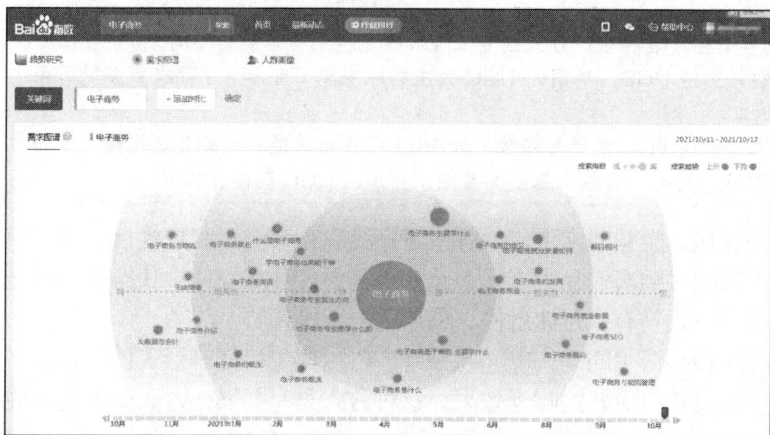

图 7.3　百度指数对关键词搜索的"需求图谱"

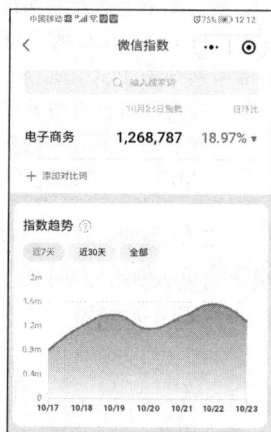

图 7.4　微信指数示例

（6）大数据导航。大数据导航是以大数据产业为主，大数据工具为辅，帮助用户更加快速地找到大数据相关内容的工具平台。

第二节　短视频营销和网络直播营销

一、短视频营销

短视频是主要依托于移动智能终端实现快速拍摄与美化编辑，可在社交媒体平台上实时分享和无缝对接的一种新型视频形式。短视频内容融合了技能分享、幽默搞笑、时尚潮流、社会热点、街头采访、公益教育、广告创意、商业定制等主题。短视频长度从几秒到几分钟不等，由于内容较短，可以单独成片，也可以成为系列栏目。短视频的出现是对社交媒体现有主要内容（文字、图片）的有益补充，同时，优质的短视频内容亦可借助社交媒体的渠道优势实现病毒式传播。

国外比较有代表性的短视频发布平台有 Instagram、Vine、Snapchat 等。国内有代表性的短视频平台有抖音、快手、西瓜视频、火山小视频、小咖秀、秒拍、美拍等。

短视频营销是企业和品牌主借助短视频这种媒介形式进行社会化营销（Social Marketing）的方式。近年来，各种短视频平台崛起，无论是普通百姓还是影视演员，都纷纷加入短视频拍摄大军。短视频能拉近"明星"与粉丝之间的距离是短视频 App 流行起来的重要原因之一。在巨额资金与海量内容生产背后是相当可观的用户注意力和流量，它们成为短视频营销变现的重要保障。

1. 短视频营销的方式

利用短视频开展营销的方式有很多种，下面介绍几种比较常见的方式。

（1）短视频创意定制。短视频内容采用 PGC（Professional Generated Content，专业生产内容）和 UGC 等形式，按企业的要求进行内容定制生产，已成为一种具有高转化率的营销方式。"创意内容+短视频"形式可以最大限度地体现内容的价值，让营销信息植入得更加自然。

视野拓展

PGC与UGC

　　PGC 由专业团队制作并按照互联网的传播特性进行调整，主要依靠互联网传播。UGC 由普通用户自制，完全通过互联网传播。

　　PGC 与 UGC 的区别在于内容的生产者和生产方式在专业性和随意性上有本质的不同。传统媒体平台最初都是 PGC，后来逐渐鼓励并支持 UGC。早期以 UGC 为主的短视频平台，为了拥有更多优质内容，在发展壮大后也开始选择 PGC。

　　随着短视频行业的发展，UGC 有向 PGC 发展的趋势，如 2015 年开始拍摄古风美食短视频的李子柒在 2017 年正式组建了自己的团队。同时，有越来越多的普通用户加入 UGC 制作者队伍。

（2）短视频冠名。在短视频领域，企业通常可用品牌或者产品名称命名短视频栏目。基于短视频的超大流量，再加上冠名带来的多频次的品牌展示，企业更容易在社交媒体中获得大量曝光机会，同时还能提升美誉度。这种方式具有执行速度快、覆盖人群广等优势。

（3）短视频植入广告。依托短视频博主的高人气，以贴片广告、博主口播等形式植入企业产品信息或品牌信息，可以使这些信息获得更好的曝光效果。这种方式具有易操作、到达率高、成本低等优势。

（4）短视频互动营销。短视频互动营销通常由企业发起某一活动，借助短视频平台和短视频达人的影响力，带动粉丝参与活动，并可能由此引发一场席卷全网的短视频传播风暴。短视频传播具有视觉化的优势，整个互动形式一般都具有很强的互动性、热点性和舆论性，极易形成热点，从而感染目标人群。

（5）短视频多平台分发。除了美拍、秒拍这种专业的短视频平台，优酷、腾讯、爱奇艺这类视频门户网站和一些新闻、社交客户端都已成为短视频传播的渠道。一般情况下，企业应在多平台投放其短视频，以增强传播效果。

（6）短视频+活动出席。邀请知名网络主播出席企业的线下活动，除了对活动进行现场直播，针对直播内容或者线下活动的其他精彩内容进行内容剪辑，形成一段精彩的短视频在线上进行二次传播，也是目前短视频营销常用的一种方式。

（7）短视频+电商。在短视频内容的驱使与消费场景的影响下，用户容易产生冲动消费，这一现象让"短视频+电商"的变现成为可能。具体而言，短视频平台向基于大数据筛选后的用户提供有价值的短视频内容，这是将用户注意力转化成购买力的先决条件；同时，为用户呈现理想化的消费场景，以激发共鸣，诱发用户的购买意愿；而视频识别、产品匹配、无时差流畅化、同界面跳转、支付等后发动作，则为用户的购买行为提供了技术保障。

案例 7.1

抖音短视频+直播+电商

在商业领域，短视频以广告投放为主，电商以卖货为主，直播既可以以广告投放为主，又可以卖货为主，而抖音是集短视频、直播和电商于一体的新媒体平台。短视频和直播满足了用户的娱乐社交需求，提高了电商的购买转化率，丰富了电商购物的娱乐形式。娱乐社交+电商的组合能更好地满足用户的"精神消费+物质消费"需求。

用户在观看短视频或直播的过程中一般非常放松，在放松的状态下很容易受到视频内容的影响，从而产生购买行为，故而越来越多的卖家开始利用短视频和直播来提高自己的销售业绩。下面简要介绍在抖音上开通商品橱窗和直播的步骤。

（1）开通商品橱窗。打开抖音，进入个人主页，先点击右上角右侧的功能键，然后点击"创作者服务中心"→"商品橱窗"→"开通小店"，如图7.5所示；然后选择认证类型"个体工商户"或"企业/公司"，再根据提示填写个人认证资料，审核通过后，即可开通商品橱窗。

（2）开通商品橱窗后，卖家就已经获得了商品分享权限，就可以通过抖音短视频或直播间"带货"了。

（3）卖家进入抖音，选择直播商品，点击"直播"，如图7.6（a）所示。买家进入图7.6(b)所示的页面，点击"购买"可以直接购买商品；或者点击下方的购物车标志，进入图7.6(c)所示的页面选择商品并购买。

图 7.5　开通抖音商品橱窗的步骤（部分）

图 7.6　抖音直播"带货"

2. 短视频脚本的制作

短视频脚本是短视频的拍摄大纲和要点规划，用来指导整个短视频的拍摄和后期剪辑工作，起着统领全局的作用。短视频在时长、观影设备、观众心理期待等方面有很多局限，所以短视频脚本不仅要带给用户更为强烈的视觉、听觉和情绪刺激，而且要设计好故事节奏，保证短视频能在 5 秒内抓住用户的眼球。可以这么说，短视频脚本的最大作用，就是提前统筹安排好每一个人在每一步要做的事情。

短视频脚本为短视频的拍摄、剪辑提供了精细的流程指导，使拍摄者只需按照脚本推进就能快速完成拍摄。短视频脚本主要有提纲脚本、分镜头脚本和文学脚本等三种类型。

（1）提纲脚本。提纲脚本指为拍摄 Vlog 确定的拍摄内容要点，主要应用在纪实拍摄中。纪实拍摄是以记录现实生活为主的摄影方式，取材于生活，如实反映我们所看到的。例如，景点讲解类、街头采访类、美食探访类等短视频采用的都是纪实拍摄手法。

> Vlog（Video blog 或 Video log，视频博客或视频网络日志），源于博客的变体，强调时效性。Vlog 创作者以影像代替文字或照片，"写"个人网络日志，并上传至相关平台与网友分享。

（2）分镜头脚本。分镜头脚本指通过连续的文字来描述短视频场景的一连串镜头，相当于整个短视频的制作说明书，是把短视频的故事情节翻译成镜头的过程，相比提纲脚本要详细和精致很多。分镜头脚本主要由景别的选择、拍摄的方法与技巧、镜头的时长、镜头的画面内容、背景音乐等元素组成。其不仅包括完整的故事，还要把故事的情节翻译成镜头。每一个镜头都包含许多拍摄和制作上的细节，如画面、光线、镜头运动、声音和字幕等。

案例 7.2

表 7.1 是一个分镜头脚本示例，展示的是一名大四学生（男）参加足球校队的最后一场比赛，为了不给学生时代留下遗憾，他为这场比赛做了很多准备的故事。该短视频主要表现的是比赛开始前男主角从更衣室到球场这一路上的复杂心情。

表 7.1　校队球员拍摄分镜头脚本

镜头	景别	镜头运动	时长	画面	旁白	音乐
1	中景	固定镜头	5 秒	换球衣	今天是大学足球校队的最后一场比赛	无
2	近景特写	推镜头	3 秒	穿球鞋，系鞋带	为了今天的比赛，我特地穿上了这双助我进球最多的幸运球鞋	*The Mass*
3	全景	固定镜头	3 秒	全副武装，推门走出更衣室	我一定要赢	*The Mass*
4	全景	跟着演员走	4 秒	观众席上坐满了人，双方部分球员在热身	队友都准备好了，对手看上去很强大，我要加油	*The Mass*
5	近景	固定镜头	3 秒	中场开球，裁判吹哨	终于开始了	*The Mass*

（3）文学脚本。文学脚本就是用纯文字的形式表现想要表现的画面内容，只需要把人物需要做的事、说的台词写出来。

二、网络直播营销

（一）网络直播与网络直播营销

1. 网络直播的含义和分类

网络直播即互联网直播。按照国家互联网信息办公室发布的《互联网直播服务管理规定》中的定义，互联网直播是指基于互联网，以视频、音频、图文等形式向公众持续发布实时信息的活动。

网络直播按照表现形式，可以分为文字直播、图文直播、语音直播、视频直播等四种形式，其中视频直播是最主要的形式。视频直播按照播出的内容，又可分为电竞游戏直播、体育赛事/演出直播、秀场娱乐直播、生活直播等。随着智能手机、平板电脑的普及，移动直播迅速崛起。

移动直播是指主播以智能手机、平板电脑等手持终端为主要录制设备，依托移动直播平台以网页或客户端技术搭建的虚拟网络直播间，提供实时表演及其他内容的娱乐形式。该形式支持主播与用户之间互动和用户向主播"打赏"。目前活跃用户较多的移动直播平台有抖音、快手、斗鱼、虎牙、映客、YY直播、花椒等。

2. 网络直播营销的含义

网络直播营销是指运用数字技术将产品营销现场实时地通过网络展现在用户的眼前。它是网络视频营销的延伸，使用户能实时地接收企业信息并与企业进行即时对话，让用户有与企业零距离接触的感觉，并能使企业形象深入人心。这种"即时视频"与"互联网"的结合，是一种对企业非常有用的营销方式。

（二）网络直播营销的方式

（1）企业自主创造型直播。企业通过网络直播营销可以将产品发布会搬到网上，通过直播软件或直播网站与用户进行即时互动，让用户亲身体验新产品的魅力。这既能使产品形象深入人心，又能使用户与企业进行平等对话，让用户感觉自己受到了尊重，使用户对企业更加友好，从而促成即时成交。

（2）病毒营销型直播。视频营销的厉害之处在于传播精准，它首先会使用户对视频产生兴趣并关注视频，再让用户由关注者变为传播者，而被传播对象大多是有着和传播者同样的兴趣特征的人，这一过程就是由目标用户在做筛选和传播。如果将直播营销与视频营销结合使用，当视频传播到了一定程度，积累了一定数量的粉丝之后，再来一场直播，把这批粉丝一次性地聚集在一起，然后让主播与这批忠实粉丝进行互动、加深感情，那么后续的产品或服务的进一步推广就很容易了。

视野拓展
电商主播案例

（3）事件营销型直播。事件营销一直是线下活动的热点，国内很多品牌都依靠事件营销取得了成功。其实，策划有影响力的事件，编制一个有意思的故事，再将这个事件拍摄成视频，也是一种非常好的营销方式。而且，有事件内容的视频更容易被网民传播。如果就事件的结局进行一场现场直播，将之前积累的关注全部聚集在一起，并在事件营销中合理植入产品信息，往往会事半功倍。

（4）结合其他传媒型直播。由于每一个用户接触互联网的媒介和方式不同，单一的视频传播很难有好的效果。因此，在直播前，企业需要制作一定数量的视频，并首先在企业网站上开辟专区，吸引目标用户的关注；其次，应该与主流的门户网站、视频网站合作，以增强这些视频的影响力。而且，对互联网用户来说，线下活动和线下参与也是重要的部分。企业适时地把关注这些视频的用户聚集在一起，进行一场网络直播，再配合线下活动，就有可能将聚集的粉丝真正转化为企业的忠实用户。

淘宝、京东等电商企业从2016年开始利用网络直播做营销活动，拼多多的直播功能于2020年正式上线。直播平台作为一种典型的"内容+电商"直播互动媒介，早已和电商场景实现了高度融合，成为平台增强用户黏性的手段之一。符合条件的主播在抖音、快手、斗鱼、一直播、YY直播等平台上都能将商品放入直播间售卖。

诸暨有人直播卖龟年入上千万元

据 2019 年 1 月 17 日浙江在线报道（周舸）如今，网络直播渐渐渗透到了生活的每一个角落，主播们不再仅仅是讲段子、秀才艺、唠家常，"带货"成了直播的标签之一。

正从水里挑起乌龟放在镜头前的女主播叫张静，她是一位卖龟达人。每天上午 11 点，她都会准时在淘宝直播卖乌龟。"每一次只要我们开淘宝直播，都在淘宝精选直播的推荐页上。"

"这只粗金线，指甲是好的，尾巴是好的，脑袋也是好的，60 元一只……"在她刚刚说出价格的时候，手机屏幕上就不断跳出粉丝的回复"60 要了"。张静的直播间粉丝从最开始的 2 000 多人增加到现在的 2 万多人，直播销售额也从最初的一天几千元上涨到了现在的一天几万元。"没想到直播效果这么好，2018 年的销售额达上千万元，大概是 2017 年的三倍！"她表示。

启发思考：你认为直播电商会成为商业主流吗？

（三）网络直播脚本的主要内容

直播已经成为现在流行的推广方式，大多数平台都有直播的功能，无论是个人还是公司，在直播之前都最好写一份脚本。网络直播脚本的主要内容包括以下四点。

1. 直播目标

企业在直播前要先弄清楚本场直播的目的是什么，是回馈粉丝，推广上市新品，还是宣传大型促销活动；然后据此设定当日直播的考核标准，明确直播目标，如带货件数、带货金额、"涨粉"目标、流量目标等。

2. 直播分工

直播前还要对直播参与人员进行详细的分工，对主播、助播、运营人员的动作、行为、话术应提出指导性意见。例如，主播负责引导观众、介绍产品、解释活动规则；助理负责现场互动、回答问题、发送优惠信息等；运营人员负责修改产品价格、与粉丝沟通、转化订单等。

3. 控制直播预算

任何企业都不可能有无限多的预算，所以可以在脚本中提前计划好能承受的优惠券面额或赠品支出等，以控制单场（或系列）直播的预算。

4. 直播流程

直播流程一般都要具体到"分钟"，以下为常见的直播流程。

（1）开场预热、活动介绍。开场白是每一场直播都不能缺少的，主播在欢迎来直播间的用户的同时要表达对用户的感谢。在设计直播开场白时，首先要让主播显得有亲和力，然后通过介绍痛点等信息引入直播主题，最后以直播内容设计的亮点来留住更多的人。

（2）产品讲解。不同的直播讲解形式、内容各不相同，但都要结合产品选择合适的切入点，看看用户到底关注什么内容。例如，售卖无人飞行器这种新兴的产品，就需要解锁它的各种玩法。又如，售卖厨房刀具这种大家都熟悉的产品，则要展示其独特的卖点。

（3）抽奖、互动。企业应先提前准备好用于抽奖的产品，然后设计几种不同的抽奖形式，让几次抽奖活动分布在整场直播中，而且主播要不定期地提醒用户有抽奖活动。

（4）引导成交。很多人不知道该去哪里买、去哪里领优惠券、在哪里看回放等，主播可以根据用户的反馈作出解答，以及时引导用户下单。

（5）下一场直播预热。在直播的结尾，主播要介绍下一场直播的活动内容、产品、福利等，让用户继续关注。

第三节 微信营销和微博营销

一、微信营销

微信营销是指企业通过微信向用户提供其需要的信息，推广自己的产品，从而实现点对点营销的一种网络营销方式。

（一）微信营销的常见方式

微信营销主要有微信公众平台推广和微信广告两种方式。

1. 微信公众平台推广

微信公众平台，是为个人、企业和其他组织提供业务服务与用户管理服务的服务平台。

个人和企业都可以打造微信公众号，并可借助公众号与特定人群通过文字、图片、语音及视频进行全方位沟通和互动。企业在申请微信公众平台服务号后进行二次开发，可以实现商家微官网、微会员、微推送、微支付、微活动、微报名、微分享、微名片等功能。可以说，微信公众平台是企业与用户之间的一座桥梁，企业可通过信息互动和提供服务使自己获得品牌影响力。同时，它还是一个移动的客户关系管理系统，可以使企业与用户进行一对一的沟通。这种管理客户和营销的方式的成本比传统营销方式更低、效果更好。

视野拓展

微信公众号的类型

微信公众号有订阅号、服务号、小程序和企业微信等四种类型，以下简要介绍前三种。

订阅号。订阅号主要用于向用户传达信息（类似于报纸、杂志），每天只可以群发一条消息。如果想简单地发送消息以达到宣传效果，建议选择订阅号。个人、企业和其他组织均可注册订阅号。

服务号。服务号主要用于提供交互式服务（类似于银行客服电话、114 查号台，提供查询服务），每个月可群发 4 条消息。如果想获得更多功能，如开通微信支付，建议申请服务号。企业或其他组织都可以注册服务号。订阅号和服务号的具体区别如表 7.2 所示。

小程序。小程序是一种不需要下载安装即可通过微信使用的应用程序，用户使用微信"扫一扫"扫描小程序的二维码，或直接搜索小程序的名称即可使用。企业、政府、媒体、其他组织或个人，均可申请注册小程序。

表 7.2 订阅号和服务号的具体区别

订阅号	服务号
每天（即 24 小时内）可以发送一条群发消息	一个月（自然月）内可以发送 4 条群发消息
发送给用户的信息，显示在用户的"订阅号"文件夹中	发送给用户的信息，显示在用户的聊天列表中，并且在发送信息给用户时，用户将及时收到信息提醒
不能申请自定义菜单，无微信钱包的移动支付功能	可以申请自定义菜单，可以进行第三方开发，可以开通微信钱包的移动支付功能
不能接入微商城	可以接入第三方开发者开发的微商城

企业利用微信公众平台进行营销有以下几种方式。

（1）利用二维码开拓 O2O 营销模式。将微信二维码放在网络文章或线下的推广活动中，让用户通过扫描二维码关注企业的微信公众平台，从而开拓O2O营销模式。

（2）利用微信公众平台互动，构建客户关系管理系统。在微信公众平台上，企业可以实现与特定群体的全方位沟通和互动。微信公众平台可以向粉丝推送新闻资讯、产品信息和最新活动信息等，甚至能够提供咨询和客服等功能，企业由此可形成自己的客户数据库或将普通的粉丝发展成"朋友圈"的好友，使微信公众平台成为客户关系管理系统。

（3）将小程序与微信公众号相关联，增强用户黏性。将企业的微信公众号与小程序相关联，将企业已拥有的用户资源转移到小程序中，可实现销售转化，增强用户黏性。通过微信公众平台后台→小程序管理→关联小程序的流程，即可将小程序与微信公众号关联起来。

（4）将门店小程序关联到微信公众号。门店小程序是微信公众平台向商家提供的对其线下实体店进行管理的应用程序。商家可将其设置在微信公众号介绍页、自定义菜单中，还可以将其插入图文消息中，从而被微信用户搜索和转发。这个小程序类似于一张"店铺名片"，可以展示线下实体店的名称、简介、营业时间、联系方式、地理位置和照片等。使用小程序的商家可以快速将门店小程序展示在微信"小程序"中的"附近小程序"页面，当用户走到某个地点，在微信中点击"发现"→"小程序"→"附近的小程序"，就能看到商家的门店小程序了。

视野拓展

如何开通门店小程序？

微信公众平台支持两种开通门店小程序的方式：一种是直接生成"门店小程序"，微信公众平台后台新增了"小程序"功能，申请开通后支持快速生成"门店小程序"；另一种是将"门店管理"升级成"门店小程序"。已开通"门店管理"功能的公众号，可将其升级成"门店小程序"，具体方法如下。

（1）进入微信公众平台后台，点击左侧导航栏中的"新的功能"。

（2）点击"门店小程序"（主体为企业、媒体、政府和其他组织的公众号）。

（3）确认商家资质。需要注意的是，门店小程序使用公众号注册资质，公众号的主体信息会被用作门店商家的主体信息，公众号管理员默认为门店管理员。扫描二维码验证身份，选择"已阅读"，点击"下一步"按钮。

（4）填写商家信息，提交审核，审核大约需要7个工作日。

案例 7.4

（a） （b）

图 7.7　肯德基微信小程序界面

肯德基微信小程序的应用

1. 微信小程序成"点餐免排队利器"

在高峰期去肯德基就餐免不了排队，用户体验自然不好。肯德基也曾尝试用 App 来改善用户的点餐体验，但 App 下载时间较长，无法第一时间满足用户的即时需求，用户接受度较低。

接入微信小程序后，肯德基真正解决了用户点餐时间长的问题。用户扫描二维码即可点餐，再也不用排长队，这从根本上改善了用户的点餐体验，提升了门店运营的效率。肯德基的微信小程序（参见图 7.7）涵盖了点餐、会员、卡券、在线支付、外卖等各方面的功能，充分满足了用户的核心需求。

2. 实体门店成为微信小程序推广的最大优势

基于拥有实体门店的优势，肯德基微信小程序的推广非常简单，只需在点餐处设立一个广告宣传牌，并开展使用微信小程序独享的优惠活动。"不用排队+优惠活动"这两大优势很快吸引了大批用户使用微信小程序点餐。尝试过一次并体验到方便以后，用户使用微信小程序的习惯也就被培养起来了。

其实，无论是肯德基这样的大品牌，还是小的实体门店，都可以利用微信小程序提升品牌知名度和工作效率。

启发思考：微信小程序能为用户和企业带来什么便利？

2. 微信广告

微信广告是基于微信生态体系，整合朋友圈、公众号、小程序等多重资源，结合用户社交、阅读和生活场景，利用专业数据算法打造的社交营销推广平台。

按照传播渠道的不同，微信广告可以分为朋友圈广告、公众号广告和小程序广告等。

（1）朋友圈广告是以类似于微信好友的原创内容的形式在朋友圈中展示的原生广告。用户可以通过点赞、评论等方式进行互动，并依托社交关系链进行转发，为品牌推广带来加成效应，朋友圈广告按曝光次数计费。朋友圈广告有常规式广告、基础式卡片广告、标签式卡片广告、行动式卡片广告、选择式卡片广告、全幅式卡片广告、全景式卡片广告、滑动式卡片广告及长按式卡片广告等多种形式。

（2）公众号广告是基于微信公众平台生态，以类似于公众号文章内容的形式，在包括文章底部、文章中部、互选广告和视频贴片等四个广告资源位进行展示的内容广告。

（3）小程序广告是一个基于微信公众平台生态，利用专业数据处理算法实现成本可控、效益可观、精准触达等目的的广告投放系统。小程序广告包括 Banner 广告、激励式广告、插屏广告和格子广告等形式。

（二）微信营销的技巧

1. 做好数据分析，精准挖掘用户

微信营销的数据分析通常包括用户分析、图文分析、消息分析等。企业应基于数据分析对用户进行精准挖掘，实现微信的精准营销，在充分了解用户信息的基础上，针对用户与潜在用户的偏好，有针对性地进行一对一的微信营销。

> 用户分析包括用户增长与用户属性两个方面的内容；图文分析包括图文消息的阅读人数和次数及分享转发次数等数据的分析；消息分析包括消息发送次数、消息发送人数、人均发送次数等方面的分析。

2. 打造优质内容，增强用户黏性

用户在微信上的个性化需求凸显，只有有价值的内容才能成功吸引用户的注意力，并使用户主动进行转发宣传，在微信上达到核裂变式的病毒营销传播效果。

3. 整合沟通渠道，形成微信矩阵

微信的本质仍然是沟通和关系，它整合了包括微信公众平台的订阅号和服务号、多客服系统、微信群、个人微信号在内的沟通渠道，这几种沟通渠道各有侧重、互为补充，对其充分利用，则可取得微信矩阵的整合营销效果。其中，订阅号注重"信息的推送"；服务号和多客服系统常作为营销者的官方客服渠道；微信群用于群体传播，旨在使粉丝保持活跃，增强粉丝的参与感和认同感；营销者申请个人微信号与用户进行沟通，则更显人性化。

4. 获取粉丝信任，促成效益转化

企业能通过微信与粉丝建立较强的关系连接，随着微信运营的层层推进和沟通渠道的建立，营销者和粉丝之间会建立良好的信任关系，这种来自粉丝的信任有可能转化为实实在在的经济效益。

（三）微信公众号的赢利模式

微信公众号是微信营销的主要推广方式，一个粉丝量较大的微信公众号不仅能提升企业品牌的知名度，也能使企业赢利。

1. 开通流量主来获得收益

公众号在粉丝数达到 500 后，就可以开通流量主。如此一来，公众号以后发布的文章中就可以出现广告，用户每点击一次文章，公众号都能获得收益。图 7.8（a）所示为流量主首页，图 7.8（b）为开通流量主后的广告展示位。

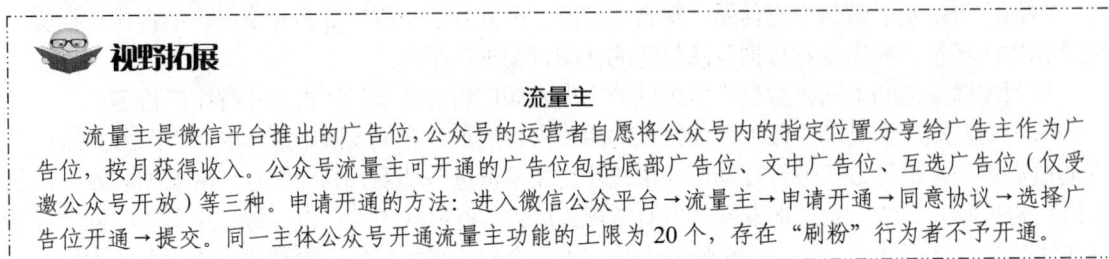

视野拓展

流量主

流量主是微信平台推出的广告位，公众号的运营者自愿将公众号内的指定位置分享给广告主作为广告位，按月获得收入。公众号流量主可开通的广告位包括底部广告位、文中广告位、互选广告位（仅受邀公众号开放）等三种。申请开通的方法：进入微信公众平台→流量主→申请开通→同意协议→选择广告位开通→提交。同一主体公众号开通流量主功能的上限为 20 个，存在"刷粉"行为者不予开通。

2. 依靠广告赢利

当公众号的粉丝量和平均阅读量都较高时，会有商家找上门来要求投放广告，此时公众号可以选择头条、词条位置出租广告位，然后在广告位放上商家的文章或在自己的文章中穿插广告。软文广告需要专门创作，阅读量更高，收费也更高。

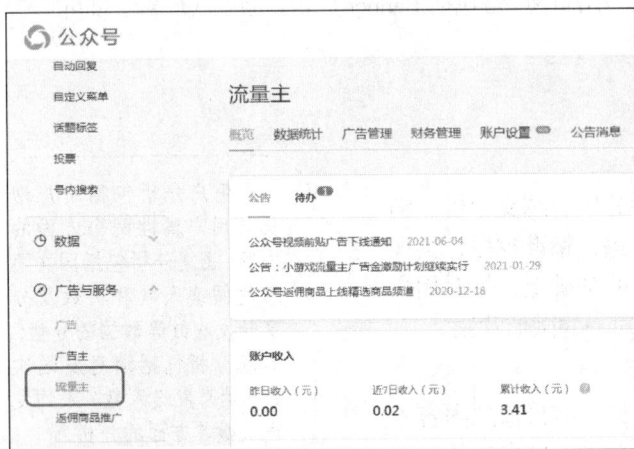

（a）

（b）

图 7.8 流量主首页及开通流量主后的广告展示位

3. 内容付费模式

原创文章数量和质量都较高的公众号可以开通付费功能，这样既能让公众号获益，也有利于为付费用户产出更优质的内容。用户付费前可免费阅读前言和试读部分，只可查看留言；付费后可阅读全文、写留言。开通条件：公众号近 3 个月内无严重违规记录、已发表至少 3 篇原创文章。相关内容参见图 7.9～图 7.11。

4. 电商模式

电商模式是通过微信公众号销售商品的模式，它通过优质的公众号内容把用户引流到电商平台，实现内容的引导和转换。用户因为公众号的内容而聚集，并由此被定位，他们自然会对公众号售卖的商品感兴趣，进而产生购买行为。

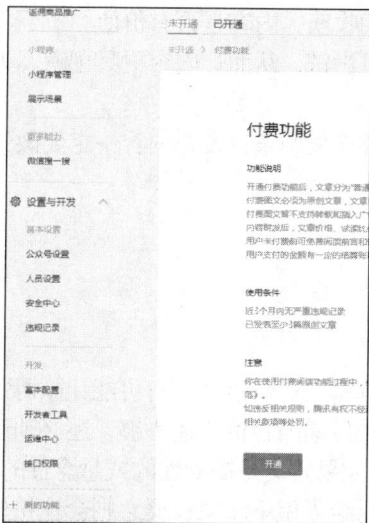

图7.9 公众号付费功能开通页面　　　图7.10 "十点读书"公众号　　　图7.11 "十点读书"付费内容

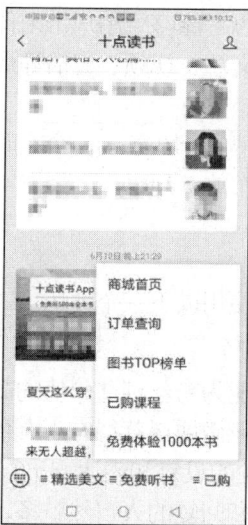

二、微博营销

微博营销以微博为营销平台，每一个粉丝都是潜在的营销对象，商家利用不断更新微博的方式向粉丝传播企业信息和产品信息，建立品牌，推广产品，促成交易。该营销方式注重价值的传递、内容的互动、系统的布局和准确的定位，得益于微博的火热发展，其营销效果尤为显著。微博营销涉及的范围包括认证、有效粉丝、话题、开放平台和整体运营等。2012年12月，微博推出了企业服务商平台，旨在为企业在微博上开展营销活动提供帮助。

> "活动内容+奖品+关注（转发/评论/点赞）"的活动形式一直是微博互动的主要方式，但实质上奖品比企业想宣传的内容更吸引粉丝的眼球。与赠送奖品相比，微博博主认真回复留言，用心感受粉丝的观点，更能换取粉丝情感上的认同。如果情感与"利益"（奖品）共存，那就更完美了。

（一）微博营销的分类

微博营销一般可分为个人微博营销和企业微博营销，两者的难度和有效性区别较大。

1. 个人微博营销

个人微博营销是指依靠用户个人的知名度来得到别人的关注和了解。以演员、成功商人或者社会中其他比较成功的人士为例，他们使用微博往往是希望通过这样一个媒介让自己的粉丝更进一步地了解和喜欢自己。同时，他们的个人微博常用于抒发个人感情，功利性并不是很强，一般是通过粉丝的跟踪转发来达到营销目的的。

2. 企业微博营销

企业一般以营利为目的，使用微博往往是想通过微博来提高知名度，最终将自己的产品卖出去。企业微博营销往往难度较大，因为企业的知名度有限，短短的一条微博也不能使用户直观地了解产品。微博更新速度快、信息量大，企业在进行微博营销时，应当培养固定的用户群体，与其多交流、多互动，多做企业宣传工作。

（二）微博营销的内容规划原则

（1）相关性原则：内容应与用户的兴趣相关。

（2）实用性原则：规划内容要思考能够给用户带来什么样的收获，内容是否有价值。

（3）多元化原则：图文、头条文章、视频、直播等形式均可尝试，从而让内容更具创意、更多元化。

（4）有序性原则：每天发布微博5～10条，一个小时内不要连发两条；发布内容一定要做到有计划、有规模，提前做好内容发布的计划表。

（三）微博营销的技巧

企业在开展微博营销时应注意使用以下三个技巧。

1. 注重价值的传递和写作技巧

微博内容数以亿计，只有那些能为粉丝创造价值的微博才具有商业价值，才有可能让微博营销达到期望的商业目的。要想把企业微博运营得有声有色，单纯传递内容价值还不够，还必须运用一些技巧与方法。例如，微博话题的设定和表达方法很重要。如果博文是提问性的或悬念性的，能引导粉丝思考与参与，那么浏览和回复的人自然就多，也容易给人留下印象；反之则会让粉丝想参与都无从下手。

2. 加强互动，使微博持续发展

微博的魅力在于互动，拥有一群"不说话"的粉丝是很危险的，因为他们会慢慢变成不看你的微博内容的粉丝，最后就可能离开。因此，加强互动是使微博持续发展的关键。最应注意的问题是，企业的宣传信息不能超过微博信息的10%，最佳比例是3%～5%，更多的信息应该是粉丝感兴趣的内容。

3. 注重准确的定位和粉丝的质量

微博粉丝数量众多当然是好事，但是对企业微博来说，粉丝的质量更重要。企业微博商业价值的最终实现，需要依靠这些有价值的粉丝。

三、微信营销与微博营销的比较

1. 微信朋友圈和微博

微信朋友圈是私人的，只有好友才可以看到，也只有好友才能看到朋友圈的评论；微博是公开的，任何人都可以看到，并可以随时转发和评论。微信朋友圈限2 000字，微博限5 000字。

2. 微信公众号和微博

微信公众号和微博在内容形式、内容环境、内容频次、互动方式、传播方式、营销价值等方面的比较如表7.3所示。

表7.3 微信公众号和微博的比较

	微信公众号	微博
内容形式	纯文字、配图、音频、视频	纯文字、配图、音频、视频
内容环境	主要是引导用户转发到朋友圈	开放式扩散传播
内容频次	订阅号每日一条，服务号每月4条	每天最多200条
互动方式	后台留言+文章评论+关键词自动回复	@、评论、转发、点赞、私信
传播方式	一对多定向传播	裂变式话题传播
营销价值	客户关系维护	市场推广

头条号的运营

头条号是主要的信息流投放媒体之一，为今日头条提供优质原创内容；今日头条则通过智能推荐引擎对这些优质内容进行分发，使其获得更多曝光。头条号推广设置的步骤如下。

（1）登录电脑端头条号，在进行身份验证后，即可撰写文章、微头条、问答，发视频、音频等，如图 7.12 所示。

（2）登录手机端今日头条，点击右上角的"发布"，即可选择微头条、文章、问答、视频、直播发布内容，如图 7.13 所示。

（3）选择撰写"文章"。登录电脑端头条号，完成文章编辑，在发文设置区选中"投放广告赚收益"（需加入创作者计划），如图 7.14 所示，然后进行收益设置，如图 7.15 所示。

登录手机端今日头条，完成文章编辑，点击页面右下角的设置图标，进行广告设置选择。只有选择"头条广告"才有机会获得收益，选择"不投放广告"或"自营广告"则无法获得收益，如图 7.16 所示。

图 7.12　电脑端头条号创作者后台

视野拓展

头条号、今日头条、今日头条极速版

头条号作者可以通过发布文章、视频、问答等方式来获取阅读量，然后赚取收益。

今日头条（普通版）主要面向头条号、问答、微头条作者以及长期有阅读习惯的个人忠实用户。

今日头条极速版主要面向新闻资讯用户群，重在阅读与奖励，功能精简。

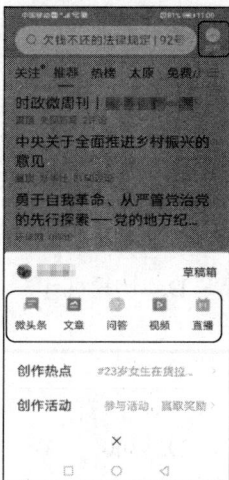

图 7.13　手机端今日头条创作者后台

图 7.14　在电脑端头条号完成文章编辑并选中"投放广告赚收益"

第七章　新媒体运营

153

图 7.15　电脑端头条号收益设置

图 7.16　手机端今日头条广告设置

（4）通过电脑端头条号→数据→收益数据→创作收益或通过手机端今日头条→我的→创作中心→收益提现查看文章创作收益数据。

思考讨论

头条号属于新媒体平台的哪个平台？如何利用头条号赚取收益？

归纳与提高

　　本章主要介绍了新媒体运营的概念、新媒体运营的主要模块、新媒体运营数据分析工具；还介绍了新媒体运营的主要平台，重点讲述了短视频营销、网络直播营销、微信营销、微博营销等的营销技巧和运营策略。

　　学习本章后，读者应学会运用新媒体运营数据分析工具分析市场需求，掌握短视频脚本的撰写方法，理解微信、微博、头条号等新媒体平台的运营方式，掌握用户运营、产品运营、内容运营、活动运营四大模块的内容。

知识巩固与技能训练

一、名词解释

　　新媒体　新媒体运营　短视频脚本　网络直播营销　微信公众平台

二、单项选择题

1．以下不属于新媒体终端的是（　　）。
　　A．广播　　　　　　B．数字电视　　　　C．手机　　　　　　D．计算机
2．用（　　）符号加话题关键词可以加入微博话题的讨论。
　　A．@　　　　　　　B．$　　　　　　　　C．#　　　　　　　D．&
3．最初，发布微博信息，每条不能超过（　　）个字符。
　　A．200　　　　　　 B．140　　　　　　　C．180　　　　　　D．300
4．如果想简单地发送信息，做宣传推广服务，达到宣传效果，应选择（　　）。
　　A．订阅号　　　　　B．服务号　　　　　 C．企业微信　　　　D．朋友圈

5. 微信公众平台的订阅号每天（24 小时内）可以发送（   ）群发消息。

    A. 4 条　　　　　　　B. 1 条　　　　　　　C. 2 条　　　　　　　D. 3 条

6. 个人不能申请注册（   ）。

    A. 订阅号　　　　　　B. 服务号　　　　　　C. 小程序　　　　　　D. 微信

7. 内容生产有两种模式，即 UGC 和 PGC，其中 UGC 指（   ）。

    A. 职业创造内容　　B. 专业创造内容　　C. 用户创造内容　　D. "网红"创造内容

8. （   ）不属于经典的新媒体四大模块。

    A. 用户运营　　　　　B. 产品运营　　　　　C. 内容运营　　　　　D. 社群运营

9. 直播按照表现形式，可以分为文字直播、图文直播、语音直播、视频直播四种形式，其中（   ）直播是最主要的形式。

    A. 文字　　　　　　　B. 图文　　　　　　　C. 语音　　　　　　　D. 视频

三、多项选择题

1. 内容运营中"内容"有两层含义，分别是（   ）。

    A. 内容形式　　　　　B. 内容渠道　　　　　C. 内容策划　　　　　D. 内容归纳

2. 产品运营指的是从（   ）等三个层面连接用户和产品，并塑造产品价值和商业价值。

    A. 内容建设　　　　　B. 用户维护　　　　　C. 产品促销　　　　　D. 活动策划

3. 短视频脚本主要有三种类型，分别是（   ）。

    A. 创意脚本　　　　　B. 提纲脚本　　　　　C. 分镜头脚本　　　　D. 文学脚本

4. 微信公众号的类型主要有（   ）。

    A. 订阅号　　　　　　B. 服务号　　　　　　C. 小程序　　　　　　D. 朋友圈

5. 活动运营团队要做好（   ）两项关键工作，与其他行业的企业举办联合活动，同时整合各方面的传播资源，以确保活动效果。

    A. 跨界　　　　　　　B. 整合　　　　　　　C. 过量投放广告　　　D. 增强互动性

四、复习思考题

1. 新媒体平台有哪些类型？

2. 总结短视频营销和网络直播营销的方式。

3. 总结微信营销的技巧和微信公众号的赢利模式。

4. 总结微博营销的内容规划原则和微博营销的技巧。

五、技能实训题

尝试在头条号选择合适的话题发表 2～3 篇文章，并查看文章创作的收益数据，具体步骤如下。

（1）注册并登录头条号，进行身份验证，并加入创作者计划。

（2）用运营数据分析工具查找热门话题，选择合适的话题，尝试在头条号上发表文章，在发文设置区选中"投放广告赚收益"。

（3）通过电脑端头条号→数据→收益数据→创作收益或通过手机端今日头条→我的→创作中心→收益提现查看文章创作收益数据。

第八章 电子商务安全

【知识框架图】

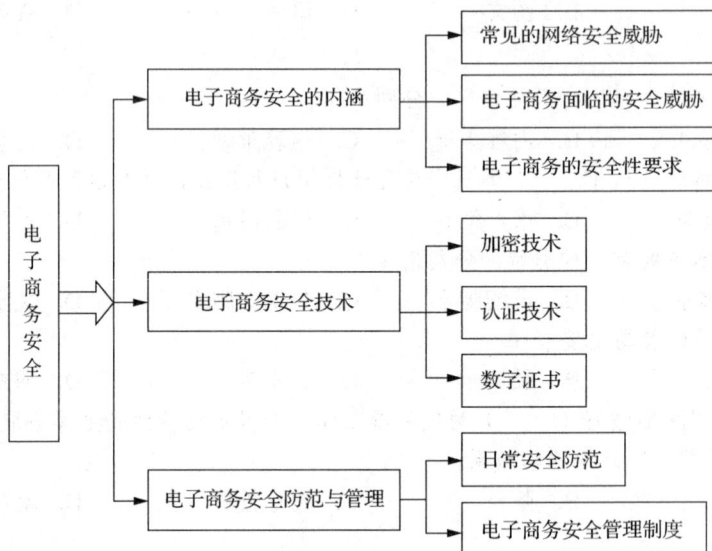

电子商务安全
- 电子商务安全的内涵
  - 常见的网络安全威胁
  - 电子商务面临的安全威胁
  - 电子商务的安全性要求
- 电子商务安全技术
  - 加密技术
  - 认证技术
  - 数字证书
- 电子商务安全防范与管理
  - 日常安全防范
  - 电子商务安全管理制度

【学习目标】

【知识目标】

1. 了解电子商务面临的安全威胁，明确电子商务对安全性的要求。

2. 熟悉保障电子商务安全的技术。

3. 培养及增强电子商务安全意识，熟知电子商务安全管理制度。

【技能目标】

1. 掌握文件的加密保护方法。

2. 利用数字证书，实现安全电子支付和安全移动支付。

3. 掌握电子商务活动中商家和客户的日常安全防范措施。

引例

有数字证书保护，骗子再也盗不了我的钱

龙龙是一名上班族，平时放假的时候喜欢和老同学一起玩游戏，有在财付通保留余额的习惯。一天，他接到一个自称是"财付通客服"的人打来的电话，对方说他的账号被盗，为保护资金安全，需要他提供登录密码和支付密码。龙龙担心账号余额被盗，一着急就告知了"客服"自己的密码信息。其实，这个所谓的"客服"是一个不折不扣的网络骗子。骗子拿到登录密码和支付密码后，想要立刻用龙龙的财付通余额进行消费。可是他万万没想到，龙龙的财付通账号启用了数字证书，骗子如果要用掉龙龙的余额，需要在他自己的计算机上安装数字证书才能进行支付。而安装数字证书，需要龙龙本人利用手机短信验证。骗子只好放弃了龙龙的账号。而这边，挂断电话的龙龙收到了财付通安装数字证书的短信验证码。这不是龙龙本人的操作！他瞬间意识到，自己的密码信息刚刚泄露了。幸好，数字证书保障了龙龙的资金安全。于是他赶紧修改了自己的登录密码和支付密码。

第一节　电子商务安全的内涵

随着电子商务的不断普及和深化，电子商务在我国工业、农业、商贸流通、交通运输、金融、旅游等各个领域的应用不断得到拓展。同时，电子商务模式对管理制度、信息传递技术都提出了更高的要求，其中电子商务安全问题成了电子商务的核心问题。

电子商务安全主要包含三个方面的问题：一是安全应用，在电子商务交易活动中，个人或企业一定要注意口令密码的正确设置、安全控件的安装以及培养良好的安全意识与上网习惯；二是安全技术，电子商务是通过网络传输商务信息来进行贸易活动的，安全的网络环境是开展电子商务活动最基本的要求，而网络安全需要相应的安全技术手段来保障，如数据加密、数字签名等；三是安全管理，电子商务安全不仅涉及企业内部复杂的网络环境管理、人员管理、电子商务安全管理，还面临着企业内网与互联网相连时在性能、安全、可靠性等方面的挑战。

一、常见的网络安全威胁

视野拓展

个人信息泄露导致我们都在网上"裸奔"

随着网络技术的发展，网络威胁呈现出多样化的发展态势。网络安全已经成为电子商务发展的重大课题。

（一）个人计算机受到的威胁

1. 计算机病毒

计算机病毒（Computer Virus）在《中华人民共和国计算机信息系统安全保护条例》中有明确定义：计算机病毒是编制者在计算机程序中插入的破坏计算机功能或者毁坏数据，影响计算机使用，并能够自我复制的一组计算机指令或者程序代码。

微课堂

个人计算机受到的威胁

2. 流氓软件

流氓软件是介于计算机病毒和正规软件之间的软件。如果计算机被安装了流氓软件，可能会出现以下几种情况：用户在使用计算机上网时，会有窗口不断弹出；浏览器被莫名修改；打开网页时，网页会显示不相关的奇怪画面。

有些流氓软件进入计算机只是为了达到某种目的，如广告宣传。这些流氓软件虽然不会影响计算机的正常使用，但有时会在用户启动浏览器时多弹出一个网页，以达到宣传的目的。流氓软件包含间谍软件、行为记录软件、浏览器劫持软件、搜索引擎劫持软件、广告软件、自动拨号软件和盗窃密码软件等。

> **学而思，思而学**
>
> 流氓软件最大的商业用途就是散布广告。为了将广告插件神不知鬼不觉地装在用户的计算机上，在多数情况下，广告公司会联系热门免费共享软件的作者，以每次几分钱的价格把广告程序捆绑到免费共享软件上。用户在下载安装免费共享软件时，广告程序也就乘虚而入。你遇到过这种情况吗？

3. 木马程序

木马程序是一种比较特殊的计算机病毒。与一般的计算机病毒不同，它不会自我繁殖，也不会主动去感染其他文件。它通过伪装自身来吸引用户下载，之后黑客可通过木马程序任意毁坏、窃取用户计算机中的文件，甚至远程操控用户的计算机。

4. 网络钓鱼

网络钓鱼（Phishing）是指攻击者利用欺骗性的电子邮件和伪造的 Web 站点进行的网络诈骗活动，受骗者往往会泄露自己的个人信息，如信用卡卡号、银行卡号和身份证号码等内容。攻击者通常会将自己伪装成网络银行、在线零售商和信用卡公司等，骗取用户的个人信息。

网络钓鱼的攻击者在实施网络诈骗的犯罪活动过程中，经常会将假冒网站、木马程序和黑客技术等手法结合使用，还有的会通过手机短信、微信、QQ 等即时通信工具实施不法活动。除了传统的虚假网购、中奖诈骗等网络钓鱼手段外，仿冒手机银行和电信运营商等形式的网络钓鱼事件也很多。

～～～～ 案例 8.1 ～～～～

网上购机票被钓鱼网站欺诈

准备去大连过年的黄先生打算购买机票。某一天，黄先生为了抢到低价机票，在网上搜到了一家购票网站，按照网站的提示填写了身份信息。之后，一名自称"客服"的工作人员打来电话，说希望和黄先生核对购票信息，并要求黄先生到 ATM 上转账。

黄先生按照对方的指示操作，在 ATM 上汇出机票款后，"客服"突然又打来电话说黄先生将乘坐的飞机因故不能起飞，要黄先生改签。黄先生回忆："我当时还想，这网站实在太好了，这么快就通知机票改签，省得我跑去机场。我询问客服如何改签，她说会有短信发到我手机上，然后点击链接就可以了。"

之后，黄先生果然收到了短信。由于短信中有他的准确的身份信息，他毫不犹豫地点击了链接。结果过了几分钟，他突然收到银行的短信，提示他卡里的 30 000 元被转走了。

启发思考： 本案例中，黄先生在网上购买机票时是如何被骗的？我们应该如何防范这类骗局？

（二）移动端受到的威胁

1. 手机病毒

手机病毒是一种具有传染性、破坏性的手机程序，可用杀毒软件查杀，也可以手动卸载。手机病毒可通过发送短（彩）信、电子邮件，浏览网站，下载铃声，蓝牙传输等方式传播，会导致手机死机、关机，个人资料被删，对外发送垃圾邮件，个人信息泄露，自动拨打电话、发短（彩）信等，甚至会损毁 SIM 卡、芯片等硬件，导致手机无法正常使用。

2. 手机系统漏洞

手机系统漏洞是指手机应用软件或手机系统软件在逻辑设计上的缺陷或错误被不法者利用，不法者通过植入木马程序、病毒等方式攻击或控制手机，以窃取手机中的重要资料和信息。

视野拓展
无线网络钓鱼案例

3. 无线网络钓鱼

无线网络钓鱼（WI-phishing）是指网络骗子通过建立无线接入点，诱使用户使用这些接入点连接到网络，在用户使用这些接入点的过程中，网络骗子通过网络监听、密码强力破解等手段盗取用户的密码和个人资料。

电子商务概论（附微课 第5版）

2015 年、2016 年，中央电视台"3·15 晚会"连续两年曝光了公共场所免费 Wi-Fi 存在安全隐患的问题，并现场为观众演示了利用免费 Wi-Fi 截获观众传输的照片及电子邮箱密码的过程。近几年，无线网络钓鱼事件越来越少，但我们还是应该注意保护自己的信息安全。

二、电子商务面临的安全威胁

随着电子商务的广泛应用，电子商务的安全问题不断涌现，安全威胁呈现出多样化的发展态势，而电子商务安全问题的解决正是对网络安全技术的综合性实际应用。电子商务面临的安全威胁主要有以下几种。

（1）信息被截获和窃取。在电子商务活动中，信息流和资金流以数据的形式在计算机网络中传输。在传输过程中，如果没有采用加密措施或者保密强度不够，攻击者就可能通过互联网、公共电话网、在电磁波辐射范围内安装截收装置获取传输的机密信息，从而造成商业机密和个人隐私的泄露，包括银行账号、密码、资金的数量、货物的数量等重要信息被截获或被窃取。

（2）信息被篡改。当攻击者熟悉了商务信息的格式以后，他可以通过各种技术方法和手段对传输信息进行中途修改并发往目的地，从而破坏信息的完整性。例如，篡改信息流的次序或更改信息的内容，如购买商品的发货地址；删除或插入个别或部分消息，让接收方接收错误的信息。

（3）信息被伪造。在电子商务活动中，双方不是面对面进行交易，无法对信息发送者和接收者直接进行身份验证，一些别有用心者就会冒充合法用户发送或者接收信息来欺骗其他用户。例如，盗用领导的账号发布命令、调阅机密文件；冒充他人消费；冒充服务器，欺骗合法用户，窃取商家的商品信息和用户信息等。

视野拓展
防电信诈骗宣传片

案例 8.2

伪称快递员网络诈骗案

2020 年 8 月 5 日，南乐县林海花园董某（女，28 岁）接到 152 开头的电话，对方自称是某快递公司的工作人员，告知董某她的快递件丢失，具体理赔事宜需加 QQ 联系。董某在加了对方提供的 QQ 号后，与对方语音对话，并分享屏幕，又在扫描了对方发来的二维码图片后，填写了个人信息及银行卡信息，之后按照对方的指示下载了某银行 App，并修改了登录密码。后来，董某发现自己银行卡中的钱（共计 68 599 元）被转走了。

启发思考：本案例中，董某的操作存在哪些不安全因素？

（4）交易抵赖。交易抵赖包括多个方面，如信息发送者事后否认曾发送过某条信息或内容；信息接收者事后否认收到过某条消息或内容；购买者下了订单不承认；商家因商品价格标低而不承认原有的交易等。例如，在电子商务平台上进行的企业采购活动，假设企业在采购某原材料时，原材料的价格较低，但收到订单后价格上涨了，供应商如果否认交易的发生，采购企业就会蒙受损失。所以，交易抵赖也是电子商务面临的一大安全威胁。

三、电子商务的安全性要求

电子商务安全是电子商务的生存保障，只有保证了电子商务的安全，才能进一步吸引社会公众投身电子商务，才能使网络环境中的商务活动的顺利开展得到有效保障。

一次完整的电子商务活动包含客户、商家、银行等诸多参与者，涉及的信息有个人信息、企业信息、订购信息、支付信息、物流信息等。在交易过程中，各个参与者都会担心自己的利益受到威胁。如何确保电子商务活动的安全呢？保证电子商务安全的关键是保证交易数据和交易过程的安全。概括而言，电子商务的安全性要求包括信息的机密性、完整性、可用性、不可否认性，以及交易者身份的真实性和网络环境的可靠性等要求。

（1）信息的机密性是指信息在存储、传输和处理过程中不被他人窃取。

（2）信息的完整性是指信息在存储过程中不被篡改和破坏，以及发送的信息和收到的信息一致，在传输过程中未被篡改。

（3）信息的可用性，也称有效性，是指信息资源可被授权实体按要求正常访问。在交易系统运行时，正确存取交易活动相关信息；当系统遭受意外攻击或破坏时，可以迅速恢复并能投入使用，为交易参与者提供服务。

（4）信息的不可否认性是指信息的发送方不可否认已经发送的信息，接收方也不可否认已经收到的信息。例如，因市场价格的上涨或者信息传递的延迟，卖方完全否认收到订单或否认收到订单的日期，从而给买方造成一定的经济损失，卖方的行为就违背了信息的不可否认性要求。

（5）交易者身份的真实性是指交易双方确实存在，不可假冒。例如，A 公司与 B 公司在进行网上交易前，交易双方必须确认对方身份是否真实，并且互相信任。客户确认了商家的真实身份之后才能建立彼此信任的交易关系；此外，还要识别是否有第三方在假冒交易对象。

（6）网络环境的可靠性是指网络硬件和软件工作的稳定性，用来表示系统在规定的条件下和规定的时间内实现规定功能的能力。从信息安全的角度看，网络环境的可靠性是指不会因为计算机故障或其他意外原因（如断电）而出现信息错误、失效或丢失情况。

案例 8.3

电子面单破解了信息安全难题

信息技术的高速发展和行业的倒逼使纸质面单逐步退出历史舞台。与电子面单相比，传统纸质面单价格高、信息录入效率低、信息安全隐患多等劣势明显。

1. 实名制增加了个人信息泄露的风险

快递实名制在使信息真实度提升的同时也增加了用户个人信息泄露的风险，一些消费者因快递单泄露个人信息而遭遇入室盗窃、抢劫的案件相继发生。快递单成为"泄密单"，成为泄露消费者隐私的安全隐患。

2. 电子面单打通了信息安全死穴

如何破解快递信息安全这一难题？在业界人士看来，电子面单的推行是一个重要手段。

在采用电子面单寄件时，用户只需扫描快递寄件二维码，并在手机上填写收/寄件人姓名、电话号码、地址等个人信息。提交后，快递员会根据用户提交的信息利用便携式打印机将寄件信息打印出来。针对纸质面单导致信息泄露的问题，电子面单甚至可进一步开发为"隐私面单"，对收/寄件人的个人信息进行隐藏处理。

事实上，业内一些企业早已经开始布局电子面单。2016 年 6 月，京东商城开始试行"微笑面单"，即在包裹生成时就部分隐藏用户的姓名和手机号码信息，以"笑脸"符号代替。2017年 5 月，菜鸟也推出了"隐私面单"，以避免将消费者的个人信息全部显示在快递面单上。顺丰自从推行电子面单以后，其电子面单覆盖率很快达到 90%以上。"四通一达"等主流快递也在加快淘汰纸质面单的步伐。

2019 年 6 月 11 日，菜鸟联手快递公司对电子面单进行"大瘦身"——新版电子面单面积缩小近一半，从两联单变为一联单（2019 年 9 月，一联单的普及率超过 60%）。新版电子面单在中通、百世、圆通等快递公司陆续上线。

本案例部分内容整理自中国物流与采购网 2018 年 3 月 26 日《电子面单将破解快递信息安全难题？》

据了解，新版电子面单可帮助快递全行业节省一半的面单成本，进一步促进降本增效，更加安全、环保。

启发思考： 1. 电子面单与纸质面单相比具有哪些优势？

2. 电子面单应如何保证寄件人和收件人的个人信息安全？

第二节　电子商务安全技术

"多一点保护，就少一点泄露。"电子商务安全技术在电子商务系统中的应用非常重要，它保护着商家和客户的重要秘密，维护着电子商务系统的信誉和财产安全，同时为服务对象和被服务对象提供极大的便利。只有采取了必要和恰当的技术手段，才能充分增强电子商务系统的真实性和可靠性。电子商务系统的安全应该建立在网络安全的基础之上，依靠信息安全技术的保障及安全协议的应用才能实现。图 8.1 所示为电子商务安全的核心技术体系。下面对电子商务安全技术进行简要介绍。

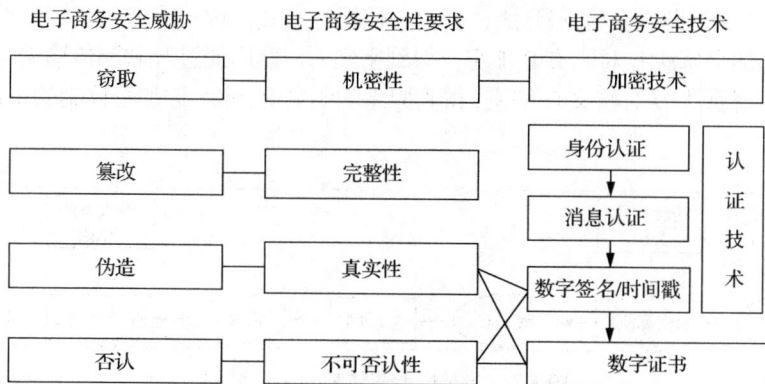

图 8.1　电子商务安全的核心技术体系

一、加密技术

加密技术指利用技术手段把原始信息变为乱码（加密）传送，到达目的地后再用相同或不同的手段还原（解密）信息。原始信息通常被称为"明文"，加密后的信息通常被称为"密文"。

加密技术涉及两个元素：算法和密钥。算法将明文与一串字符（密钥）结合起来，进行加密运算后形成密文。密钥是在将明文转换为密文或将密文转换为明文的算法中输入的一串字符，可以是数字、字母、词语或短语。

由此可见，加密和解密过程都涉及信息（明文、密文）、密钥（加密密钥、解密密钥）和算法（加密算法、解密算法）三项内容。

常用的现代加密体制有对称加密体制和非对称加密体制两种。

1. 对称加密体制

对称加密体制是指发送方和接收方使用同样密钥的加密体制，即文件加密和解密使用相同的密钥。这种加密体制要求发送方和接收方在安全通信之前商定一个密钥。由于对称加密体制的安全性依赖于密钥，因此，只要在通信过程中采用了对称加密技术，

密钥就必须保密。经典的对称加密体制算法为数据加密标准（Data Encryption Standard，DES）。

对称加密体制主要由五个部分组成：明文、加密算法、密钥、密文、解密算法。发送方用密钥 K 和加密算法 E 对明文 P 进行加密，得到密文 C，然后通过互联网传输密文 C；接收方用密钥 K 和解密算法 D 对密文 C 进行解密，得到原来的明文 P。对称加密体制的工作过程如图 8.2 所示。

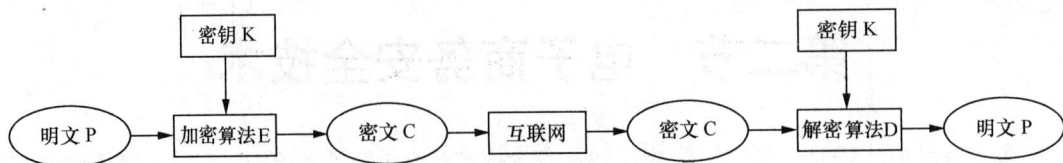

图 8.2　对称加密体制的工作过程

2. 非对称加密体制

非对称加密体制使用的是密钥对，即公钥（Public Key）和私钥（Private Key）。公钥是公开的，可以以文件的形式存储在密钥管理中心；与之配对的私钥以口令或密码的方式由用户记忆并保管。通常用公钥加密、私钥解密来保证信息的机密性；用私钥加密、公钥解密来进行身份认证。目前，在非对称加密体制的算法中，使用最多的是 RSA 算法。

非对称加密体制由明文、加密算法、公钥、私钥、密文、解密算法六个部分组成。发送方用接收方的公钥和加密算法 E 对明文 P 加密，得到密文 C，然后通过互联网传输密文 C；接收方用自己的私钥和解密算法 D 对密文 C 解密，得到原来的明文 P。非对称加密体制的工作过程如图 8.3 所示。

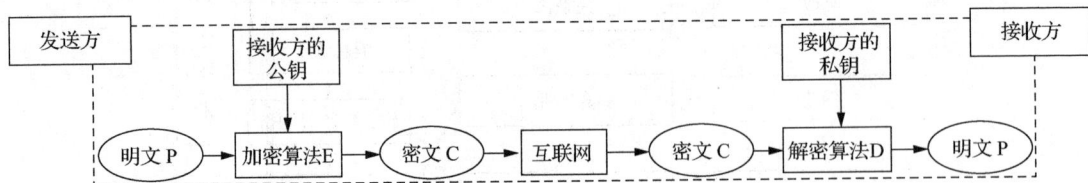

图 8.3　非对称加密体制的工作过程

在实际应用中，通常将对称加密体制和非对称加密体制结合使用，利用对称加密体制进行大容量数据的加密，而利用非对称加密体制来传递对称加密体制所使用的密钥。通常，安全协议集成了两类加密体制的优点，既加快了加密速度，又可以安全、方便地服务于电子商务活动。表 8.1 所示为对称加密体制和非对称加密体制的对比。

表 8.1　对称加密体制和非对称加密体制的对比

比较项目	对称加密体制	非对称加密体制
代表算法	DES	RSA（算法）
密钥数目	单一密钥	密钥是成对的
密钥种类	密钥是秘密的	一个私有，一个公开
密钥管理	产生简单，管理困难	需要数字证书及可靠的第三者
相对速度	快	慢
主要用途	大容量数据的加密	数字签名或对称密钥的加密

二、认证技术

常见的信息保护手段除了加密技术，还有认证技术。目前，认证技术有身份认证和消息认证两种方式。身份认证用于鉴别用户的身份是否真实、是否合法；消息认证用于验证所收到的消息是否来自真实的发送方且消息是否准确，也可以用于验证消息的顺序性和及时性。消息认证主要包括数字签名和数字时间戳等技术。

1. 身份认证

身份认证的基本思想是通过验证被认证对象的属性来确保被认证对象的真实性。用户只有通过了身份认证，才能操作计算机系统，访问网络资源。因此，身份认证是安全系统的第一道关卡。

实现身份认证主要有以下三种物理基础。

（1）用户所知道的。通常，最常用的方法是密码和口令。这种方法简单、开销小，但是也最不安全。

（2）用户所拥有的。依赖用户拥有的信息（如身份证、护照和密钥盘等）来实现身份认证，其安全性比前一种物理基础高，泄露信息的可能性较小，但认证系统相对复杂。

（3）用户所具有的特征。这是指用户的生物特征，如指纹、虹膜、DNA、声音和脸部特征，还包括用户下意识的行为。这类技术的安全性最高，也是当前信息安全研究的热点。

2. 消息认证

消息认证是指验证消息的完整性，当接收方收到发送方的消息时，接收方能够验证收到的消息是否是真实的和未被篡改的。消息认证常用的方法是消息摘要，即发送方在发送的消息中附加一个鉴别码，经加密后发送给接收方；接收方利用约定的算法对解密后的消息进行鉴别运算，将得到的鉴别码与收到的鉴别码进行比较，若二者相等，则接收，否则拒绝接收。

（1）数字签名。消息摘要能保护收发双方之间的数据交换不被第三方侵犯，但并不能规避双方的相互欺骗，这时就需要借助数字签名技术。数字签名能够确认两点内容：其一，信息是由签名者发送的；其二，信息自签发后到收到为止未曾被做过任何修改。

（2）数字时间戳。电子商务交易需对交易文件的时间信息采取安全措施。数字时间戳服务（Digital Time-stamp Service，DTS）是由专门的机构提供的对电子文件发送时间进行安全保护的服务。数字时间戳是一个经加密后形成的凭证文档，包括以下三个部分：①附有时间戳的电子文件；②数字时间戳发送和接收文件的时间；③数字时间戳服务的数字签名。

三、数字证书

1. 数字证书认证中心

实现网上安全支付是顺利开展电子商务的前提，建立安全的数字证书认证中心（以下简称"认证中心"）是电子商务的中心环节，其目的是加强数字证书和密钥的管理，加强网上交易各方的相互信任，提高网上交易的安全性，控制网上交易的风险，从而推动电子商务的发展。认证中心也称 CA 认证中心（CA 认证机构），是提供网上安全电子交易认证服务、签发数字证书并确认用户身份的服务机构。

认证中心的主要功能有以下几项。

（1）数字证书的颁发。认证中心负责接收、验证用户（包括下级认证中心和最终用户）数字证书的申请，对申请的内容进行备案，并根据申请的内容确定是否受理该数字证书申请，从而进一步确定为用户颁发何种类型的数字证书。

（2）数字证书的查询。数字证书的查询可以分为两类：一是数字证书申请的查询，认证中心根据用户的查询请求返回当前用户数字证书申请的处理进程；二是用户数字证书的查询，这类查询由目录服务器完成，目录服务器根据用户的请求返回适当的数字证书。

（3）数字证书的更新。认证中心可以定期更新所有用户的数字证书，或者根据用户的请求更新用户的数字证书。

（4）数字证书的作废。认证中心通过维护数字证书作废列表完成数字证书的作废。当用户的私钥由于泄密等原因造成用户数字证书需要申请作废时，用户需要向认证中心提出数字证书作废请求，认证中心会根据用户的请求确定是否将该数字证书作废；当用户的数字证书已经过了有效期时，认证中心会自动将该数字证书作废。

（5）数字证书的归档。数字证书具有有效期，数字证书过了有效期之后将会作废。但是，不能将作废的数字证书简单地丢弃，因为有时可能需要验证以前某个交易过程中产生的数字签名，这时就需要查询已作废的数字证书。

国内的电子商务认证中心主要分为行业性认证中心、区域性认证中心、商业性认证中心，如中国金融认证中心（CFCA）属于行业性认证中心；上海数字证书认证中心和山西数字证书认证中心等属于区域性认证中心；天威诚信、沃通等属于商业性认证中心。

2. 数字证书的定义

数字证书又称为数字凭证或数字标识，类似于现实生活中的身份证，但是数字证书不是实体证照，而是经过电子商务认证中心审核签发的电子数据，可以更加方便、灵活地应用在电子

商务和电子政务活动中。例如，我们在各种电子商务平台购物消费时，必须在计算机或手机上安装数字证书。通过数字证书，认证中心才可以对互联网上所传输的各种信息进行加密或解密、消息认证、数字签名认证等各种处理，同时保障数字传输过程不被非法第三方侵入，或者即使被侵入，第三方也无法查看其中的内容，即确保客户信息、商品信息、资金流信息的安全。

视野拓展
如何打开不同浏览器
的"Internet 选项"

3. 数字证书的结构

通常，本机已安装的数字证书是由浏览器来存储与管理的，因而我们可以通过在浏览器中找到 Internet 选项或在计算机上直接运行 certmgr.msc 来查看相应的数字证书的结构与详细信息。数字证书示例如图 8.4 所示。

数字证书的详细信息至少包含以下几项：①证书拥有者的姓名；②证书的版本信息；③证书的序列号；④证书所使用的签名算法；⑤证书发行机构的名称；⑥证书的有效期；⑦证书所有人的公钥；⑧证书发行者对证书的签名。

问与答

问： 图 8.4 所示的数字证书含有公钥和私钥吗？
答： 图 8.4 所示的数字证书只含有公钥，私钥是保密的，只有证书所有者才能拥有。

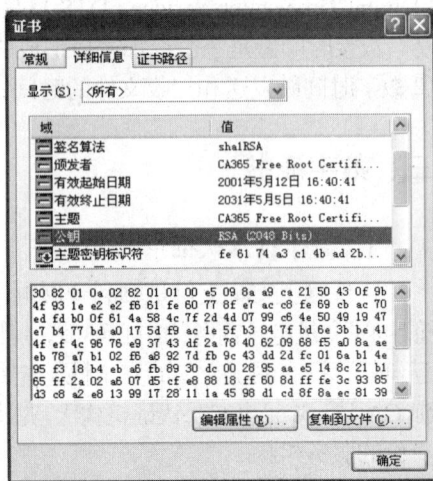

图 8.4　数字证书示例

4. 数字证书的类型

数字证书依照证书的持有者类型可以分为个人证书、单位（包含商家、银行等企业）证书、服务器证书等，用来在电子商务活动中识别各方的身份，并保证交易过程中信息的机密性、完整性、真实性、可用性、不可否认性等。

数字证书根据适用的支付平台可分为支付宝数字证书、微信支付数字证书等。

支付宝数字证书是使用支付宝账户资金时的身份凭证之一，可以加密用户的信息并确保账户和资金安全。用户申请后，在进行付款和确认收货等涉及资金的操作时，就会验证计算机或手机上是否安装了数字证书。即使用户的账号被盗，对方没有相应的数字证书也动用不了用户账户中的资金，图 8.5 所示为数字证书申请入口。以手机端为例，登录支付宝账号后点击"我的"→设置图标（手机端支付宝在右上角）→"账号与安全"→"安全中心"→"更多服务"→"数字证

书",然后按照提示安装数字证书即可。

　　微信支付数字证书可在微信内点击"支付"→"钱包"→"安全保障"→"数字证书"进入数字证书页面,根据提示进行设置、启用。启用微信支付数字证书可提高支付安全性、提高每日零钱支付限额、提高微信账户的安全性。图 8.6 所示为微信安全保障体系。

　　数字证书按照安全协议类型可以分为 SSL 证书和 SET 证书等。

　　SSL 证书遵守安全套接层(Secure Socket Layer,SSL 安全套接层)协议,由受信任的认证中心颁发,具有服务器身份验证和数据传输加密功能。SSL 协议是将公钥和私钥技术相结合的安全网络通信协议,是网景(Netscape)公司推出的基于互联网应用的安全协议。SSL 协议指定了一种在应用层协议(如 HTTP、Telnet 和 FTP 等)和 TCP/IP 之间提供数据安全性的分层机制。

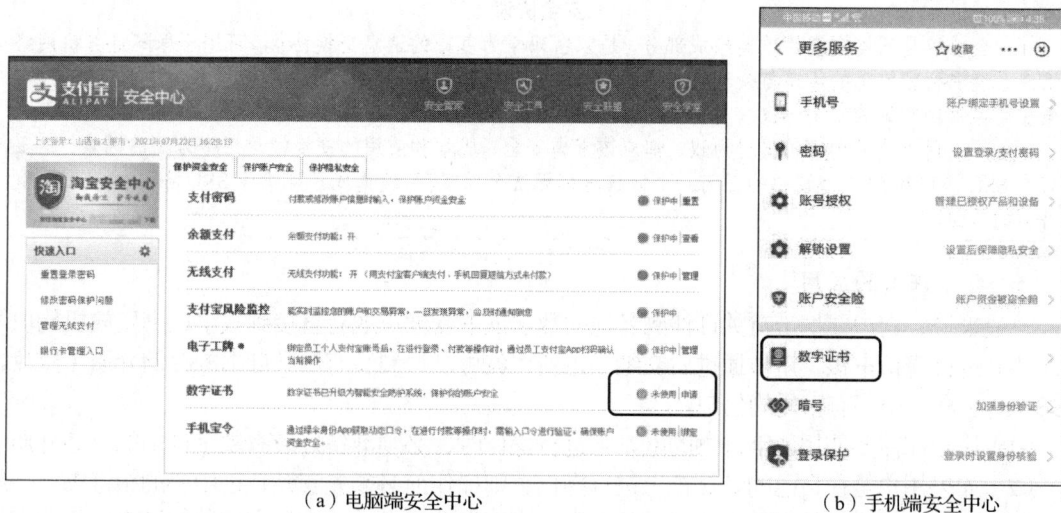

（a）电脑端安全中心　　　　　　　　　　　　　　（b）手机端安全中心

图 8.5　支付宝安全工具——数字证书申请入口

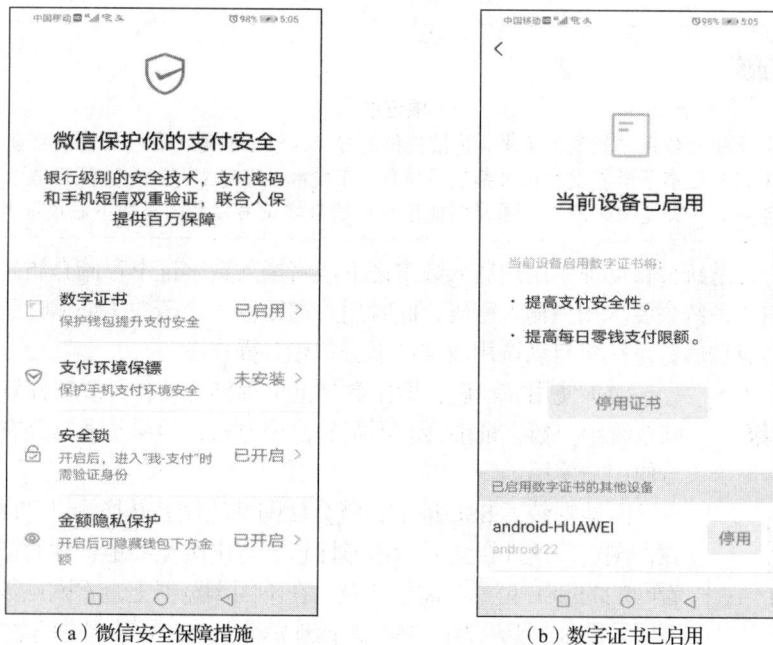

（a）微信安全保障措施　　　　　　　　　　　　　（b）数字证书已启用

图 8.6　微信安全保障体系

第八章　电子商务安全

SET 证书遵循的安全电子交易（Secure Electronic Transaction，SET）协议，是由万事达卡（Master Card）和维萨（Visa）联合网景、微软等公司，于 1997 年 6 月 1 日推出的。该协议主要是为了实现更加完善的即时电子支付。SET 协议是 B2C 基于信用卡支付模式设计的，它在保留对客户信用卡认证的前提下，增加了对商家身份的认证，凸显了客户、商家、银行之间通过信用卡交易的数据完整性和不可否认性等优点。因此，它成为目前公认的基于信用卡的网上交易的国际标准。SET 证书主要指 SET 交易中参与者的证书，如中国金融认证中心 SET 证书的类型有持卡人证书、服务器站点证书、商户证书、支付网关证书等。

视野拓展

安全协议

安全协议是网络安全的重要组成部分，是以密码学为基础的消息交换协议，可用于保障计算机网络信息系统中秘密信息的传递与处理安全，确保网络用户能够安全、方便、透明地使用系统中的密码资源。电子商务领域常见的安全协议有 SSL 协议和 SET 协议等。

电子支付无论采用哪种支付协议，都应该考虑安全、成本和使用的便捷性这三个方面的因素。这三者在 SSL 协议和 SET 协议中的任何一个协议里都无法全部实现，这造成了现阶段 SSL 协议和 SET 协议并存的局面。

5. 数字证书的应用

一般来说，用户要携带有关证件到各地的数字证书受理点或者直接到数字证书发放机构填写申请表并进行身份审核，审核通过后交纳一定费用就可以得到装有数字证书的存储介质（磁盘或 USB-Key）和一个写有密码的信封。

（1）用户在需要使用数字证书的网站上进行操作时，必须准备好装有数字证书的存储介质。

（2）如果用户是在自己的计算机上进行操作，则操作前必须先安装认证中心的根证书。一般所访问的系统如果需要使用数字证书，其会自动弹出提示信息，要求用户安装根证书，用户直接点击"确认"按钮即可安装；当然，也可以直接登录认证中心的网站，下载并安装根证书。

视野拓展

根证书

根证书是认证中心给用户颁发的证书，是信任链的起点。根证书是一种特殊的数字证书，下载根证书就表明用户对该根证书下所签发的证书都表示信任；在技术上则建立起一个验证证书信息的链条，证书的验证追溯至根证书即结束。所以，用户在使用自己的数字证书之前必须先下载根证书。

（3）操作时，系统会自动提示用户载入数字证书或者插入数字证书存储介质。用户插入数字证书存储介质后，系统会要求用户输入密码，此时用户需要输入申请数字证书时获得的信封中的密码；密码验证成功后，系统将自动调用数字证书进行相关操作。

视野拓展

查看网站 SSL 证书的方法

（4）使用完毕后，取出数字证书存储介质，并妥善保管。当然，在不同系统中，数字证书会有不同的使用方式，但系统通常会有明确提示，以方便用户使用。

网站安装了 SSL 证书，就会使网站的域名转换为以"https"开头的方式，浏览器地址栏会显示锁形标志。点击浏览器地址栏的锁形标志可以查看网站的 SSL 证书。需要注意，在不同浏览器上查看网站数字证书的方法不同。图 8.7 所示为在 360 安全浏览器上查看的某网站的数字证书。

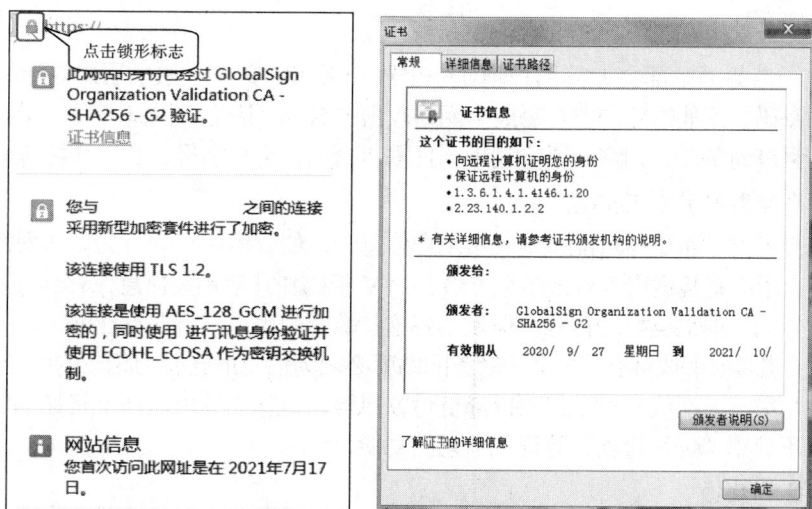

图 8.7 在 360 安全浏览器上查看某网站的数字证书

第三节 电子商务安全防范与管理

解决电子商务的安全问题是电子商务发展的关键所在。电子商务安全是一个完善的综合保障体系，只从技术角度建立安全保障是不够的。"三分技术，七分管理"是安全领域的名言，即电子商务安全的 30% 依靠信息安全设备和技术保障，而 70% 则依靠网民安全意识的提高、管理模式的完善以及管理制度和法律法规的不断健全等。

一、日常安全防范

（一）电子商务网站的安全防范

在电子商务网站上进行线上交易有很多好处，卖家可以以较低的营销成本获得更多用户的广泛关注，还可以节省门面租金、水费、电费、燃气费等，更不需要储备大量的货品；买家则可以随时随地浏览或购买数以百万计的产品。由此可见，电子商务网站的安全防范尤为重要。保护电子商务网站免受网络攻击，对任何电子商务企业的生存都至关重要。

1. 选择合适的虚拟主机服务

电子商务网站的安全性、运行速度、搜索引擎优化和网站流量处理能力等因素在很大程度上取决于其托管环境。一些虚拟主机商会提供额外的安全保护功能以优化其主机服务。所以企业在选择合适的虚拟主机服务时，需要多方面考虑这些因素。

2. 更新系统应用软件

软件不及时更新是导致产生安全漏洞的最常见原因之一。一个简单的解决方法，就是定期、不定期更新、升级网站开发与运营的相关软件，否则黑客很容易利用安全漏洞进行网络攻击。

3. 正确配置防火墙

正确配置防火墙是对网站进行安全保护的一个重要措施。防火墙可持续监控任何可疑流量或请求，并在它们到达网站之前进行拦截。

4. 强制使用强密码

大多数电子商务网站都会让其用户创建一个账户来完成交易。如果用户在网站注册一个账户，并使用弱密码，则他的账户很容易成为网络攻击的目标。因而，网站开发人员需要在代码中设置提升密码强度的条件，如密码不宜过短，且需包含大、小写字母，数字和特殊字符等。

5. 不要存储用户的敏感信息

一些电子商务网站希望尽可能多地收集用户信息，以便分析用户的行为，从而制订出有效的营销方案；或让用户将其信用卡号或借记卡号、CVV 密码和其他相关信息保存到其账户中，以在交易结账过程中为其提供良好的体验。但是，将这些敏感的用户信息保存在网站服务器上风险很高，一旦信息被黑客破解或截获，那电子商务网站就必须为信息泄露受到相应的经济制裁或处罚。

另外，使用第三方在线支付工具可以降低付款风险，这些工具可以在不将详细信息保存到服务器上的情况下启用"保存付款"等详细信息的功能。

6. 定期备份数据

无论网站有多安全，电子商务网站都需要制订一份有效且经过测试的容灾备份计划，定期在不同的存储器备份交易数据等。

7. 加强员工数据安全意识培训

电子商务网站首先需加强对员工数据安全意识培训，如让员工不要在与他人聊天时提及用户的敏感信息；其次，要增强员工应对安全问题（如网络钓鱼攻击）的能力。

（二）手机用户的安全防范

手机作为通信的重要工具和社交沟通的重要平台，其安全问题更是不容忽视。手机用户在日常使用手机时，一定要采取积极、稳妥的安全防范措施来应对网络安全问题。

1. 增强安全防护意识

在个人层面，手机经济犯罪屡禁不绝；在社会层面，手机隐私泄露情况也较严重；在国家层面，西方国家窃听敏感用户手机由来已久，被远程遥控的手机会变成带有视频直播功能的窃听器。因此，每位手机用户都要时刻保持清醒，充分认清手机安全保密事关国家利益、事业发展和家庭幸福，不能认为自己"无密可保""有密难保"；同时还要严格遵守手机使用规定，谨慎参与网上体验、不接受陌生蓝牙连接请求、不随意点击来历不明的短信或邮件、不使用陌生的计算机为手机充电、不使用翻墙软件违规访问境外网站等。

2. 安全使用 Wi-Fi

使用智能手机上网的用户多是通过 Wi-Fi 接入互联网的，所以要对手机 Wi-Fi 安全问题给予足够重视。一是要仅连接信任网络，特别是当周围出现多个同名 Wi-Fi 时，应引起警觉；二是 Wi-Fi 要选择使用高强度的 WPA2 认证方式；三是 Wi-Fi 要设置高强度连接密码。

3. 增强手机保密意识

"天上不会掉馅饼。"部分用户完全没有手机保密意识，经常随意扫描二维码，下载 App，连接免费 Wi-Fi……殊不知，这些行为都容易泄露手机中的信息。所以，对手机用户来说，培养保密意识尤为重要。

二、电子商务安全管理制度

在电子商务建设中，以技术为中心的安全管理体制得到了迅速发展，IT 业与金融业、电子商务行业联合，推出了不少有效的安全交易标准，如 S-HTTP、SSL、SET 等协议。

建立健全统一指挥、统一步调的强有力的各级信息安全管理机制、信息安全管理制度是实现电子商务安全的基本保障，如人员管理制度、保密制度、跟踪制度、审计制度、稽核制度、网络系统的日常维护制度、病毒防范制度和人员管理制度等。相关的法律保障也是电子商务安全的必要保障，如《中华人民共和国网络安全法》(自 2017 年 6 月 1 日起施行)、《中华人民共和国个人信息保护法》(自 2021 年 11 月 1 日起施行)为保障网络安全、个人信息安全提供了法律保障。

参与网上交易的经营管理人员在很大程度上支配着企业的命运，因而，企业要严格选拔电子商务人才、加强对从业人员的管理；加强职业道德教育；采取分层级管理，落实工作责任制；贯彻网上交易安全运作基本原则。

综上所述，只有技术、制度、人员这"三驾马车"并驾齐驱，才能创造一个安全、便捷的电子商务应用环境，才能使电子商务实现量的稳定增长和质的稳步提升。

实训案例

如何取消手机免密支付

李某在苍南县捡到一部手机，利用小额免密支付功能，他先用这部手机为自己的手机充值，之后又分 19 次向自己的支付宝账号转账，共盗走数千元。叶某在南昌偷走一部手机，通过调出该手机中支付宝的付款二维码，不输密码就盗用该支付宝账号购买了多件商品。一些用户常陷入手机免密支付的陷阱，从而因每月续费订阅而被自动扣费等。开通免密支付功能在方便用户支付的同时，也会带来很多安全隐患。下面介绍如何取消手机免密支付。

1. 手机端支付宝如何取消免密支付

(1)登录手机端支付宝，点击"我的"→设置图标，如图 8.8 所示。

(2)进入图 8.9 所示的"设置"页面后，点击"支付设置"→"免密支付/自动扣款"，可以看到已签约的"免密支付/自动扣款"服务，如图 8.10 所示。

图 8.8 支付宝"我的"页面

图 8.9 支付宝"设置"页面

（3）点击选择一个已签约的服务，如点击"芝麻 GO 服务自动扣款"→"关闭服务"（参见图 8.11）→"确认关闭"，即可取消该服务的"免密支付/自动扣款"。

2. 手机端微信支付如何取消免密支付

（1）登录手机端微信，点击"我"→"支付"（参见图 8.12）→右上角三个黑点→"扣费服务"（参见图 8.13）。

图 8.10　支付宝"免密支付/自动扣款"页面　　图 8.11　支付宝自动扣款"关闭服务"页面

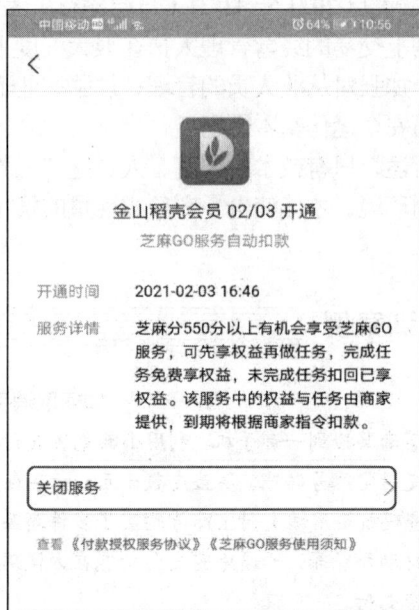

图 8.12　微信"支付"页面　　　　　图 8.13　微信"支付管理"页面

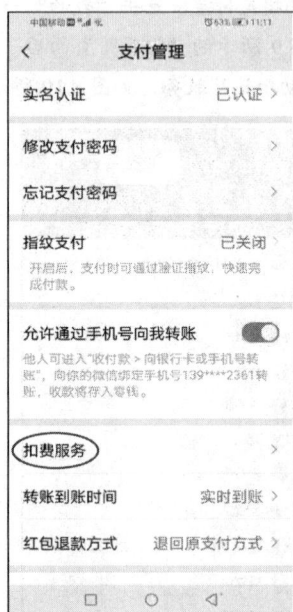

（2）进入"扣费服务"页面，选择其中一个已开通的服务功能，如选择"晋中公交微信免密支付"（参见图 8.14），点击"关闭服务"（参见图 8.15）即可取消该服务的"微信免密支付"。

图 8.14　微信"扣费服务"页面

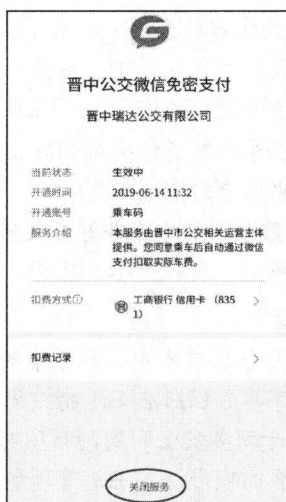

图 8.15　微信"关闭服务"页面

思考讨论

试举例说明手机免密支付会为用户带来怎样的安全隐患。

归纳与提高

本章主要介绍了电子商务面临的安全威胁、电子商务安全技术以及电子商务安全防范与管理。

通过本章的学习，我们了解到在互联网上实现的电子商务交易必须符合机密性、完整性、可用性、不可否认性、真实性和可靠性等安全性要求。

一个完善的电子商务系统在保证其计算机网络硬件平台和软件平台安全的基础上，还应具备强大的加密和认证功能，以完成用户信息的识别和验证，确保电子商务交易和支付的可靠性、真实性、完整性；也应提供便捷的密钥管理，以满足电子商务对计算机网络安全与商务安全的双重要求。

电子商务安全技术的提高、管理制度的完善、法律制度的健全需要政府和服务商长期不懈的努力。个人用户和企业用户在互联网上开展商务活动时要注意进行网络安全防范。

知识巩固与技能训练

一、名词解释

数字签名　　数字证书　　数字时间戳　　CA 认证中心

二、单项选择题

1. 在电子商务信息安全的要求中，信息在存储或传输过程中不被他人窃取指的是（　　　）。

　　A. 信息的机密性　　　　　　　　　B. 信息的完整性

　　C. 信息的不可否认性　　　　　　　D. 交易者身份的真实性

2. 加密和解密密钥不同的加密体制称为（　　　）。

　　A. DES 加密体制　　　　　　　　　B. 公开密钥加密体制

　　C. 通用密钥加密体制　　　　　　　D. 恺撒加密体制

3. 加密后的内容称为（　　）。
   A. 密钥　　　　　　　B. 算法　　　　　　C. 密文　　　　　　D. 明文
4. 用户识别方法不包括（　　）。
   A. 根据用户知道什么来判断　　　　　B. 根据用户拥有什么来判断
   C. 根据用户的地址来判断　　　　　　D. 根据用户的特征来判断
5. 在使用数字证书为邮件签名之前，还应该为电子邮件地址申请（　　）。
   A. 密码　　　　　　　B. 密钥　　　　　　C. 数字标识　　　　D. 账号

三、多项选择题

1. 以下身份认证技术中，属于生物特征识别技术的有（　　）。
   A. 数字签名识别法　B. 指纹识别法　　　C. 语音识别法　　　D. 头盖骨轮廓识别法
2. 引发电子商务安全问题的事项有（　　）。
   A. 黑客的攻击　　　B. 管理制度不健全C. 网络自身的缺陷　D. 应用软件的漏洞
3. 病毒防范措施包括（　　）。
   A. 为自己的计算机安装防病毒软件　　　B. 不打开陌生人发来的电子邮件
   C. 认真执行定期查杀病毒制度　　　　　D. 高度警惕网络陷阱
4. 数字证书认证中心的主要作用有（　　）。
   A. 数字证书的颁发　　　　　　　　　　B. 数字证书的查询
   C. 数字证书的归档　　　　　　　　　　D. 数字证书的作废　E. 数字证书的更新
5. 数字签名可解决（　　）的问题。
   A. 数据被泄露或篡改　　　　　　　　　B. 身份认证
   C. 用户未经授权访问网络　　　　　　　D. 病毒防范　　　　E. 消息认证
6. 下面属于不安全口令的有（　　）。
   A. 使用用户名作为口令　　　　　　　　B. 使用自己或者亲友的生日作为口令
   C. 使用学号或者身份证号码等作为口令D. 使用常用的英文单词作为口令

四、复习思考题

1. 举例说明电子商务面临的安全威胁。
2. 电子商务的安全性要求包括哪几个方面？
3. 数字证书的功能有哪些？
4. 简述数字证书认证中心提供的服务。

五、技能实训题

1. 为消除移动支付带来的安全隐患，在手机端的移动支付平台上进行如下操作。
（1）开启数字证书，记录操作过程，并解释说明为什么要开启数字证书。
（2）关闭一些服务的支付宝"免密支付/自动扣款"功能。

Office 文档加密及文件保护

2. 了解文档加密方式及文件保护方法，并进行以下操作实践。
（1）为 Office 的各类文档、PDF 文档、RAR 或 ZIP 等压缩文档进行密码（口令）的加密设定。
（2）使用只读方式打开一个 Word 文档并进行修改文档的操作，然后保存，查看原 Word 文档有无变化，说明为什么要用只读方式打开文档。

六、实训拓展题

登录中国金融认证中心、中国电子银行网，了解我国金融安全的发展现状和数字证书的应用情况，总结有哪些金融安全产品，并选择 1～2 个产品进行分析。

第九章　电子支付与互联网金融

【知识框架图】

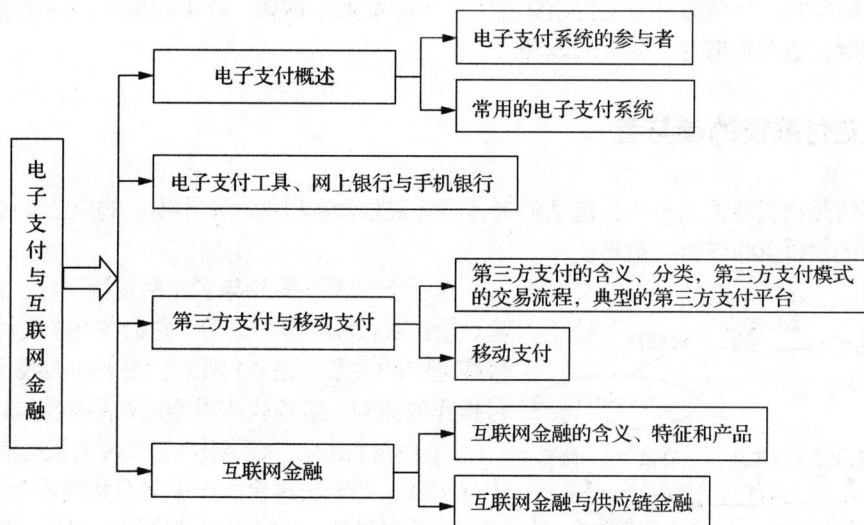

【学习目标】

【知识目标】

1. 了解电子商务的支付系统，熟悉常用的电子支付系统。

2. 熟悉银行卡、网上银行及手机银行的功能。

3. 了解第三方支付模式的交易流程。

【技能目标】

1. 能够使用网上银行及手机银行完成在线支付和转账等基本操作。

2. 能够使用互联网及移动网络平台进行支付和转账，能在平台上进行产品及账务查询等操作。

引例

互联网时代传统银行的变革

2021 年 7 月 22 日，中国建设银行在深圳举办新金融数字便民计划发布会，并与首批加入计划的百余家企业签约，计划涵盖了深圳通、京基百纳等交通出行、政务服务、消费扶贫、农贸市场、住房租赁、商超餐饮、民生服务、医疗健康、教育培训、供应链金融十大领域。商业银行开始以整合式方式加速布局零售金融，数字人民币成为其抓手之一。数字人民币作为一种零售型央行（中国人民银行）数字货币，具有实时到账、零手续费、双离线支付的优势。中国建设银行表示将推出一款生活类 App，采取"本地生活服务+金融服务"的场景银行新模式，覆盖餐饮、充值、电影、打车、公共服务等日常生活消费场景，利用优惠权益运营保持与客户的紧密连接。同时，该平台还通过开放共享模式，为商家提供快速入驻通道，以线上平台推广提升商家曝光度，实现品牌宣传、活动客集和流量变现。

互联网时代，传统银行不断发生变革，不断推出新的产品，如数字货币、云闪付等。《中国银行家调查报告（2020）》显示，超半数银行家将推进智能化与数字化建设作为战略重点。

第一节　电子支付概述

电子支付是电子商务不可缺少的环节。随着网络技术特别是网络安全技术的不断发展，电子支付也在不断发展，一些第三方支付企业得到了快速发展。例如，易贝的贝宝、阿里巴巴的支付宝和腾讯的财付通等均取得了巨大的成功。

一、电子支付系统的参与者

电子支付是指交易的当事人，包括消费者、商家和金融机构，使用安全的电子支付手段，通过网络进行的货币支付或资金流转。

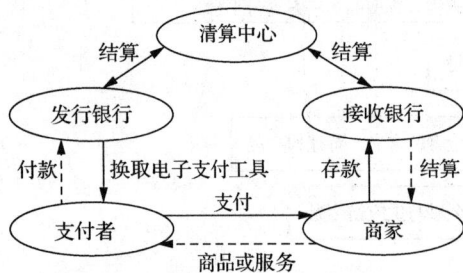

图 9.1　电子支付系统的一般模型

电子支付系统的参与者包括发行银行、支付者、商家、接收银行和清算中心等。它们在电子支付系统的一般模型中的关系如图 9.1 所示，图中的实线代表电子支付操作的流向，虚线代表资金或商品的流向。

（1）发行银行。发行银行为支付者发行有效的电子支付工具，如电子现金、电子支票和信用卡等。

（2）支付者。支付者付款给发行银行，从发行银行处换取电子支付工具。

（3）商家。商家接收支付者的电子支付工具并为支付者提供商品或服务。

（4）接收银行。接收银行从商家处收到电子支付工具，并验证其有效性，然后提交给清算中心。

（5）清算中心。发行银行和接收银行将支付信息发送给清算中心，清算中心定期清算，将清算结果返回两家银行进行结算。

二、常用的电子支付系统

一个电子支付系统能否在互联网或其他的开放网络上被广泛使用，不仅取决于其是否具有提供全天候服务、可异地交易及交易费用低等优势，还取决于其能否安全、方便、高效地完成支付。下面简单介绍几种常用的电子支付系统。

1. 自动柜员机系统

自动柜员机系统（CD/ATM 系统）是一种利用银行发行的银行卡，在自动取款机（Cash Dispenser，CD）或自动柜员机（Automated Teller Machine，ATM）上执行存、取

款和转账等功能的自助银行系统。

2. 销售终端系统

销售终端（Point of Sales，POS）系统可通过自动读取设备读取商品销售信息（如商品名称、单价、销售数量、销售时间、销售店铺等）和银行卡的持卡人信息，商品销售信息通过通信网络和计算机系统被传送至有关部门进行分析加工以提高经营效率，持卡人信息通过银联中心和发卡行系统联系，以完成支付和结算。销售终端系统最早应用于零售业，后来逐渐扩展至其他行业，如金融、宾馆等服务行业，应用范围也从企业内部扩展到了整个供应链。

3. 电子汇兑系统

电子汇兑（Electronic Agiotage/Electronic Exchange）是指利用电子手段处理资金的汇兑业务，以提高汇兑效率、降低汇兑成本。具体来说，电子汇兑就是银行以自身的计算机网络为依托，为客户提供汇兑、委托收款、银行承兑汇票、银行汇票等支付结算服务。

电子汇兑系统是典型的大额支付系统，涉及的金额通常很大。它直接支持一国货币和资本市场的运作，支持跨国界、多币种交易。

4. 网上支付系统

网上支付系统（Net Payment System，NPS）是指以金融电子化网络为基础，以商用电子化工具和各类交易卡为媒介，以现代计算机技术和通信技术为手段，通过计算机网络系统特别是互联网，把支付信息安全传递到银行或相应的机构来实现电子支付的系统。常见的网上支付系统模式有网银转账支付模式、用户直连网银支付模式和第三方支付模式。

（1）网银转账支付模式。网银转账支付模式依据转入账户和转出账户的不同，可以细分为同行转账模式和跨行转账模式。

（2）用户直连网银支付模式。在这种模式下，用户可直接用网上银行进行支付和结算。

（3）第三方支付模式。最初（2004—2018 年 6 月 30 日），第三方支付模式是指具备一定实力和信誉保障的非银行独立机构采用与银行签约的方式，提供与银行支付结算系统接口的支付平台的模式，如支付宝、财付通等都是如此。在我国，根据央行的规定，2018 年 6 月 30 日之后，第三方支付机构不再和银行直联，必须接入网联清算有限公司（网联）的系统，通过网联和银行对接。

学而思，思而学
根据所学知识，讨论支付宝属于哪一类电子支付平台，其支付方式有哪几种。

综上所述，网上支付的过程涉及用户、商家、银行或其他金融机构，以及商务认证管理部门。因此，支撑网上支付的体系可以说是融购物流程、支付与结算工具、安全技术、认证体系、信用体系及金融体系为一体的综合性系统。

5. 移动支付

移动支付也称手机支付，是用户使用其移动终端（通常是手机）为所消费的商品或服务支付费用的一种支付方式。移动支付将移动终端设备、互联网、应用提供商及金融机构相融合，为用户提供货币支付、缴费及理财等金融服务。常见的移动支付应用提供商有手机端支付宝、微信、云闪付、翼支付等。

在电子商务交易中，除了以上支付方式，还有银行汇款、货到付款、电子现金、电子支票、指纹支付和刷脸支付等支付方式。

随着金融科技与移动支付的加速融合，未来，生物识别支付可能会取代手机扫码支付，成为推动无现金结算发展进程的主力。

第九章　电子支付与互联网金融

案例 9.1

刷脸进店、无感支付、微笑打折

无人超市使线上数据与线下购物深度融合：消费者刷脸、扫码就可进入超市，超市内没有售货员，所有商品均可自选；当看到心仪的商品时，消费者对着屏幕露个脸，开心大笑就能打折，不开心则要多掏点钱；消费者买完商品后，无须刷卡，也无须支付现金，直接刷脸即可完成支付。

这就是 2017 年第四届世界互联网大会上，让以色列科学家、诺贝尔奖获得者达尼埃尔·谢赫特曼翘指称赞的天猫无人超市。首先，通过图像识别技术，天猫无人超市对消费者进行快速面部特征识别、身份审核，完成"刷脸进店"；接着，利用物品识别和追踪技术，结合消费者行为识别技术，天猫无人超市能判断消费者的结算意图；最后，通过智能闸门快速完成"无感支付"。

启发思考：天猫无人超市是怎样快速完成"无感支付"的？

第二节　电子支付工具、网上银行与手机银行

一、电子支付工具

随着市场经济的不断发展，支付方式及支付工具也在不断变革。传统的现金与支票等支付工具已不能满足市场需要。19 世纪末 20 世纪初，一些商户开始自行设计和使用各种结算卡，开始了对支付手段的变革。除了各种卡支付方式，电子现金、电子支票及其他各种电子支付工具应运而生。这些支付工具的不断普及也使电子支付更加多样化，它们共同构成了现在的电子支付系统。

（一）银行卡

20 世纪 40 年代，银行统一发行和管理信用卡，信用卡由原来的仅限于买卖双方使用的信用工具，发展成为一种银行信用方式。国内最早发行的信用卡是 1985 年中国银行珠海分行发行的"中银卡"。1986 年，中国银行北京分行发行了"长城卡"；1988 年，中国银行率先开始在全国发行"长城卡"。

1. 银行卡的种类

银行卡有很多种，可以根据结算方式、使用权限、使用范围、持卡对象及所用载体材料的不同进行分类。其中，按结算方式分类是常用的银行卡分类方法。

按结算方式的不同，银行卡可分为信用卡和借记卡两种，信用卡又可分为贷记卡和准贷记卡。

（1）贷记卡。贷记卡是银行向可信赖的金融客户提供无抵押短期周转信贷的一种信用卡。它由银行或专门的信用卡公司签发，证明持卡人信誉良好并可以在指定的商店或场所进行直接消费；发卡银行根据客户的信用等级给信用卡的持卡人规定一个信用额度，信用卡的持卡人可在任意特约商店先消费、后付款，也可在 ATM 上预支现金。依照信用等级的不同，信用卡可分为普通信用卡、银卡、金卡等。信用卡是银行最早发行的一种银行卡，我们所说的信用卡一般单指贷记卡。

（2）准贷记卡。准贷记卡是由银行发行的，持卡人按要求交存一定金额的备用金，当备用金账户余额不足以支付时，可在发卡银行规定的信用额度内透支的信用卡。在我国信用卡发行初期，

这种卡发行得较多。

（3）借记卡。在信用卡的基础上，银行推出了借记卡。借记卡的持卡人必须在发卡银行内有存款。持卡人消费后，通过收银台的 POS，可直接将银行中的存款划转到商店的账户上。除了用于消费，借记卡还可用于在 ATM 上取现。借记卡是目前使用最多的一种银行卡。

2. 银行卡的应用领域

银行卡使用范围大、应用领域广，可用于线下无现金购物、线上电子商务支付，还可通过 ATM、网上银行、App 或银行柜台等进行账户操作。

（二）电子现金

电子现金也称数字货币（Digital Currency，DC），是纸币现金的电子化，是指那些以电子数据形式储存并流通的货币，可以直接用于购物消费。电子现金具有货币的特征，也可用于个人与企业间转账，可取代纸币现金，提高交易效率，降低交易风险。

1. 电子现金的分类

电子现金根据其交易的载体，可分为基于账户的电子现金和基于代金券的电子现金；根据电子现金在花费时商家是否需要与银行进行联机验证，分为联机电子现金和脱机电子现金；根据电子现金是否可以合法地多次支付，分为可分割电子现金和不可分割电子现金；根据发行者是否为央行，分为一国的法定电子现金及非法定的电子现金。目前，电子现金有多种类型，不同类型的电子现金都有自己的协议，协议用于在用户、销售商和发行者之间交换支付信息。每个协议由后端服务器软件——电子现金支付系统和客户端的"电子钱包"软件执行。

电子现金支付已经有几种典型的实用系统开始使用或试用，如 Net-cash、E-cash 等，它们通过数字形式记录现金并进行集中管理和控制，是一种安全性很强的电子交易系统。

2. 使用电子现金的基本流程

一般来说，使用电子现金要经过提取、支付和存款三个过程，涉及用户、商家和银行三方。

使用电子现金的基本流程：①用户与银行执行提取协议，从银行提取电子现金；②用户与商家执行支付协议，使用电子现金进行支付；③商家与银行执行存款协议，将商家交易所得的电子现金存入银行。

3. 我国电子现金的发展情况

数字货币和电子支付工具（Digital Currency Electronic Payment，DCEP），是央行创建和批准的法定数字货币。DCEP 可以看作数字化的人民币现金，它由区块链和加密技术构建。央行自 2014 年开始研究法定数字货币；2020 年 3 月 24 日完成 DCEP 基本功能的开发；4 月，DCEP 先行在深圳、苏州、雄安新区、成都等地进行封闭试点测试；7 月，央行数字货币研究所与滴滴出行正式达成战略合作协议，共同研究探索数字人民币在智慧出行领域的场景创新和应用；9 月，央行数字货币研究所与京东数科正式达成战略合作，双方以数字人民币项目为基础，共同推动移动基础技术平台、区块链技术平台等的研发建设，并结合京东集团现有场景，共同促进数字人民币的移动应用功能创新及线上、线下场景的落地应用。推进数字人民币钱包生态建设，也将助推人民币国际化。

> CBDC（Central Bank Digital Currencies）是国际上对中央银行发行的电子现金的通用叫法，我国央行发行的 CBDC 叫作 DCEP。

2020 年 10 月，央行在深圳罗湖区试点发行数字人民币红包；2021 年春节期间，央行成都分行与成都市人民政府联合向成都市民发放数字人民币消费红包。使用数字人民币需要先下载央行的数字人民币 App，注册、开通个人数字钱包后领取，不需要网络，只要手机有电就能完成转账。使用数字人民币无须绑定银行卡，只要在支持数字人民币消费的商家处就可以使用。

电子现金与微信、支付宝等电子支付方式的区别在于不需要绑定传统银行账户体系，可以满足用户的匿名需求。它是由国家发行的货币，具有无限法偿性和强制性，信用度更高，支持双离线支付，日常支付更便利。法定数字货币的推行将会带来更高的交易效率和更低的交易成本，并且国家通过准确把握货币流向可以优化货币政策的制定和执行。

（三）电子支票

电子支票是一种借鉴纸质支票转移支付的优点，利用数字传递将资金从一个账户转移到另一个账户的电子付款形式。将传统方式下的支票改变为带有数字签名的电子报文，或利用其他数字电文代替传统支票的全部信息，就是电子支票。网上银行和大多数银行金融机构通过建立电子支票支付系统，在各个银行之间发出和接收电子支票，向客户提供电子支付服务。

1. 电子支票的优点

（1）电子支票与传统支票十分相似，但其功能更强大，客户的接受度也更高。

（2）电子支票数据传递速度快，可节省时间，节省处理纸质支票时的费用。

（3）电子支票减少了支票被退回情况的发生。电子支票的设计方式是使商家在接收电子支票前，先得到客户开户行的认证。

（4）不易丢失或被盗。电子支票在用于支付时，不必担心丢失或被盗。如果电子支票被盗，接收者可要求支付者停止支付。

（5）电子支票技术可通过公众网络连接现有的金融支付体系。

2. 电子支票的支付过程

（1）开具电子支票。客户首先在提供电子支票服务的银行注册，开具电子支票。注册时需要输入信用卡和银行账户信息。

（2）电子支票付款。注册后，客户可以和商家取得联系，用自己的私钥在电子支票上进行数字签名，用商家的公钥加密电子支票，向商家进行支付。只有商家可以收到用商家公钥加密的电子支票。

（3）资金清算。商家收到电子支票后，可根据自己的需要自行决定将电子支票发送给银行的时间。银行收到电子支票后将其发往清算中心，由清算中心进行资金清算。

二、网上银行

网上银行也称在线银行或网络银行，是指银行利用互联网/内联网及相关技术，处理传统的非现金类银行业务的虚拟柜台。

20 世纪 90 年代中期，随着互联网的普及和应用，商业银行开始驶入网络发展的快车道，银行经营方式也呈现出网络化趋势。自 1995 年 10 月 18 日世界上第一家网上银行，即"安全第一网络银行（SFNB）"诞生至今，网上银行迅速扩张，从发达国家到发展中国家，从发达地区到偏远地区，总体呈现出持续稳定增长的态势。

（一）网上银行的分类

1. 按照经营组织方式分类

网上银行按照经营组织方式的不同，可以分为传统银行自办网上银行和纯网上银行等。

（1）传统银行自办网上银行。传统银行自办网上银行也称直销银行，是指现有的传统银行以互联网为新的服务手段，建立银行站点，提供在线服务而设立的网上银行，又称网上柜台。

（2）纯网上银行。纯网上银行又称虚拟银行或互联网银行，起源于 1995 年开业的美国安全第一网络银行。纯网上银行一般只设一个办公地点，既无分支机构，又无营业网点，几乎所有业务都通过网络来进行。例如，美国印第安纳州第一网上银行、休斯敦的康普银行等都属于纯网上银行。

目前，国内的纯网上银行有腾讯牵头发起设立的深圳前海微众银行股份有限公司（以下简称微众银行），背靠蚂蚁集团和阿里巴巴的浙江网商银行，以及新希望集团、小米和红旗连锁共同参股的新网银行，美团点评参股的亿联银行，苏宁云商的苏宁银行，百度参股的百信银行等。

2014 年 12 月，微众银行正式成立，它成为我国第一家纯网上银行。微众银行自我定位为"连接者"，即一端对接互联网企业，一端对接金融机构，共同服务于小微企业和普通大众。微众银行主要有消费金融、财富管理和平台金融三大业务线。

2. 按照服务对象分类

网上银行按照服务对象的不同，可分为个人网上银行与企业网上银行。

（1）个人网上银行是银行为个人客户提供金融服务的平台，它能够办理银行的绝大部分业务。

（2）企业网上银行是银行为企业客户打造的金融服务平台，对公客户可通过网上银行办理账户管理、转账汇款、资产分析、融资、对账、电子回单查询及打印等业务。

（二）网上银行的业务功能

随着互联网技术的不断发展与创新，网上银行提供的服务种类、服务深度都在不断发展。一般来说，网上银行提供的服务，一类是传统商业银行的业务品种在网络上的实现；另一类是完全针对互联网的多媒体互动特性来设计的创新业务品种。后一类业务以客户为中心，以科技为基础，真正体现了按照市场需求"量身定做"的个性化服务特色。这类业务充分利用了互联网和信息技术的优势，打破了传统商业银行的各种条条框框，成为真正意义上的网上银行业务。

从业务品种细分的角度看，网上银行的主要业务功能如下。

1. 提供信息

银行通过互联网发布的公共信息，一般包括银行的历史背景、经营范围、机构设置、网点分布、业务品种、利率和外汇牌价、金融法规、经营状况以及国内外金融新闻等。公共信息的发布起到了广告宣传的作用，使客户可以很方便地了解银行及其业务品种和业务规则，为客户办理各项业务提供了方便。

> **问与答**
>
> **问**：纯网上银行与传统银行的业务有何异同？
>
> **答**：两者的业务基本相同，纯网上银行在办理现金存取业务时仍依赖于传统银行的 ATM 系统。

2. 账户服务

网上银行可以充分利用互联网点对点服务的特点，向企事业单位和个人客户提供如下账户服务：①提供账户状态、账户余额、交易明细等的查询服务；②办理添加、删除注册账户，办理账户申请和挂失等；③提供转账汇款和支付缴费的功能。

3. 网上支付

网上支付主要向客户提供互联网上的资金实时结算服务，是保证电子商务活动正常开展的关键性基础功能，也是网上银行的标志性功能。没有网上支付功能的银行站点，充其量只能算是一个金融信息网站。

4. 存款与贷款

（1）提供定期存款或其他存款的存入及查询功能。

（2）提供申请贷款、查询本人贷款信息、办理还款等服务。

5. 信用卡服务

网上银行提供查询信用卡的余额、积分、交易明细信息和自动还款功能。

6. 投资理财

客户可通过网上银行直接购买、查询理财产品，如基金、国债、保险、贵金属等。

三、手机银行

手机银行又称移动银行，指银行通过移动终端设备（主要是手机）为个人与企业客户提供各项金融服务。手机银行是网上银行的延伸，也是继网上银行、电话银行之后又一种方便银行客户的金融业务服务方式。手机银行按照服务对象分为个人手机银行与企业手机银行，其功能分别如下。

1. 个人手机银行的功能

手机银行是网上银行的精简版，除了具有网上银行的业务功能，还具有一些特殊功能。

以中国工商银行为例，个人手机银行的功能有账户服务、转账支付、投资理财、信用卡、存贷款、生活缴费、金融助手、专属服务、本地服务及其他功能。其中"账户服务"包括我的账户、随心查、工银信使、电子工资单、扫码取款、无卡取现、住房公积金、养老金等，如图 9.2 所示；"转账支付"包括转账汇款、资金自动归集、工银 e 支付、云闪付、一键绑卡等，"投资理财"包括理财、基金、证券、结售汇、债券等，如图 9.3 所示。

图 9.2　中国工商银行手机银行"账户服务"　图 9.3　中国工商银行手机银行"转账支付"与"投资理财"

电子商务概论（附微课　第5版）

2. 企业手机银行的功能

对公客户可使用通用 U 盾直接登录企业手机银行，或前往柜台换领通用 U 盾证书，还可设置使用手机号或银行账号进行登录。登录后，对公客户可通过手机银行快捷办理账户管理、转账汇款、指令授权、资产分析、定期存款、通知存款、投资理财、融资、对账、电子回单、网点预约等业务。

综上所述，网上银行实质上是银行为客户提供的电子结算手段，客户只要拥有账号和密码，便能在世界各地通过互联网进入网上银行办理有关业务。客户也可通过手机银行完成资金管理与支付结算等。随着市场对电子银行服务需求的增加，电子银行的功能会更加丰富。

视野拓展

扫码取款、无卡取现

扫码取款：①打开中国工商银行的 App，登录个人手机银行后点击"全部"→"账户服务"→"扫码取款"；②在中国工商银行 ATM 选择"无卡取现"→"扫码取款"；③在联网状态下用手机扫描 ATM 屏幕上的二维码；④按照手机银行页面的提示进行操作，即可完成取款。

无卡取现：①打开中国工商银行的 App，登录个人手机银行后点击"无卡取现"；②输入取现金额，输入预约码，选择预约卡号；③选择验签方式，核对中国工商银行发给你的验证码，便可完成预约取现；④找到附近的中国工商银行 ATM，就可以在 ATM 上取钱了。注意：预约码在客户取款时需要在 ATM 上输入；无卡取现金额上限与认证方式有关；只有与手机银行绑定的借记卡才可以进行无卡取现。

第三节　第三方支付与移动支付

所谓第三方支付，是指非金融机构作为卖家与买家的支付中介，通过网络对接而促成交易双方进行交易的网络支付模式。第三方支付是网上支付的主要方式，移动支付是近年来发展最快的支付方式，线下支付已成为移动支付新的增长点。

学而思，思而学
你知道的第三方支付机构有哪些？试举例说明。

一、第三方支付简介

相比网上银行和传统的汇款方式，第三方支付有延期付款功能，买家可在收到货物后才确认付费，这规避了部分网购欺诈风险；卖家开通第三方支付账户后，可对接买家几乎所有的银行卡，免去了传统支付方式中买家要办理多张银行卡的烦恼，同时也免去了传统支付方式烦琐的业务流程（如去银行、邮局汇款等）。

自 2011 年央行发放首批第三方支付牌照起，第三方支付行业开始进入规范化发展。截至 2021 年 2 月 27 日，我国共发放非金融机构支付业务许可证 9 批，现存牌照公司共有 232 家。第三方支付凭借其便捷、高效、安全的支付体验，使我国的支付市场迅速发展。从第三方支付机构或公司的角度看，我们可以将第三方支付分为中国银联（China UnionPay）、互联网公司推出的支付产品、独立第三方支付机构三大类别。

视野拓展
快捷支付安全吗？

（1）中国银联。中国银联提供的第三方支付服务有银联商务 POS 刷卡、银联在线支付、银联钱包、云闪付 App 等。中国银联成立于 2002 年 3 月，是经国务院同意、央行批准设立的银行卡联合组织，处于我国银行卡产业的核心地位。

（2）互联网公司推出的支付产品。支付宝、微信支付、QQ钱包等都是互联网公司推出的支付产品，它们依托互联网公司庞大的用户群体，交易形式多样。

（3）独立第三方支付机构。独立第三方支付机构是指不依托于金融机构或大型电商平台的独立第三方支付企业，如快钱、易宝支付和汇付天下等。

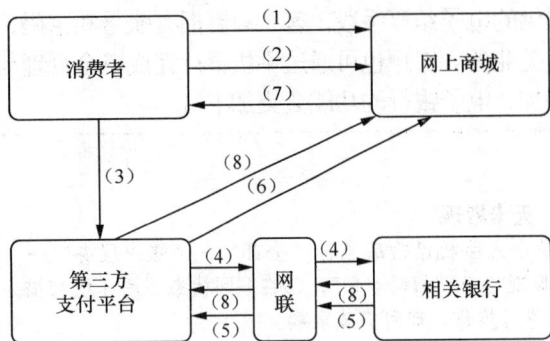

二、第三方支付模式的交易流程

图9.4　第三方支付模式的交易流程

在第三方支付模式下，商家看不到消费者的银行账户信息，这避免了银行账户信息在网络上公开传输导致的银行账户信息被盗的现象。假设商家和消费者均已拥有第三方支付平台账号，下面以B2C交易为例说明第三方支付模式的交易流程，如图9.4所示。

（1）消费者检索网上商城并选择商品。

（2）消费者在网上商城下订单。

（3）消费者选择第三方支付平台，直接连接到其支付平台上，在支付页面选择自己需要的支付方式之后，在支付页面进行支付操作。

（4）第三方支付平台将消费者的支付信息按照网联支付网关的技术要求传递至网联，再由网联向相关银行（银联）发起支付请求。

（5）相关银行检查消费者的支付能力，实行冻结、扣账或划账操作，并将结果信息传至网联，再由网联传至第三方支付平台。

（6）第三方支付平台通知网上商城消费者已经付款。

（7）网上商城向消费者发货或提供服务。

（8）相关银行和第三方支付平台通过网联完成资金清算。

视野拓展

网联清算有限公司（NetsUnion Clearing Corporation，NUCC，网联）是经央行批准成立的非银行支付机构，是连接第三方支付平台和银行网络支付清算平台的运营机构，由中国支付清算协会按照市场化方式组织非银行支付机构以"共建、共有、共享"原则共同参股出资，于2017年9月注册成立。45家机构和公司签署了网联清算有限公司设立协议书，其中包括支付宝、财付通在内的29家第三方支付机构。

接入网联之前，用户在通过支付宝、财付通等第三方支付机构付款和转账时采取的是单一第三方支付和单一银行直联的模式。这种"一对一"模式绕开了央行的清算系统，使央行和银行无法掌握具体的交易信息，也无法得知资金的具体流向，给监管机构和金融机构带来了金融监管、货币政策实施及金融数据分析等方面的难题。2018年6月30日，第三方支付机构接入网联之后，各第三方支付机构不再和各银行直联，而必须先接入网联，网联再和银行对接。这样，央行可以获取具体的交易信息和资金流向，清查洗钱和挪用备付金等行为，有效防范第三方支付行业的风险。

三、典型的第三方支付平台

视野拓展

支付宝的安全性

（一）支付宝

支付宝最初由阿里巴巴创办，2004年12月独立为浙江支付宝网络科技有限公司，成为阿里巴巴的子公司，其定位为电子商务支付领域。支付宝官网数据显示，截至 2020 年 9 月，支付宝和数字钱包伙伴共同服务全球约 13 亿用户。

1. 支付宝的支付方式

（1）支付宝账户余额。当客户的支付宝账户中有余额时，客户输入支付密码后可用余额进行支付。

（2）网上银行。客户不用前往银行柜台，就可以享受全天候、跨地域的银行服务。

（3）银行卡快捷支付。客户无须开通网上银行即可绑定银行卡，且支付时不受支付额度的限制，又与手机绑定验证，是一种安全、便捷的支付方式。银行卡快捷支付包括信用卡和借记卡快捷支付。

（4）余额宝。余额宝是余额理财工具，其中的资金可随时转出或用于消费，客户转入余额宝的资金可以获得收益。

（5）花呗。花呗是由蚂蚁集团提供的"这月买，下月还"的网购借款服务。客户可以免费使用消费额度购物，还款方便并可使用支付宝自动还款。

> **学而思，思而学**
> 尝试使用花呗购物。它类似于哪种类型的银行卡?

（6）生物支付。①指纹支付。一般在电脑端会关闭此功能，客户在手机端开启指纹支付后即可使用该功能。②刷脸支付。刷脸支付无须使用手机，客户通过商家支付宝设备屏幕上的摄像头即可在 10 秒内完成刷脸支付。也就是说，支付时，客户只需要面对商家 POS 屏幕上的摄像头，系统就会自动将客户面部信息与其个人支付宝账户相关联，整个交易过程十分便捷。

图 9.5　支付宝添加智能设备的页面

（7）智能设备支付。将手机绑定手表、手环、智能卡等智能设备就可以进行支付。绑定的步骤：登录支付宝→在右下角点击"我的"→在右上角点击设置图标→选择"支付设置"→选择"智能设备"→选择"添加设备"→选择需要绑定的设备，绑定成功。在支付时将智能设备上的付款码给收银员扫一扫就可完成付款。图 9.5 所示为支付宝添加智能设备的页面。

（8）找朋友帮忙付。找朋友帮忙付可以通过将代付请求发送给支付宝好友、微信好友和当面扫码等方式请朋友帮忙支付。

除了以上支付方式，支付宝还可以通过话费充值卡、支付宝卡、货到付款等方式完成支付。目前，支付宝已发展成为覆盖支付、生活服务、政务服务、社交、理财、保险、公益等多个场景与行业的开放性平台。

2. 蚂蚁集团

蚂蚁集团成立于 2014 年 10 月，起步于支付宝，以"让信用等于财富"为愿景，致力于打造开放的生态系统，通过"互联网推进器计划"助力金融机构和合作伙伴加速迈向"互联网+"，为小微企业和个人用户提供普惠金融服务。蚂蚁集团旗下有支付宝、余额宝、相互宝、花呗、网商银行、芝麻信用等子业务。

支付宝移动支付可为用户积累信用，让用户能借此获得信贷、保险等金融服务。截至 2021 年 6 月，芝麻信用为用户免押金额累计超 4 000 亿元。芝麻信用可在 40 个行业为用户提供信用服务，用户可以使用信用购、信用租、信用住等多种服务。

3. 网商银行

网商银行是以蚂蚁集团为大股东发起设立的商业银行。作为我国首批民营银行之一，网商银行于 2015 年 6 月 25 日正式开业。网商银行为小微企业、大众消费者、农村经营者与农户、中小金融机构提供贷款等金融服务。

2017 年 6 月，网商银行依托支付宝移动支付，从服务线上"网商"延伸到了服务线下"码商"，推出了专为线下小微经营者提供的"多收多贷"贷款服务，让小摊主、个体户也能通过手机快速贷款。《网商银行 2020 年年报》显示，截至 2020 年底，网商银行已经成为全球服务小微企业最多的银行，服务的小微经营者数量超过 3500 万户，其中 80%的客户从未在其他银行获得过经营性贷款。

> "码商"：线下的小微经营者只要拥有一个能够收钱的二维码，就拥有了移动互联网时代的入场券，小微经营者形象地将自己称为"码商"。

截至 2020 年年底，网商银行已与超过 700 家金融企业达成合作，让全国 80%的小店获得贷款额度；网商银行还与 772 个县域达成战略合作，涉农县域贷款服务客户数累计超 1785 万。

（二）财付通

财付通是腾讯公司于 2005 年 9 月正式推出的专业在线支付平台，致力于为互联网用户和企业提供安全、便捷、专业的在线支付服务。财付通作为综合支付平台，业务覆盖 B2B、B2C 和 C2C 等领域，提供网上支付及清算服务。它可为个人用户提供在线充值、提现、支付、交易管理等服务，为企业用户提供安全、可靠的支付清算服务和极富特色的 QQ 营销资源支持。

经过多年的发展，截至 2019 年年初，财付通的国内用户规模达到 9.4 亿，其中企业客户覆盖的行业包括游戏、航旅、电子商务、保险、电信、物流、钢铁、基金等。结合这些行业的特性，财付通提供了快捷支付、财付通余额支付、分期支付、委托代扣、EPOS 支付、QQ 支付、微信支付等多种支付产品。

1. 财付通的支付方式

（1）即时到账。在这种支付方式下，交易双方互相信任，一方自愿付款给另一方。一旦付款，款项马上进入对方的财付通账户。

（2）财付通余额支付，这是指使用财付通账户的余额进行支付。为财付通账户充值后，用户在网上购物时即可使用财付通余额支付功能。

（3）手机支付。财付通账户开通手机支付功能后，在手机联网的环境下，在财付通指定的 WAP 网站下订单，财付通账户绑定的手机会收到一个验证码，在绑定的手机上输入验证码即可进行支付。目前，手机支付方式支持财付通余额支付、一点通支付和手机银行支付。

（4）B2B 在线支付，这是银行专门为电子商务活动中的卖方和买方（针对企业）提供的安全、快捷、方便的在线支付方式。简单来说，这种方式就是在企业对企业进行支付时，一方企业将货款支付给财付通，由财付通暂时保管，待交易成功后，再由财付通将款项支付给另一方企业。

（5）企业付款功能，该功能可实现财付通账户之间的大额交易付款。付款方只需要安装数字证书即可向已经开通企业收款权限的财付通账户进行大额付款，不受财付通个人转账额度的限制。企业付款功能的特点是支持大额付款、资金即时到账、无须手续费等。

2. 微信支付

2013 年 8 月，财付通联合微信发布微信支付，强势布局移动端支付。截至 2021 年 4 月，全国已注册个体工商户数量达到 9 586.4 万，其中超过 5 000 万家中小商户活跃在微信支付平台中，有超过 250 万家个人便利店已接入微信支付，微信付款码已覆盖 70%的中小商户。商户平台接入微信支付的方式有线下场所、公众号、小程序、PC 网站、App、企业微信等（参见图 9.6）。商户平台在接入微信进行支付时，需要绑定微信号与商户号，交易时在商户平台的"交易中心"可以查到交易的整体情况。

自 2018 年 4 月 1 日起实施的《条码支付业务规范（试行）》对条码支付作出了限额规定，如使用静态条码时，同一客户单个银行账户或所有支付账户单日累计交易金额应不超过 500 元。我们经常在支付宝或微信平台上使用的二维码收付款就属于条码支付。

图 9.6　商户平台接入微信支付的方式

四、移动支付

移动支付是指用户使用其移动终端（最常用的是手机）对所消费的商品或服务进行支付的一种支付方式。企业或者个人通过移动设备、互联网或者近距离传感设备向银行金融机构发送支付指令，产生货币支付与资金转账行为，从而实现移动支付的功能。

移动支付主要分为近场支付和远程支付两种。近场支付是指用户用手机刷卡的方式乘车、购物等，方便快捷。远程支付是指用户通过发送支付指令（如通过网上银行、电话银行、手机银行等发送支付指令）进行支付的方式，如掌中电商、掌中充值等都属于远程支付。

1. 移动支付的方法

移动支付的方法有短信支付、扫码支付、指纹支付、声波支付等。

（1）短信支付。短信支付是手机支付最早的应用，指将用户手机的 SIM 卡与用户本人的银行卡账号建立一一对应的关系，用户通过发送短信的方式在系统短信指令的引导下完成交易支付请求，操作简单，可以随时随地进行交易。短信支付服务常用于移动缴费和消费。

（2）扫码支付。在该支付方法下，商家可用账号、商品价格等交易信息生成一个二维码，用户通过手机客户端扫描二维码，便可实现与商家支付账户的支付结算。

（3）指纹支付。指纹支付即指纹消费，指采用目前已成熟的指纹系统进行消费认证，即用户使用指纹注册成为指纹消费折扣联盟平台会员，通过指纹识别即可完成消费支付。

（4）声波支付。声波支付利用声波的传输，完成两个设备的近场识别。其具体过程是，用户打开第三方支付产品的手机客户端内置的"声波支付"功能后，用手机话筒对准收款方的话筒，手机会播放一段"咻咻咻"的声音，以此完成支付。

视野拓展

支付 4.0 时代

2. 移动支付业务现状

移动支付业务的应用范围非常广，包括缴费、购物、娱乐、信息、教育、旅游、通信、金融等多种行业及场景。

移动支付业务保持持续增长态势。央行发布的《2020 年支付体系运行总体情况》显示，2020年，移动支付业务为 1 232.20 亿笔，移动支付金额达 432.16 万亿元，同比分别增长 21.48%和24.50%，移动支付业务量及交易金额保持持续增长。在移动支付产业在我国发展成熟、出境游受消费者青睐、跨境贸易迅速发展等因素的影响下，跨境支付已成为移动支付的重要发展方向，其中基于第三方支付的移动支付是主流的移动支付方式。

3. 云闪付

云闪付是一种非现金收付款移动交易结算工具，是在央行的指导下，由中国银联携手各商业银行、支付机构等产业各方共同开发建设、共同维护运营的移动支付 App，于 2017 年 12 月 11日正式发布。2020 年 8 月 6 日，中国银联正式宣布云闪付用户数突破 3 亿。

（1）云闪付具有收付款、享优惠、卡管理三大核心功能（参见图 9.7）。云闪付与银联手机闪付、银联二维码支付是银联的三大移动支付产品。

（2）用户通过云闪付即可绑定和管理各类银行账户，并享受各家银行的移动支付服务及优惠权益。作为银行业统一 App，云闪付拥有强大的跨行银行卡管理功能（参见图 9.8），目前云闪付已支持国内所有银联卡的绑定，一次性可管理 15 张银联卡。卡管理频道提供银行卡闭环服务，用户可在云闪付内享受申卡、跨行银行卡交易管理、余额查询、账单查询、信用卡还款、记账等专业金融服务。

图 9.7　云闪付收付款、享优惠及卡管理　　　　图 9.8　云闪付卡管理服务

（3）云闪付的开通步骤：到手机应用市场下载云闪付→安装→注册→绑定银行卡。云闪付开通后，用户就可在公交、地铁、餐饮、超市、公共缴费、自助售货、校园、食堂、医疗健康、交通等各种场景使用相关功能。

第四节　互联网金融

一、互联网金融的含义与特征

金融是指货币的发行、流通和回笼，贷款的发放和收回，存款的存入和提取，汇兑的往来等经济活动。

互联网金融（ITFIN）是指传统金融机构与互联网企业利用互联网技术和信息通信技术实现资金融通、支付、投资和信息中介服务的新型金融业务模式。广义的互联网金融既包括作为非金融机构的互联网企业从事的金融业务，也包括金融机构通过互联网开展的业务。狭义的互联网金融仅指互联网企业开展的、基于互联网技术的金融业务。

相对于传统金融，互联网金融主要有以下几个特征。

（1）金融服务基于大数据的运用。金融业一方面是大数据的重要生产者，另一方面也是典型的数据驱动行业。在互联网金融环境中，数据作为金融核心资产，将撼动传统客户关系在金融业务中的地位。大数据可以促进高频交易、社交情绪分析和信贷风险分析三大金融创新。

视野拓展

高频交易、社交情绪和信贷风险

高频交易是指从那些人们无法利用的、极为短暂的市场变化中寻求获利的计算机化交易，如利用某种证券买入价和卖出价价差的微小变化获利的交易。

社交情绪又称社会情绪，它是指个体伴随整个社会心理过程产生的主观心理体验和心理感受，是个体在长期社会交往中所体验到的和表达着的情绪。

信贷风险是信用风险的一种，其形成是一个从萌芽、积累直至发生的渐进过程。在还款期限到来之前，借款人财务状况的重大不利变化很有可能影响其履约能力，贷款人除了可以通过约定一般性的违约条款、设定担保等方式来确保债权如期受偿，还可以在合同中约定"交叉违约条款"。交叉违约的基本含义是，如果本合同项下的债务人在其他贷款合同项下出现违约，则也视为对本合同的违约。

（2）金融服务趋向长尾化。互联网金融争取的是更多的80%的"长尾"小微客户。这些小微客户不仅金融需求额度较小，而且个性化强，在传统金融体系中往往得不到满足，而互联网金融在服务小微客户方面有着先天的优势，可以高效率地满足小微客户的个性化需求。

> 借呗主要是为客户提供现金贷款，花呗主要是用作电子支付；花呗只能在与其有合作关系的企业场所使用；借呗是按月分期还款的，时间一般是3个月或12个月，并且支持提前还款，花呗一般是在下个月还款。

（3）金融服务便捷、高效。互联网金融带来了全新的渠道，可为客户提供便捷、高效的金融服务，极大地提高了现有金融体系的效率。与传统银行相比，"小贷"（小额贷款公司）的优势是申请贷款流程简单，从申请贷款到贷前调查、审核、放款和还款，全流程采用网络化、无纸化操作，客户只要是小贷平台诚信会员，便可利用计算机或手机轻松办理贷款或还款手续；第三方支付的快捷支付业务使生活消费和企业信贷等支付行为更加方便、省时。

（4）金融服务低成本化。互联网金融的低成本化特征体现在交易成本上：依托电子商务公开、透明、数据完整等优势，互联网金融降低了小微企业的融资成本；互联网金融门户网站可让客户以更低成本搜索更加优质的金融服务产品。

二、互联网金融产品

一般来说，互联网金融产品可以分为五类：①第三方支付类，如支付宝、财付通、京东支付等；②贷款类，如借呗、花呗、京东白条、平安易贷险等；③理财类，如余额宝、理财通、京东金融等；④传统金融机构的互联网化，如平安证券等；⑤众筹类，如京东众筹、淘宝众筹、众筹家等。下面主要介绍其中三类。

1. 互联网理财

互联网理财是指银行或非银行金融机构通过互联网销售理财产品或保险产品，个人或家庭通过互联网购买这些理财产品或保险产品，以实现个人或家庭资产收益最大化的一系列活动。其中，理财产品可能是理财平台所属公司自己开发的产品，也可能是其他公司开发的产品。典型的互联网理财产品如余额宝、理财通、京东金融、宜信财富等。

> **视野拓展**
>
> **互联网理财：余额宝、理财通、京东金融**
>
> （1）余额宝。余额宝是支付宝的余额理财产品，用户把资金转入余额宝后可以获得一定的收益，余额宝内的资金可以随时转入、转出或用于消费支付，赚钱、花钱两不误。
>
> （2）理财通。理财通是腾讯官方理财平台，可为用户提供多样化的理财服务，拥有货币基金、保险理财、指数基金等多款理财产品。用户可灵活使用腾讯官网、微信、手机 QQ 三种方式，随时随地理财。理财通有余额转入和大额转入两种方式。
>
> （3）京东金融。京东金融于 2013 年 10 月开始独立运营，已建立起九大业务板块——供应链金融、消费金融、众筹、财富管理、支付、保险、证券、农村金融和金融科技，完成了公司金融和消费者金融布局，确立了以科技服务金融行业的战略定位。京东金融平台上的理财产品有京东小金库、定期理财、基金理财、特色理财等。

2. 传统金融机构的互联网化

传统金融机构的互联网化指银行、保险公司、基金管理公司等金融机构的互联网化。这些金融机构将业务搬到网络、云端上，以互联网为媒介与客户进行沟通，让客户通过计算机或 App 办理业务。通过互联网化的改造，传统金融机构的业务流程、服务方式发生了极大的改变，物理网点越来越少。

3. 众筹

众筹是指个人或企业通过网络向大众筹集资金的行为。常见的众筹分为四种类型：股权众筹、债权众筹、回报众筹、捐赠众筹。

> 私募股权，即私募股权投资（Private Equity，PE），是一种投资于非上市股权，或者上市公司非公开交易股权的投资方式。

（1）股权众筹。股权众筹是指投资者对项目或公司进行投资，获得其一定比例的股权。资金出让人获得公司股权份额，因而股权众筹可被理解为"私募股权的互联网化"。

（2）债权众筹。债权众筹是指投资者对项目或公司进行投资，获得其一定比例的债权，未来获取利息收益并收回本金。

> **视野拓展**
>
> **股权、债权**
>
> 股权是公司的股东对公司享有的人身和财产权益的一种综合性权利，即股权是股东基于其股东资格而享有的，从公司获得经济利益，并参与公司经营管理的权利。
>
> 债权，是指在"债"的关系中权利主体具备的能够要求义务主体为一定行为或不为一定行为的权利。债权和债务共同构成"债"的内容。"债"是按照合同的约定或者依照法律的规定，在当事人间产生的特定的权利、义务关系。享有权利的人是债权人，负有义务的人是债务人。

（3）回报众筹。回报众筹是指投资者对项目或公司进行投资，获得产品或服务。回报众筹一般指的是仍处于研发设计或生产阶段的产品或服务的预售，与团购是已经进入销售阶段的产品或服务的交易有所不同，回报众筹面临着不能如期交货的风险。

（4）捐赠众筹。捐赠众筹是指投资者对项目或公司进行无偿捐赠。捐赠众筹实际上就是做公益，通过众筹平台筹集善款。包括红十字会等非政府组织在内的在线捐款平台算是捐赠众筹的雏形。

众筹为需要资金的个人、家庭和创业企业提供了新的渠道，是对现有传统金融体系的重要补充。

表 9.1 为国内知名互联网企业进入金融领域的情况。

表 9.1　国内知名互联网企业进入金融领域的情况

企业	金融品牌	第三方支付牌照	贷款服务	众　筹	零钱理财产品	理财产品销售	银行牌照
阿里巴巴	蚂蚁集团	支付宝	阿里小贷、蚂蚁微贷、网商贷	淘宝众筹	余额宝	蚂蚁财富	网商银行
腾讯	腾讯金融科技	财付通（微信支付）	微粒贷、QQ现金贷	微众筹	零钱通	理财通	微众银行
百度	度小满	百付宝（度小满钱包）	有钱花	百度众筹	余额盈	度小满理财	百信银行
京东	京东金融	网银在线（京东支付）	京东白条、京小贷、京保贝	京东众筹	小金库	京东金融	无
苏宁	苏宁金服	易付宝	苏宁信贷	苏宁众筹	零钱宝	苏宁理财	苏宁银行
小米	小米金融	捷付睿通（小米钱包）	小米小贷	小米众筹	小米零钱卡	小米金融	新网银行

三、互联网金融与供应链金融

一般认为，供应链金融是互联网金融的一部分，是互联网金融的一种表现形态，属于互联网金融的垂直细分行业。供应链金融是围绕供应链上的核心企业，为上下游企业提供融资服务，把单个企业的不可控风险转变为供应链整体可控风险，并依托于核心企业信用支持的金融服务模式。互联网+供应链金融的模式主要有以下几种。

1. 基于 B2B 电商平台的供应链金融

国内 B2B 电商平台如网盛生意宝、慧聪网、敦煌网、上海钢联、找钢网等，都瞄准了供应链金融，往金融化方向挺进。

例如，找钢网在 2015 年 5 月上线"胖猫物流"及以"胖猫白条"打头的金融服务。"胖猫白条"是找钢网针对优质采购商提供的"先提货，后付款"的合作模式。找钢网不断积累客户交易数据，垂直的数据风控能力是找钢网进入供应链金融领域的优势。

2. 基于 B2C 电商平台的供应链金融

B2C 电商平台，如天猫、京东、苏宁等都沉淀了商家的基本信息和历史信息等优质精准数据，这些电商平台可以依据大数据向信用良好的商家提供供应链金融服务。

以京东为例，京东供应链金融利用大数据体系和供应链优势在交易的各个环节为供应商提供贷款服务，这些服务具体可以分为采购订单融资、入库环节的入库单融资、结算前的应收账款融资、委托贷款模式、京保贝模式、京小贷模式六种类型。京东有非常优质的上游的供应商、下游的个人消费者、精准的大数据资源，从销量预测、产品预测、库存健康、供应商罗盘到智慧选品和智慧定价等各个环节，已形成一套由大数据驱动的京东供应链体系，这使京东的供应链金融业务水到渠成。

视野拓展
互联网+供应链金融
互联网+供应链金融有什么作用？它能给企业带来什么好处？

视野拓展

京保贝、京小贷

京保贝是京东金融为解决供应商融资难、放款慢、应收账款周期长等问题而推出的。其资金来自京东自有资金，可以实现随借随贷，无须抵押担保，贷款额度是基于长期贸易往来及物流活动产生的大数据确定的。京东的供应商凭采购、销售等数据，利用京保贝即可在几分钟内完成从申请到放款的全过程，可有效地增强企业资金周转能力。

京小贷是向入驻京东平台的部分商家开放的贷款业务，商家可根据贷款金额自主选择贷款期限及还款方式，申请通过后，资金会被即时发放到商家在京东钱包开立的结算账户。

3. 基于第三方支付的供应链金融

第三方支付公司如支付宝、快钱、财付通、易宝支付、东方支付等均通过支付切入供应链金融领域。不同于支付宝和财付通关注 C 端的账户战略,快钱等支付公司深耕 B 端市场。

以快钱为例,从 2009 年开始,快钱开始探索供应链融资;2011 年,快钱正式将公司定位为"支付+金融"的业务扩展模式,全面推广供应链金融服务。例如,快钱与联想签署合作协议,帮助联想整合其上游上万家经销商的电子收付款、应收应付账款等信息,将供应链上下游真实的贸易背景作为融资的基本条件,形成一套流动资金管理解决方案并打包销售给银行,然后银行根据应收账款等信息批量为上下游的中小企业提供授信支持。

视野拓展

联动优势与互联网金融

联动优势科技有限公司(联动优势)是国内首家获得央行颁发牌照的第三方支付公司,也是国内知名的金融科技企业。2019 年,艾瑞咨询和易观的统计数据显示,联动优势在第三方支付移动支付领域排名全国第四。

联动优势的"链金"产品在新零售、批发市场、家居建材、长租公寓、物流、教育等行业为平台企业客户提供服务。联动优势以全场景支付服务为基础,满足产业链中移动、互联网、面对面等多种业务场景下的支付需求。联动优势以产业链平台企业为核心、以支付服务为基础、以产业链服务为重点、以供应链金融服务为特点的全链条服务模式,可助力产业链电商平台企业合规高效发展。

---

4. 基于 ERP 系统的供应链金融

传统的 ERP 软件供应商(如用友、金蝶、鼎捷软件、富通天下、管家婆等)基于多年积累沉淀的商家信息、商品信息、会员信息、交易信息等数据,构建起一个供应链生态圈。

以用友为例,发展互联网金融是该公司的三大战略之一,数千家使用其 ERP 系统的中小微企业,都有可能参与其供应链金融业务。

5. 基于一站式供应链管理平台的供应链金融

一些综合性第三方平台,集合了商务、物流、结算、资金的一站式供应链管理服务。例如,怡亚通、1 号链、汇通达、一达通等,这些平台对供应链全过程的信息有充分的掌握,包括物流、存货信息等,已成为强大的数据平台。

案例 9.2

怡亚通:一站式供应链管理服务平台

怡亚通,创立于 1997 年,是一家一站式供应链管理服务平台。其推出了"两天两地一平台"战略:"两天"指两大互联网平台(宇商网+和乐网);"两地",即怡亚通打造的两大渠道下沉供应链平台("380"深度分销平台与和乐生活连锁加盟超市);而"一平台"即怡亚通打造的物流主干网(B2B+B2C 物流平台)。怡亚通纵向整合供应链管理的各个环节,形成一站式供应链管理服务平台,并通过采购与分销职能,为物流客户提供类似于银行存货融资的资金代付服务,赚取"息差"收入;同时,针对需要进行外汇结算的业务开展金融衍生交易,在人民币升值的背景下赚取了巨额收入。在一站式供应链管理服务的产业基础上开展金融业务,是怡亚通赢利的重要条件之一。

启发思考:简述怡亚通的"两天两地一平台"战略。

---

6. 基于 SaaS 模式的行业解决方案的供应链金融

细分行业的信息管理系统服务提供商通过 SaaS 平台的数据信息来开展供应链金融业务,如国内零售行业的富基标商、合力中税,进销存管理软件金蝶智慧记、平安银行橙 e 网的生意管家等。

例如，平安银行橙 e 网的生意管家是国内首个免费的 SaaS 模式供应链协同云平台，该平台将平安银行供应链金融传统优势推向更纵深的全链条、在线融资服务。

7. 基于大型商贸园区的供应链金融

大型商贸园区依托于海量商户，并以他们的交易数据、物流数据作为基础数据，如深圳华强北电子交易市场、义乌小商品城、临沂商贸物流城、海宁皮革城等。

以浙江的银货通为例，浙江的"块状经济"历来发达，永康五金之乡、海宁皮革城、绍兴纺织品市场、嘉善木材市场等都是知名的块状产业聚集区。这些产业集群的特征是，其上下游小微企业普遍缺乏抵押物，却拥有完整的上下游供应链。在这样的背景下，银货通首创存货质押金融，是国内首家基于智能物流、供应链管理的存货金融网络服务平台。另外，其相继推出了"货易融""融易管""信义仓"三大服务系统。

8. 基于大型物流公司的供应链金融

物流是整个商品交易过程中重要的交付环节，连接了供应链的上下游。国内大型快递公司及物流公司，如顺丰、申通、圆通、中通、百世汇通、德邦等均基于海量物流信息提供供应链金融服务。目前，顺丰、德邦已经开始通过以物流数据渗透货主采购、仓储物流费用等方式进入供应链金融领域。

视野拓展

顺丰的供应链金融

2015 年 3 月底，顺丰全面开放全国上百个仓库为电商商家提供分仓备货服务，同时推出顺丰仓储融资服务。优质电商商家如果提前备货至顺丰仓库，不仅可以实现就近发货，还可凭入库的货品拿到贷款。顺丰具备庞大的物流配送网络、密集的仓储服务网点及新兴的金融贷款业务，三点联结形成完整的物流服务闭环。除仓储融资外，顺丰供应链金融产品还有基于应收账款的保理融资、基于客户经营条件与合约的订单融资和基于客户信用的顺丰小贷等。

实训案例

网商银行：以数据和技术驱动的供应链金融服务协同平台

网商银行是中国银保监会批准的首批试点民营银行之一，蚂蚁集团是其最大股东，于 2015 年 6 月 25 日正式开业。网商银行将"普惠金融"作为自身的使命，希望利用互联网的技术、数据和渠道创新，来帮助解决小微企业融资难、融资贵与农村金融服务匮乏等问题，促进实体经济发展。图 9.9 所示为网商银行首页，点击其中的"我要借钱"或"我要理财"可以很方便地贷款或理财。

图 9.9 网商银行首页

一、网商银行的核心优势

网商银行通过整合阿里巴巴电商生态所沉淀的全网商品、交易大数据，运用大数据计算挖掘能力，实现全网商品全自动估值，使消费品也能融资。

1. 大数据风控模型

对于消费品的动产融资，网商银行通过整合阿里巴巴的商流、资金流、信息流以及菜鸟的物流数据，建立基于全网商品估值的大数据风控模型。该模型可自动甄别风险并给出额度与定价，创造性地做到了无须使用发票、商品入菜鸟仓即可贷款，品类覆盖大小家电、3C数码、美妆、快消品等相关行业与类目。

2. 在押品也可销售

对于供应链上的风控，网商银行从上游的采购预付，到入仓后的存货，再到销售出库后的应收回款，引入上游核心品牌商及下游消费者，打通全流程的风控闭环，从而面向中小企业给出了较高额度，并建立了一套完整的贷后预警监控措施，以及一旦出现风险所采取的贷后处置流程。此外，针对消费品市场高频交易的特点，网商银行支持商家获贷后无须还款即可出库。

3. 商品库存及物流数据的实时采集

网商银行与菜鸟分工协作。菜鸟拥有管理严格的仓储体系与现代化的智能物流系统，同时也是仓储物流数据平台，可提供每个SKU精确到分钟级别的出入库及物流详情。此外，为满足金融业务开展的要求，菜鸟建立了一套完整的贷前抽检、贷后巡检以及仓内管理作业流程；针对质押标的为消费品的特点，菜鸟还提供了针对美妆、快消品等行业的有效期管理、批次管理可行性方案。在此基础上，网商银行与菜鸟共同对供应链金融所涉及的全流程风险进行把控，为入仓商家提供融资服务，提供3分钟申贷、1秒钟放款的客户体验和全程零人工干预的产品使用体验（"310"模式），切实解决中小企业融资难、融资贵的问题。

二、"一票到底"的真实用户体验

某经销商（天猫商家）因为所经销品牌准备全产品线涨价5%～10%，所以希望在涨价前采购一批热销消费类产品，以锁定企业采购成本，但经销商此时无法调动大笔采购资金，很可能因无法按期向品牌供应商支付采购款而导致采购计划落空。

在与用户需求进行深度对接后，网商银行为该经销商提供了采购预付融资解决方案。经销商通过网商银行的"采购预付融资系统"，在线完成了采购下单、贷款支用、定向支付贷款的过程，顺利完成了本次采购计划。

在完成采购下单的15天后，采购的商品被分批送入菜鸟物流仓。在商品入仓后，经销商的预付融资额度实时完成向存货质押额度转换的过程，存货质押中的商品仍可以正常出库销售，在完成销售后，形成的应收账款再用于偿还经销商的贷款。在整个过程中，经销商无须进行贷款合同的变更，无须还款提货，真正实现了从采购预付到应收回款的无缝衔接，提供"一票（贷款）到底"的用户体验。

网商银行补充素材

以数据和技术驱动的供应链金融服务协同平台，通过数据化，打通了企业线上线下各环节，将商流、物流、资金流、数据流、信用流"五流合一"，给物流与供应链金融带来了更多想象空间。

思考讨论

1. 网商银行是如何帮助用户建立"供应链闭环"的？
2. 简要分析网商银行具有哪些核心优势。

归纳与提高

通过本章的学习，读者应在掌握电子支付系统基础知识的基础上，对银行卡、网上银行、第三方支付与互联网金融有进一步的认识。

学习本章内容后，读者应能对网上个人银行缴费与支付业务进行实际操作。网上支付的发展前景会越来越好，网上支付的普及必将推动我国新兴经济行业的整体发展。

知识巩固与技能训练

一、名词解释

电子支付系统　第三方支付　网上银行　移动支付　互联网金融

二、单项选择题

1. 一个电子支付系统能否在互联网或其他的开放网络上被广泛使用，在很大程度上取决于它能否安全、方便、高效地完成支付。下列各选项中，不属于电子支付系统的是（　　　）。

　　A. 中国现代化支付系统　　　　　　B. 货到付款（货到付现金）

　　C. POS 系统　　　　　　　　　　　D. 网上支付系统

2. 银行最早发明并使用的一种银行卡是（　　　）。

　　A. 准贷记卡　　　B. 信用卡　　　C. 借记卡　　　D. 储值卡

3. 下列各选项中，（　　　）不是网上银行的特点。

　　A. 开放性　　　B. 虚拟化　　　C. 智能化　　　D. 运营成本高

4. 下列各选项中，（　　　）是支付宝的理财产品。

　　A. 花呗　　　B. 余额宝　　　C. 蚂蚁集团　　　D. 支付宝

5. 消费者可以免费使用（　　　）的消费额度购物，可以"这月买、下月还"，还款方便，还可以使用支付宝自动还款。

　　A. 芝麻信用　　　B. 余额宝　　　C. 花呗　　　D. 支付宝

三、判断题

1. 电子支付是电子商务中最核心和最复杂的环节，所以电子支付方式一定要根据电子商务交易的实际情况进行选择。（　　　）

2. 网上银行业务主要集中在账务查询、转账、在线支付等不涉及资金、实物转移和书面文件要求的领域。目前，人们通过网上银行尚不能够独立办理包括网上开户、网上贷款及投资理财等在内的业务。（　　　）

3. 第三方支付平台仅仅能为个人客户提供支付结算服务，企业客户只能利用第三方支付平台进行查询，而不能进行支付结算。（　　　）

四、复习思考题

1. 常用的电子支付系统有哪些？

2. 目前，银行卡主要应用在哪些领域？

3. 结合支付宝，谈谈第三方支付平台的付款方式与投资理财业务的种类。

五、技能实训题

1. 利用中国工商银行或中国建设银行网站的个人网上银行业务服务，完成下面的操作或回答有关问题。

　（1）比较"个人网上银行"和"企业网上银行"的业务功能有何异同。

　（2）完成水费、电费、燃气费的缴纳。

　（3）完成同城转账或异地网上汇款操作。

　（4）下载安装数字证书，并将个人网上银行升级为专业版。

　（5）总结个人网上银行专业版的功能。

2. 登录腾讯理财通网站和京东金融网站，对比两个网站的理财产品，总结这些产品的异同和各自的优势。

第十章 电子商务物流及供应链管理

【知识框架图】

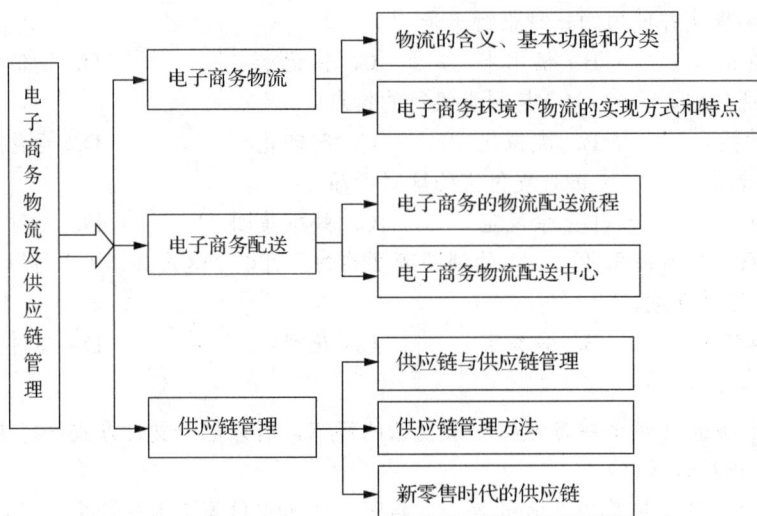

【学习目标】

【知识目标】

1. 熟悉物流的七个基本功能。
2. 了解电子商务的物流配送流程。
3. 熟悉供应链管理方法。

【技能目标】

1. 能够举例说明电商企业组织物流活动的方式。
2. 通过参观等方式了解电子商务配送的详细过程。
3. 能够举例分析新零售时代供应链的发展方向。

~~~ 引例 ~~~

初步认识物流

随着我国惠农政策的实施，现在农民的致富途径越来越多：多种粮可以致富，种植各种特色水果、蔬菜可以致富，承包荒山荒地也可以致富……

在农民绞尽脑汁地想着如何致富的时候，他们可能忽略了细节——其实他们只要再进一步思考一下，对收获的农产品稍微做一些改变就可以致富。

要不要先把农产品存放一段时间再卖到市场上？（储存）

用什么运输工具？一次装载多少货？走哪条路把农产品运送到市场上最经济？（运输）

要不要先对收获的农产品进行清洗，然后按照品质分出级别，再按不同的价格卖出去？（流通加工）

怎样对农产品进行包装后再销售？包装设计成什么样子更招人喜欢，更能激发人们的购买欲望和消费欲望？一个包装里面放入多少货物更合适？（包装）

装车、卸货的时候怎么做才能保证农产品不被损坏？哪些农产品先装车，哪些农产品后装车？（装卸搬运）

如果今天有几十个客户都要求送货，要先给谁送，后给谁送？送货时若能把居住在相邻区域的几个客户的货物都装到同一辆车上，那不是可以少跑几趟、省些油钱吗？（配送）

要是能及时知道哪些地方、哪些人需要哪些农产品，那农产品不是就不愁卖了吗？（信息）

以上问题属于我们研究的哪个领域？为什么我们要研究这些内容？

第一节　电子商务物流

随着电子商务和移动电商的普及，众多电商企业声名鹊起，如京东、唯品会、淘宝等；传统企业也开始进入电子商务领域，如苏宁；还有一些新型企业从诞生之日起就重视线上与线下的高度融合，如盒马鲜生。涉足电子商务的企业都会面临共同的问题：如果没有高效、合理、畅通的物流系统的支持，网购产品就难以到达消费者手中，订单履行就难以顺利进行，电子商务所具有的优势就难以有效发挥。由此可见，现代化的物流是电子商务的重要组成部分。

> 订单履行就是指在消费者下订单以后，商家组织产品，并通过物流按时将消费者所购产品配送到消费者手里，同时商家还要提供产品的安装说明或上门安装、退换货等服务。

一、物流的含义

物流的产生可以追溯到 20 世纪初美国经济学家提出的"物的流通"的概念，但完整的物流概念和理论是在第二次世界大战中形成的。

随着物流实践和理论研究的深入，人们从不同层面和角度对物流的概念进行了界定。《物流术语》对物流的定义为：物流是物品从供应地向接收地的实体流动过程，根据实际需要，将运输、储存、装卸搬运、包装、流通加工、配送、信息处理等基本功能实施有机结合。物流的内涵主要体现在以下几个方面。

（1）物流的研究对象是物。"物流"中的"物"是指一切具有经济意义的物质实体，既包括生产过程中的物质，又包括流通过程中的商品，还包括消费过程中的废弃物。

（2）物流是"物"的物理性运动。物流是指物品从供应地向接收地的实体运动，这一运动过程创造了空间价值。它不同于其他形式的运动，如化学的、机械的、生物的、社会的运动等。

（3）物流是一种经济活动。物流是为满足社会需求而进行的原材料、中间库存、最终产品从供应地向接收地的转移，是一种经济活动。不是经济活动的物质实体的流动不属于物流范畴。

视野拓展

物流一词的来源

物流虽然早已融入我们的生活，但物流一词源自国外，属于"舶来品"。物流这一概念最早起源于美国，英语为"Physical Distribution"，其英文缩写为 PD，汉语即实物配送的意思。国内最早引入物流的概念是在 20 世纪 80 年代，当时物流被一个新的英文名称所代替——"Logistics"，即后勤服务的意思。后来物流专用于表述物资的流通，并形成了沿用至今的现代物流概念。

二、物流的基本功能

物流的基本功能是指物流系统所具有的基本能力。把这些基本能力有效地进行组合便能合理地实现物流系统的总目标。物流的基本功能包括包装、装卸搬运、运输、储存、流通加工、配送及物流信息管理等，分别对应物流活动中的七个实际工作环节。

1. 包装功能

包装功能是指商品的出厂包装，包括生产过程中制成品和半成品的包装以及物流过程中换装、分装和再包装等功能。图 10.1 和图 10.2 所示分别为最常见的两种物流包装——托盘和集装箱。

图 10.1　托盘

图 10.2　集装箱

📖 **视野拓展**

最重要的物流包装——托盘

托盘是一种用于机械化装卸搬运和堆存的集装单元工具，是一种特殊的包装形式。托盘有自重小、返空容易、装卸简单、装载量适中等特点，它和集装箱同时被誉为"21世纪最伟大的物流发明"。

长期以来，我国各个行业使用的托盘尺寸规格不统一，造成了托盘无法共用、装卸搬运频繁、物流效率低下、货物破损严重、物流成本居高不下等问题。为此，我国在 2006 年确定以 1 000mm × 1 200mm 和 1 100mm × 1 100mm 两种规格作为我国托盘的国家标准，并于 2008 年起实施。标准化托盘的使用极大地推动了我国物流业整体活动效率的提升。

2. 装卸搬运功能

装卸搬运功能是加快商品在物流过程中的流通速度所必须具备的功能。装卸搬运是运输、储存、包装、流通加工等物流活动间的衔接活动，以及在储存等活动中为进行检验、维护和保养所进行的装卸及搬运活动。图 10.3 所示为现代化的自动搬运机械——自动搬运车（Automated Guided Vehicle，AGV）。

智能仓储实例

图 10.3　自动搬运车

3. 运输功能

物流的运输功能主要是指物流企业选择运输方式，然后具体组织运输作业，在规定时间内将客户购买（或退换）的商品运抵目的地的功能。图 10.4 和图 10.5 所示分别为货运汽车和集装箱船。

图 10.4　货运汽车

图 10.5　集装箱船

4. 储存功能

储存功能包括堆存、保管、保养和维护等功能。图 10.6 和图 10.7 所示分别为托盘货架和京东某仓库外景。

图 10.6　托盘货架

图 10.7　京东某仓库外景

5. 流通加工功能

流通加工功能又称流通过程中的加工功能，其不仅存在于社会流通过程中，还存在于企业内部的流通过程中。它表现为物流过程中进行的辅助加工活动。图 10.8 和图 10.9 所示分别为鸡蛋和鱼、虾等生鲜食品的流通加工。

图 10.8　鸡蛋的流通加工

图 10.9　鱼、虾等生鲜食品的流通加工

6. 配送功能

配送功能是指物流进入最终阶段时，以配货、送发的形式完成社会物流，最终实现资源配置的功能。《物流术语》对配送的定义为：在经济合理区域范围内，根据用户要求，对物品进行拣选、加工、包装、分割、组配等作业，并按时送达指定地点的物流活动。图 10.10 所示为配送中心分流货物的分拣线。

图 10.10　配送中心分流货物的分拣线

7. 物流信息管理功能

物流信息管理功能包括进行与上述各项活动有关的计划和预测，对物流动态信息及其有关费用、生产、市场信息进行收集、加工、整理和分析的功能。目前的物流信息技术按照功能可以分为物流识别技术（如条形码识别和射频识别技术）、数据处理技术（如数据库）、数据交换技术、货物跟踪技术（如北斗卫星导航系统、GPS）、地理信息系统技术（如 GIS）、电子订货技术[如 EOS（Electronic Ordering System）]、时点技术（如 POS）。图 10.11 和图 10.12 所示分别为条形码和射频标签。

图 10.11　条形码

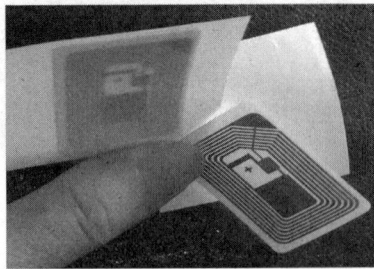

图 10.12　射频标签

三、物流的分类

在社会经济领域，物流活动无处不在。各个领域的物流，虽然其基本要素都存在，但由于物流对象不同、物流目的不同、物流范畴不同，形成了不同的物流类型。

1. 按照活动的空间分类

（1）地区物流，是指存在于某一地区内的物流活动。地区物流可以按地理区域划分，如华北地区、华南地区、东北地区物流等；也可以按经济区域划分，如苏（州）、（无）锡、常（州）经济区和云南边境贸易区物流等。

（2）国家物流，是指在一个国家内部进行的物流活动。这种物流活动主要用于保证国内商品的流通，促进本国流通业的发展。

（3）国际物流，是指不同国家和地区之间的物流。它是国家物流的延伸和进一步发展，是跨界界的、流通范围更大的物流。

现在，国家与国家之间的贸易活动日益频繁。为了促进本国经济的发展，许多国家积极投入国际经济协作中来，推动国际贸易，发展跨境电商。

为了更好地实现经济交流，许多国家注重更新自身的物流观念，升级物流设施，按国际物流标准改造原来的物流体系。随着国际合作的加深及跨国企业的发展，国与国之间的生产协作关系更加紧密，"多国制造"的商品越来越多，生产环节的衔接也需要依靠国际物流。因此，随着国际分工的发展和国际贸易的加强，国际物流将成为重要的发展方向。

2. 按照作用分类

物流按照其作用可分为以下五类（参见图 10.13）。

（1）供应物流。供应物流是指在为企业提供原材料、零部件或其他物品时，物品在供给者与需求者之间的实体流动。供应物流不仅要保证供应目标的实现，还要在最低成本、最小消耗、最大保证等限定条件下组织物流活动，因此有很大的难度。为此，供应物流必须有效地解决供应网络、供应方式和库存等方面的问题。

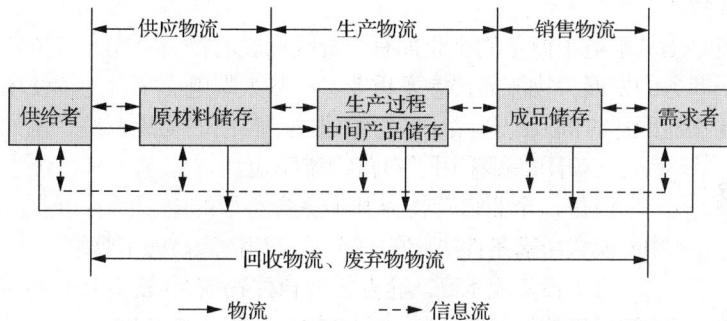

图 10.13　按照作用分类

（2）生产物流。生产物流是指生产工艺中的物流活动。企业生产过程中的物流顺序为：原材料、零部件、燃料等从企业仓库或企业的"门口"开始，进入生产线的开始端，然后随生产加工过程的推进，一个环节一个环节地流动。在物流过程中，原材料等被加工，同时产生一些废料、余料，直到生产加工终结，流至成品仓库，完成企业生产物流过程。

（3）销售物流。销售物流是指企业为保证自身的经营效益，伴随着销售活动，不断将商品所有权转让给需求者的物流活动。销售往往在将商品送达需求者并提供售后服务后才算完成。在这种前提下，销售物流是通过包装、配送等一系列物流活动来实现销售的。这就需要物流企业研究送货方式、包装水平、运输路线等，并采取小批量、多批次，定时、定量配送等特殊的物流方式达到目的。由此可见，销售物流的研究内容较为广泛。

（4）回收物流。回收物流是指不合格物品的返修、退货及周转使用的包装容器从需求者返回供给者所形成的物品实体流动。生产、供应、销售活动总会产生各种余料和废料，对这些物品的回收是需要物流活动参与的，而且在一个企业中，回收物品处理不当，往往会影响整个生产环境甚至商品的质量，同时占用空间，造成浪费。

学而思，思而学

我国快递行业的回收物流

2021 年 1 月 14 日，国家邮政局召开一季度例行新闻发布会，发布了 2021 年邮政快递业更贴近民生的七件实事，其中之一就是"加快推进快递包装绿色转型"。发布会表示，将大力实施"2582"工程，开展重金属和特定物质超标包装袋与过度包装专项治理，力争年底可循环快递箱（盒）使用量达 500 万个、电商快件不再二次包装率达 80%，新增 2 万个设置标准包装废弃物回收装置的邮政快递网点。

预计到 2022 年，电商快件不再二次包装率达到 85%，可循环快递包装应用规模达 700 万个；到 2025 年，电商快件基本实现不再二次包装，可循环快递包装应用规模达 1 000 万个。

除此之外，你了解的回收物流知识还有哪些呢？

（5）废弃物物流。废弃物物流是指对企业产生的无用物进行运输、装卸、处理等的物流活动。废弃物物流应从环境保护的角度出发，将废弃物妥善处理，防止造成环境污染。

总之，根据不同的分类标准，物流可以有不同的分类方式。但是，每一种分类方式都不是孤立存在的。一种物流活动可以有多种不同的物流类型，因此各个物流类型是相互联系的。

四、电子商务环境下物流的实现方式

不同的电子商务用户可根据自身条件选用不同的物流方式。总体来说，目前有两种物流方式，一种是企业自营物流，另一种是第三方物流。

1. 企业自营物流

企业自营物流是指从事电子商务的企业拥有全资或控股的物流公司，其负责本企业的物流配送业务。随着电子商务的发展，物流显得愈发重要。一些大型电商平台为了使用户有更好的购物体验，保证产品的物流配送时间及配送品质，纷纷建立了自己的物流系统。例如，京东商城、唯品会、美团等都采用了自营物流模式。

但是，企业自营物流并不适合小型的电子商务企业，这是由企业自营物流模式所需条件决定的。企业自营物流有如下弊端。

（1）投资成本高。企业需要自建物流系统，包括物流固定设施的建设、物流场地的选择等，随之而来的是巨大的资金投入。

（2）分散企业主业。企业自营物流需要很大一部分员工来做物流工作，还要把部分资金投入物流系统中，不利于企业专注于主业。

（3）不利于企业灵活作战。企业有一整套自己的物流设施及物流技术，有可能造成资源闲置。

2. 第三方物流

第三方物流（Third-Party Logistics，3PL）又称契约物流或合同物流，是由发货人与收货人之外的第三方提供物流服务的物流形式。第三方物流是相对于企业自营物流而言的，提供第三方物流服务的企业，其前身一般是运输业、仓储业等从事物流及相关活动的企业。现在，第三方物流企业一般有两类：一类是由以邮政、铁路、航空为主体的国有企业发展而来的物流企业；另一类是由民营小型速递公司、仓储公司发展而来的物流企业。

区域性、全国性或全球性的第三方物流企业具有物流网络方面的优势。这些企业发展到一定规模后，会将其业务沿着主营业务向供应链的上游或下游延伸，向上延伸到制造业，向下延伸到销售业。例如，顺丰优选是顺丰旗下的电商平台，于 2012 年 5 月 31 日正式上线，它经营精选的特色食品，并通过开放平台引入更为丰富的商品，涵盖全球美食、3C 百货、海淘商品等多个品类，后逐渐渗透至电子商务的整个布局（顺丰优选后来发展并不顺利，但截至本书出版尚未放弃新零售业务）。

案例 10.1

京东物流

京东是目前我国最大的自营物流电商企业，其业务涉及电子商务、金融和物流三大板块。

1. 成立京东物流集团

京东自 2007 年开始自建物流系统，于 2017 年 4 月 25 日宣布成立京东物流集团。京东物流集团通过智能化布局的仓配物流网络，为商家提供包括仓储、运输、配送、客服、售后在内的双向一体化供应链解决方案。京东物流已成为拥有中小件、大件、冷链、B2B、跨境和众包（达达）六大物流网络的企业。

2. 业务介绍

（1）仓配一体。京东物流通过遍布全国的仓配物流网络，为商家提供线上线下、多平台、全渠道、全生命周期、全供应链、一体化的物流解决方案。

（2）冷链物流。京东物流可提供优先配载、定制化温控配送、由专业冷链技术与设备支持的全程冷链配送服务，保证商品新鲜直达。

（3）大件物流。京东物流致力于成为我国 B2C 电子商务领域订单履约专业物流服务商，具有标准定价和标准操作流程，其物流网络覆盖全国各地。

（4）国际供应链。多个海外仓及全国各地的保税仓可满足开展跨境业务的需要。

（5）供应链金融。供应链金融的作用在于盘活企业库存，加速资金流转，联合仓储品类质押，数据化驱动新模式。

（6）快递业务。2018 年 10 月，京东物流正式上线面向个人消费者的快递业务。

3. 时效服务

（1）"211" 限时达。当日 11:00 前提交的现货订单当日送达，当日 23:00 前提交的现货订单次日 15:00前送达。

（2）京准达。京准达是为客户提供的一项可以精确选择收货时间段的增值服务，是针对 "最后一千米"推出的每两小时一个波次的精准送达服务。目前，京准达服务已经覆盖京东物流的三张大网——中小件网、大件网、生鲜冷链网，服务覆盖全国近 85%的人口。

（3）夜间配。客户如需要夜间送货上门服务，下单时可选择 19:00—22:00 时间段。对于属夜间配服务范围的商品，京东物流会尽可能安排配送员在选定时间段（19:00—22:00）送货上门。

（4）定时达。如客户地址在定时达服务范围内，客户可以在提交订单时选择指定日期送货选项，根据定时达提供的时间段来选择收货时间，配送员会尽力在承诺的时间段内将商品送到。其中，预约的时间段为 1～7 天，大家电为 1～10 天（大家电仅可预约送货日，不可预约送货时间段）。

启发思考：1. 京东物流开展了哪些主要业务？

2. 请分析京东的 "211" 限时达、京准达、夜间配、定时达的时效服务。

五、电子商务环境下物流的特点

电子商务时代的来临使全球物流迎来了新的发展，使物流具备了一系列新特点。

1. 信息化

物流信息化是电子商务的必然要求，表现为物流信息的商品化、物流信息收集的数据化和代码化、物流信息处理的电子化和计算机化、物流信息传递的标准化和实时化、物流信息存储的数字化等。信息技术及计算机技术在物流中的应用彻底改变了全世界物流业的面貌。

2. 自动化

物流自动化可大大降低劳动强度并提升工作效率。物流自动化设施包括条码/语音/射频自动识别系统、自动分拣系统、自动存取系统、自动导向车、货物自动跟踪系统等。

视野拓展

物流信息化示例　　物流自动化示例

3. 网络化

物流的网络化有两层含义：一是物流配送系统信息的网络化；二是组织的网络化，即建立企业内部网。例如，中国台湾地区的计算机行业在 20 世纪90 年代创造了 "全球运筹式产销模式"。这种模式的基本特点是按照客户的订单组织生产，生产采取分散形式，即将全世界能用于制造计算机的资源都利用起来，采取外包的形式将计算机的所有零部件、元器件外包给世界各地的制造商生产，然后通过全球的物流网络将这些外包的零部件、元器件发往同一个物流配送中心进行组装，该物流配送中心再将组装后的计算机发送给客户。这一过程需要高效的物流网络的支持，物流网络的基础是信息技术和计算机网络。

4．柔性化

柔性化本来是为践行"以顾客为中心"、敏捷制造（Agile Manufacturing，AM）等理念而在生产领域提出的。20世纪90年代以来，国际生产领域纷纷推出弹性制造系统（Flexible Manufacturing System，FMS）、计算机集成制造系统（Computer Integrated Manufacturing System，CIMS）、企业资源计划及供应链管理等技术和概念。这些技术和概念的实质是将生产、流通集成，根据需求端的需求组织生产、安排物流活动。因此，柔性化的物流正是为了适应生产、流通与消费的需求而发展起来的一种新型物流模式。

5．集成化

电子商务环境下的物流系统，在物流基础设施、信息基础设施、商品包装的标准化和物流运作模式等各个方面都日益社会化和一体化，在数据与功能、技术与设备、人员与组织等各个层次都在向集成化的方向发展。

6．智能化

智能化是物流信息化、自动化的一种高层次应用。智能物流利用集成智能化技术，使物流系统能模仿人的智能，具有思维、感知、学习、推理判断和自行解决物流中的某些问题的能力。物流作业过程中大量的运筹和决策（如库存水平的确定、运输和搬运路径的选择、自动导向车的运行轨迹和作业控制、自动分拣机的运行、物流配送中心经营管理的决策支持等）问题都需要借助大量的知识才能解决。

7．智慧化

智慧物流最早由IBM提出，是指通过智能硬件、物联网、大数据等智能化技术与手段，增强物流系统分析决策和智能执行的能力，以提升整个物流系统的智能化、自动化水平。

👓 视野拓展

智能物流与智慧物流的联系和区别

中物协（北京）物流工程设计院认为，能够实现感知、交互、分析、发现和决策过程的物流是智慧物流，而智能物流只是代替人的劳动，不能代替人作决策。

智能物流是物流系统向智慧物流进化的重要阶段，但是智能物流不等于智慧物流。智能物流的能力聚焦于"知晓"，聚焦于由系统的感知、分析、判断、执行形成的闭环，重点体现出来的还是执行的能力，还不具备智慧能力。智能物流的进化重点是增强执行能力与感知能力，执行能力体现的是智能硬件与智能硬件的系统集成；感知能力是指物联网技术的全面感知能力。

智慧物流实例

智慧物流是指物流系统不仅具备了"智"的能力，还知道这种能力是如何产生的，进而可以学习提升，不断迭代升级。相对于智能物流而言，智慧物流多了一种自主决策和学习提升的能力。

第二节　电子商务配送

在电子商务交易过程中，无论由谁来承担物流任务，其都必须以最快的速度把货物送到客户手中，图10.14所示为电子商务配送的操作流程。

电子商务概论（附微课　第5版）

电子商务配送是信息化、现代化和社会化的物流配送，它是指物流配送企业采用网络化的计算机技术和现代化的硬件设备、软件系统及先进的管理手段，针对社会需求，严格、守信地按客户的送货要求开展分类、编配、整理、分工、配货等一系列工作，定时、定点、定量地将货物交给客户，满足其对货物的需求。电子商务配送这种新型的物流配送代表了现代市场的发展方向。

一、电子商务的物流配送流程

电子商务环境下的物流配送流程主要包括采购作业流程、仓储作业流程、配送作业流程、退货及后续处理作业流程。

物流配送流程的优化不仅是企业降低成本的要求，而且是整个物流产业发展的关键。

1. 采购作业流程

采购作业流程处于准备配送货物的阶段，是配送中心运转的基础环节。物流业务管理部门根据客户的要求及库存情况通过电子商务中心向供应商发出采购订单，供应商收到采购订单并加以确认后向业务部门发出供货通知，业务部门再向仓储中心发出接货的信息，仓储中心则根据货物情况准备合适的仓库，供应商将发货单通过互联网发送给仓储中心，货物则通过各种运输手段送至仓储中心。

在物流专业化的情况下，采购作业流程基本有两种模式：第一种模式是由提供配送服务的第三方物流企业承担采购任务，直接向生产和经销企业订货或购货；第二种模式是物流、商流两者分离的模式，由货主订货和购货，配送中心负责进货和理货等工作，货物所有权属于货主。

2. 仓储作业流程

仓储作业流程是采购作业流程的延续。仓储中心接受业务管理部门的统一管理，它的主要作业区是进货区、拣货区和发货区。①仓储中心在收到供应商的送货单和货物后，在进货区对新进货物通过条码扫描仪进行验收，确认发货单与货物一致后，对货物做进一步处理（如验收不合格则退货）。②一部分货物直接放入发货区进行暂时储存，属直通型货物。这仅仅适用于周转率高的货物，今天进货、明天出货的货物最适合利用仓库首层暂存区放置。③另一部分货物属于存放型货物，要进行入库储备处理，即进入拣货区。这是出于安全库存的考虑，按照一定时期配送活动的要求和到货周期，有计划地确定能够使配送活动持续进行的库存数量和形式，适用于要在仓库存放一段时间的货物。拣货是通过自动分拣输送系统、自动导向系统完成的。④货物进入自动化仓库后，当需要发货时，根据发货单上显示的内容，通过自动分拣输送系统将货物送至相应的装车线，对货物进行包装处理后装车送货。仓储作业流程如图 10.15 所示。

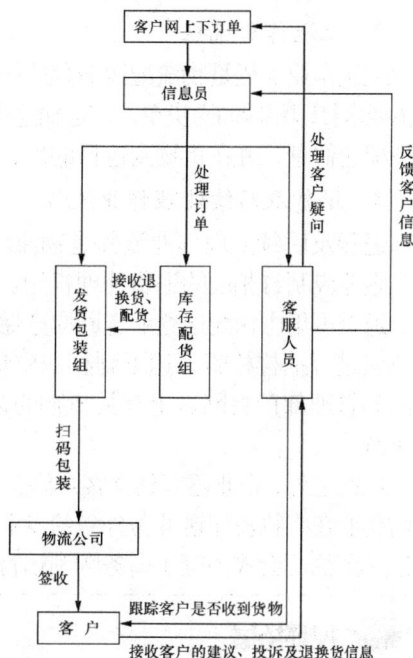

图 10.14　电子商务配送的操作流程

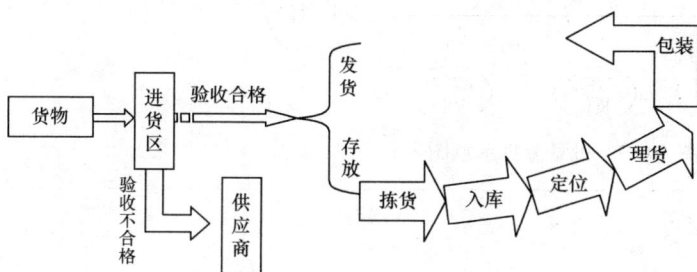

图 10.15　仓储作业流程

3. 配送作业流程

配送作业流程是物流配送流程的核心环节。配送部门由业务管理部门统一调度，根据客户的具体要求打印相应的送货单，在运输途中通过地理信息系统、定位系统进行实时监控，及时沟通和反馈配送信息，并在货物到达目的地，经客户确认无误后，凭回单向业务管理部门确认。

4. 退货及后续处理作业流程

退货及后续处理作业流程是物流配送流程的最后一个环节。客户因种种原因可能会请求退货，企业应制订相应的退货处理机制。

退货可集中由配送企业送回原仓储地点，由专人清理、登记、查明原因。如果是产品质量问题，应进行抽样检验，达不到相应质量标准则应及时通知采购作业流程停止订货和购货，并通知网站管理部门将网页上有关货物的信息及时删除；如果退货还可继续使用，则可重新进入库存系统。

除此之外，企业还应建立客户满意度调查和投诉反馈系统，对物流配送系统进行监督和考核。电商企业在将物流配送业务外包给专业物流配送企业时，如果缺少必要的监督和约束手段，物流配送环节往往会成为电子商务顺利运行的障碍。

视野拓展

在物流配送流程中，分拣作业是一个工作量非常大的环节，直接决定了配送效率。分拣作业的两种基本方式分别是按单分拣和批量分拣。

按单分拣也叫摘果式分拣，是以订单为单位，每张订单拣货一次。它是比较传统的拣货方式，适用于大数量订单的拣货处理。按单分拣示意图如图 10.16 所示。

批量分拣也叫播种式分拣，指把一定时间段内的多张订单集合成一批，依照货物种类将货物数量汇总，全部按货物进行拣选，然后根据每张客户订单进行分货处理。这种拣选方式在订单数量巨大时可以显著提高工作效率，缩短拣选货物时行走搬运的距离，增加单位时间的拣选数量。批量分拣示意图如图 10.17 所示。

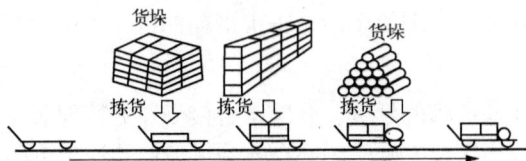

图 10.16　按单分拣示意图

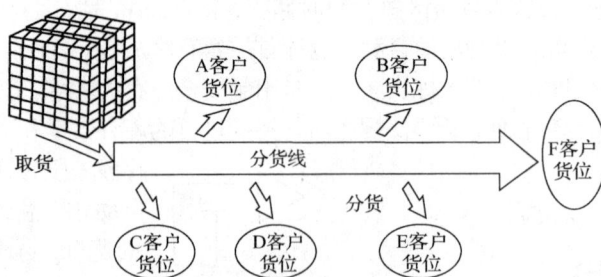

图 10.17　批量分拣示意图

二、电子商务物流配送中心

电子商务物流配送中心是指开展配送业务的物流场所或组织。电子商务物流配送中心应基本符合下列要求：主要为特定的客户服务；配送功能健全；有完善的信息网络；辐射范围小；多品种，小批量；以配送为主，储存为辅。图10.18所示为某电子商务物流配送中心的效果图。

确定电子商务物流配送中心的运作类型，对设计新型物流配送中心具有重要的作用。

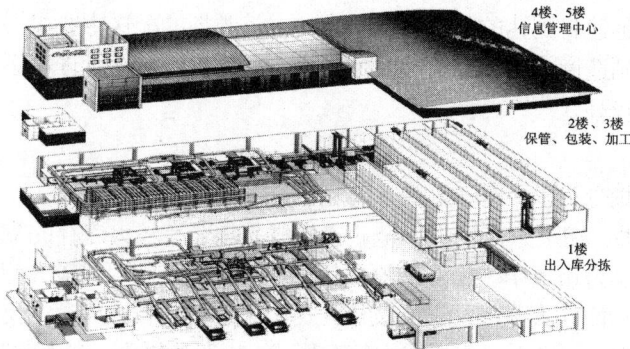

图10.18　某电子商务物流配送中心的效果图

1. 按运营主体划分

物流配送中心按运营主体不同可划分为以下几类。

（1）以制造商为主体的物流配送中心，其中的货物由制造商生产制造，物流配送中心用以降低流通费用、提高售后服务质量、及时将预先配齐的成组元器件运送到规定的加工和装配工位。这种配送中心从货物制造到生产出来后条码和包装的配合等多方面都较易控制，比较容易实现现代化、自动化。

（2）以批发商为主体的物流配送中心，其中的货物来自各个制造商，物流配送中心所进行的一项重要的活动是对货物进行汇总和再销售，它的全部进货和出货活动都是由社会各部门完成的，社会化程度高。

（3）以零售业为主体的物流配送中心。零售商在发展到一定规模后，就可以考虑建立以零售业为主体的物流配送中心，为专业商品零售店、超级市场、百货商店、建材商场、粮油食品商店、宾馆饭店和个人客户等提供配送服务。例如，2018年7月，菜鸟网络华东最大的商超物流配送中心建成并投入使用。

📖 视野拓展

菜鸟网络

菜鸟网络科技有限公司成立于2013年，是由阿里巴巴、中国银泰投资有限公司（银泰集团）联合复星集团、富春控股集团、顺丰速运、"三通一达"（申通、圆通、中通、韵达快递）、宅急送、汇通，以及相关金融机构共建的"中国智能物流骨干网"项目。2018年，菜鸟网络投资中通快递、控股即时物流平台点我达、战略投资易流科技，在全球进行世界级物流枢纽建设，加之其以往对圆通、日日顺、百世等物流快递企业投资等，表明菜鸟网络不仅是在夯实自身的硬件基础，也是在增强协同能力，拉近与同行在物流控制力方面的距离。

2018年，菜鸟网络提出"一横两纵"战略，其中"一横"是加大技术投入，做行业数字化升级的引擎；"两纵"即为商家创新基于新零售的智慧供应链解决方案，并加快全球化布局，包括对全球运输网络、全球供应链网络和全球末端网络三大体系的布局。

菜鸟网络通过多种合作方式提供全方位跨境物流服务，通过联合政府、企业，打造信息化合作平台，提供物流、通关、支付和金融等一站式解决方案，推进跨境电商发展。菜鸟网络与新加坡邮政等约90家跨境物流商合作，物流业务覆盖大部分国家和地区，跨境仓库达数百个，已初步建成具有全球配送能力的跨境物流骨干网。在进口方向，菜鸟网络可提供保税和直邮服务，海外仓资源遍布全球；在出口方

（4）以仓储运输业者为主体的物流配送中心，它具有很强的运输配送能力，且所处地理位置优越，如港湾、铁路和公路枢纽，可迅速将到达的货物配送给客户。该类型的配送中心可提供仓储位给制造商或供应商，货物仍属于制造商或供应商所有，配送中心只是提供仓储管理和运输配送服务。这种配送中心的现代化程度较高。

2. 按内部特性划分

物流配送中心按内部特性不同可划分为以下几类。

（1）储存型配送中心。一般来讲，在买方市场中，企业销售成品需要有较大库存的支持，其配送中心应有较强的储存功能；在卖方市场中，企业的原材料、零部件供应需要有较大库存的支持，其配送中心也应有较强的储存功能。大范围配送的物流配送中心需要有较大库存的支持，也可能是储存型配送中心。我国一些物流配送中心采用集中库存形式，库存量较大，多为储存型。

（2）流通型配送中心。流通型配送中心没有长期储存功能，是以暂存或随进随出方式配货、送货的配送中心，其典型模式是大量货物整批进入，按一定批量零出。流通型配送中心一般使用大型分货机，进货直接进入分货机传送带，被分送到各客户货位或直接分送到配送汽车上，货物在配送中心仅做短时间停留。

（3）加工型配送中心。加工型配送中心是以流通加工为主要业务的配送中心。加工型配送中心具有加工职能，是根据客户的需要或者市场竞争的需要，对配送物进行加工之后再进行配送的配送中心。这种配送中心内存在分装、包装、初级加工、集中下料、组装产品等加工活动。快餐连锁店肯德基和麦当劳的配送中心就属于这种类型的配送中心。在建筑领域，混凝土搅拌配送中心也属于这种类型的配送中心。

3. 按配送货物的属性划分

根据配送货物的属性，物流配送中心可以分为生鲜品配送中心、书籍产品配送中心、服饰产品配送中心、日用品配送中心、医药品配送中心、化妆品配送中心、家电产品配送中心、电子产品配送中心及汽车零件配送中心等。由于配送的货物不同，各配送中心的规划方向也不同。下面介绍前三种配送中心。

（1）生鲜品配送中心。其主要处理的货物为蔬菜、水果与鱼、肉等生鲜产品，属于低温型的配送中心。生鲜品配送中心由冷冻库、冷藏库、鱼虾包装处理场、肉品包装处理场、蔬菜包装处理场及进出货暂存区等组成，冷冻库的温度为-25℃，而冷藏库的温度为 0～5℃。

（2）书籍产品配送中心。一本新出版的书籍，80%不上架，直接理货并配送到各家书店，剩下 20%的书籍存放在配送中心等待客户再订货。另外，书籍产品的退货率非常高，有时达三四成。因此，在规划书籍产品的配送中心时，不能与食品与日用品的配送中心做相同的规划。

（3）服饰产品配送中心。服饰产品有季节性及流行性等特性，而且较高级的服饰必须使用衣架悬挂，其配送中心的规划也有其特殊性。

第三节　供应链管理

在电子商务交易中，为了订单的顺利履行，有些企业会先根据订单预测进行生产制造，然后从成品库中发货；有些企业会先完成组件和半成品的生产，当接到订单后再根据订货量进行成品组装或生产，最后才向客户发货；也有一部分企业是等到订单确认后再开始生产活动；还有一部企业只是为客户提供产品特定部分的个性化设计。实际上，企业往往需要同时处理多种类型的订单，因而需要提前为订单履行进行合理的规划和预算，对参与制造、物流等活动的各成员实行集成化的管理，即对供应链上的各类资源进行统筹管理。

一、供应链与供应链管理

1. 供应链简介

供应链是生产及流通过程中，涉及将产品或服务提供给最终客户的活动的上游与下游企业所形成的网链结构。

在信息时代，供应链从原有的区域性概念发展为一种全球性概念，原有的线性结构转变成围绕核心企业的网状结构。表 10.1 所示为线性供应链结构和网状供应链结构的对比。

从价值链的角度看，价值链上的各项增值活动所产生的信息流、物流或服务流、资金流共同形成了供应链。它将供应商、制造商、运输商、经销商和客户等价值链中的各种角色连成一个链状或网状的整体。而供应链的信息流、物流或服务流，以及资金流是由客户需求驱动的。

表 10.1　线性供应链结构和网状供应链结构的对比

对比点	线性供应链结构	网状供应链结构
业务核心	垂直型	矩阵型
竞争	企业对企业	供应链对供应链
竞争优势	有形资产	速度＋知识
市场范围	国内或区域内	全球
供应链管理的范围	企业内部	多个企业
供应链核心	成本和资产利用	客户
伙伴定义	供应链	供应网
执行过程	没有分工	有明确分工
客户满足	按库存	按订单
客户服务	低客户期望	高客户期望
信息交换	沟通	协同
库存水平	高	低
计划制订	依靠管理者和分析师	依靠整个贸易社区

2. 供应链管理简介

供应链管理指在最大限度地满足客户需求的条件下，为了使整个供应链系统获得总体竞争优势，把供应商、制造商、运输商、经销商和客户等有效地组织成为一个协调发展的整体，从而使成本降低，并使供应链每个成员企业的自身效率与效益大幅提高。

供应链管理的目的就是从系统的角度出发，对具有密切联系的不同环节进行统筹管理，全面提高整条供应链的运营效率，特别是连接处的效率，形成共赢的合作关系，以降低总体运营成本，增强总体竞争能力。

供应链管理的本质就是对供应链成员的各种活动，以及这些活动所形成的信息流、物流、资金流进行集成管理，从而以最快的速度、最低的成本为客户提供最大的价值，增强或维持整个供应链的竞争力。

二、供应链管理方法

1. 供应商管理库存

供应商管理库存（Vendor Managed Inventory，VMI）是指供应商根据需求方的库存水平、周转率、需求信息，以及交易成本产生自己的生产订单并及时将产品或物料送达需求方指定的库存位置，它采用的是一种连续补货策略，由供应商决定什么时候补货、补多少货。需求方与供应商共享需求预测信息、库存信息、销售报告等信息是供应商管理库存成功的关键。供应商管理库存是体现供应链集成化思想的一种库存管理方式。图 10.19 所示为供应商管理库存供应链集成化管理方式示意图。

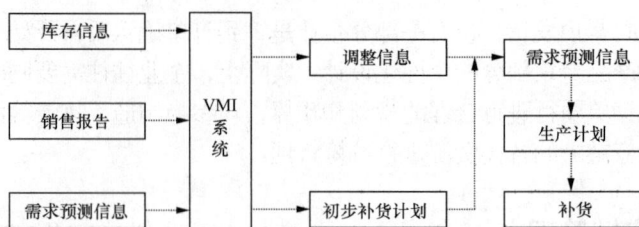

图 10.19 供应商管理库存供应链集成化管理方式

2. 快速响应

快速响应（Quick Response，QR）是从美国纺织服装业发展起来的一种供应链管理方法，其目的是通过供应链企业间的信息共享、协同运行、流程优化，对最终客户的需求迅速地做出反应，缩短原材料到销售点的时间和减少整个供应链上的库存，最大限度地提高供应链管理的运作效率，从而达到提高客户服务质量、降低供应链总成本的目标。

快速响应的发展经历了三个阶段：第一个阶段为商品条码化；第二个阶段是内部业务处理自动化；第三个阶段是实现更有效的企业间合作，要求供应链伙伴协同工作，通过共享信息来预测商品的补货需求，并不断地预测市场的发展趋势，探索和开发新产品以适应客户的需求变化。

3. 有效客户响应

有效客户响应（Efficient Consumer Response，ECR）是指以满足客户需求、最大限度地降低物流过程费用为原则，以能及时做出迅速、准确的反应，使提供的物品供应或服务流程最佳化为目的而组成的协作系统。其核心理念是基于客户的需求，致力于创造价值最大化的活动和摒弃没有附加价值的活动，力求降低成本，从而使客户享受到顾客让渡价值最大的产品或服务。

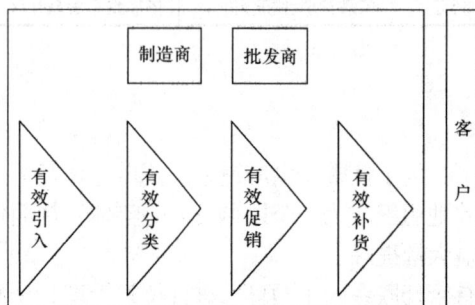

图 10.20 有效客户响应管理思想示意图

有效客户响应是以客户的观点去达成企业的策略目标的。有效客户响应将供应链从以往的"推"转变为"拉"，根据客户购买行为的有关数据构建新的补货系统及物流合作伙伴关系。图 10.20 所示为有效客户响应管理思想示意图。

三、新零售时代的供应链

目前，线上企业感觉流量越来越贵，甚至认为流量红利期已经过去。当线上流量中心的格局趋于稳定，线下流量获取和迁移就成了各类玩家和资本博弈的焦点，互联网企业开始进入"深挖用户"和"服务实体"的阶段。当流量竞争已经达到极致，未来，电商平台的竞争将是供应链的比拼，原本简单的供应链也将变得更加系统化和复杂化。

新零售时代的供应链不再是人、流程、硬件设施等要素的简单堆砌和叠加，而是要实现供应链的数字化和技术化的变革，让供应链变得更加智慧和全能。新零售时代的供应链是由消费者驱动的，其具体特征如下。

1. 供应链可视化

供应链可视化就是利用信息技术，采集、传递、存储、分析、处理供应链中的订单、物流活动以及库存等相关指标信息，按照供应链的需求，将这些信息以图形化的方式展现出来。供应链可视化可以有效提高整条供应链的透明度和可控性，从而大大降低供应链风险。

新零售时代下的供应链可视化未来将持续向消费者、SKU、店员延伸，并且由传统网络向云计算系统转化。通过可视化集成平台，战略计划与业务紧密连接，需求与供应的平衡、订单履行策略的实施、库存与服务水平的调整等具体策略将得到高效的执行。

2. 供应链人工智能化

在新零售业态中，包括消费者、商品、销售、库存、订单等在内的大量零售运营数据在不同的应用场景中产生，结合不同的业务场景和业务目标，如商品品类管理、销售预测、动态定价、促销安排、自动补货、安全库存设定、供应计划排程、物流计划制订等，再匹配合适的算法，企业可对这些应用场景进行数字建模，简单来说，其逻辑就是获取数据—分析数据—建立模型—预测未来—支持决策。

3. 供应链指挥智慧化

新零售企业的运营指挥控制系统是企业的"大脑"和"中枢"，新零售企业需建立起由不同业务应用模块所组成的运营指挥系统，这些应用模块各自具有管理一个领域的功能，可显示实时的运营动态（如货龄、售罄率、缺货率、退货率、订单满足率、库存周转率、目标完成比率等），同时又相互链接和协同，最终形成通用运营决策建议（如智能选品、智能定价、自动预测、自动促销、自动补货和下单等）。相信在未来的新零售中，可以做到各种决策自动化的 SKU 将超过 90%。

在此基础之上，供应链管理人员要做的工作就是搜集信息、判断需求、和客户沟通、协同各种资源、寻找创新机会等。

实训案例

顺丰是如何成为快递业龙头的？

顺丰于 1993 年在广东顺德创立，专送快件；2002 年，顺丰从加盟制转为直营制，定位为高端快递；2018 年，顺丰国际机场在建，顺丰开始多元化发展，致力于成为一家综合物流服务商；2020 年，机场基本建成。2021 年 4 月，品牌网对快递品牌进行了排名，排名前十的快递企业依次为顺丰速运、中国邮政 EMS、中通快递、京东物流、韵达快递、圆通速递、大众物流、申通快递、DHL、苏宁物流。

顺丰简介

为什么说顺丰是快递业龙头呢？

1. 科技能力：无人机、全自动分拣、智慧服务、车联网等

顺丰在硬件方面，已拥有了支线大型无人机+末端小型无人机、第六代智能手持终端（HHT6）、便携式打印机、智能接驳柜等设备和装置；在软件方面，线路规划、业务预测、数据灯塔、智慧地图等均已实现。

2. 数字化的物流综合解决方案

经过多年的发展，目前顺丰已具备为客户提供全方位综合解决方案的能力。顺丰不仅能为客户提供配送端的高质量物流服务，还延伸至价值链前端的产、供、销、配等环节，可为客户提供仓储管理、商业智能、销售预测、大数据分析、供应链金融等一体化的综合物流服务，满足客户的多元化需求。

3. 直营制模式

顺丰采用的是直营制模式，除了外包部分业务，所有的核心资产均为自有。顺丰总部控制了自有的全部快递网络和核心资源，包括收派网点、中转场、干支线、航空枢纽、飞机、车辆等。

4. 三网合一：天网、地网、信息网

（1）天网、地网。截至 2021 年 6 月 14 日，顺丰控股拥有 66 架自有全货机，拥有的全货机数量国内最多。顺丰控股业务覆盖全国 336 个地级市、2 779 个县区级城市，拥有近 1.6 万个自营网点，国际业务覆盖数十个国家和地区，业务辐射范围广。

（2）信息网。顺丰自主研发了一套完整的智慧网平台，包括顺丰物流各项核心营运系统、顺丰地图平台、大数据平台、信息安全平台、智能运维管理平台等。同时，顺丰将数据挖掘、机器学习、统计分析等科技方法应用到了实际业务场景中。其中，在智慧仓方面，顺丰构建了完整的顺丰云仓信息系统，支持电子商务仓、物资仓、冷运仓、海外集运仓、微仓等多种仓储业务形态，基于多维度数据分析和人工智能的智慧分仓有助于客户服务和体验升级。

基于配送端的高质量物流服务，以及整个集团在物流、科技、商业、金融等方面的资源，顺丰将业务由末端配送延伸至价值链前端的产、供、销、配等环节，利用大数据分析和云计算技术，为客户提供仓储管理、销售预测、金融管理等端到端的综合物流解决方案。

思考讨论

1. 为什么说顺丰已成为快递业龙头？
2. 顺丰的业务包含哪些内容？
3. 简述顺丰的"三网合一"。

归纳与提高

物流是任何一家电商企业都无法回避的问题。通过本章的学习，读者可以了解物流的基本内容，包括电子商务物流、电子商务配送及供应链管理。物流是伴随着电子商务中的商流活动产生的，企业要做好电子商务，就必须了解物流中的仓储、运输、包装、装卸搬运等因素的特点和作用，尤其要重视配送活动与电子商务的关联与关系；要准确把握配送的含义，了解配送流程和物流配送中心的类型。

在电商新零售时代，供应链不再仅仅是人、流程、硬件设施等要素的简单堆砌和叠加，而是要实现供应链的数字化和技术化的变革，让供应链变得更加智慧和全能。新零售时代下的供应链是由消费者驱动的。

知识巩固与技能训练

一、名词解释

订单履行　物流　电子商务配送　供应链　供应链管理

二、单项选择题

1. 物流的基本功能不包括（   ）。
   A. 储存功能　　　B. 增值服务功能　　C. 运输功能　　　　D. 配送功能
2. 将部分废弃物料收集后分类、加工形成新产品的物流活动属于（   ）。
   A. 生产物流　　　B. 回收物流　　　　C. 废弃物物流　　　D. 国家物流
3. 物流按作用的不同，可分为生产物流、供应物流、销售物流和（   ）等。
   A. 回收与废弃物物流　　　　　　　　B. 行业物流
   C. 地区物流　　　　　　　　　　　　D. 社会物流
4. 自动搬运车属于（   ）工具。
   A. 生产　　　　　B. 运输　　　　　　C. 仓储　　　　　　D. 搬运
5. （   ）作业流程是采购作业流程的延续。
   A. 仓储　　　　　B. 运输　　　　　　C. 分拣　　　　　　D. 搬运

三、多项选择题

1. 按照作业模式，物流配送中心可分为（   ）两种。
   A. 集货型　　　　B. 散货型　　　　　C. 零售型　　　　　D. 批发型
2. 按照活动的空间分类，物流可分为（   ）。
   A. 地区物流　　　B. 国家物流　　　　C. 国际物流　　　　D. 供应物流
3. 在电子商务环境下，物流的新特点包括（   ）。
   A. 信息化　　　　B. 快速化　　　　　C. 自动化　　　　　D. 网络化
4. 我国在 2006 年最终选定（   ）两种规格作为我国托盘的国家标准。
   A. 1 000mm×1 200mm　　　　　　　B. 1 100mm×1 100mm
   C. 800mm×1 200mm　　　　　　　　D. 1 026mm×1 219 mm
5. 按内部特性不同，物流配送中心可以划分为（   ）。
   A. 储存型　　　　B. 流通型　　　　　C. 加工型　　　　　D. 零售型
6. 订单履行的内容可分解成三个部分，即（   ）。
   A. 商品的生产与组织　　　　　　　　B. 运输配送
   C. 包装管理　　　　　　　　　　　　D. 客户服务

四、复习思考题

1. 按照作用分类，物流可以分为哪几类？
2. 电子商务环境下物流的实现方式有哪些？请分别对它们进行分析。
3. 简述电子商务的物流配送流程。
4. 简述新零售时代供应链的特征。

五、技能实训题

请扫描二维码，观看视频，回答以下问题。

（1）京东是如何运用智能分拣中心系统提高其物流运转效率的？

（2）自动分拣系统可以使电商企业具备什么样的优势？

智能分拣实例：京东

第十章 电子商务物流及供应链管理

第十一章 客户关系管理

【知识框架图】

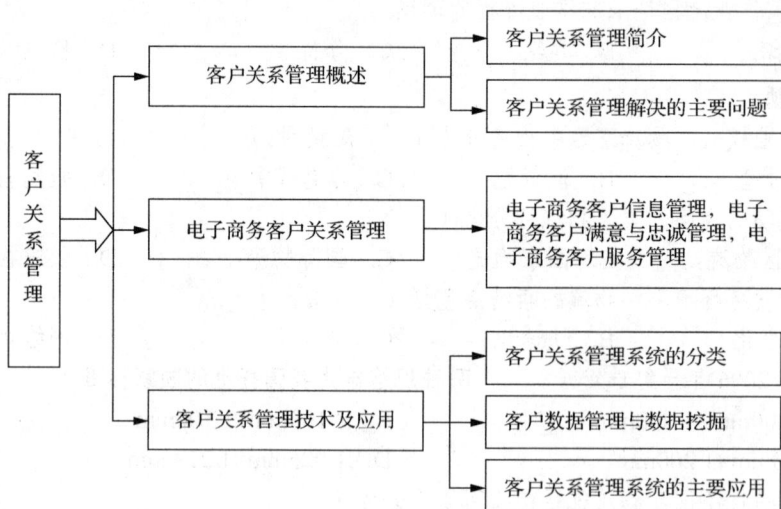

客户关系管理
- 客户关系管理概述
  - 客户关系管理简介
  - 客户关系管理解决的主要问题
- 电子商务客户关系管理
  - 电子商务客户信息管理，电子商务客户满意与忠诚管理，电子商务客户服务管理
- 客户关系管理技术及应用
  - 客户关系管理系统的分类
  - 客户数据管理与数据挖掘
  - 客户关系管理系统的主要应用

【学习目标】

【知识目标】

1. 掌握客户关系管理的概念。
2. 掌握电子商务客户关系管理的内容与应用。
3. 了解客户关系管理系统的分类。

【技能目标】

1. 能够应用智能客服解决淘宝或天猫卖家的售后服务问题，同时能应用客户运营平台对客户进行分类管理。
2. 能够分析企业客户关系管理的情况，能为企业的客户关系管理提出合理化建议。

引例

客户关系管理系统的模块

小张是华泰证券的一名客户经理（经纪人）。8:30 一上班，小张做的第一件事就是打开计算机进入客户关系管理系统。首先映入眼帘的是营销部经理下达的任务：9:30 去拜访某潜在客户。此外，系统还提示小张下周有几位客户要过生日。另外，客户王明要小张帮忙留意招商银行股票的行情，小张赶紧先在证券系统中设定了价位预警——在达到设定价位后，小张就会收到手机短信，然后小张在自己的自选股中加入了"招商银行"，快速浏览了招商银行股票的行情信息……

客户关系管理系统有哪些类型，有哪些主要模块，能解决哪些主要问题？[①]

客户关系管理的主要应用

沃尔玛有一个著名的"啤酒与尿布"数据挖掘案例。沃尔玛在对顾客的购物小票进行分析后发现：啤酒与尿布经常同时出现在顾客的购物小票中。而在超市的货架上，这两种商品通常离得很远。因此，沃尔玛重新布置了货架，把啤酒与尿布放得很近，这样购买尿布的人很容易就能看到啤酒，最终使啤酒的销量大增。

在客户关系管理中，数据分析能起到什么样的作用？客户关系管理的数据类型有哪些？企业应如何管理相关数据？

第一节 客户关系管理概述

随着市场经济的进一步发展和物质产品的日益丰富，市场形态已经明显转向买方市场，企业之间的竞争愈加激烈，竞争手段愈加多元化。但是，各个企业有一个共同的趋势：对客户的研究更加深入，更注意从客户的需求出发并同客户形成一种持久的良好关系。

在电子商务时代，信息技术革命极大地改变了企业的商业模式，对企业与客户的互动产生了巨大的影响——客户可以极其方便地获取企业和产品信息，并更多地参与商业过程。这表明我们已经进入了客户导向时代，企业要深入了解客户需求，及时将客户的意见反馈到产品和服务设计中，为客户提供更加个性化的服务。在这种环境下，现代企业的客户关系管理应运而生。

> 客户关系管理中的"客户"既可以是企业客户，也可以是个人客户。

一、客户关系管理简介

客户关系管理的概念产生于美国，最初由高德纳咨询公司（Gartner Group）提出，当时称为"接触管理"（Contact Management）。20 世纪 90 年代以后，伴随着互联网和电子商务的发展，客户关系管理得到了迅速发展。高德纳咨询公司结合新经济的需求和新技术的发展，于 1999 年又提出了现代企业客户关系管理的新概念。不同的学者或商业机构对客户关系管理的概念有不同的看法。

我们认为，客户关系管理是企业为了增强核心竞争力，以客户为中心，利用相应的信息技术及互联网技术提高客户服务水平，提高客户的满意度与忠诚度，进而增强企业赢利能力的一种管理理念。

根据客户关系管理的概念，我们可以从以下三个层面理解客户关系管理。

1. 客户关系管理是一种管理理念

客户关系管理是一种管理理念，指以客户为中心，将客户视为最重要的企业资产（客户资产），构建一个信息畅通、行动协调、反应灵活的客户沟通系统。企业通过与客户交流来掌握其个性化需求，并在此基础上为其提供个性化的产品和服务，不断提高企业带给客户的价值，实现企业和客户的双赢，而不是千方百计地从客户身上为自己谋取利益。

客户关系管理是管理有价值的客户及其关系的一种商业策略。客户关系管理吸收了数据库营销、关系营销、一对一营销等管理思想的精华，通过满足客户的特殊需求，特别是满足最有价值的客户的特殊需求，来与其建立和保持长期、稳定的关系，从而使企业在同客户的长期交往中获

---

① 绘图：宋柯南。

得更多的利润。

数据库营销、关系营销、一对一营销

数据库营销是指企业以与客户建立一对一的互动沟通关系为目标,依赖规模庞大的客户信息库开展长期促销活动的一种全新的销售手段。

关系营销把营销活动看成一个企业与消费者、供应商、分销商、竞争者、政府机构及其他客户产生互动行为的过程,其核心是建立和发展与这些客户的良好关系。

一对一营销是指企业先进行客户分类,然后针对每一个客户采取个性化的营销沟通方式,从而建立互动式、个性化沟通的业务流程。

2. 客户关系管理是一种管理系统和技术

客户关系管理是一种先进的管理模式,要取得成功,必须有强大的技术和工具支持。客户关系管理系统是实施客户关系管理必不可少的支持平台,它基于网络、通信、计算机等信息技术,能实现企业前台、后台不同职能部门的无缝连接,能够协助管理者更好地完成企业的客户关系管理。

3. 客户关系管理是一种企业商务战略

客户关系管理并非单纯的信息技术或管理技术,而是一种企业商务战略。客户关系管理的目的是使企业根据客户特征进行分类管理,强化使客户满意的行为,加强企业与客户、供应商之间的连接,从而提高企业的可赢利性,提高利润及客户的满意度。

企业在引入客户关系管理的理念和技术时,不可避免地要对企业原来的管理方式进行变革,业务流程重组为企业的管理创新提供了具体的思路和工具。通过对营销、销售、服务与技术支持等与客户相关的业务流程的全面优化,企业可以从企业管理模式和经营机制的角度优化管理资源配置、降低成本、增加市场份额。

案例 11.1

沃尔玛的客户关系管理

沃尔玛成功的秘诀在于它独特的信念和经营法则:站在客户的角度为客户着想,维护与客户的关系。沃尔玛的天天低价策略正是其客户关系管理的核心。与"按订单生产"不同,以价格取胜是沃尔玛进行所有IT投资和基础架构的最终目标。沃尔玛能够利用多个渠道收集详细的客户信息,并且能够搭建灵活、高效的供应链信息系统。

沃尔玛在中国主要利用"零售商联系"系统和供应商联系,该系统也是其客户关系管理系统之一。"零售商联系"系统使沃尔玛能和主要的供应商共享业务信息。这些供应商可以得到相关的货品层面数据,观察销售趋势、存货水平等。通过信息共享,沃尔玛能和供应商一起促进业务的发展,帮助供应商在业务的不断扩张中掌握更多的主动权。沃尔玛模式已经超出了企业内部管理及与外界"沟通"的范畴,形成了以自身为主,连接生产厂商与客户的全球供应链。沃尔玛能够参与上游厂商的生产计划和控制,因此能够将客户的意见迅速反映到生产中,使厂商按客户需求开发定制产品。

启发思考: 沃尔玛是如何利用供应链信息系统实现客户关系管理的?

二、客户关系管理解决的主要问题

随着工业经济社会向知识经济社会过渡,经济全球化和服务一体化成为时代的潮流。客户对产品和服务满意与否,成为企业能否发展的决定性因素。通过客户关系管理,企业可以不断完善客户服务,提高客户满意度,从而留住更多老客户、吸引新客户,增加利润。

1. 完善客户服务

客户关系管理的核心理念是以客户为中心,通过提高为客户服务的水平,增强企业核心竞争力。市场是由需求构成的,满足客户需求是企业生存的本质,客户需求的满足状态制约着企业的获利水平。

很多企业逐步认识到:在售后服务方面做得好的企业,其市场销售水平就会呈现上升的趋势;反之,那些不注重售后服务的企业,其市场销售水平则会呈现下降的趋势。客户服务正由售后客户关怀变为使客户在从购买前、购买中到购买后的全过程中获得良好体验。购买前向客户提供产品信息和服务建议;购买中向客户提供企业产品质量的有关标准信息,并照顾客户在与企业接触时的体验;购买后则集中于高效跟进和完成对产品的维护和修理。这种售前的沟通、售中的客户关怀和售后的跟进,可使客户满意度提高。

2. 提高客户满意度

在客户关系管理中,全面关怀客户的最终目的是提高客户满意度。客户关怀能够很好地促进企业和客户之间的交流,协调客户服务资源,对客户做出最及时的反应。对客户资源进行管理和挖掘,不仅有助于促进现有产品的销售,还能够满足客户的特定需求,真正做到"以客户为中心",从而赢得客户的忠诚。

> 高德纳咨询公司认为,企业对客户详细资料的分析应主要包含以下几个方面(7P):客户概况分析(Profiling)、客户忠诚度分析(Persistency)、客户利润分析(Profitability)、客户性能分析(Performance)、客户未来分析(Prospecting)、客户产品分析(Product)和客户促销分析(Promotion)。

3. 挖掘关键客户

挖掘最有价值的客户,利用企业有限的资源和能力服务最有价值的客户是客户关系管理的主要目标之一。高德纳咨询公司认为,客户关系管理就是通过对客户详细资料进行深入分析来提高客户满意度,从而增强企业竞争力的一种手段。

第二节　电子商务客户关系管理

电子商务的迅速发展给企业的客户关系管理带来了无限的发展空间。电子商务客户关系管理不同于传统的客户关系管理,它主要借助网络环境下信息获取和交流的便利,对客户信息进行收集和整理;充分利用数据仓库和数据挖掘等先进的智能化信息处理技术,将大量客户资料加工成有用的信息;以信息技术和网络技术为平台开展客户服务管理,从而提高客户满意度和忠诚度。客户关系管理能与电子商务结合,提取电子商务中的客户信息、交易信息、服务信息,对客户行为进行分析,然后进行有针对性的营销。

电子商务客户关系管理是一个系统工程,既需要以客户关系管理理论为指导,又需要现代信息技术做支撑,还要结合电子商务新环境的特征,将这三者有效结合才能取得良好效益。

电子商务客户信息管理是客户关系管理各部分运作的基础,电子商务客户满意与忠诚管理是客户关系管理的目标和核心,电子商务客户服务管理是客户关系管理的关键内容。电子商务客户关系管理的内容如图 11.1 所示。

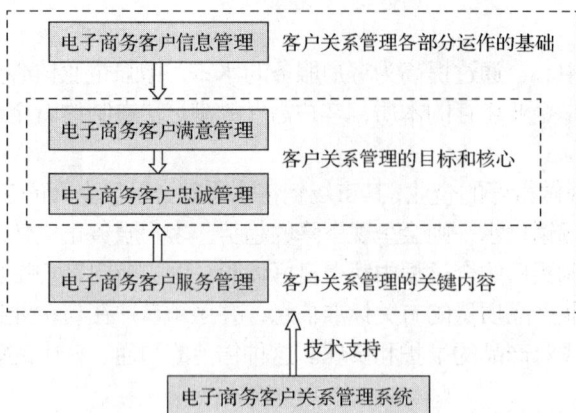

图 11.1　电子商务客户关系管理的内容

一、电子商务客户信息管理

客户信息管理是客户关系管理的一个重要组成部分。客户信息管理主要包括客户基本资料、档案管理，客户消费信息管理，客户信用度管理，客户黑名单管理，客户流失信息管理，客户分类信息管理，大客户信息管理及潜在大客户信息管理等内容。

电子商务客户信息管理的过程及内容主要包括电子商务客户信息的收集、客户资料数据库的建立、客户信息整理、客户信息分析等。

二、电子商务客户满意与忠诚管理

根据"二八"理论，20%的客户创造了 80%的利润。忠诚客户是企业利润的主要来源，是企业的重要"客户资产"。维护忠诚客户是实施客户关系管理的核心内容。一般认为，客户忠诚是由客户满意驱动的。盖尔认为，客户满意是客户价值理论的重要组成部分。企业首先要做好内部质量控制管理，生产出质量一致、使客户满意的产品，然后在市场上不断提高客户满意度，以达到客户忠诚的目的，形成客户价值。客户价值驱动模型如图 11.2 所示。

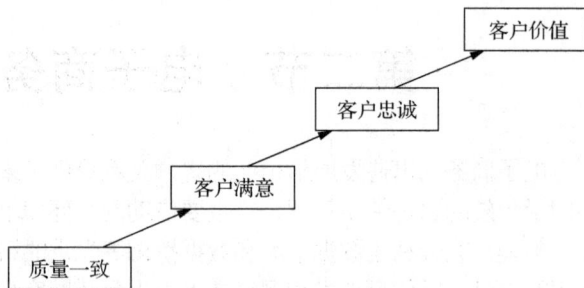

图 11.2　客户价值驱动模型

1. 电子商务客户满意管理

菲利普·科特勒认为，客户满意（Customer Satisfaction，CS）是指客户将一种产品或服务的可感知效果与其期望值相比较后，所形成的愉悦或失望的感觉状态。产品或服务的实际感知效果达到客户的预期，会使客户满意，否则就会使客户不满意。

如果感知效果高于期望值，则客户高度满意，可能会重复购买。

如果感知效果低于期望值，则客户不满意，可能会产生抱怨或投诉。

如果感知效果近似于期望值，则客户基本满意或一般满意，可能会持观望态度。

有研究表明，客户的不满意通常与核心产品、服务、支持系统及表现的关联度低，而与企业和客户的互动及客户的感受关联度高。

在电子商务环境下，客户满意管理的内容、衡量指标、方法都发生了一定的变化。因此，企业不仅要采用传统的客户满意管理办法，还需要结合网络环境方便、快捷的优势，合理把握客户期望值，增强客户感知效果，以达到维持和提高客户满意度的目的。

2. 电子商务客户忠诚管理

客户忠诚是指在企业与客户长期互惠的基础上，客户长期与某企业合作，从而对企业与品牌形成信任和情感依赖。

客户忠诚是需要维护和强化的。电子商务的发展提供了多种与客户沟通的技术。电商企业可以借助很多技术和客户进行有效、充分的沟通，及时挖掘他们的潜在需求，使他们的满意度提高，从而提升客户对企业的忠诚度。

三、电子商务客户服务管理

企业中最重要的部门就是销售或市场部门，因为这些部门的工作是围绕客户开展的。所有围绕客户开展工作的部门都是最重要的部门。

（一）客户细分

1. 客户分类

客户细分是指在明确的战略业务模式和特定市场中，依据客户价值、客户的需求和偏好等因素对客户进行分类，并为不同的客户提供有针对性的产品、服务和营销模式。客户细分过程就是对客户需求进行重新认识的过程。

图 11.3　客户的分类

根据客户对企业贡献的大小，企业的客户可分为 VIP 客户、大客户、普通客户和小客户四种类型，如图 11.3 所示。其中，大客户仅占 4%，其重要程度仅次于 VIP 客户。

通过对客户进行细分，企业会发现重要客户的需求与普通客户的需求侧重点是完全不同的。普通客户可以接受标准化的服务，而 VIP 客户和大客户需要的则是个性化服务。针对 VIP 客户提供的服务，一定要强调细节，以满足 VIP 客户的需求。不同的客户能为企业提供的价值是不同的。企业的资源和能力是有限的，客户细分可帮助企业找到最有价值的客户，有助于企业提高利润水平。

2. 千牛工作台——客户分类管理

千牛工作台是阿里巴巴官方推出的供淘宝卖家、天猫商家使用的工作软件，是在卖家版旺旺的基础上升级而来的。千牛工作台不仅集成了即时沟通工具（旺旺），还有客户运营管理、商品管理、店铺流量实时监控等工具。2019 年 3 月，千牛卖家中心与千牛工作台融合。

客户信息是店铺或客服人员拥有的宝贵财富，具有以下重要作用：让客服人员明白如何服务客户才能使其拥有更好的服务体验；了解客户的产品使用情况，促进客户复购；做好客户分类管理等。

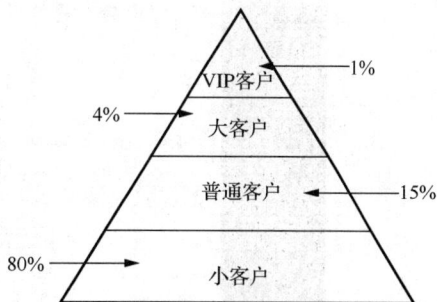

下面介绍在千牛工作台的客户管理页面对客户列表进行操作的具体方法。

（1）通过千牛工作台进入"客户运营平台"，如图 11.4 所示。

（2）在"客户运营平台"页面，点击"客户列表"，打开的页面中将显示网店的客户信息，如图 11.5 所示。点击某一客户信息栏中的"详情"，即可看到该客户的具体信息。

（3）进入客户详情页面后，卖家可对客户信息进行编辑和补充。点击右上方的"编辑"按钮，进入编辑页面。

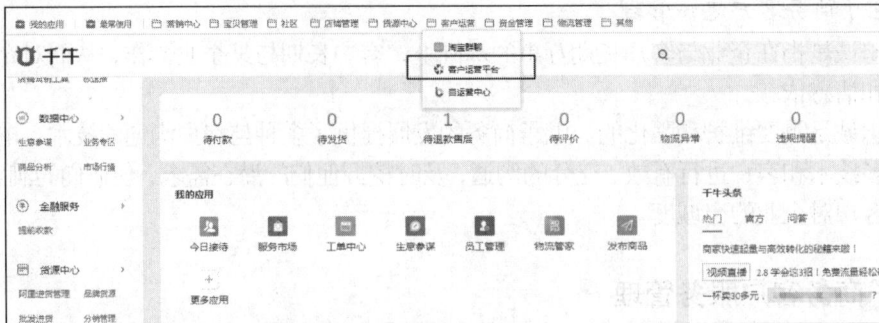

图 11.4　进入"客户运营平台"

图 11.5　"客户列表"页面

（4）在编辑页面中可对客户的个人信息及会员级别进行设置，如图 11.6 所示。相关信息设置完成后，点击"保存"完成操作。此时，卖家可针对不同的客户开展营销，如赠送优惠券、支付宝红包、流量等。

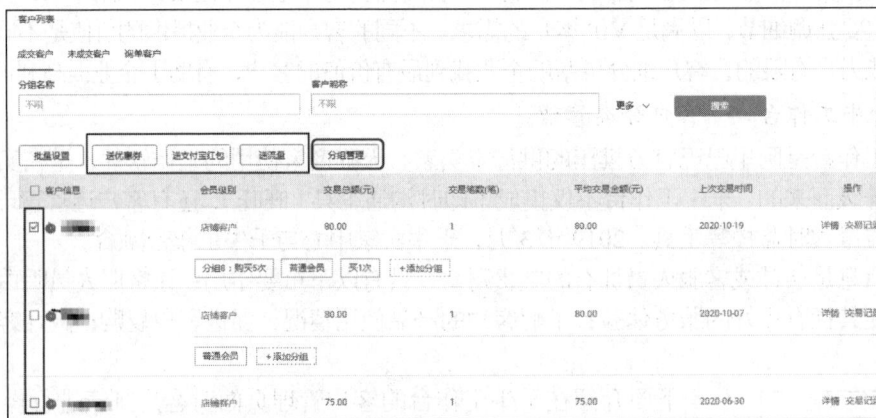

图 11.6　设置客户相关信息

（5）在图 11.6 所示的页面中，点击"分组管理"，即进入"分组管理"页面，如图 11.7 所示，在该页面可以查看客户分组信息，并对各分组信息进行复制与移动等操作。如需新增分组，可以点击右上方的"新增分组"，进入新建分组页面，然后输入分组名称并选择分组方式即可。

图 11.7 "分组管理"页面

3. 千牛工作台——客户忠诚管理

对卖家来说，忠诚的客户是卖家最有竞争力的武器。维系在日常交易及大促销中沉淀下来的客户忠诚，让买家再次产生购买行为，使客户忠诚变现，是客户关系管理的最终目的。只有不断地给买家提供优质的产品和周到的服务，从而提升买家的满意度，才能最终达到买家与卖家双赢的结果。

（1）VIP 设置。淘宝网后台的会员管理系统将会员分为普通会员、高级会员、VIP 会员、至尊 VIP 会员四个等级。卖家可以在客户运营平台设置各级会员的条件和相应权益，当消费者满足条件并主动授权加入会员后将成为店铺会员。

登录淘宝网后台，点击"客户运营平台"→"忠诚度设置"。如果已经设置过 VIP，在打开的页面中点击"修改设置"，如图 11.8 所示；如果是首次设置 VIP，在打开的页面中点击"立即设置"，进入"VIP 设置"页面，然后按照提示操作即可完成 VIP 设置。

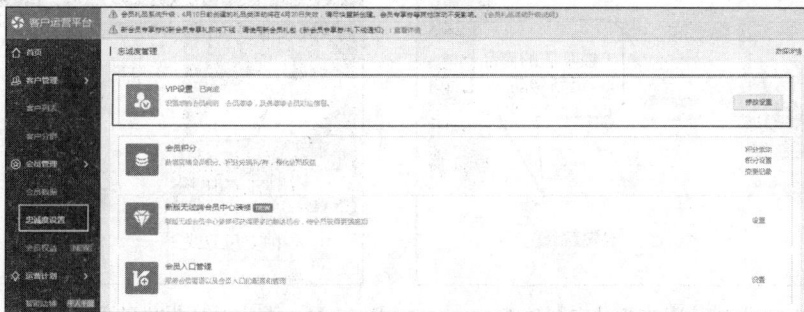

图 11.8 "VIP 设置"页面

（2）客户关怀。关怀老客户可以提升其满意度，能使其再次购买时，因为信赖产品及服务，更加愿意尝试购买高价产品，并对产品进行宣传。

目前，常用的关怀工具有短信、电话、旺旺、电子邮件等。

（二）电子商务客户服务管理的内容

电子商务环境下的客户服务管理是在传统客户服务管理的基础上，以信息技术和网络技术为平台开展的客户服务管理，是一种新兴的客户服务管理理念与模式。电子商务客户服务管理包括售前客户服务、售中客户服务、售后客户服务等，其策略分别如下。

1. 售前客户服务策略

售前阶段是商品信息发布和客户查询信息的阶段。在这个阶段，客户服务应主要做好以下工作。

（1）提供商品的搜索和比较服务。每一个网店都有许多商品，为了方便客户选择商品，网店应提供搜索服务。同时，网店还应该提供一些对比功能和有关商品的详细信息，以方便客户比较商品，从而作出购买决策。图 11.9 所示为京东商城的搜索、对比功能和某一商品的详细信息。

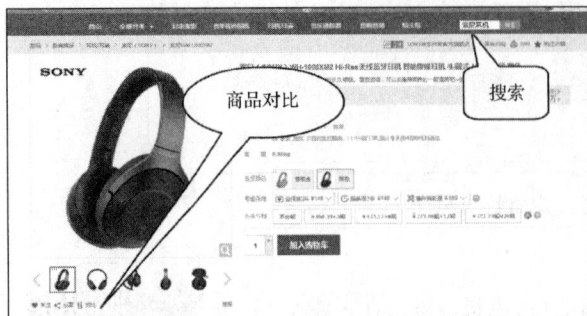

图 11.9　京东商城的搜索、对比功能和某一商品的详细信息

（2）建立客户档案，为客户提供消费引导服务。客户在网站注册时会填写自己的基本资料，这时网站应把客户资料保存在档案库中；当客户再次光顾时，也要把其浏览或购买的信息存入档案库。以此为依据，网站可以有针对性地开发或刺激客户的潜在需求。

2. 售中客户服务策略

（1）提供定制商品服务。企业应根据客户的个性化需求，及时生产产品或提供服务。这样不仅可以提高客户满意度，还可以及时了解客户需求。图 11.10 所示为天猫某店的商品定制功能。

（2）提供订单状态跟踪服务、多种安全支付方式和及时配送服务。客户下订单后，企业应该提供订单状态跟踪服务，现在大部分企业提供这样的服务。为了满足客户的多种需求，企业要提供灵活多样的支付方式，以方便客户选择（参见图 11.11）。客户完成在线购物后，商务活动并未结束，此时客户最关心的问题是所购商品能否准时到货，所以企业应提供及时的配送服务。

图 11.10　天猫某店的商品定制功能

图 11.11　淘宝某店提供的多项服务和多种支付方式

3. 售后客户服务策略

售后服务是客户服务中非常重要的环节，越来越多的企业开始重视售后的延续性服务。因为只有到了售后服务环节，客户才成为企业真正意义上的客户。售后服务开展得好，才能保持、维系与客户的良好关系，培养客户忠诚。

（1）向客户提供持续的支持服务。企业可以通过在线技术交流、常见问题解答及在线续订等服务，帮助客户在购买后更好地使用产品或服务。

（2）良好的退货服务。大多数电商企业都提供了良好的退货服务，以增强客户在线购买的信心，如淘宝网的"7 天无理由""运费险"服务。

（三）千牛接待中心的设置

为了更好地与客户保持长期、稳定的关系，卖家需要和客户随时进行互动，这就需要建立与客户沟通的通道。目前，淘宝网常用的即时沟通工具是千牛工作平台的接待中心。

视野拓展

千牛工作台的运行模式

千牛工作台一般有两种运行模式：旺旺模式与工作台模式。旺旺模式以沟通为主，工作台模式以管理为主。工作台模式已与卖家中心合并。淘宝网店接待客户、与客户沟通常用旺旺模式。

旺旺模式由阿里旺旺卖家版升级而来，也称千牛接待中心。阿里旺旺是淘宝的即时交流工具，可以轻松实现在线沟通。淘宝网的用户之所以习惯使用阿里旺旺来沟通和交流，并不仅仅是因为可以即时看到对方的淘宝会员名和相关资料、直接显示网址链接的安全性，更重要的是如果使用外部聊天工具，一旦出现交易争议或纠纷，淘宝网管理方就无法核实淘宝会员的真实身份和对话记录的真实性，外部聊天工具上的对话记录无法作为证据，而使用阿里旺旺则能避免这一问题。

（1）编辑卖家基本资料。在使用千牛工作台之前，首先需要对头像等基本资料进行设置。这样不但能让客户对卖家印象深刻，还能体现网店的"个性"。①登录千牛工作台后，可直接点击页面右上角的"接待中心"，如图 11.12 所示；或者直接点击千牛悬浮条中的接待中心图标，如图 11.13 所示。②进入"接待中心"页面（参见图 11.14），点击接待中心页面左上角的用户名，即可打开"我的资料"页面，点击"修改"可进入"修改头像"页面，点击"编辑"可以对"姓名""个人信息"等资料进行修改。

（2）设置自动回复。客服人员的响应速度直接影响着网店的动态评分，所以网店应提前设置好自动回复，以免造成访客量过高时回复不及时的问题。

在千牛接待中心页面点击左下角的"≡"图标，选择"系统设置"，进入"系统设置"页面，选择"接待设置"，再选择"自动回复"进行设置，如图 11.14 和图 11.15 所示。

（四）智能客服阿里店小蜜

在电商快速发展的过程中，客户服务工作逐渐暴露出很多短板，无法满足电商企业的需求。电商企业更需要自由度高、人员能够灵活切换、回复及时且精准的客服团队，简单来说，就是追求易管理、低成本、高产出。在这种大形势下，智能客服应运而生。智能客服可以帮助电商企业增强客服团队的服务能力，优化客户的购物体验。

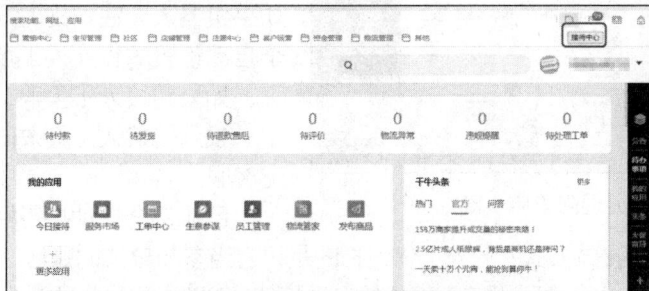

图 11.12　千牛工作台"接待中心"入口

图 11.13　千牛悬浮条

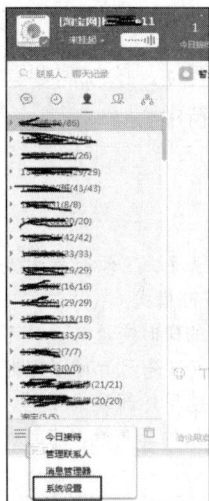

图 11.14　千牛接待中心页面

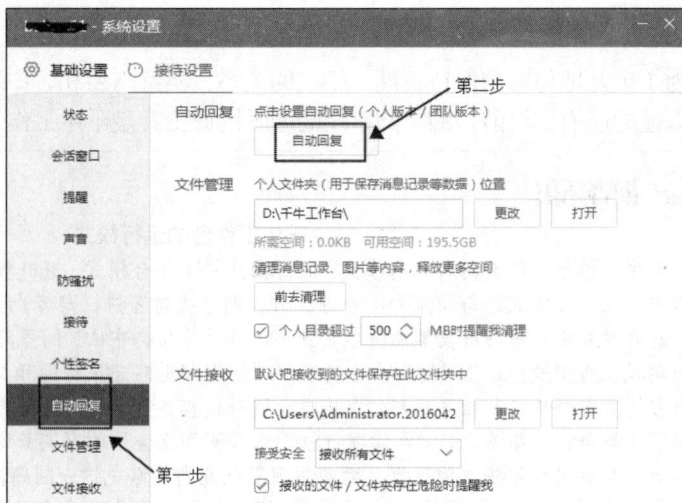

图 11.15　"接待设置"页面

阿里店小蜜是阿里巴巴推出的卖家版智能客服机器人，2016 年 8 月 1 日第一版上线，2016 年 12 月 27 日开启公测，2018 年 8 月 13 日 1.0 正式版上线。

1. 开通阿里店小蜜

阿里店小蜜的开通很便捷，通过店小蜜官网及千牛工作台，所有淘宝、天猫卖家都可以提交使用申请，如图 11.16 所示。一键授权激活后，阿里店小蜜就可以投入使用。

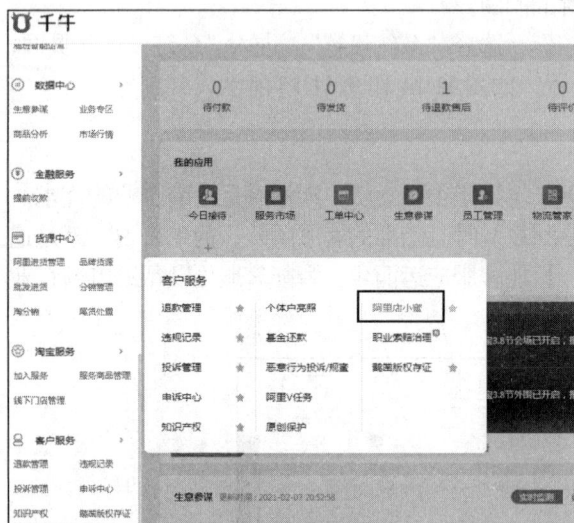

图 11.16　开通阿里店小蜜

2. 阿里店小蜜接待模式简介

阿里店小蜜的智能接待模式主要包括全自动接待模式和智能辅助（半自动）接待模式。

（1）全自动接待模式。全自动接待模式由阿里店小蜜独立接待客户。具体后台运作过程为：千牛工作台把客户分流给全自动机器人，机器人自动向客户发送欢迎语及快捷卡片，识别并回复客户的问题，在此过程中，如果机器人无法识别客户的问题，就会进入全自动设置的直连人工场景，可无缝转接人工；如果转接人工失败，则可通过查看接待记录找到转接人工失败的客户，手动为其分配客服。

目前，全自动接待模式有人工优先、助手优先、混合接待三种接待方式：①人工优先指的是只有当参与分流的账号全部下线或全部挂起时才会由阿里店小蜜开始自动接待；②助手优先指的是客户开始咨询后将优先由阿里店小蜜接待，当阿里店小蜜无法解决问题时转人工处理；③混合接待指的是千牛工作台按照自动化分流分配设置一定比例的客户由阿里店小蜜优先接待，其余的客户由人工正常接待。

（2）智能辅助（半自动）接待模式。智能辅助依赖于客服账号和客服人员一起接待客户，它可以代替客服人员自动回复，也可推荐回复内容供客服

视野拓展

阿里店小蜜基本
功能简介

人员选择，相当于客服人员的智能助手，也称为半自动机器人。

3. 阿里店小蜜基本功能简介

此处主要从常见问答配置、商品知识库、店铺知识诊断、跟单助手、智能商品推荐等方面来介绍。

（1）常见问答配置。常见问题主要分为行业通用问题、自定义问题等两种类型，根据问题的方向又分为聊天互动、商品问题、活动优惠、购买操作、物流问题、售后问题、更多问题等七个类型，如图 11.17 所示。

图 11.17　常见问答配置

卖家在添加行业通用问题及自定义问题的答案时，阿里店小蜜除了能给卖家提供文字回复外，对于客户提出的相同问题，还能提供多种不同的回复，对于一些复杂问题还可在答案后附加图片。

（2）商品知识库。在商品知识库中，卖家可新增自定义知识，回复方式可选择图文回复或直连人工客服。选择直连人工客服方式后，当客户咨询的问题无法被商品知识库识别时，则该客户将转接人工。

（3）店铺知识诊断。店铺知识诊断功能可根据卖家店铺的客服人员接待数据，给出知识优化建议，卖家无须逐一浏览客服人员的聊天记录即可获取知识库的配置提示，如图 11.18 所示。该功能包括：按照智能诊断结果优化知识库内容；从客服日常沟通过程中自动学习；参与优化自动识别模型等。

图 11.18　店铺知识诊断

（4）跟单助手。跟单助手包括配置面板、任务列表和数据看板三个模块。

1）配置面板。配置面板包含促进增收、直接增收和售后服务。其中，促进增收用于在咨询过程中进行营销促进，可提升 10%~20% 的转化率；直接增收用于对历史未成交和已成交客户进行营销，利用店铺私域流量增收；售后服务可为客户提供主动售后服务，从而改善客户的购物体验。

2）任务列表。任务列表展示了任务名称、任务场景、发送渠道、任务有限期、任务状态及操作等信息。

3）数据看板。数据看板展示了下单未支付、预售尾款未付、咨询未下单、意向用户唤醒、复购营销、智能私域营销、签收未确认、确认收货后邀评及发送使用说明等信息。

（5）智能商品推荐。智能商品推荐基于阿里店小蜜"千人千面"的智能推荐算法，在不同场景下，给客户推荐最有可能成交的商品，最终提高客单价。卖家可在该页面设置欢迎语推荐、求购推荐、搭配推荐及其他推荐。

客户关系管理是一个不断与客户交流，了解客户的需求，从而为客户提供更合适的商品和更优质的服务的过程。客户关系管理可以提高客户的满意度与忠诚度，从而实现客户价值的最大化。

第三节　客户关系管理技术及应用

客户关系管理的实现可以从两个层面考虑：一是树立管理理念，二是为这种新的管理模式提供信息技术支持。客户关系管理系统是以最新的信息技术为手段，充分利用数据仓库和数据挖掘等先进的智能化信息处理技术，将大量客户资料加工成有用的信息，运用先进的管理思想，通过业务流程与组织的深度变革，帮助企业最终实现以客户为中心的管理模式的管理系统。

微课堂
客户关系管理系统的分类

一、客户关系管理系统的分类

根据客户关系管理系统功能和运行方式的不同，美国的调研机构 Meta Group 把客户关系管理系统分为操作型、协作型和分析型三种。

（1）操作型客户关系管理系统。操作型客户关系管理系统主要通过业务流程的制订实施，让企业员工在销售、营销和提供服务时，得以用最佳方法提高效率。销售自动化、营销自动化、客户服务支持，以及移动销售与现场服务等软件工具，都属于操作型客户关系管理系统。操作型客户关系管理系统尤为适合那些第一次使用客户关系管理系统的企业。

（2）协作型客户关系管理系统。协作型客户关系管理系统是一套主要通过加快客户服务请求的响应速度来提升客户满意度的管理系统。客户除了可通过传统的信件、电话、传真或直接登门造访等形式与企业接触，还可通过电子邮件、呼叫中心（Call Center）等新的信息手段来达到与企业进行信息交流和商品交易的目的。

视野拓展

呼叫中心

呼叫中心又叫客户服务中心，是一种基于计算机电话集成技术，充分利用通信网络和计算机网络的多项功能集成，与企业连为一体的综合信息服务系统。呼叫中心利用现有的各种先进通信手段，有效地为客户提供高质量、高效率、全方位的服务。现代呼叫中心包括人工话务处理、自动语音处理、计算机同步处理、统计查询、知识库支持、互联网操作、录音、分析统计、定时自动呼叫服务等功能模块。中国移动的 10086、中国南方航空公司的 95539 等都是呼叫中心。

案例 11.2

中国移动协作型客户关系管理系统

话费随时查询、业务电话受理、个性化套餐选择、客服主动营销……中国移动协作型客户关系管理系统的建成引发了客户关系管理质的变化：由于实现了各系统客户数据库的共享，无论客户选择何种渠道与中国移动进行互动，中国移动的客服代表或客户经理都能掌握完整的客户信息；通过对数据进行集中分析，然后据此改善促销活动流程和系统功能，以获取更高的收入；口径一致和快速的服务响应不仅能提升客户满意度，还能缩短回应客户询问的时间；改善重要呼入客户服务请求的处理流程，可提高客户满意度和忠诚度；可为大客户提供更加具有针对性的销售计划及服务。异地营业厅、网站、短信、大客户经理、10086 客服中心（呼叫中心）都成了客户随时随地办理业务的"柜台"。

中国南方航空公司的呼叫中心

白女士是中国南方航空公司的老客户，最近要去成都出差，仍计划乘坐中国南方航空公司的航班。她拨通了中国南方航空公司的服务热线 95539。"白女士，您好！欢迎您再次惠顾中国南方航空公司！请问这次需要什么服务呢？"客服人员热情的话语让她倍感温馨。向客服人员交代了需要的航班的信息后，白女士又听到回话："这是您本月第三次乘坐南航班机，祝您旅途愉快！"

启发思考： 1. 中国移动协作型客户关系管理系统是如何实现客户关系管理的？

2. 中国南方航空公司的呼叫中心与普通的售票热线相比，有哪些不同之处？

（3）分析型客户关系管理系统。分析型客户关系管理系统通过企业资源计划、供应链管理等系统，以及操作型客户关系管理系统、协作型客户关系管理系统等不同渠道收集各种与客户相关的资料，然后通过报表系统地分析有关规律，帮助企业全面地了解客户的分类、行为、满意度、需求和购买趋势等，为决策提供客观的数据支持。企业可利用上述资料制订正确的经营管理策略。可以说，分析型客户关系管理系统就是根据对客户信息的分析，帮助企业"做正确的事，做该做的事"，其特点是智能化、适合管理者使用。

> **学而思，思而学**
>
> 客户面对的客户关系管理系统一般是哪种类型？对收集的客户资料进行分析并作出决策，可利用哪种客户关系管理系统实现？
>
> 客户数据可以分为哪几类？分析这些数据能给企业带来什么样的机会？

二、客户数据管理与数据挖掘

（一）客户数据的类型

客户关系管理系统的核心是客户数据管理。根据数据的形式和来源不同，企业关注的客户数据通常可分为客户描述性数据、客户交易性数据和市场促销性数据三类。

1. 客户描述性数据

客户描述性数据即通常所说的客户数据，用于描述客户的详细信息。我们通常可以将客户分为个人客户和团体客户两类。个人客户的描述性数据通常包括客户的基本信息（姓名、性别、出生日期、工作类型和收入水平等）、信用信息（忠诚度指数、信用卡卡号和信贷限额等）及行为信息（消费习惯、对促销活动的反应等）。团体客户的描述性数据通常包括客户的名称、规模、主要联系人姓名、头衔及联系渠道、企业的基本状况、企业类型、信用情况和购买过程等。客户描述性数据不但包括现有客户信息，还包括潜在客户、合作伙伴和代理商的信息等。

> **微课堂**
> 客户数据的类型

2. 客户交易性数据

描述企业和客户相互作用的所有数据都属于客户交易性数据，这类数据和促销活动的数据一样，会随着时间变化而变化。客户交易性数据包括与客户的所有联系活动、购买商品类数据（历史购买记录、购买频率和数量、购买金额、付款方式等）和商品售后类数据（售后服务内容，客户对商品的评价、对服务的评价、对企业提出的建议和要求等）。

案例 11.3

亚马逊的客户描述性数据与交易性数据

亚马逊的销售额一直在保持高速增长，这与其利用客户数据不断改进服务和客户关系是分不开的。为了使客户获得愉快而便捷的网购体验，亚马逊利用多种工具和手段收集客户数据。例如，通过"一点就通"的 One Click 设计，客户只要在亚马逊购买过一次商品，其通信地址和信用卡账号就会被安全地存储下来，下次再购买时，客户只要点击一下商品，网络系统就会自动完成接下来的大部分步骤。当客户在亚马逊购买图书时，网站的销售系统会自动记录书目，生成有关客户偏好的信息；当客户再次进入亚马逊时，销售系统就会识别其身份，并依据其爱好来推荐书目，巧妙提醒客户去浏览可能会引发其兴趣的其他图书。客户与网站的接触次数越多，系统获取的客户数据就越多，提供的服务也就越好。方便、快捷、安全、有效的个性化服务使亚马逊成为网络零售行业的典范。

启发思考： 亚马逊是如何进行客户数据管理的？

3. 市场促销性数据

市场促销性数据表示企业对每个客户开展了哪些促销活动，主要包括销售人员现场推销、展览会产品宣传单发放、报纸杂志的宣传报道、电话直销、服务支持人员在服务过程中所提出的各种建议、分销商对客户的宣传与承诺、客户产品使用情况调查等。这类数据反映了客户对促销活动的响应程度。

（二）数据挖掘

企业不但要关注客户的静态数据和动态数据，更要关注对整个市场的统计分析（市场占有率、月销售额、单笔平均购买量、市场需求量、消费群体数量预期等），数据挖掘能够自动化地分析这些数据，做出归纳性的推理，从中挖掘客户的潜在需求，帮助决策者调整市场策略、做出正确的决策。客户关系管理是数据挖掘的重要应用领域，数据挖掘是客户关系管理系统中的核心技术。正是因为有了数据挖掘的支持，客户关系管理才具有越来越大的研究价值和市场价值。

> **学而思，思而学**
> 分析讨论数据挖掘对客户关系管理的意义。

1. 数据挖掘的定义

数据挖掘是指从大量的、不完全的、有噪声的、模糊的、随机的实际应用数据中，提取隐含在其中的、人们事先不知道的但又是潜在有用的信息和知识的过程。它是通过分析数据，发现数据内部信息和知识的过程，又称从数据中发现知识（Knowledge Discovery from Data，KDD）。数据挖掘的近义词有数据融合、人工智能、商务智能、模式识别、机器学习、知识发现、数据分析和决策支持等。

2. 数据挖掘的目的

基于互联网的全球信息系统的发展使我们拥有了前所未有的丰富数据。大量信息在给人们带来方便的同时也带来了一大堆问题：第一是信息过量难以消化；第二是信息真假难以辨识；第三是信息安全难以保证；第四是信息形式不一致，难以统一处理。数据丰富、知识相对贫乏已经成为一个典型问题。数据挖掘的目的就是通过各种模型和算法，有效地从海量数据中提取出各种有价值或有规律的信息，实现"数据—信息—知识—价值"的转变过程。

数据挖掘应用在客户关系管理中，能够把原始的客户资料转变为商机，实现对现有客户的管理和对潜在客户的挖掘。有了数据挖掘的支持，客户关系管理的理念才能真正得以运用。

3. 数据挖掘在客户关系管理中的应用

客户关系管理要求对大量的客户数据进行分析和管理，而数据挖掘刚好提供了能满足这一要求的分析工具，客户关系管理中的很多工作都会用到数据挖掘。因此，数据挖掘的正确应用对客户关系管理功能的全面实现具有重要意义。

（1）数据挖掘在客户细分中的应用。对客户进行细分有利于针对不同类型的客户进行客户分析，分别制定客户服务策略。客户细分就是把客户根据其性别、收入、交易行为特征等属性细分为具有不同需求和交易习惯的群体。

客户细分可以采用分类的方法，也可以采用聚类的方法。采用分类的方法，可以先将客户分为高价值和低价值的客户，然后确定对分类有影响的因素，再将拥有相关属性的客户数据提取出来，选择合适的算法对数据进行处理，从而得到分类规则。使用聚类的方法，是在之前并不知道客户可以分为几类的情况下，在将数据聚类后，再对结果数据进行分析，从而归纳出这些数据的相似性或共性。

（2）数据挖掘在客户识别中的应用。识别客户是企业发现潜在客户、获取新客户的过程。企业应采取一些必要的手段（如在做广告宣传的同时进行问卷调查或网上调查）来获取潜在客户的信息；在得到相关信息后，企业应该通过实验观察潜在客户对企业产品的不同反应，根据客户的反馈结果建立"客户反应"预测模型，利用数据挖掘找出对产品最感兴趣的客户群；数据挖掘结果会显示潜在客户的名单，同时企业还可根据潜在客户的信息分析哪种类型的人最有可能成为现实客户。数据挖掘中的关联分析、聚类和分类功能可以很好地完成这种分析。图 11.19 为数据挖掘在客户识别中的应用过程。

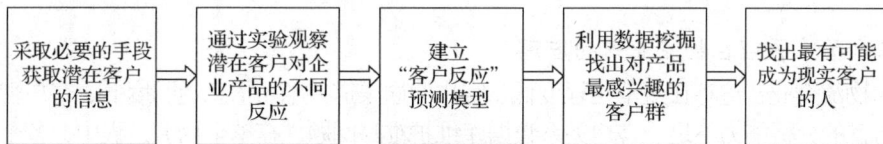

图 11.19 数据挖掘在客户识别中的应用过程

（3）数据挖掘在客户忠诚度分析中的应用。数据挖掘在客户忠诚度分析中的应用主要是对客户的持久性、牢固性和稳定性进行分析，这三个指标综合起来可以反映客户的忠诚度。①客户持久性反映的是客户在企业连续消费的时间。②客户牢固性反映的是客户受各种因素（如价格、广告宣传等）影响的程度，牢固性高的客户受各种因素的影响较小，会始终购买同一企业的产品或服务，而有些客户只在企业促销、打折或进行大规模宣传时购买该企业的产品或服务。③客户稳定性是客户消费周期和频率的表现，每隔一段时间就购买一次该企业产品或服务的客户被认为是稳定的，而那些偶尔购买、购买时间随机的客户被认为是不稳定的。

> **学而思，思而学**
> 分析数据挖掘在客户忠诚度培养中的应用。

三、客户关系管理系统的主要应用

随着人们对客户关系管理认知程度的加深，客户关系管理系统逐渐被越来越多的企业所熟悉和接受。

1. 客户关系管理在零售业中的应用

随着经济的发展，绝大部分零售市场已成为供过于求的买方市场，而零售业的客户绝大多数是个人消费者，数量大、分布广、结构复杂，对服务的要求各不相同，需求也日益增多，且易受环境影响，变化较大。因此，对最终消费者消费心理的关注就越发显得重要。

基于以上情况，毫无疑问，客户关系管理对零售企业来说有着非常重要的作用。发达国家的零售企业对客户关系管理都非常重视，如沃尔玛、麦德龙等，它们都建立起了完善的客户关系管理系统。国内的零售企业近年来对客户关系管理也越来越重视，但和发达国家零售企业的重视程度相比还存在一定差距。例如，对于 VIP 会员卡的管理，国内很多零售企业仅停留在关注 VIP 会员的优惠政策方面，而很少对 VIP 会员的贡献率进行分析。

案例 11.4

麦德龙的客户关系管理

麦德龙是一家实行会员制的企业，会员入会不需要缴纳会员费，只需填写客户登记卡。客户登记卡填写的主要项目包括客户名称、行业、地址、电话、传真、地段号、邮编、税号、账号和授权购买者的姓名。此卡记载的客户信息会被输入计算机系统并存储起来，当客户有购买行为发生时，系统就会自动记录客户的购买情况。

2001 年年初，蒙牛在刚进入上海市场时，想进入连锁超市进行销售，但是进入连锁超市的门槛太高，于是蒙牛找到了麦德龙寻求合作。麦德龙利用其客户数据优势，将蒙牛牛奶的样品赠送经过分析后精心挑选出的 5 000 户家庭品尝，随后跟踪这些家庭的反馈信息，同时在网上和直邮单上发布蒙牛牛奶的促销消息，从而促进了蒙牛牛奶在上海的销售，使之从一开始每月只有几万元的销售额一下子增加到几十万元。就这样，蒙牛没有投入大量资金进行广告宣传，也没有花费巨额的连锁超市"入场费"，而是仅仅投入了数千盒样品就顺利地打开了上海市场。这一切，如果没有麦德龙强大的客户数据系统的支持是做不到的。

启发思考：麦德龙是如何帮助蒙牛打开上海市场的？

2. 客户关系管理在物流业中的应用

传统的物流企业普遍存在规范化程度低、客户沟通渠道狭窄、信息透明度低、客户智能管理缺乏、客户信息的分析能力不足、客户关系数据库维护难等问题。在整个物流过程中，各个环节分散在不同的区域，需要一个信息平台将各个物流环节连接起来，以及时把握客户的订货需求，进行车辆的调度管理、库存管理及票据管理等，力求用最少的库存、最短的运输时间满足客户的需求。

现代物流企业普遍采用了信息化管理技术，呼叫中心、客户关系管理技术的运用有效结合了传统的物流信息化手段，将遍布各地的物流中心与客户连接了起来，形成了一个效率更高的物流配送网络。物流企业的客户关系管理系统可实现客户资料的存储与管理、客户行为的分析与理解以及客户价值的最大化等。

3. 客户关系管理在电子商务中的应用

目前，电商行业处于买方市场，商品供大于求，而卖家的营销思路同质化严重，不少卖家通过打"价格战"来赢得客户，导致利润微薄甚至亏本。面对这种境况，卖家要做的就是把已有的客户变成自身的忠诚客户，而这需要做好客户关系管理。电子商务运营者已不再只是将客户关系管理软件当作客户关系管理工具，而更多地将其作为管理一切与客户有关的商业信息的统一体系。

客户关系管理不仅可以帮助电商企业更方便、及时、准确地管理客户，还可以进行更为复杂的客户数据分析。随着移动电商的普及，移动客户关系管理系统让端到端的管理成为可能，可以更方便地帮助企业做好人性化的客户关系管理。

视野拓展

客户关系管理离不开软件的帮助，客户关系管理软件相当多，优势也各不相同。XTools 超兔 CRM 软件是适用于中小企业的一款网络版软件，客户无须安装客户端，通过浏览器登录即可使用，在其官网上注册后可免费试用一个月。推荐读者在课外通过其演示界面简要了解其操作要点并试用。

📖 **实训案例**

流量红利消退　数据不可忽视

2018 年被称为会员消费元年。随着线上流量红利的消退，阿里巴巴、腾讯都在加速推进会员制：阿里巴巴借力"双十一"推出"88 会员"、腾讯视频凭借独家节目强势转化会员，网络巨头们都在"跑马圈地"，争取获得更多会员，试图将已有流量资源紧紧攥在手中。

一个残酷的事实是，企业获取用户的成本越来越高，流量越来越贵。从前一次外卖补贴就能让用户下载一个 App，而如今电商用户获取成本已超过 200 元/人次。不得不承认，靠单纯引流驱动用户增长的时代已经结束了。

1. 从争夺流量，到运营存量

当流量陷阱凸显，何不先运营好已有的存量用户？高频消费品购买交易频繁，消费者可选择的产品也多，企业有更多的机会走近消费者。曾经的淘品牌御泥坊（一个护肤品牌），早年发迹于线上时就十分注重用户运营，根据大量的用户数据，积极调整和优化产品战略。如今，御泥坊的流量获取成本远低于同行，虽然存量用户的生命周期在拉长，消费频次还在上升，御泥坊却能免于陷入流量陷阱。

消费者需求在不断变化，而消费者数据的延伸和预测可以伴随消费者一起成长。

2. 流量越来越少，数据越用越多

如果流量是有限游戏，那么数据就是未来商业的无限游戏。在无限游戏里，运营者需要在茫茫数据海洋里寻找其背后千丝万缕的联系，客户关系管理用标签树作为用户的数据入口，像剥洋葱一样，拨开一层一层的标签更精准地触达消费者的需求。

用户需求日新月异，传统的日化产品策略越来越难留住消费者。上海家化的"第一方标签树"的设计，使上海家化旗下品牌可根据行业品类、产品特征、营销场景、消费者需求定制标签。其标签数据具有延伸性，如"启初—护肤—面霜—生命之初系列—易推开"等，从而为产品延伸出诸多营销点和品牌策略解决方案。

面对六神"品牌老化"的问题，上海家化根据后台数据敲定了一位年轻的创作歌手作为代言人。从消费者画像来看，六神因此取得了较好的"年轻化"效果；同时，消费者反馈数据被实时录入上海家化的标签中，这可以帮助六神更精准地挖掘营销场景。

3. 用好用户数据，做好个性化沟通

用户数据细分是更精准地挖掘消费者需求的前提，更是制定更准确的产品战略和营销战略的前提。

将消费者反馈作为产品研发和营销方案的"试纸"，可用来验证消费者沟通的准确性、产品的需求度和沟通方式，深度挖掘消费者的隐性需求。

如今消费品行业的增长点，其实就隐藏在用户数据中。下一个五年，消费品行业的数字营销机会将围绕品牌年轻化、消费个性化、渠道多样化展开，客户关系管理可精准触达目标人群，实现个性化沟通。

4. 从流量思维到数据思维，是企业战略思维的转换

利用好大数据对于新形势下企业的运营愈发重要。瑞幸咖啡通过用户在 App 中留存的订单信息等数据为用户精准画像，并据此进行针对性营销、运营管理、智能调度和建立会员体系。受新零售的影响，许多传统品牌已开始积极探索借助数据赋能运营的方法。

（本案例整理自亿欧网 2019 年 1 月《流量红利消退　数据不可忽视》）

思考讨论

1. 为什么说目前电商企业已经从争夺流量转变为运营存量？
2. 为什么说从流量思维到数据思维，是企业战略思维的转换？

归纳与提高

本章介绍了客户关系管理的内容。首先，介绍了客户关系管理的概念、客户关系管理解决的主要问题；接着，介绍了电子商务客户关系管理的应用，主要包括电子商务客户信息管理、电子商务客户满意与忠诚管理、电子商务客户服务管理等内容；然后，分析了客户关系管理技术及应用——客户关系管理系统的分类、客户数据的类型及客户关系管理系统的主要应用等；最后的实训案例介绍了流量红利消退，数据不可被忽视的原因，通过举例说明了从流量思维转换到数据思维的重要性。

知识巩固与技能训练

一、名词解释

客户关系管理　数据库营销　关系营销　客户满意　客户忠诚　呼叫中心

二、单项选择题

1. "客户关系管理" 这个词的核心主体是（　　）。

   A. 客户　　　　　　　　B. 关系　　　　　　　　C. 服务　　　　　　　　D. 管理

2. 客户关系管理的终极目标是（　　）的最大化。

   A. 客户资源　　　　B. 客户资产　　　　C. 客户终身价值　　　　D. 客户关系

3. 在客户满意中，超出期望的表达式是（　　）。

   A. 感知效果＞期望值　　　　　　　　B. 感知效果＜期望值

   C. 感知效果＝期望值

4. 客户投诉的最根本原因是（　　）。

   A. 客户的期望被满足　　　　　　　　B. 客户的期望没有得到满足

   C. 产品质量不好　　　　　　　　　　D. 后续服务不好

5. 著名的 "二八" 理论是指（　　）。

   A. 企业 80%的销售额来自 20%的客户

   B. 企业有 80%的新客户和 20%的老客户

   C. 企业 80%的员工为 20%的老客户服务

   D. 企业 80%的利润来自 20%的客户

6. （　　）是大客户销售的目的。

   A. 赚取利润　　　　　　　　　　　　B. 获取企业长期、持续的收益

   C. 降低库存水平　　　　　　　　　　D. 取得市场的竞争优势

7. 在竞争更激烈的行业中，客户满意与客户忠诚的相关性（　　）。

   A. 较大　　　　　　　　B. 较小　　　　　　　　C. 无关

8. 客户忠诚是建立在（　　）的基础之上的，因此提供高品质的产品和无可挑剔的客户服务、增加客户关怀是必不可少的。

   A. 客户的赢利率　　　B. 客户总成本　　　C. 客户满意　　　　D. 客户价值

9. 下列关于客户满意或客户忠诚的表述错误的是（　　）。

   A. 客户满意是一种心理上的满足

   B. 客户忠诚是一种持续交易的行为

C. 客户满意是客户关系管理解决的主要问题

D. 客户忠诚是客户关系管理解决的主要问题

10. 下列各项中，（   ）不属于电子商务环境下客户关系管理在前端实现的服务功能。

    A. 个性化网页服务   B. 在线客服

    C. 订单自助跟踪服务   D. 客户状态分析

11. （   ）第一个提出了客户关系管理。

    A. 高德纳咨询公司   B. IBM   C. 盖尔   D. 赫尔维茨集团

12. 以下说法正确的是（   ）。

    A. 争取新客户的成本低

    B. 保留老客户的成本低

    C. 争取新客户的成本与保留老客户的成本差不多

    D. 争取新客户和保留老客户的成本要根据实际情况来定

13. （   ）不属于客户描述性数据。

    A. 降价销售   B. 行为爱好   C. 家庭成员情况   D. 信用情况

14. 属于客户交易性数据的有（   ）。

    A. 客户的交货要求   B. 客户的工作类型

    C. 客户收到的电话促销   D. 客户的性别

15. 下列属于市场促销性数据的是（   ）。

    A. 客户类型   B. 礼品发放形式   C. 公司名称   D. 行为爱好

三、判断题

1. 客户关系管理的管理理念是视客户为企业最重要的资产。   （   ）

2. 客户关系管理不仅是一种软件，而且是信息技术、软硬件系统集成的管理办法和应用方案的总和。   （   ）

3. 大客户和小客户一样都需要关怀；提供标准化的服务也可以使大客户感到满意，所以不必为其提供个性化服务。   （   ）

4. 操作型客户关系管理系统能帮助企业"做正确的事，做该做的事"，适合管理者使用。

        （   ）

5. 呼叫中心就是热线电话，只是投入，不会创造利润。   （   ）

四、复习思考题

1. 客户关系管理应如何理解？客户关系解决的主要问题有哪些？

2. 电子商务客户关系管理包括哪几个部分的内容？

3. 客户关系管理系统一般分为哪几类？它们各有何特点？

4. 数据挖掘应用在客户关系管理的哪些方面？

五、技能实训题

1. 进入自己淘宝网店的阿里店小蜜后台和客户运营平台进行如下操作。

（1）阿里店小蜜的设置：①进行常见问答设置；②在商品知识库中，新增自定义知识；③在店铺知识诊断中，根据智能诊断结果优化知识库内容。

（2）客户运营平台的应用：①对自己网店的现有客户信息进行维护，如会员级别、分组等；②尝试针对不同级别的会员开展营销活动，如发放优惠券、支付宝红包等。

2. 调查分析京东商城、沃尔玛的客户关系管理情况，谈谈它们是如何运用客户关系管理的理念和技术解决管理问题的。

第十二章　移动电商

【知识框架图】

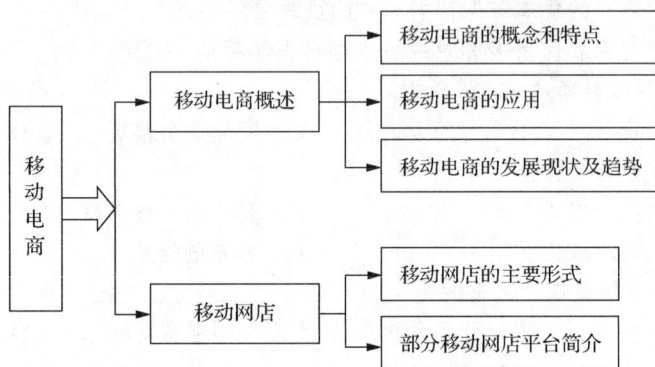

【学习目标】

【知识目标】

1. 能叙述移动电商的概念，列举并分析其特点。
2. 能列举移动电商的关键应用。
3. 能说明移动社交营销的方式。

【技能目标】

1. 能够使用工具生成二维码。
2. 熟悉移动社交营销，并能利用微信等工具进行移动社交营销。

引例
移动电商时代的新生活

小王计划暑假去外地旅游一周，他提前在手机上的 12306 铁路订票 App 中预订了来回的火车票，并且在携程 App 上预订了一家旅馆。小王在火车上还使用曹操出行 App 预约了网约车，他一出火车站就被网约车送抵预订的旅馆。安顿好后，小王又利用美团等 App 团购了旅游景点的门票。到了景点，小王一扫描相应的二维码就看到了景点的相关介绍。在饭店吃饭时，他又利用手机点餐小程序点餐并付款……

移动电商让人们体验到了一种全新的生活方式。移动电商已经融入了人们的日常生活中。那么，移动电商在哪些领域有着广泛应用？移动电商的发展现状及趋势又是怎么样的呢？

第一节　移动电商概述

移动电子商务（Mobile Business，MB；或 Mobile Commerce，MC；移动电商）也称无线电

子商务（Wireless Business，WB），是指在无线平台上开展的电子商务。移动电商是电子商务的一个新分支，同时也是电子商务的整合与扩展。

在移动电商时代，原有电子商务的技术支撑、业务流程和商业应用都会实现从有线到无线的扩展与完善，从这方面来说，移动电商是电子商务发展的高级形式。

一、移动电商的概念和特点

1. 移动电商的概念

移动电商由电子商务衍生而来。传统的电子商务的主要终端是个人计算机，而移动电商的主要终端是手机、平板电脑这些可以随身携带的无线终端。

目前，较普遍的移动电商的定义是利用手机、平板电脑等无线终端开展的电子商务活动。狭义的电子商务活动指的是商务交易类活动，而广义的电子商务活动则泛指一切与商务交易有关的活动，如营销、推广、支付及物流等。移动电商将互联网、移动通信技术、短距离通信技术、应用程序开发技术及其他技术完美结合，使人们几乎可以在任何时间、任何地点进行各种商贸活动，实现了随时随地、线上线下的购物交易和在线支付。

2. 移动电商的特点

与传统电子商务相比，移动电商具有很多优点。移动电商由于不受时间和地点的限制，交易时间灵活，大大提高了交易效率。表 12.1 为移动电商的特点及其说明。

表 12.1　移动电商的特点及其说明

特点	说明
交易灵活性	移动电商不受时间和地点的限制。移动互联网终端设备主要有智能手机、平板电脑及其他智能终端，这些设备体积小，可随身携带。同时，移动电商交易的支付方式多种多样，如手机银行支付、电话支付、短信支付、微信支付、支付宝支付等，具有灵活性
安全性	移动电商实现了移动通信与互联网技术的结合。一方面，互联网的诸多技术可以保障交易的安全；另一方面，无线网络不受地理环境和通信电缆的限制，具有广泛的开放性，但也带来了诸多安全隐患
便利性	传统电子商务可以使用户免受时间和地理位置的限制，移动电商则可以完全地实现随时、随地的交易，移动电商的便利性可以使用户享受方便、快捷的服务，并提高其生活质量
广泛性	电子商务的目标用户为互联网用户，而移动电商的目标用户则是巨大的移动电话用户群体。相比之下，移动电商具有更广泛的用户基础
内容丰富性	互联网上的信息是丰富的，以互联网为主要信息来源的移动电商拥有传统电子商务无法想象的丰富资源

二、移动电商的应用

移动电商的应用是指电子商务的主体通过各种无线技术和移动终端，在"动态"中进行商务活动。移动电商应用广泛，在传统商务活动的各个层面、各个领域都起到了举足轻重的作用，如移动营销（包括微信营销、移动社交营销等，微信营销在本书第七章已做介绍）、移动金融、无线医疗、移动旅游电子商务、移动出行、移动电子娱乐及移动教育等，下面简单介绍其中的几种应用。

（一）移动社交营销

随着"社交+"应用模式的不断创新，移动社交平台也开始顺应市场趋势，在广告、短视频、电商、游戏、教育等领域进行渗透，利用社交关系吸引用户使用，促进商业变现，赋予社交平台新的活力。移动社交营销是指通过移动社交平台开展营销活动的过程，主要有社交电商、短视频营销和网络直播营销等类型。短视频营销

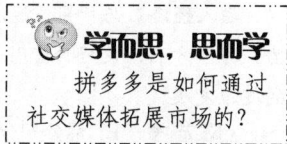

> **学而思，思而学**
> 拼多多是如何通过社交媒体拓展市场的？

和网络直播营销在第七章已做介绍，这里只简单介绍社交电商。

1. 社交拼团

在电商领域，企业通过打造高性价比的商品，吸引用户通过社交平台分享、拼团，从而降低电商引流成本，提升线上购物信任度。而社交平台则可实现流量变现，实现商业模式的多元化。

拼多多的商业模式是一种社交团购模式，其以团购价来销售某种商品。用户可以将在拼多多拼团的商品链接发给好友，如果拼团不成功，则会退款。我们可以看到许多人都会在朋友圈、微信群发送拼多多团购链接，拼多多由此通过社交网络实现了裂变营销。朋友圈、微信群拼团模式是移动电商与社交媒体相结合的商业模式的创新，在几乎不做任何广告的情况下，很好地利用了社交媒体渠道，以用户发展用户的模式迅速打开了市场。

2. 社交新零售

社交新零售是指借助微信、微博、QQ、直播、短视频等社交工具，以社会化关系建构零售模式、以集中运营降低成本的新型零售业态。据统计，目前社交新零售主要有以下几种模式。

视野拓展
拼多多为何包邮
低价值商品

（1）以云集等为代表的平台分销模式。

（2）以拼多多、淘宝特价版、京喜、苏宁拼购等为代表的平台"拼团"模式。

（3）以小红书、蘑菇街等为代表的"平台+达人分享"模式。

（4）以什么值得买为代表的内容导购类平台。

（5）以有赞、点点客、微盟等为代表的服务商类工具模式等。

案例 12.1

拼多多、爱库存成社交电商代表

"社交+电子商务"模式已经成为电商行业创新发展的新蓝海，2019 年，社交电商交易规模已经占网络零售总规模的 19.4%，并且涌现出了拼多多、爱库存（梦饷集团）等一大批代表企业。根据运营模式、流量获取方式的不同，目前社交电商主要分为分销型、拼团型、内容型和社区团购型。其中，拼团型社交电商市场份额最大，拼多多处于领先地位；分销型社交电商合并计算交易规模的增长率持续处于高位。

创立于 2015 年的拼多多不仅是社交电商中的领先者，在整个国内互联网领域也跻身新一线阵营。通过沟通分享形成的社交理念，形成了拼多多特色的新社交电商思维。

新电商后起之秀爱库存，则显示出强劲的增长势头。爱库存主要参考了日本便利店的"7-11"模式，基于 S2B2C 模式，分别链接品牌商家与店主，服务终端消费者，为品牌商家与店主提供相关技术及配套的技术服务支持，为消费者提供符合其真实消费需求的个性化优质商品。

2020 年 8 月，爱库存在上海举行品牌升级发布会，将企业全新升级为梦饷集团，并宣布致力于成为新电商基础设施提供者，为流量个体和企业提供数字化店铺及一体化商品与服务结合的整体解决方案。

因为拼多多、爱库存等一大批企业的迅速崛起，社交电商行业的发展被持续看好。一方面，在流量生态方面，微信生态正大力发展小程序，抖音、快手等短视频与直播平台也在构建电商新生态，社交电商所构建的"熟人经济"与"粉丝经济"并行的流量新生态，持续为社交电商的形式创新提供动力；另一方面，良好的信用评价机制与合理的信用交易模式也在有效促进"社群经济"的健康发展。

本例原文

启发思考： 1. 请分别分析拼多多、爱库存的商业模式。

2. 社交电商相比传统电商有什么优势？

电子商务概论（附微课　第5版）

（二）移动金融

移动金融使用户能随时随地在网上安全地进行个人理财，也可以使用其移动终端核查账户、支付账单、进行转账及接收付款通知等。

移动金融具有即时性，非常适用于股票交易等在线交易活动。

（三）无线医疗

对急症病人而言每一秒都非常关键，在紧急情况下，借助无线技术，救护车可以在行驶中同医疗中心和病人家属进行快速、动态、实时的信息沟通。在无线医疗的商业模式中，病人和医院都可以从中获益，因此他们也都愿意为这项服务付费。

（四）移动旅游电子商务

移动旅游电子商务是指用户利用移动终端设备，通过无线网络，采用某种支付手段来完成和旅游产品提供者之间的交易活动。移动旅游电子商务可提供的服务主要有旅游信息服务、各种旅游产品的查询和预订服务、旅游电商网站的个性化服务、为旅游爱好者提供自主交流的平台等。

相对于传统的旅游电子商务，移动旅游电子商务使用的终端可随用户移动，并支持地理定位，从而使用户可以随时随地获取基于位置的服务，如导航、定位、餐饮、住宿、景点介绍等。

案例 12.2

伪满皇宫博物院推出新服务　游客扫二维码即可进入

据人民网 2018 年 9 月 30 日报道　为了迎接十一黄金周的到来，伪满皇宫博物院在吉林省内率先启用手机微信购票，游客扫描二维码即可进入伪满皇宫博物院，方便、快捷。

据了解，每年旅游高峰期，伪满皇宫博物院游客服务中心排队购票的游客很多，为了解决这一问题、提高游客购票效率、避免发生安全事故，伪满皇宫博物院在十一黄金周前夕，引入了新型智能售票系统，更换了原有的验票设备，并对网络售票各项措施进行了全面的测试，游客用手机扫描伪满皇宫博物院提供的二维码，即可进入选择界面，点击"微信购票"程序，按提示步骤操作，仅需 50 秒就可完成购票；游客在验票口扫描收到的验证二维码即可进入伪满皇宫博物院参观。

伪满皇宫博物院在实现网络快捷售票的同时，还在游客服务中心为游客提供了自助售票机。游客按照界面提示，通过微信、支付宝或银联卡支付等方式可自助打印门票。

启发思考：移动电商的出现，给旅游行业中的哪些职业带来了机会，又对哪些职业造成了威胁？

（五）移动出行

手机打车是指利用智能手机内安装的应用软件发出招车请求。打车软件通常分为司机端和乘客端两种版本，分别安装在司机和乘客的手机上，双方匹配使用。

乘客打开乘客端打车软件后，可以发出招车请求，系统会自动进行派单或者由司机选择接单。

打车软件利用智能手机的卫星定位系统、地理信息系统和相应的推送服务机制，实现了乘客和司机之间的信息交互。使用打车软件不仅提高了乘客打车服务的品质和效率，在一定程度上解决了乘客打车难的问题，还满足了乘客个性化的服务需求。

第 48 次《中国互联网络发展状况统计报告》中的调查数据显示，截至 2021 年 6 月，我国网约车用户规模达到 3.97 亿。国家在不断加强行业监管力度，筑牢安全发展底线。在安全与发展并重的理念下，网约车自动驾驶迎来新的发展契机，应用进程不断推进。

案例 12.3

高德的"聚合打车"服务

高德打车是阿里巴巴旗下高德地图于 2017 年推出的"聚合打车"服务。高德打车接入众多出行服务平台，在全国范围内提供出租车、经济、舒适、商务、豪华等多种车型，以及即时打车、预约、接送机、代叫车等多种场景服务。

使用高德打车，用户无须下载、安装和注册多个打车软件，高德地图创新的"聚合打车"模式使用起来更加方便（参见图 12.1）——一键多平台、多车型同时呼叫，帮助用户更快叫到车，缩短用户等车时间。在出行高峰打车困难之时，"聚合打车"平台的价值得到凸显。

图 12.1 高德的"聚合打车"服务

对市场中的既有运力进行充分整合，可有效减少车辆空驶，带来城市出行大约 10%以上的效率提升。"聚合打车"平台也为用户打车提供了"货比三家"的可能："打车先比价，高德有低价"，用户在打车之前可以先通过高德打车比价，再选择服务和价格适合的车型下单。

2020 年 8 月 11 日，高德打车宣布推出企业用车服务，正式上线高德打车企业版。高德打车企业版同样采用"聚合打车"模式，让企业员工可以一键全网叫车、全网比价。同时，高德打车企业版免收开发费、服务费及其他附加费用。

美团打车于 2017 年在江苏南京试运营，2019 年 4 月 26 日也上线了"聚合模式"服务。截至 2019 年年底，美团在 54 个城市提供网约车服务，与高德打车展开了"出行大战"。

启发思考： 1. 高德地图涉足出行业务对其他出行服务商会造成怎样的冲击？

2. 高德的"聚合打车"服务的价值主要体现在哪些方面？

（六）移动电子娱乐

移动电子娱乐的内容丰富多彩，涵盖了移动沟通服务、移动信息服务以及纯娱乐服务等多种形式。

（1）移动沟通服务的典型应用如 QQ、微信等。

（2）移动信息服务的典型应用如天气预报 App、手机广播等。

（3）纯娱乐服务是目前移动电子娱乐的主要发展方向，也是移动产业的主要收入来源之一，其中的移动游戏、移动音乐、移动阅读、移动视频等因其能为移动运营商、服务商和内容提供商带来附加业务收入，而成为移动业务的利润增长点。截至 2021 年 6 月，手机网络游戏用户规模已达 5.09 亿，手机网络视频（含短视频）用户规模已达 9.44 亿，其中短视频用户规模为 8.88 亿。

（七）移动教育

移动教育是指在移动的学习场所或利用移动的学习工具所实施的教育，是依托互联网、无线移动网络以及多媒体技术，由学生和教师使用移动设备实现的交互式教学活动。移动教育涉及的教育领域广泛，如学前启蒙、K12（学前教育至高中教育）应试、高等教育、职业培训、语言学习、素质教育等。主流的移动教育平台有叽里呱啦、西瓜创客、作业帮、钉钉等。

三、移动电商的发展现状及趋势

（一）移动电商的发展现状

随着移动智能终端的普及，我国移动电子商务用户的消费习惯已经养成，传统电商巨头纷纷布局移动电商，众多新型移动电商购物平台不断涌现。随着直播电商市场的发展，移动电商市场交易规模持续增长。

1. 移动电子商务交易规模不断增长

数据显示，从 2013 年的 2 679 亿元到 2019 年的 67 580 亿元，我国移动电商市场交易规模持续增长（参见图 12.2）。

2020 年，直播电商带货模式的发展势头更加迅猛。直播电商领域的快速发展，使各大电商平台在"双十一"期间均加大力度布局电商直播，众多品牌商家也纷纷将目光投向直播电商带货。

（单位：亿元）

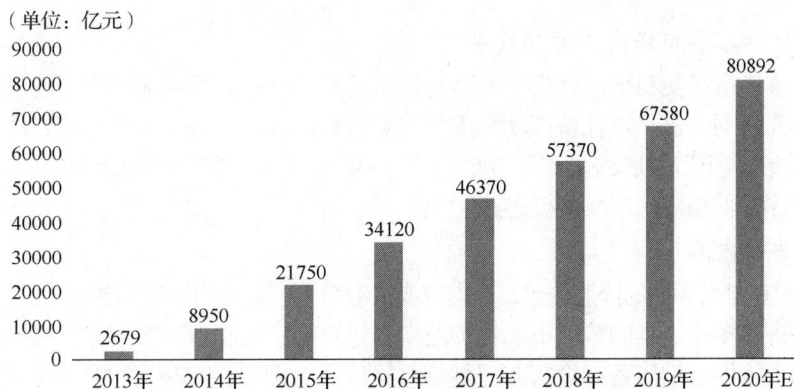

图 12.2　2013—2020 年我国移动电商市场交易规模

2. 手机网络购物用户规模呈爆发式增长

中国互联网络信息中心数据显示，2011—2020 年，手机网络购物用户规模呈爆发式增长，共经历了两轮快速发展期：第一阶段是 2011—2018 年，主要由淘宝的"双十一"和京东的"6·18"等年度优惠活动驱动；第二阶段是 2018 年以来，主要由直播等新型购物模式引爆消费者需求。

3. 移动购物 App 使用率高

2020 年，全网用户对移动互联网的依赖程度进一步加深，App 用户人均单日使用时长及打开 App 的个数均有一定程度的增加。从 App 用户人均单日使用时长来看，随着线下生活场景的线上化转移，用户对 App 的使用程度也在不断加深。2020 年 12 月，从 App 月人均使用时长和使用次数来看，移动购物 App 位居前列，月人均使用时长和使用次数分别为 545.1 分钟和 162.3 次（参见图 12.3）。

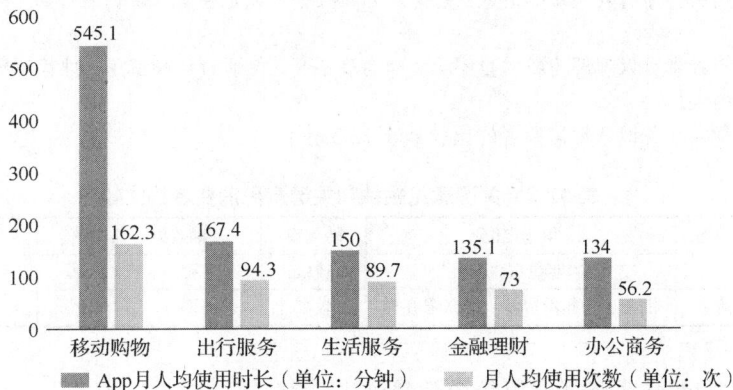

资料来源：QuestMobile 前瞻产业研究院整理　　　　　　　　　@前瞻经济学人App

图 12.3　2020 年各类 App 应用偏好情况

第十二章　移动电商

237

移动互联网已渗透到人们生活的各个方面，社交、电商、视频娱乐及支付等领域的 App 的行业渗透率均超过了 50%。从具体数据来看，即时通信、综合电商 App 的行业活跃用户规模分别为 10.77 亿人和 9.92 亿人，位居前列；支付结算和浏览器 App 的渗透率最高，分别为 94.7% 和 68.3%。

（二）移动电商的发展趋势

1. 移动网络零售市场向多方向发展

移动网络零售市场交易增速远高于网络零售市场整体增速。移动端用户可以随时随地利用碎片化时间登录互联网，这一特性使移动端成为消费者和商家之间最便捷的纽带，助推移动网络零售市场向"线上+线下""社交+消费""PC+手机+TV""娱乐+消费"等方向发展。同时，移动端的便捷性也使农村网络零售市场规模迅速增大。

2. 电商平台内容化

抖音、快手在电商领域的快速崛起，让内容成了电商不可或缺的部分。电商平台"三巨头"——淘宝、京东和拼多多在这样的势能下，也加速内容化布局：鼓励商家大量生产短视频、让直播成为大促期间的主阵地、推出各维度官方"种草"榜单等。例如，2020 年 11 月底，淘宝 App"微淘"升级为首页"订阅"频道，若店铺正在直播位于在此频道的上方的店铺头像会有相应变化；此外，淘宝 App 还推出了由多方面内容整合而来的内容平台——逛逛，位于淘宝 App 底部的第二个标签页。

3. 电商与社交融合

平台上的关键意见领袖（Key Opinion Leader，KOL）、关键意见消费者（Key Opinion Consumer，KOC）通过分享消费理念、消费窍门吸引粉丝购买商品，他们虽然通过推荐商品与粉丝建立商业关系，但这种关系是建立在双方强信任或强追随的社交关系之上的。以社交打通带货渠道，开辟了一条用户自买省钱、会员分享赚钱的新门路。

关键意见领袖和关键消费领袖

关键意见领袖，简单来说就是那些在某个领域有非常深厚的专业知识，为相关群体所接受或信任，并对该群体的购买行为有较大影响的人。关键意见领袖也可以是其领域内有号召力、影响力和相当公信力的账号。

关键意见消费者可以理解为粉丝量不大、知名度不高，但通过自身试用、推荐而影响身边的消费者产生购买行为的人。

关键意见领袖和关键意见消费者的比较如表 12.2 所示。

表 12.2   关键意见领袖和关键意见消费者的比较

属性	营销范围	角色定位	转化率	互动效果	报价	计费方式
KOL	公域流量	专家、"明星"、"网红"等	较低	强	高	CPM
KOC	私域流量	朋友、普通消费者、转介绍者等	较高	弱	低	CPS

4. 数字化和新技术将促进消费场景的进化

企业通过把线上线下的各个触点打通，沉淀下来大量数据，并可以利用这些数据产生更好的业务洞察力，以指导产品设计、产品的供应链设计、运营、门店设计等，为人们构建出完全数字化的生活场景。在云化电商环境下，利用大数据做推荐算法，使用 AR/VR 不断提升、丰富消费者的消费体验，构建新的消费场景，这些都将大力推动新的消费场景的进化。

5. 私域流量会越来越被企业重视

"私域流量增长"是企业电商赢利能力强的表现，企业没有获取私域流量的能力，可能就没有较强的赢利能力。

👓 视野拓展

私域流量

所谓私域流量，是相对公域流量而言的，指的是个人拥有完全的支配权的账号所沉淀的粉丝、客户、流量，是可以直接触达的、多次利用的流量。例如 QQ 号、微信号、社群里的粉丝或者客户，就属于私域流量。

而与私域流量相对的，就是公域流量，是指企业不可控的流量，如淘宝、抖音、百度、微信都是完整的生态圈和流量池，企业可以通过在里面投放一些广告来获取流量，但是大部分流量都不能为企业所用。

第二节　移动网店

随着移动互联网的快速发展，越来越多的买家开始使用手机等移动终端设备访问网店，进行在线购物。相关数据显示，通过移动终端购物的买家在网络购物买家中所占的比例越来越高。

微课堂
移动网店的
主要形式

一、移动网店的主要形式

当前，移动网店的形式主要有传统企业自建的移动商城 App、零售电商平台的移动端 App 和第三方移动网店 App 平台三种。其中，借助第三方移动网店 App 平台搭建的微店是最常见的移动网店形式。

1. 传统企业自建的移动商城 App

随着移动互联网的兴起，许多传统企业也以原有的电商平台为基础，推出各自的移动商城 App，与原有的电商平台相互配合，实施全方位的市场战略。

苏宁易购是苏宁云商集团旗下新一代的 B2C 网上购物平台，现已覆盖传统家电、3C 电器、日用百货等品类。与此同时，苏宁易购也推出了手机 App。国美电器是苏宁电器强有力的竞争对手，其网上商城名为"国美在线"，手机版"国美在线"是国美电器为配合当前 App 逐渐渗透的趋势而推出的移动端购物 App。

2. 零售电商平台的移动端 App

国内最有代表性的零售电商企业有阿里巴巴（淘宝和天猫）和京东两大阵营，它们很早便开发出了自己的移动端 App，以供买家在移动端浏览商品信息及购物。以阿里巴巴为例，阿里巴巴的移动网络零售在国内市场一直都表现得非常好。在传统电子商务时代，阿里巴巴就已经推出了淘宝 App 和天猫 App。

无论是阿里巴巴的移动端 App 还是京东的移动端 App，它们对 PC 端平台的依赖度都非常高，网店运营和客户运营的部分功能需要在 PC 端平台上进行。

3. 第三方移动网店 App 平台

第三方移动网店 App 平台是指为中小企业及个人卖家提供移动零售网店入驻、经营、商品管理、订单处理、物流管理和买家管理等服务的平台。微店（市场中有一款名叫"微店"的第三方开店运营平台，此处的"微店"则特指一种移动网店形式）是微信兴起后的产物，是依据微信规则和机制而开展的电子商务活动。

微店对众多创业者来说极易入手，并且进驻微店的资金、人力等门槛较低，开店的成本也低，风险能得到有效控制。此外，微店有大量与微信界面相似的工具可以选择，使用简单。无论是买家对商品进行信息浏览和购买，还是卖家对商品、资金和货物等进行管理，都不需要太复杂的硬件设备和操作步骤，一部手机、一个微店 App 再加上简单的点击和编辑操作即可完成。目前，市场中比较常见的第三方微店平台有微信公众平台的微信小商店、有赞和口袋微店等。

二、部分移动网店平台简介

（一）微信小商店

视野拓展

微信小商店

2014 年 5 月 29 日，微信公众平台宣布正式推出微信小店。2020 年 7 月 10 日，微信团队称，因微信小店不再维护，"添加功能插件"入口将不再支持添加微信小店，后续将全面下线微信小店。同时，微信团队推出"微信小商店"——一套升级后的免开发、0 费用的卖货小程序，提供商品售卖、订单物流、客服售后、小程序直播等功能。针对已经开通并使用微信小店的商家，微信将支持其升级为小商店新页面。

1. 适合的卖家范围

微信小商店主要面向企业、个体户、个人等。企业/个体店用一个微信号能申请三个小商店，而个人店用一个微信号仅能申请一个小商店。

2. 平台特点

（1）微信小商店是微信小程序团队全新打造的免费开发，帮助商户免费开店、快速卖货的小程序，为商户提供商品信息发布、交易等基础服务，并内置了小程序直播等运营功能，全方位支持商户自主开店经营。

（2）微信小商店自带直播功能，暂时不支持分销模式。

（3）微信小商店仅限于实现商品信息发布、交易、直播带货等基础的功能。如果要实现拼团、分销、插件、营销工具等个性化的功能，还是需要商户找小程序开发商定制。

（4）开通微信小商店，将自动开通一个全新的微信支付商户号，商家可直接在微信小商店后台进行经营对账。

3. 入驻流程

以安卓手机为例，登录微信账号，搜索"小商店"找到"小商店助手"小程序，点击"小商店助手"→"进入我的小商店"即可申请开通微信小商店。微信小商店包含新增商品、商品列表、订单管理、售后处理、店铺数据等电商经营功能模块，并内嵌直播功能，如图 12.4 所示。

4. 开店费用

微信小商店支持免费开店、免费使用、免费直播带货，商家既不用自己单独开发，也暂时不需要缴纳保证金，同时，微信不收取商品成交的服务费用或者技术服务费用。微信小商店商户与其他微信支付商户的费率是一样的，为订单金额的 0.6%，提现不再额外收取手续费。

图 12.4　微信小商店的开店入口、功能模块

（二）有赞

有赞原名"口袋通"，2012 年 11 月 27 日在杭州贝塔咖啡馆孵化，2014 年 11 月 27 日正式更名为"有赞"。有赞通过销售商品和服务，帮助互联网时代的生意人管店、管货、管客和管钱。有赞旗下有"有赞微商城""有赞零售""有赞连锁""有赞美业""有赞教育""有赞批发"等面向卖家的商品及面向开发者的"有赞云"服务。有赞微商城的功能是提供面向全行业、全场景的电子商务解决方案，为卖家提供完整的在线开店、买家管理、营销推广和经营分析工具，帮助卖家快速搭建商城，在网上经营和管理买家数据。2020 年 3 月，有赞正式发布两款基于小程序的直播解决方案，为卖家提供直播解决方案，并与其他直播平台寻求合作。

1. 适合的卖家范围

有赞适合各类批发、零售型卖家使用。

2. 平台特点

（1）有赞通过一系列分角色的微店 App 建立起了有赞"生态圈"，它们自建厂家、分销商、个人、企业等平台，形成行业壁垒；有赞针对移动网络零售的不同参与方，分别设计开发了不同的 App 端口，有助于其更好地进行移动互联网营销。

（2）市场份额大，覆盖范围广。截至 2020 年 9 月底，有赞的存量付费商家数量为 97875 家。根据有赞发布的 2020 年前三季度财报，该公司当期营收为 13.07 亿元，同比增长 65.4%。

（3）有赞微店具有基于微信公众号、微博等的客户关系管理功能。

（4）有赞可利用强大的营销工具（如微信、微博的朋友圈等）进行二次营销。有赞支持卖家通过微信公众号、微博、QQ 购物号和消息推送进行营销推广。

（5）有赞具有完备的订单处理体系。卖家在有赞后台可根据相应条件筛选各种类型的订单，也可以实现批量处理订单，以提高运营管理效率。

（6）分销市场质量高。有赞目前的卖家大多是有一定规模的品牌商或者零售商。

3. 入驻条件

入驻有赞微商城和有赞微小店无门槛，只要是法律认可的公司和个人都可入驻。但是卖家如果想进入供应商市场，其开设的网店必须满足以下条件，才能开通有赞供应商功能。

（1）微商城网店状态在使用有效期内。

（2）关闭供货商功能的网店，如需开启，重新入驻即可。

（3）微商城最近 30 天已结算交易额≥1 000 元。

（4）微商城最近 30 天成功退款率≤10%。

（5）微商城最近 30 天完成订单数（不含测试订单）≥5 笔。

（6）微商城上架商品数（不含仓库中或已售罄的商品）≥3 件。

（7）近 7 天内累计登录微商城后台达 3 天及以上。

（8）有完整的基本信息（含联系人 QQ 和手机号，管理员不少于两人）。

（9）网店通过企业认证或官字店认证后入驻（不支持个体工商户入驻）。

（10）加入担保交易，同时须缴纳消费保障计划保证金（入驻后如果退保证金或者退出担保交易，会自动退出供货商市场）。

4. 开店费用

有赞刚开始时是完全免费入驻的，很受小企业青睐。自 2016 年 7 月 8 日起，使用有赞微商城的卖家需订购相应服务。

（1）保证金。有赞的保证金类型有承担保证金、大号推广保证金、供货商入驻保证金、快速回款保证金。目前，固定的保证金有承担保证金为 1 000 元、快速回款保证金是 10 000 元，其他根据情况而定。

（2）交易服务费。每完成一笔订单，有赞商家需要缴纳实付金额的 0.6%作为交易手续费，由第三方支付渠道收取。另外，商家还需要缴纳 1%的交易服务费作为有赞平台服务费。

（三）口袋微店

口袋微店（以下称微店）是第三方微店平台 App 之一，由北京口袋时尚科技有限公司开发。微店创立于 2011 年 5 月；2014 年 1 月，微店 App 正式上线，现有微店和微店店长版两个 App，商家开店须下载微店店长版。目前微店旗下包括微店社区、微店店长版、微店商城版、微店连锁版、微店新零售等多个帮助商家成功的流量渠道及服务。

图 12.5　微店的营销工具

1. 适用的卖家范围

微店主要为各类批发、零售型卖家及个人卖家提供服务。

2. 平台特点

（1）具备完整的微店体系，能保证卖家和买家的利益。例如，微店可以为卖家提供客户关系管理服务，为买家提供 7 天无理由退货功能等。

（2）商品货源易获取。微店的卖家一般可以从四个渠道获取货源：做别人的代理、获得特殊渠道资格、周边批发市场或微店分销市场。微店最大的优势是帮助品牌商（厂商）、分销商和买家搭建了相对健康和活跃的生态链。通过微店，品牌商（厂商）可积极寻找分销商，分销商也可选择优秀的品牌商（厂商）。

（3）推广引流方式多样化。微店的卖家可以通过绑定微信公众号、加入 QQ 购物号、利用微店热卖官方导流平台以及服务市场中的第三方应用工具进行推广引流。

（4）营销工具丰富。微店提供限时折扣、智能出价推广和直播等营销工具，如图 12.5 所示。

电子商务概论（附微课　第5版）

（5）市场规模大。微店拥有国内最多的微店卖家，并且围绕卖家建立了一套完善的体系。截至 2021 年 2 月，微店拥有近 9 000 万名小微店主。微店已经从小微店主首选的开店工具转型为助力创业者发展兴趣、创立品牌、成就事业的平台及系统。

3. 入驻条件

微店开店无门槛，任何人通过手机号码即可开通自己的网店，并可通过将店铺信息一键分享到社交网络服务平台来宣传自己的网店并促成交易。

4. 开店费用

截至本书出版，微店仍不收取开店手续费。同时，卖家如果不做引流推广则不会产生任何费用。

实训案例

以微店为例——移动网店的开通和运营

利用第三方平台开设微店的流程大同小异，通常可以通过电脑端或手机端开设，这里以微店为例介绍移动网店的开通和运营。

一、注册开通微店

（一）通过电脑端搭建微店

1. 微店注册

（1）登录微店网站，其首页如图 12.6 所示，点击"免费开店"或"注册"按钮。

图 12.6　微店网站首页

（2）填写相关信息注册账号后选择店铺类型，一般有单店和连锁店两种店铺类型，再填写相关信息。图 12.7 所示为选择店铺类型。

（3）选择主体类型，一般有"小微商户"和"个体工商户""企业/公司"三种主体类型（见图 12.8）。"小微商户"一般为个人微店。选择合适的主体类型，然后填写相关信息。这里以开通个人微店为例进行简单介绍。

图 12.7　选择店铺类型

图 12.8　选择主体类型

（4）完成上述内容的填写后即可开通微店。电脑端微店后台有网店装修、商品管理、订单管理和网店设置等功能。

2. 微店设置

微店开通后，需对微店进行基本设置。单击电脑端微店后台左侧的"设置"，如图 12.9 所示，分别点击"店铺信息""交易设置""店铺资质""个人信息""子账号管理""发票管理"进行相应的设置。

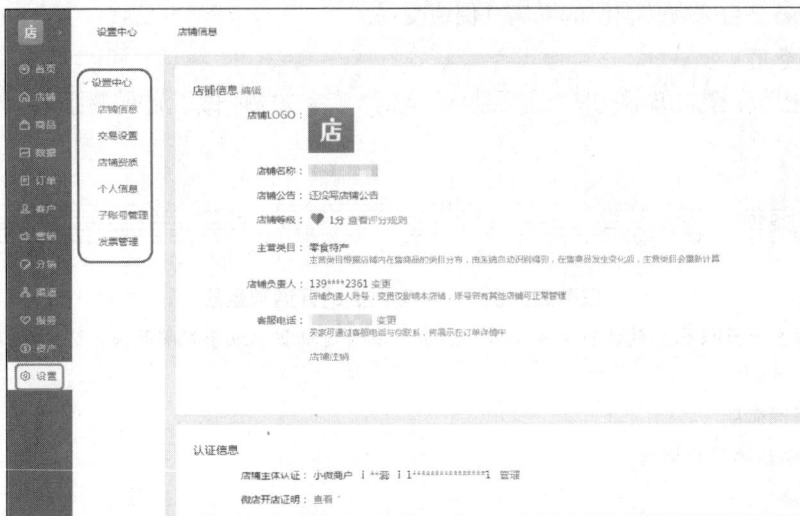

图 12.9　电脑端微店后台店铺信息设置

（二）通过手机端搭建微店

（1）利用手机的应用商店下载"微店店长版"App 并安装，点击"注册"，或用微信账号登录。

（2）注册后登录微店。手机端微店主要有店铺管理、客户管理、商品管理、订单管理、数据分析、营销推广、选货市场及服务等功能。

二、微店后台功能

微店的管理一般在电脑端进行，电脑端微店后台的左侧罗列了微店后台的功能，如图 12.10 所示。

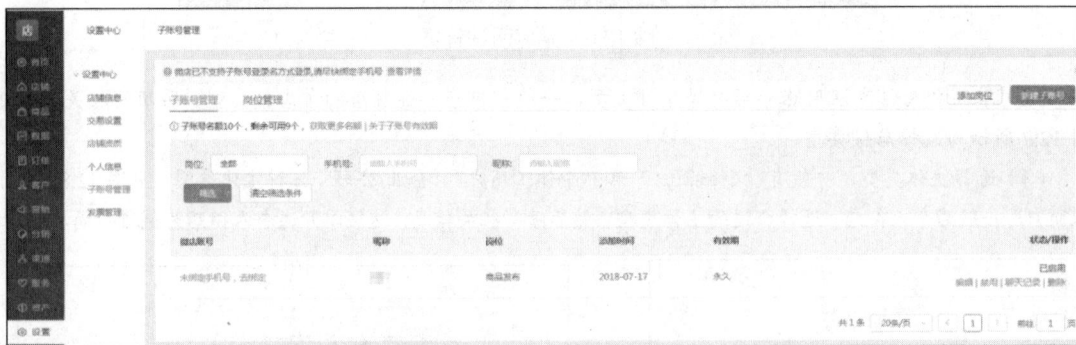

图 12.10　电脑端微店后台页面

（1）店铺。商家利用此功能可以进行"店铺装修""内容工具"和"多店管理"的设置。"店铺装修"可用于实现"自定义页面""底部导航""悬浮导航""分类页面"等的装修。"内容工具"包括"店长笔记""微店秀秀"和"素材中心"三个子栏目，分别具有创建和分享店长笔记、制作广告图片、管理店内素材等功能。"多店管理"可以实现多个店铺的关联、商品的复制等功能。

（2）商品。此功能有"我的商品"和"货源挑货"两个模块，可以用于对商品进行管理，包括"添加商品"分类管理""商详模板""商品导入""商城货源"等。

（3）数据。商家利用此功能可以看到数据概况、商品分析、交易分析、流量分析等数据。

（4）订单。此功能有"订单管理"和"配送服务"两个模块。订单管理包括订单管理、评价管理、退款管理等；配送服务包括同城配送、到店自提、运费设置等。

（5）客户。商家利用此功能可以进行客户管理，如客户分群、客户标签、客户导入、客户运营、会员管理等，还可以向客户发放储值卡、礼品卡等。

（6）营销。营销工具有限时折扣、满减、优惠券、*N* 元任选等。合理利用多种营销工具能给微店带来更多的流量，从而提高销售额。

（7）分销。目前大部分功能只对微店供应商开放，可用于为店铺内的自营商品设置佣金，招募分销商代理并推广商品，推广成功后会自动向分销商支付相应佣金。

（8）渠道。渠道运营包括公众号管理、专享小程序、微博、腾讯直播、微店直播等。例如，公众号管理需要先将微店与微信公众平台绑定，绑定后可以设置自动回复、自定义菜单等。

（9）服务。此功能涵盖了微店提供的多种服务，包括行业服务和第三方服务。行业服务能够提供知识付费等服务，第三方服务能够提供多平台店铺"一键搬家"等服务。

（10）资产。商家利用此功能能够看到微店的账户余额、收支明细、提现记录、佣金收入、保证金等。

三、微店的装修与商品管理

微店的装修一般在电脑端微店后台进行，商品管理在电脑端和手机端都能进行，但是电脑端微店管理更方便，功能更多。

（一）微店装修

1. 店铺基本装修

（1）点击电脑端微店后台左侧的"店铺"→"店铺装修"，进入"店铺装修"页面，如图 12.11 所示。选择"自定义页面""底部导航""悬浮导航""分类页面""个人中心"，可以对店铺各组成模块进行装修，其中"自定义页面""底部导航""悬浮导航""个人中心"须升级至商城版才能使用。

（2）点击图 12.11 中间位置的"店铺装修"，进入图 12.12 所示的页面，点击微店页面的不同模块，该模块即在右侧进入编辑状态。

（3）左侧模块用鼠标拖动后放置在微店页面，可以进行相应的编辑。

（4）编辑完毕后点击右上方的"应用到店铺"。

图 12.11 "店铺装修"页面

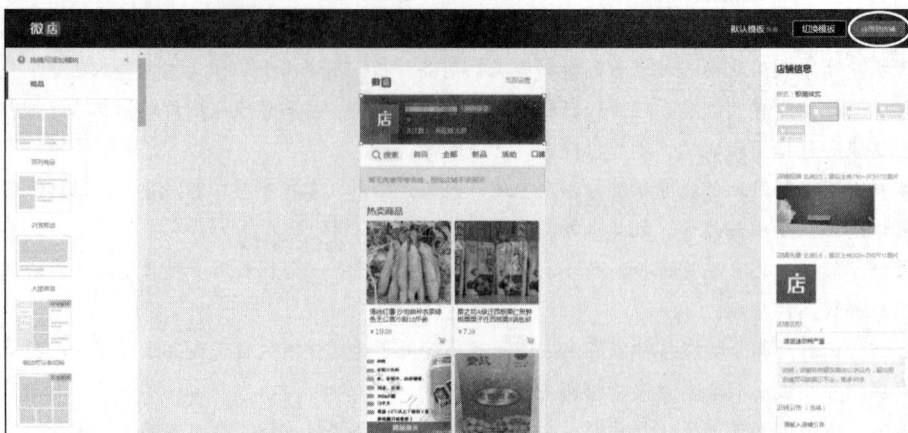

图 12.12 "店铺信息"模块的编辑

2. 设置分类页面

选择电脑端微店后台左侧的"店铺"→"分类页面",分别针对分类页、分类商品列表页进行设置。

(1)分类页。分类页有两种模板类型——分类名称平铺样式和分类侧边栏样式,图 12.13 所示为两种分类页模板类型的效果。

图 12.13 两种分类页模板类型的效果

(2)分类商品列表页。分类商品列表页有两列式和列表式两种类型,图 12.14 所示为两种分类商品列表页类型的效果。

图 12.14 两种分类商品列表页类型的效果

（二）商品管理

（1）商品发布。选择电脑端微店后台左侧的"商品"→"商品管理"，进入图12.15所示的页面。点击"快捷添加商品"或"添加商品"可以增加新的商品，之后选择商品类型，添加商品图片和标题，选择类目，填写商品描述价格、库存等，然后点击"上架出售"或"放入仓库"，流程与在手机端操作类似。

图12.15 "商品管理"页面

（2）商品分类。点击"商品"→"分类管理"，进入图12.16所示的页面，点击"添加分类"或"添加子分类"，完成商品的分类。

（3）商品导入。点击"商品"→"商品导入"，在订购应用市场工具后，可以实现多平台商品"一键搬家"，如可以批量导入有赞、京东、淘宝、拼多多等平台的商品到微店。

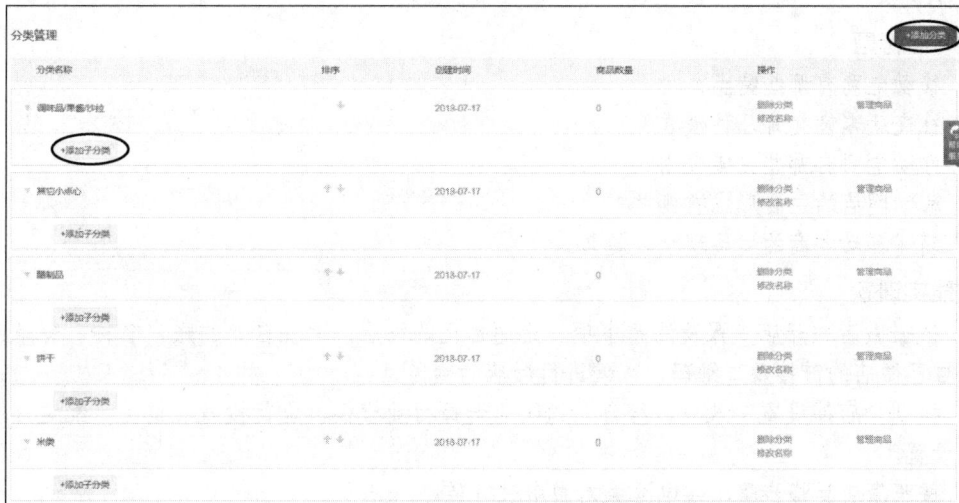

图12.16 商品"分类管理"页面

📖 归纳与提高

通过本章的学习，"畅享移动新生活"的画面渐渐变得清晰起来，移动电商在营销、服务等领域的应用现状也逐一显现。在本章习得的这些知识可为读者将来从事相关的移动电商工作奠定理论基础。

移动网店作为移动端的新型电子商务模式，相比传统电脑端电子商务具有很多优势，有更广阔的发展空间。本章介绍了移动网店的主要形式，并以北京口袋科技时尚有限公司开发的微店为例，详细介绍了微店的注册开通、后台功能、装修与商品管理等内容。

📖 知识巩固与技能训练

一、名词解释

移动电商　KOL　KOC　私域流量　微信小商店　微店

二、单项选择题

1. 与传统电子商务相比，移动电商不具有的特点有（　　　）。
   A. 交易更灵活　　　B. 安全性更强　　　C. 便利性加强　　　D. 受众更广泛
2. 微信支付的运营模式是（　　　）。
   A. 移动运营商模式　B. 银行模式　　　C. 第三方支付模式　　D. 商业模式
3. 微信支付属于（　　　）。
   A. 扫码支付　　　　B. 指纹支付　　　C. NFC 支付　　　　D. 短信支付
4. 下列行为中，不属于移动应用的是（　　　）。
   A. 使用微信聊天　　　　　　　　　B. 用台式计算机在家上网下载程序
   C. 用平板电脑在火车上看电子小说　D. 用手机在室外上网收发邮件
5. 微店的商品标题限定在（　　　）个汉字内。
   A. 60　　　　　　　B. 30　　　　　　C. 20　　　　　　　D. 10

三、复习思考题

1. 移动电商有哪些特点？
2. 社交新零售有哪几种模式？
3. 移动电商有哪些主要应用？
4. 移动网店的主要形式有哪些？
5. 简述移动电商的发展现状及趋势。

四、技能实训题

1. 根据微店的开店步骤及注意事项，开通自己的网店，记住自己的账户名称、登录密码，并保存自己微店的链接及二维码，以便进行微店的宣传。
2. 找到"店铺设置"入口，给自己的网店选择行业模板，进行授权设置、可配送区域设置和运费设置。
3. 按照微店装修步骤，在电脑端对微店进行装修。
4. 在手机端或电脑端对商品进行管理，包括添加商品、批量管理、分类管理等。
5. 利用微店的营销工具，至少采用三种方式对微店进行营销推广。

五、实训拓展题

移动电商存在于各行各业，如移动购物、移动社交、移动餐饮、移动电子娱乐、移动旅游电子商务、移动医疗、移动支付等，试举典型案例来说明移动电商在各行业中的应用。

第十三章 跨境电商

【知识框架图】

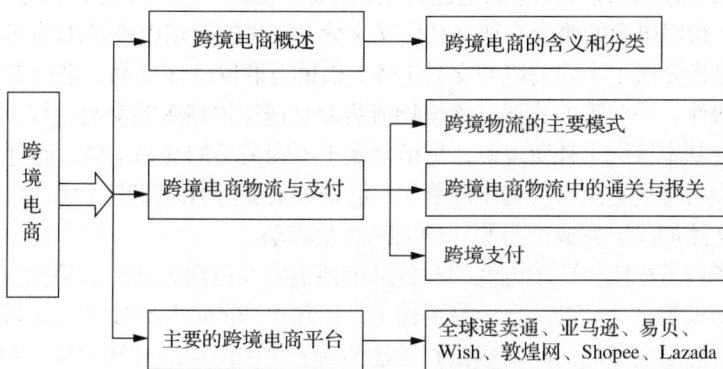

【学习目标】

【知识目标】

1. 掌握跨境电商的含义和分类。
2. 了解跨境电商的物流模式和支付方式，掌握跨境物流的通关流程。
3. 了解主要的跨境电商平台。

【技能目标】

1. 学会选择跨境物流方式和支付方式。
2. 掌握跨境电商平台的注册方法。

引例

中小企业如何在跨境电商平台开店？

A公司是一家生产小型电暖器的中小企业，一直在境内一些电商平台上进行销售。随着市场竞争的加剧，其运营成本和人员成本不断增加，而利润却没有明显的增长。公司经理看到跨境电商发展势头好、市场空间大、利润高、创新成本低，于是也想在跨境电商平台开店，可苦于不懂跨境电商，不知如何开展工作。那什么是跨境电商？跨境电商的物流、支付等流程如何实现？主要的跨境电商平台有哪些？它们各有什么特点？本章将对以上问题进行解答。

第一节 跨境电商概述

互联网化与全球化两大趋势已经交汇，跨境电商就是这两大趋势交汇的产物，其蓬勃发展是

时代发展的必然结果。跨境电商的出现，加快了国际贸易的进程，引起了世界经济贸易的巨大变革。2020年,中国跨境电商进出口额达1.69万亿元,年增长31.1%。当前,跨境电商已经步入跨越式发展的红利期。随着关税、物流、支付等各个环节的不断完善以及政府优惠政策的不断推出,跨境电商强劲的发展势头还将在未来较长时期内延续下去。

一、跨境电商的含义

跨境电商是指分属不同关境的交易主体,通过电商平台达成交易、进行支付结算,并通过跨境物流及异地仓储送达商品、完成交易的一种国际商业活动。

具体来说,跨境电商的概念有狭义和广义之分。狭义的跨境电商基本等同于跨境零售,是指分属于不同关境的交易主体,借助互联网达成交易、进行支付结算并采用快件、小包等方式通过跨境物流将商品送达消费者的交易过程。广义的跨境电商基本等同于外贸电商,是指分属于不同关境的交易主体,通过电子商务的手段将传统进出口贸易中的展示、洽谈和成交等各环节电子化,并通过跨境物流送达商品、完成交易的一种国际商业活动。

与境内电子商务相比,跨境电商的业务环节还需要经过海关通关、检验检疫、外汇结算、出口退税、进口征税等多个环节。在商品运输上,跨境电商的商品需要通过跨境物流出境,与境内电子商务相比,跨境电商的商品从售出到送达消费者手中所用的时间更长。跨境电商的出口流程如图13.1所示。

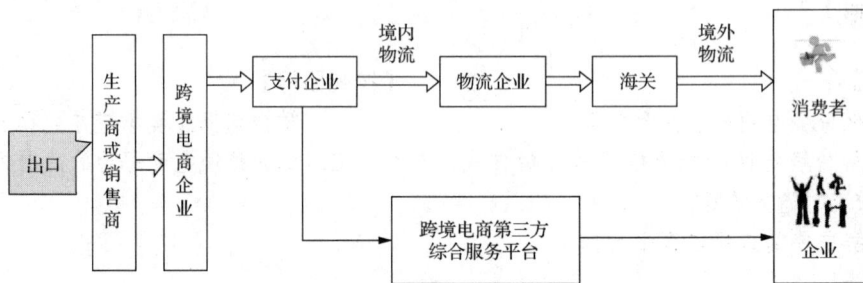

图13.1 跨境电商的出口流程

从跨境电商的出口流程来看,生产商或销售商把要出口的商品交付给跨境电商企业,跨境电商企业将商品放在跨境电商平台进行展示,消费者下单并完成支付后,跨境电商企业将商品交付给物流企业进行投递,经过出口地及进口地两次海关通关商检后,将商品送达消费者或企业手中。也有部分跨境电商企业直接与第三方综合服务平台进行合作,由第三方综合服务平台代理完成物流配送、通关商检等一系列环节,从而完成整个跨境交易的流程。在跨境电商进出口流程中,需要第三方支付企业提供支付服务,以实现境内外资金的流转。跨境电商的进口流程除了与出口流程的方向相反,其他内容基本相同。

二、跨境电商的分类

（一）按交易主体分类

跨境电商的主要交易主体为企业和个人消费者。跨境电商按照交易主体的不同,可分为B2B、

B2C 和 C2C 三种类型，其中后两者属于跨境网络零售的范畴。

1. B2B 跨境电商

B2B 跨境电商是指分属不同关境的企业，通过电商平台达成交易、进行支付结算，并通过跨境物流送达商品、完成交易的一种国际商业活动。B2B 跨境电商的代表性企业有阿里巴巴国际站、敦煌网、中国制造网和环球资源网等。

在 B2B 跨境电商、B2C 跨境电商和 C2C 跨境电商三种模式中，B2B 跨境电商模式交易占比约 90%，占据绝对优势。2020 年 4 月，国务院新设 46 个跨境电商综合试验区，截至同年 5 月，我国跨境电商综合试验区的数量为 105 个。与 B2C 相比，更具规模效应的 B2B 成为跨境电商综合试验区探索的重点。

> **视野拓展**
>
> **跨境电商综合试验区**
>
> 跨境电商综合试验区是我国设立的跨境电商综合性质的先行先试的城市区域，旨在对跨境电商交易、支付、物流、通关、退税、结汇等环节的技术标准、业务流程、监管模式和信息化建设等方面进行先行先试。支持跨境电商综合试验区发展的政策措施主要体现在以下四个方面。
>
> （1）无票免税。跨境电商零售出口实行"无票免税"政策，即对跨境电商综合试验区内的跨境电商零售出口企业未取得有效进货凭证的货物，凡符合规定条件的，出口免征增值税和消费税。
>
> （2）所得税核定征收。跨境电商零售出口实行企业所得税核定征收政策。对跨境电商综合试验区内符合一定条件的出口企业试行核定征收企业所得税办法，采用应税所得率方式核定征收企业所得税，应税所得率统一按照 4% 确定。符合小型微利企业优惠政策条件的，可享受小型微利企业所得税优惠政策；其取得的收入属于《中华人民共和国企业所得税法》第二十六条规定的免税收入的，可享受免税收入优惠政策。
>
> （3）通关便利化。跨境电商综合试验区内符合条件的跨境电子商务零售商品出口，海关通过采用"清单核放，汇总申报"的便利措施进行监管验放，提高企业通关效率、降低通关成本。
>
> （4）放宽进口监管条件。对跨境电商零售进口商品不要求办理首次进口许可批件、注册或备案，按个人自用进境物品监管。
>
> 跨境电商综合试验区名录

B2B 跨境电商平台主要有"交易佣金+服务费"和"会员制+推广服务"两种经营模式。

（1）"交易佣金+服务费"模式。这种模式采取免费注册、免费商品信息展示，只收取交易佣金的方式。其一般采用单一佣金率模式，按照平台类目分别设定固定佣金比例来收取佣金，并实施"阶梯佣金"政策。单笔订单数额满足一定标准时，即按照统一的标准收费。另外，平台还为商家提供了一系列服务，如开店、运营和营销推广服务等，但这些服务会收取一定的服务费。

（2）"会员制+推广服务"模式。这种模式主要为商家提供贸易平台和资讯收发等信息服务，平台通过收取会员费和服务费的方式进行运营，目标企业不同，平台提供的资讯服务也不同。

2. B2C 跨境电商

B2C 跨境电商是指分属不同关境的企业直接面向个人消费者在线销售商品和服务，通过电商平台达成交易、进行支付结算，并通过跨境物流送达商品、完成交易的一种国际商业活动。天猫国际、全球速卖通、网易考拉、兰亭集势、米兰网等都属于此类企业。

B2C 跨境电商平台主要有"保税进口+海外直邮""自营"和"自营+招商"三种经营模式。

（1）"保税进口+海外直邮"模式。该模式的典型平台有亚马逊、天猫国际和 1 号店等。亚马逊在各地保税物流中心建立了跨境物流仓储体系，在全球范围内拥有自己的物流配送系统。天猫国际在宁波、上海、重庆、杭州、郑州、广州六个城市试点建设跨境电商贸易保税区、产业园，全面铺设跨境网点，在保税区建立了自己的物流中心。

（2）"自营"模式。在该模式中，跨境电商企业直接参与采购、物流、仓储等境外商品买卖流程，对物流监控和支付都有自己的一套体系。典型的采用"自营"模式的企业为聚美优品，其通过整合全球供应链，直接参与采购、物流、仓储等境外商品的买卖流程。2014年，聚美优品在河南保税物流区建设了自理仓，大大缩短了商品运输时间，并让物流信息能够被全程跟踪。

（3）"自营+招商"模式。该模式发挥了企业的最大内在优势，并且企业可通过招商的方式来弥补自身的不足。苏宁国际是采用"自营+招商"模式的典型平台。苏宁国际在发挥其供应链和资金链内在优势的基础上，通过全球招商来弥补其国际商用资源的不足。

3. C2C跨境电商

C2C跨境电商是指分属不同关境的个人卖方向个人买方在线销售商品和服务，个人卖方通过第三方电商平台发布商品和服务售卖信息等，个人买方进行筛选，最终通过电商平台达成交易、进行支付结算，并通过跨境物流送达商品、完成交易的一种国际商业活动。

个人卖家入驻淘宝全球购、洋码头、海蜜等平台开店均属采用C2C跨境电商模式，其商品以长尾非标品为主。淘宝全球购是C2C跨境电商平台中规模最大的一个。

（二）按进出口方向分类

跨境电商按进出口方向的不同，可分为进口跨境电商和出口跨境电商。

1. 进口跨境电商

进口跨境电商指的是境外卖家将商品直销给境内的买家，一般流程是境内买家访问境外卖家的购物网站选择商品，然后下单购买并完成支付，由境外卖家发国际物流给境内买家。在跨境进口贸易中，传统海淘模式是一种典型的B2C模式。除了海淘模式，还有进口零售电商平台的运营模式、海外代购模式、直发/直运平台模式、自营B2C模式、导购/返利平台模式和境外商品闪购模式等。

海淘和海外代购

海淘是指境内的消费者在境外的B2C网站上购物，然后通过直邮或转运的方式将商品运送至境内的购物方式。例如，海淘饰品、衣服、鞋子可以选亚马逊，海淘奶粉、纸尿裤等婴幼儿用品可以选国际妈咪等。

海外代购就是找境外的人，去境外商场帮客户买商品，买到之后通过发国际快递将商品送到客户的手里，或者直接携带回境内，又或者从境内携带商品到境外给客户。

海外代购网站通常是指为客户在网上代购商品并收取定额服务费，免费为客户订购、打包、配送的网站。这些网站按代购的服务地区可分为三种形式：第一种是全球代购类，即服务于代购全球商品的网站，如淘宝全球购；第二种是专注服务于部分国家或地区的代购网站；第三种是专注服务于某一个国家或地区的代购网。

案例 13.1

天猫国际半年为中小品牌开1 000家进口小店

天猫国际是阿里巴巴旗下的进口零售平台。2021年3月25日，天猫国际进口将"三新"策略升级为"五新"策略，在持续孵化新品类、引入新品牌、首发新商品的基础上，创新性地推出进口"新小店"和"新产业带"模式。

天猫国际表示，将在半年内为海外中小品牌开1 000家进口新小店，一年内在全国六大综保区（综合保税区）打造进口新产业带。进口"新小店"是搭建在天猫国际进口超市、妙颜社、小酒馆等频道内的"独立品牌站"，商家只需直接供货，就能在"托管式"服务的支持下低成本经营。

天猫国际在全国推行"保税进口+零售加工"的大进口新模式，在杭州、海口等全国六大综保区打造"新产业带"项目，进一步为海外品牌降本提效。

2021年1月，天猫国际推出海外品牌"托管式"开店服务，商家入驻可自助式在线申请、享受1对1辅导开店服务，实现官方代运营、商品一键全球调拨等。而海外卖场的入驻门槛从20家以上线下店的要求降低到5家，降低了海外品牌的入驻成本。

2020年，天猫国际进口新品首发数量同比增长130%，海外新品牌入驻同比增速达125%。海外品牌入驻天猫国际的增速接近200%，新增了40个销售额破亿元的品牌，新商品数同比增速超过100%，一年新品首发超过1万款。

启发思考： 1. 天猫国际进口零售平台的"五新"策略是怎样的？

2. 解释天猫国际的"新小店"和"新产业带"模式。

2. 出口跨境电商

出口跨境电商是指境内卖家将商品直销给境外买家，一般流程是境外买家访问境内卖家的网店，然后下单购买商品并完成支付，由境内卖家发国际物流给境外买家。艾媒数据中心监测数据显示，从跨境电商零售进出口总值结构上看，2017—2019年，零售进口商品总值占比在持续降低，而零售出口商品总值占比相应提高。从进出口结构上来看，在一定时期内，出口跨境电商贸易额的比例将持续高于进口跨境电商。

我国出口跨境电商商品的品类主要有手机和手机附件、服装、健康与美容用品、母婴用品、家居用品、消费类电子商品、运动与户外商品、计算机和网络商品等。

第二节　跨境电商物流与支付

在跨境电商的交易中，物流与支付都是非常重要的环节。物流是连接关境两侧买家和卖家的通道。目前，市场上有多种物流模式，要想从各种各样的物流解决方案中选出最适合自己的，卖家需要对主要的跨境物流模式及其特点有所了解。而支付方式不仅会影响买家的购物体验，还会影响卖家提现收款的成本，因此选择正确的支付方式对卖家来说非常重要。

一、跨境物流的主要模式

跨境物流是跨境电商的重要组成部分，是跨境电商运营的关键。从事跨境电商的卖家越来越多，每当有订单时，卖家第一个要考虑的问题就是怎么把货发到境外去。

跨境物流的主要模式有邮政物流、商业快递、专线物流、海外仓储等。

（一）邮政物流

1. 邮政包裹模式

邮政网络基本覆盖全球，比其他任何物流渠道的覆盖范围都要广。这主要得益于万国邮政联盟和卡哈拉邮政组织（KPG）。

视野拓展

万国邮政联盟

万国邮政联盟是联合国下设的一个主要处理国际邮政事务的专门机构，通过一些公约法规来改善国际邮政业务，发展邮政方面的国际合作。万国邮政联盟由于会员众多，而且会员之间的邮政系统发展很不平衡，因此很难促成会员之间的深度邮政合作。于是在2002年，邮政系统相对发达的六个会员（中国、美国、日本等）的邮政部门在美国召开了邮政CEO峰会，成立了卡哈拉邮政组织。

卡哈拉邮政组织要求所有成员的投递时限要达到98%的质量标准；如果商品没能在指定日期投递给收件人，那么负责投递的运营商要按商品价格的100%赔付客户。这些要求促使成员之间深化合作，共同努力提升服务水平。例如，从中国发往美国的邮政包裹，一般15天以内就可以到达。

据不完全统计，我国出口跨境电商中70%的包裹都是通过邮政系统投递的，其中中国邮政占50%左右。我国境内卖家使用的邮政系统还有中国香港邮政、新加坡邮政等。

2. 全球邮政特快专递

视野拓展

跨境电商物流模式补充资料

全球邮政特快专递（Express Mail Service，EMS）是各国邮政开办的一项特殊邮政业务，它是由万国邮政联盟管理的国际邮件快递服务，在我国是指由中国邮政提供的一种快速投递服务。EMS在各国邮政、海关、航空等部门均享有优先处理权，它高速、高质量地为客户传递国际紧急信函、文件资料、金融票据、商品货样等各类文件资料和物品，清关能力强。

EMS依托邮政渠道，可以直达全球60多个国家或地区，费用相对国际商业快递巨头要低，出关能力很强，邮包到达亚洲国家或地区需两三天，到达欧美国家或地区则需5～7天。

（二）商业快递

1. 国际快递

国际快递模式主要是指借助四大国际商业快递巨头，即敦豪航空货运公司（DHL）、TNT快递、美国联邦快递（FedEx）和联合包裹速递服务公司（UPS）的国际快递业务邮寄商品。这些国际快递商通过自建的全球网络，利用强大的信息系统和遍布世界各地的本地化服务，为跨境电商客户带来了极好的物流体验。例如，通过联合包裹速递服务公司寄送到美国的包裹，最快可在48

小时内到达。然而，优质的服务总伴随着较高的价格，我国境内商户一般只有在消费者对时效的要求很高的情况下才使用国际快递来派送商品。

2. 国内快递

国内快递主要是指顺丰、"四通一达"等国内快递公司的跨境物流业务。"四通一达"中，圆通从 2005 年就开始关注跨境电商，2006 年成立了海外事业部，正式进入跨境物流领域，是国内最早布局跨境物流的快递公司。从 2012 年开始，各大快递公司明显加快了向跨境电商领域进军的步伐，但在 2014 年才发力拓展。例如，美国申通在 2014 年 3 月才上线，圆通也是在 2014 年 4 月才与 CJ 大韩通运开展合作，而中通、汇通、韵达则是在 2014 年才启动跨境物流业务。顺丰在国际化业务方面则要成熟一些，在 2014 年就已经开通了到美国、澳大利亚、韩国、日本、新加坡、马来西亚、泰国、越南等国家或地区的快递服务，使用顺丰发往亚洲国家或地区的快件一般两三天就可以送达。

（三）专线物流

跨境专线物流一般先通过航空包舱方式将快件运输到境外，再通过合作公司将快件派送到目的地。专线物流模式的优势在于能够集中大批量商品运送到某一特定国家或地区，通过规模效应降低物流成本，因此其价格一般比商业快递低。在速度上，专线物流稍慢于商业快递，但比邮政包裹快得多。

市面上主流的跨境物流专线有美国专线、中欧班列、澳大利亚专线、俄罗斯专线等，也有一些物流公司推出了中东专线、南美专线、南非专线等。

📖 **视野拓展**

中欧班列

中欧班列（CHINA RAILWAY Express，CRExpress）是由中国铁路总公司组织，按照固定车次、线路、班期和运行时刻开行，运行于中国与欧洲以及"一带一路"沿线国家或地区间的铁路集装箱国际联运列车。目前，中欧班列共有西、中、东三条通道：西部通道由我国中西部经阿拉山口（霍尔果斯）出境，中部通道由我国华北地区经二连浩特出境，东部通道由我国东南部沿海地区经满洲里（绥芬河）出境。截至 2021 年 5 月底，中欧班列已累计开行近 4 万列，运送货物约 355 万标箱，通达欧洲 22 个国家或地区的 160 多个城市。

我国开通中欧班列属于典型的国际专线物流活动，国际专线物流需要所经国家或地区在通关、货物检验检疫、放行等方面达成一致后才能组织实施。图 13.2 为我国开通的中欧班列的照片。

图 13.2　中欧班列

（四）海外仓储

📖 **视野拓展**

海外仓储服务是指由网络外贸交易平台、物流服务商独立或共同为卖家在销售目的地提供的包括商品仓储、分拣、包装和派送在内的一站式控制与管理服务。确切地说，海外仓储包括头程运输、仓储管理和本地配送三个部分。头程运输是指商家通过海运、空运、陆运或联运将商品运送至海外仓库。仓储管理是指商家通过物流信息系统远程操作海外仓储商品，实时管理库存。本地配送是指海外仓储中心根据订单信息，通过当地邮政或快递企业将商品配送给客户。

海外仓示例

二、跨境电商物流中的通关与报关

（一）进口商品通关流程

近年来，越来越多的消费者开始通过跨境电子商务平台购买进口商品。消费者在跨境电子商

第十三章　跨境电商

务平台购买进口商品，通关一般会经过三个环节：企业向海关传输"三单"信息（包括电子订单、电子运单以及电子支付信息）并向海关提交《中华人民共和国海关跨境电子商务零售进出口商品申报清单》（以下简称《申报清单》）（参见图 13.3）；海关审查后放行；企业将海关放行的商品进行装运配送，消费者收到包裹后完成签收。

消费者在完成商品选购后、进行进口商品申报前，跨境电商平台企业或跨境电商企业境内代理人、支付企业、物流企业分别通过国际贸易"单一窗口"或跨境电商通关服务平台向海关传输相关的电子订单、电子运单以及电子支付信息。在进行进口商品申报时，跨境电商企业境内代理人或其委托的报关企业根据"三单"信息向海关提交《申报清单》（依据：《关于跨境电子商务零售进出口商品有关监管事宜的公告》第六条、第八条）。

海关依托信息化系统实现"三单"信息与《申报清单》的自动比对。一般情况下，符合规范的《申报清单》经海关快速审核后放行，可实现"秒级通关"。对于部分通过风险模型判定存在风险的商品，经海关单证审核及商品查验无误后方可放行。海关通关监管的过程如图 13.4 所示。

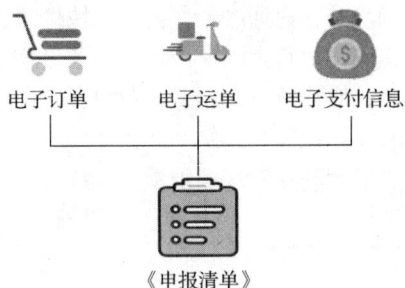

图 13.3　进口商品申报

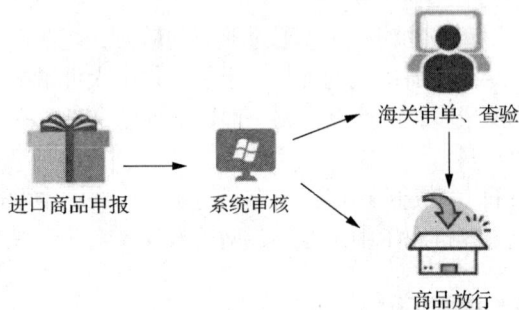

图 13.4　海关通关监管的过程

经海关监管放行的进口商品，企业可以在通关口岸将其打包后装车配送。至此，进口商品的主要通关流程即告结束。消费者在收到进口商品后完成签收，这一过程如图 13.5 所示。

图 13.5　包裹配送签收

（二）出口商品通关流程

通关是出口跨境电商物流中一个必不可少的环节，商品通过海关查验并放行后，才能顺利入境，再通过物流送达消费者手中。

跨境电商企业可以通过通关服务平台实现通关一次申报，同时海关、税务、检验检疫、外汇、市场监管等部门也可通过通关服务平台获得跨境电商的商品信息，并对商品交易实现全流程监管。

在进行跨境电商零售出口商品申报前，跨境电商企业或电商交易平台企业、支付企业、物流企业应当分别通过跨境电商通关服务平台如实向海关传输交易、支付、物流等电子信息。一般来说，跨境电商出口报关需要经过六个步骤，如图 13.6 所示。

跨境电商企业或其代理人应提交《中华人民共和国海关跨境电子商务零售进出口商品申报清单》（以下简称《申报清单》），出口采取"清单核放，汇总申报"的方式办理报关手续。

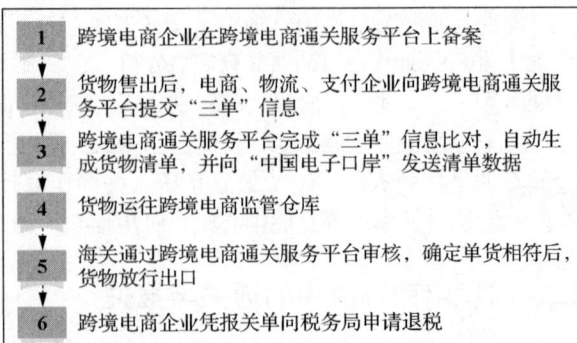

1	跨境电商企业在跨境电商通关服务平台上备案
2	货物售出后，电商、物流、支付企业向跨境电商通关服务平台提交"三单"信息
3	跨境电商通关服务平台完成"三单"信息比对，自动生成货物清单，并向"中国电子口岸"发送清单数据
4	货物运往跨境电商监管仓库
5	海关通过跨境电商通关服务平台审核，确定单货相符后，货物放行出口
6	跨境电商企业凭报关单向税务局申请退税

图 13.6　跨境电商出口报关基本流程

所谓"清单核放,汇总申报",是指跨境电商零售商品出口后,电商企业或其代理人应当于每月 10 日前(当月 10 日是法定节假日或者法定休息日的,顺延至其后的第一个工作日,第 12 月的清单汇总应当于当月最后一个工作日前完成),将上月(12 月为当月)结关的《申报清单》依据清单表头同一收发货人、同一运输方式、同一运抵国、同一出境口岸,以及清单表体同一 10 位海关商品编码、同一申报计量单位、同一币制规则进行归并,汇总形成《中华人民共和国海关出口货物报关单》向海关申报。

《申报清单》和《中华人民共和国海关进(出)口货物报关单》采取无纸化作业方式进行申报。《申报清单》的修改或者撤销,参照海关《中华人民共和国海关进(出)口货物报关单》修改或者撤销有关规定办理。

大体来说,跨境电商企业进出境商品报关需做以下三项工作。

(1)申报。出口商品的发货人根据出口合同的规定,在按时、按质、按量备齐出口商品后,应当向运输公司办理租船订舱手续,向海关办理报关手续,或委托专业代理报关公司办理报关手续。

(2)查验。查验是指海关对实际商品与报关单证进行核对,查验申报环节所申报的内容是否与查证的单、货一致,并查证是否存在瞒报、伪报和申报不实等问题。

(3)放行。对于一般出口商品,在发货人或其代理人如实向海关申报,并如数缴纳应缴税款和有关规费后,海关在出口装货单上加盖"海关放行章",出口商品的发货人可凭此装货单装船并起运出境。

视野拓展
跨境支付行业综述

三、跨境支付

跨境支付(Cross-border Payment)是指两个或者两个以上国家或地区之间因国际贸易、国际投资及其他方面所发生的国际债权债务,借助一定的结算工具和支付系统实现资金跨国或跨地区转移的行为。

跨境支付也是跨境电商经营活动的主要环节。在跨境电商领域,银行转账、信用卡支付和第三方支付等多种支付方式并存。电子商务的发展带动了第三方支付的快速发展,使人们在切身感受到商品贸易全球化的便利的同时,对跨境支付的需求也日益增多。国际上常用的第三方支付工具是贝宝。部分常用的跨境支付方式如表 13.1 所示。

表 13.1　部分常用的跨境支付方式

项目	费用	优点	缺点	适用范围
电汇 T/T(Telegraphic Transfer)	各自承担所在地的银行费用。买家的合作银行会收取一定的手续费,由买家承担;卖家的合作银行有时也会收取一定的手续费,由卖家来承担	1. 收款迅速,几分钟就能到账 2. 先付款后发货,可保证卖家利益不受损	1. 先付款后发货,买家容易产生不信任感 2. 买家群体小,限制了商家的交易量 3. 交易数额比较大时,手续费高	电汇是传统的 B2B 付款模式,适合大额的交易付款
西联汇款(Western Union)	手续费由买家承担。需要买卖双方到当地银行实地操作。在卖家未提取货款时,买家可以将已支付的资金撤回	手续费由买家承担。对卖家来说最划算,可先提款再发货,安全性高,到账快	由于对买家来说风险极高,买家不易接受。买家和卖家需要去西联线下柜台操作,手续费较高	1 万美元以下的小额支付
信用卡收款	一般有开户费、年费和手续费等,具体收费情况根据不同的通道而定	欧美最流行的支付方式,信用卡的用户规模非常庞大	接入方式麻烦,需预存保证金,收费高昂,付款额度偏小。黑卡蔓延,存在拒付风险	从事跨境电商零售的平台和独立 B2C 企业

257

项目	费用	优点	缺点	适用范围
贝宝	无开户费及使用费；每笔交易收取 0.3 美元的银行系统占用费；提现每笔交易收取 35 美元；如果跨境，每笔交易收取 0.5%的跨境费	1. 国际付款通道迎合了部分国家和地区客户的付款习惯 2. 国际知名度较高，尤其受美国客户信赖	1. 买家的利益优先级高于卖家的利益，双方权利不平衡 2. 每笔交易除付手续费，还需要支付交易处理费 3. 账户容易被冻结，卖家利益易受损失	跨境电商零售行业；几十到几百美元的小额交易

视野拓展

跨境支付企业名单

2016 年 11 月 7 日，国家外汇管理局正式发布了《支付机构跨境外汇支付业务试点指导意见》，开始在全国范围内开展部分支付机构跨境外汇支付业务试点，允许支付机构为跨境电商交易双方提供外汇资金收付及结售汇服务。此举对跨境支付的发展意义重大，不仅能大大增强跨境电商及跨境购物用户操作上的便利性，而且能在一定程度上提升跨境支付的安全性，保证国家税收。2019 年 4 月 29 日，国家外汇管理局又发布了《支付机构外汇业务管理办法》，旨在便利跨境电子商务结算和促进支付机构外汇业务健康发展，防范跨境资金流动风险。

第三节　主要的跨境电商平台

跨境电商平台的主要作用是信息展示、在线匹配和撮合交易。对跨境电商卖家来说，促进在线渠道多元化是拓展和扩大网络销售渠道和规模的重要途径。对某些商品或品牌来说，选择合适的目标市场进行深耕细作也是一种重要的策略。各大跨境电商平台都有自己的特点、行业优势以及客户群，因此，选择适合自己的行业、商品、销售计划的跨境电商平台显得尤为重要。典型的跨境电商平台有全球速卖通、亚马逊、易贝、Wish、敦煌网等。

一、全球速卖通

全球速卖通（速卖通）是阿里巴巴旗下面向全球市场打造的在线交易平台，是为帮助中小企业直接面对终端批发商、零售商和个人消费者，小批量、多批次地快速销售，拓展利润空间而全力打造的集订单、支付、物流于一体的外贸在线交易平台，以 B2C 为主要跨境贸易模式，被广大卖家称为国际版"淘宝"。

1. 速卖通的概况

速卖通于 2010 年 4 月正式上线，对外开放，免费注册。经过多年的发展，速卖通已成为全球领先的外贸在线交易平台。速卖通已覆盖全球 220 多个国家和地区，累计买家数已经超过 1.5 亿，支持 18 种语言，目前是我国最大的 B2C 跨境电商交易平台。

俄罗斯、美国、西班牙、巴西、法国等国是速卖通的重点市场，是交易量排名前五的国家，其交易量占据了速卖通交易量的 60%～70%。速卖通的买家以个人消费者为主，他们约占平台买家总数的 80%，还有 20%为境外批发商和零售商，所以速卖通的定位是外贸零售网站。

2015 年，速卖通发布新规，从 2016 年 4 月开始，所有卖家必须以企业身份入驻速卖通，不再允许个体商家入驻。2016 年 8 月，速卖通完成了从跨境 C2C 平台向 B2C 平台的转型升级。2016 年下半年，速卖通规定，入驻的商家必须有品牌。也就是说，商家入驻速卖通需符合两个标准：

有企业身份和品牌。

2. 速卖通的赢利模式

卖家在速卖通平台上注册、发布商品都是免费的。订单成交后，速卖通平台会按销售额的5%收取佣金。卖家通过国际支付宝提现的时候需要支付手续费，即卖家每操作提现一次，速卖通就会收取15美元的手续费，这15美元收入会分给速卖通和新加坡花旗银行。另外，速卖通还提供了付费营销工具，如速卖通直通车和联盟推广。速卖通直通车按点击付费，类似于淘宝直通车。速卖通联盟推广由卖家设置佣金比例，吸引境外网站推广，按成交付费，类似于阿里妈妈淘宝联盟。

视野拓展
跨境电商平台介绍

3. 速卖通"中国好卖家"权益

2016年，速卖通推出了中国好卖家助力计划，通过优质商品扶持、卖家物流无忧计划、卖家工具操作效率提升、好卖家保障机制等具体措施，为优质卖家提供全方位服务。其中，中国好卖家分为金牌店铺和银牌店铺。

中国好卖家金牌、银牌店铺的筛选标准有五个，即"2+3"，如图13.7所示。两个数据指标是服务指标和交易指标；三大综合实力是指店铺背后的软实力，包括公司实力、运营能力和店铺专业性。

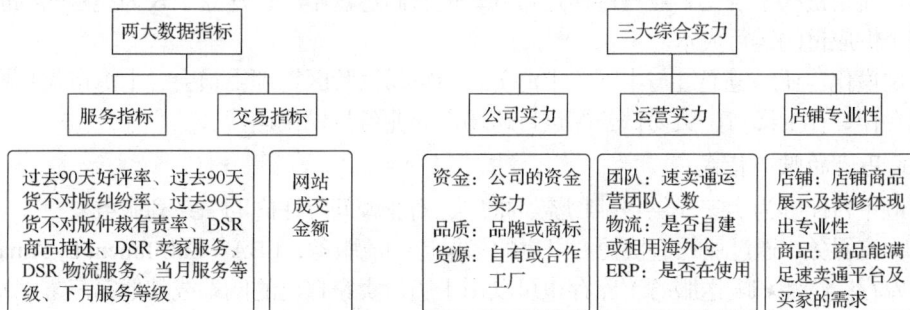

图13.7　中国好卖家金牌、银牌店铺的筛选标准

速卖通中国好卖家金牌、银牌店铺可以享受一系列的优惠措施，金牌店铺享有比银牌店铺更多的优惠政策。银牌店铺必须在6个月内升级为金牌店铺，若无法升级，则6个月后不再是银牌店铺；卖家必须根据网站要求优化和调整自己店铺的商品结构，这样才有可能在6个月内晋级为金牌店铺。

> **视野拓展**
> **速卖通中国好卖家金牌、银牌店铺享受的优惠措施**
> （1）流量支持：商品搜索流量支持，新店铺商品搜索曝光，流量倾斜90天，在搜索首页直通车广告位仅向中国好卖家金牌、银牌店铺开放。
> （2）营销支持：平台大促会场资源仅向中国好卖家开放；为中国好卖家量身打造多类专场活动，如无线抢购周六专场、品牌闪购等。
> （3）品牌特权：提供PC/App店铺首页Top brand标识搜索页面品牌墙展示资源。
> （4）成长支持：线下运营私享课免费名额、银牌店铺定制化课程/运营共创会资源。
> （5）服务支持：专人对接，交易仲裁享受48小时优先处理。专属大客户经理对接支持，专属人工客服咨询支持。

二、亚马逊

1. 亚马逊的概况

亚马逊成立于1995年，总部位于美国的西雅图，其旗下的网站分布于美国、中国、澳大利

图 13.8　亚马逊全球开店首页

亚、新西兰、巴西、加拿大、法国、德国、印度、墨西哥、意大利、日本、英国、西班牙和挪威等国家或地区。亚马逊在 2012 年通过"全球开店"项目，对中国卖家开放出口跨境电商服务。目前，亚马逊的 17 个海外站点已面向中国卖家开放，吸引了数十万中国卖家入驻。图 13.8 所示为亚马逊全球开店首页。2014 年，亚马逊上线进口跨境电商项目"海外购"。

2．亚马逊的优势

和其他跨境电商平台相比，亚马逊有以下几项优势。

（1）国际货源丰富，买家遍布全球。亚马逊运作多年，其平台上已经聚集了大量的全球各地的供应商和消费者。

（2）物流全链条系统化。亚马逊通过布局大型仓储运营中心，建立了较为完善的物流体系，降低了整个供应链的运行成本。

（3）规模化。亚马逊通过与中国（上海）自由贸易试验区管理委员会、上海市信息投资股份有限公司合作，在上海自由贸易试验区进行跨境电商业务规模化运营。

3．亚马逊的服务模式

亚马逊平台能够为卖家提供包括物流、推广、商业顾问等在内的一系列服务。

（1）物流服务。通过亚马逊快捷、可靠的多渠道物流服务，FBA（Fulfillment by Amazon，指亚马逊的库存、物流和配送服务）库存也可以用于履行卖家自己的网站或其他第三方网站产生的订单，为卖家提供快捷、方便的跨境业务扩展方式。

> **👓 视野拓展**
>
> **FBA库存**
>
> FBA 库存，是指卖家把自己在亚马逊上销售的商品库存直接送到亚马逊当地市场的仓库中。客户下订单后，亚马逊系统就会自动完成后续的发货。发 FBA 库存到亚马逊仓库，商品就会获得 Prime 标识。Prime 是亚马逊的会员服务，每年需支付 99 美元。

（2）推广服务。亚马逊平台提供免费的站内推广服务，卖家的商品可以在主题活动中得到免费推广；亚马逊也提供付费推广服务，包括关键词搜索、页面广告等。

（3）商业顾问。亚马逊拥有专业的顾问团队，可向平台卖家免费提供首次上线的技术支持和咨询服务，并定期提供网络培训服务。

三、易贝

1．易贝的概况

易贝成立于 1995 年，其创始人为皮埃尔·奥米戴尔。成立之初，易贝将自身定位为全球网民买卖物品的线上拍卖及购物网站。1998 年，易贝在纳斯达克成功上市；2002 年 6 月，易贝收购了贝宝网络支付公司；2003 年，易贝在中国开展跨境电商业务。

在易贝平台上，美国、英国、澳大利亚是中国卖家的主要市场，出口总额排名前 15 位的市场还包括德国、加拿大、俄罗斯、法国、巴西、以色列、西班牙、挪威、阿根廷、意大利、希腊和瑞典。

2. 易贝的销售方式与收费模式

在易贝平台上，卖家发布的商品主要有拍卖和一口价两种销售方式。拍卖就是通过竞拍的方式进行销售，卖家设置商品的起拍价格和拍卖时间，对商品进行拍卖，最后确定中标者（拍卖的方式及规则见第三章第二节）；一口价的方式就是以定价的方式来销售商品。卖家采用的销售方式不同，易贝向卖家收取的费用也不同。

卖家在易贝上开店铺、刊登物品进行销售是需要支付一定的手续费的，主要包括刊登费、成交费、特色功能费、贝宝收款手续费、店铺费等五个部分，如图 13.9 所示。

图 13.9　易贝收费构成

刊登费是指非店铺卖家在易贝站点刊登物品进行销售需要缴付的费用。无论物品是否售出，卖家只要刊登物品就要支付刊登费。根据卖家所选刊登方式或物品所属目录的不同，刊登费也会有所区别。

成交费是指物品成功售出后，卖家需要按照成交价的一定比例缴付相应的费用，物品未售出则无须缴付。

特色功能费是指卖家为物品添加一些特色功能所要缴付的费用。是否缴付特色功能费取决于卖家是否选择使用特色功能。

贝宝收款手续费由贝宝来收取。

📖 视野拓展

贝宝的收费

贝宝付款方在不涉及货币兑换的情况下，无任何手续费；如果涉及货币兑换（如将人民币兑换成美元）则需缴付 2.5% 的手续费。收款方需要支付一定的手续费。贝宝在整个亚太地区统一的收费标准为 4.4%+0.3 美元；如果商户的月收款金额超过了 3 000 美元，可以申请将手续费标准下调为 3.9%+0.3 美元；月收款金额超过了 10 000 美元，可以申请将手续费标准下调为 3.7%+0.3 美元；月收款金额超过了 10 万美元后，可以申请将手续费标准下调为 3.4%+0.3 美元。

店铺费是针对在易贝平台开设店铺的卖家收取的店铺月租费，不同等级店铺的收费标准不同。

四、Wish

1. Wish 的概况

Wish 于 2011 年成立于美国旧金山，是一个基于移动端 App 的商业平台。起初，Wish 只是向用户推送信息，并不涉及商品交易；2013 年，其升级成为购物平台。Wish 的系统通过对买家行为等数据的计算，判断买家的喜好，并且选择相应的商品推送给买家。与多数电商平台不同，Wish 的买家一般不会通过关键词搜索来浏览商品，而更倾向于无目的地浏览。这种浏览方式是西方人比较容易接受的，所以超过六成的 Wish 平台买家来自美国、加拿大及一些欧洲国家或地区。Wish 平台免费向卖家开放注册，但从 2018 年 10 月 1 日起，卖家需要缴纳 2 000 美元作为保证金。Wish 对每笔交易收取 15% 的佣金。

Wish 的主要销售类目是服装服饰，尤其是时尚类服装服饰，其他销售类目还有母婴用品、家居用品、3C 配件、美妆、配饰等。Wish 上的商品具有种类丰富、使用更换频率高、话题性强等特点。

2．Wish 的特点

（1）专注于移动端。Wish 是一个专注于移动端发展的平台，它通过了解用户的偏好，智能地将用户想要的商品展现给对应的用户，极大地增加了用户冲动性下单的可能。

（2）独特的推荐算法。Wish 拥有一套自己的推荐算法：根据用户喜好以瀑布流的形式向用户推荐其可能感兴趣的商品，以最简单、最快捷的方式帮助商户将商品销售出去。相比而言，亚马逊、易贝、速卖通虽然都推出了自己的 App，但都只是对 PC 端的补充。

（3）图片质量很重要。不少 Wish 的买家并不看重商品的描述，而是更加关注商品的图片，可见图片的精美度和清晰度在一定程度上决定了转化率。因此，在 Wish 上销售的商品要以图片展示为主，而且图片清晰度要高，并应从多角度拍摄，同一件商品的图片数量最好不要超过 6 张。此外，Wish 上的商品具有差异性和独特性。Wish 在同一页或同一推送下，会将重复或相似度高的商品自动屏蔽。

（4）搜索功能不重要。Wish 的用户很少使用搜索功能，通常只是简单地浏览页面，看到喜欢的商品才会点击。因此，商品标题优化、关键词等在 Wish 上不是非常重要。标题只要简洁明确，包括必要的商品名称、品牌名称、关键属性等信息即可。

五、敦煌网

（一）敦煌网的概况

敦煌网是全球知名的在线外贸交易平台，是境内首个为中小企业提供 B2B 网上交易的网站。敦煌网于 2004 年创立，致力于帮助境内中小企业通过跨境电商平台走向全球市场，为其开辟一条全新的国际贸易通道，让在线交易变得更加简单、安全、高效。

敦煌网采取佣金制，免费注册，只在买卖双方交易成功后收取费用。作为 B2B 跨境电商的创新者，敦煌网采用电子邮件营销（E-mail Direct Marketing，EDM）模式，低成本、高效率地拓展境外市场，其自建的 DHgate 平台为境外用户提供了高质量的商品信息。用户可以自由订阅英文 EDM 商品信息，第一时间了解市场最新供求情况。2011 年，敦煌网在深圳部署了与物流相关的工作。2013 年，敦煌网新推出的外贸开放平台实质上是一个外贸服务开放平台，通过开放的服务吸引大中型制造企业，最终引导它们在线上交易。

（二）敦煌网的商业模式

1．交易佣金模式

敦煌网为买卖双方提供了一个交易平台，为卖家提供免费注册、免费上传商品、免费展示等服务。买卖双方可以在该平台上完成交易，交易成功后，平台向买家收取一定比例的佣金。

敦煌网采用统一佣金率，实行"阶梯佣金"政策。当单笔订单金额少于 300 美元时，平台佣金率为 8.5%～15.5%，单笔订单金额越高，平台佣金率越低，如当单笔订单金额达到 10 000 美元时，平台佣金率为 0.5%。

2．服务费模式

敦煌网为用户提供物流、金融、代运营等一系列服务，并收取相应的服务费。

（1）基本服务费。敦煌网为卖家提供入驻开店、平台运营、营销推广、资金结算等一系列服务，并收取一定的费用。

（2）营销推广费。为了帮助卖家提高商品曝光度，敦煌网提供了多种营销工具，包括定价广告、竞价广告、展示计划等。卖家可通过购买敦煌币的方式进行付费。

（3）代运营服务费。敦煌网为卖家提供培训、店铺装修及优化、账号托管等服务，并根据服务类型收取相应的费用。

（4）一体化外贸服务费。敦煌网能够为卖家提供跨境交易一体化服务，包括互联网金融服务、物流集约化服务、境内和海外仓储服务，以及通关、退税、质检等服务，并收取相应的服务费。

六、Shopee

Shopee（虾皮）成立于 2015 年，是东南亚最大的电商平台，覆盖印度尼西亚、马来西亚、越南、泰国、菲律宾和新加坡，同时在我国的深圳、上海和香港地区设有子公司，以帮助我国跨境卖家把优质货物出口至东南亚。Shopee 拥有的商品种类包括电子消费品、家居用品、美容保健品、母婴用品、服饰及健身器材等。Shopee 自成立起，一直保持快速成长。2020 年，Shopee GMV（Gross Merchandise Volume，成交总额）达到 354 亿美元，同比增长 101.1%；总订单数达到 28 亿，同比增长 132.8%。

Shoppe 为卖家提供自建物流、小语种客服和支付保障等解决方案。卖家可通过该平台触达东南亚市场。Shoppe 旨在为买家打造一站式的社交购物平台，营造轻松愉快、高效便捷的购物环境，提供性价比高的海量商品，方便买家随时随地浏览、购买商品并进行即时分享。

七、Lazada

Lazada（来赞达）于 2012 年 3 月推出，是东南亚重要的网上购物平台，在印度尼西亚、马来西亚、菲律宾、新加坡、泰国以及越南等地设有分支机构。Lazada 在韩国、英国以及俄罗斯等地设有办事处。

Lazada 提供了包括货到付款在内的多种付款方式，其客户服务和免费退货服务也较完善。Lazada 的商品种类涵盖电子商品、家庭用品以及时装等。

Lazada 自建了物流网络，截至 2021 年 4 月，其在东南亚的 17 个城市拥有超过 30 个仓储中心。Lazada 在多国建立了自营仓库、分拣中心和电子科技设施，着力配合合作伙伴增强跨境通关能力及"最后一千米"的配送能力。Lazada 的自有物流渠道是 LGS（Lazada Global Shipping），致力于解决东南亚部分地区因基础设施落后而运费高昂的问题。

📘 实训案例

一达通：阿里巴巴跨境供应链平台

1. 一达通的发展历程

成立于 2001 年的一达通是为外贸中小企业提供进出口代理服务的平台，主要业务包括通关、结汇和退税等服务。2010 年，一达通被阿里巴巴收购，开始进入阿里巴巴外贸生态圈。2014 年，一达通正式成为阿里巴巴的全资子公司，迎来爆发式增长时期。2018 年 11 月 23 日，在阿里巴巴举办的 2018 年全国供应链拍档年度大会上，阿里巴巴外贸综合服务平台一达通正式升级为跨境供应链平台。

一达通在升级为阿里巴巴跨境供应链平台后，依托于阿里巴巴国际站，整合全球知名银行、金融机构、物流服务商以及菜鸟网络和蚂蚁集团等资源，为阿里巴巴国际站平台上的外贸中小企业提供数智化履约服务，满足商家包括信用保障、支付结算、供应链金融、物流和外贸综合服务等在内的一站式需求，为外贸中小企业的稳定发展提供底层服务。

2. 贯通内外资金流通链路

阿里巴巴国际站是 B2B 跨境电商平台，是出口企业拓展国际贸易的首选网络平台之一，提供一站式的店铺装修、产品展示、营销推广、生意洽谈及店铺管理等全系列线上服务和工具。阿里巴巴国际站的收费主要由"基础服务费用+增值服务费用"组成，基本会员（出口通）服务费为 29 800 元/年；优质供应商会员（金品诚企）服务费为 80 000 元/年。

跨境供应链升级后，最受关注的模块当属跨境支付结算业务。一达通打造了跨境信用保障服务产品。当买卖双方在国际平台上达成交易后，首先会通过信用保障产品进行支付。信用保障产品可以理解为国际版的支付宝，是阿里巴巴旗下专业的跨境 B2B 交易体系，致力于为全球 B 类买、卖家提供安全、高效、可视化的交易服务，整合各方资源以提供综合性跨境支付、结算、金融等服务，帮助买、卖家轻松实现全球买、全球卖。

在跨境支付和收款上，跨境供应链的信用保障产品为卖家量身定制了专业和多元的解决方案，支持多种支付方式：T/T（含本地 T/T）、信用证、信用卡、西联、Pay Later、Online Bank Payment、Online Transfer。阿里巴巴跨境供应链通过搭建本地 T/T 网络，成功地将资金跨境时间缩短至 1 秒，汇款费用下降到 1 美元，同时避免了汇损的发生。

除此之外，在大数据技术赋能下，阿里巴巴跨境供应链让原本无法预测和监控的事情尽在掌握之中。通过与 SWIFT 合作提供全球支付创新服务 SWIFT GPI，阿里巴巴国际站实现了支付资金全链路的数字化和透明化，提高了跨境汇款的确定性。一方面，卖家可以实时掌握买家支付动态、银行处理时效、扣费等信息；另一方面，该服务可以实时地向买家推荐最优惠的汇款路径，同时为卖家提供到账时效及费用预测。

3. 加速物流"端到端"数字化

在支付完成后，卖家只需要通过供应链运输平台进行查价，便可对所有费用了如指掌，从而一键选择合适的物流方案进行货物运输，并且可全程查询追踪货物运输轨迹。

通过升级后的跨境供应链平台完成的进出口业务的物流成本降低了 10%。阿里巴巴跨境供应链重新规划了物流拍档体系，引入多方物流服务商，联合菜鸟网络打造货物运输平台，为买、卖家提供海运拼箱、海运整柜、国际快递、国际空运、集港拖车、中港运输和海外仓、中美专线等跨境货物运输及储存中转服务，以降低国际物流成本。例如，联合菜鸟网络让中美专线快递价格在首重和续重上比市场价格低了 44%；在中美海运上，从原来的拼箱变成"拼箱+整柜"，大大提高了中美物流时效。

原来的物流匹配多以主观选择为准，而如今则是以订单为维度的匹配，买家和卖家在流通领域更多以数据作为相互选择的标准。当一个交易订单在平台上形成后，跨境供应链平台通过调取历史履约情况、历史履约确定性，基于数据为客户提供人工智能线路选择和推荐算法，从而缩短买、卖家的选择时间。

4. 推动通关退税持续迭代

在关务上，一达通从 2000 年开始便做了非常多的尝试。如今，一达通为客户提供"2+N"和"3+N"服务。"2+N"指出口代理服务，为客户提供通关和外汇两个环节的服务，而退免税申报由客户自行在当地完成。客户不需要支付信保交易手续费，发货后信保额度立即释放，累积信保数据，同时享受快速退税和融资贷款。而"3+N"指外贸综合服务，为客户提供通关、外汇、退税及配套的物流、金融服务等"一揽子"外贸服务。

阿里巴巴跨境供应链通过区块链能力，和相关政府部门共同搭建了退税平台，从而可以查看到不可篡改的 KYC、KYB 买、卖家的交易情况、流通情况、报关资料申报情况等。

未来，通过物联网和区块链等新技术，打造涵盖供应链拍档、报关行、国际物流和贸易金融的生态体系，将是阿里巴巴跨境供应链重要的探索方向。

（本案例整理自：阿里巴巴国际站）

思考讨论

1. "一达通"在跨境支付结算上是如何做的？
2. "一达通"是如何加速物流"端到端"数字化的？
3. "一达通"是如何帮助客户退税的？

归纳与提高

　　跨境电商是近年来电商领域关注的热点。本章简要介绍了跨境电商的含义和分类。跨境电商按交易主体分类可分为 B2B 跨境电商、B2C 跨境电商和 C2C 跨境电商；按进出口方向分类可分为进口跨境电商和出口跨境电商。

　　物流与支付是跨境电商交易中的两个重要环节。跨境电商卖家在选择物流服务商的时候，要了解自己的实际需求，了解各种物流方式的特点及服务商所能提供的服务内容，多方对比，选择最适合自己的物流方式。通关是出口跨境电商物流必不可少的一个环节，所以卖家需熟悉通关的流程。跨境支付既关系到买家的购物体验，也关系到卖家的收款成本，卖家应知晓各种支付方式的优缺点。

　　各大跨境电商平台都有自己的特点、行业优势和客户群。卖家要选择适合自己行业和商品的跨境电商平台。

知识巩固与技能训练

一、名词解释

　　跨境电商　保税模式　海外仓　海淘　FBA

二、单项选择题

　　1. 在跨境电商模式中占主导地位的是（　　）跨境电商模式，交易规模增长更迅速的是（　　）跨境电商模式。

　　　　A. B2B　　　　　B. B2C　　　　　C. C2C　　　　　D. O2O

　　2. 专注于移动端的跨境电商平台是（　　）。

　　　　A. 速卖通　　　　B. Wish　　　　C. 亚马逊　　　　D. 敦煌网

　　3. 阿里巴巴国际站属于（　　）类型的跨境电商网站。

　　　　A. B2C　　　　　B. B2B　　　　　C. C2C　　　　　D. B2B2C

　　4. （　　）不属于国际商业快递。

　　　　A. UPS　　　　　B. TNT 快递　　　C. 新加坡邮政小包　D. FedEx

三、复习思考题

　　1. 搜索资料并结合本章内容谈谈跨境电商和传统国际贸易的区别。

　　2. 试分析比较邮政物流、商业快递、专线物流三种物流模式的优缺点。

　　3. 简述阿里巴巴国际站、亚马逊、速卖通、敦煌网、Wish 等跨境电商平台的特点。

四、技能实训题

　　某学校电子商务专业的学生计划面向美国市场开展跨境电商交易，请你帮助他们完成下列任务。

　　（1）查阅资料，分析美国消费市场的特点。

　　（2）调研对中国卖家开放的美国跨境电商平台主要有哪些。

　　（3）结合自己所在地拥有的货源，利用 SWOT 法分析利用哪些平台在美国市场开展跨境电商交易更有优势。

　　（4）尝试在合适的跨境电商平台注册并销售本地商品，或者与当地企业合作，帮助其把商品销售到美国市场。

附　录

附录一　电子商务课程常用网站

B2C 网站

京东商城（jd）	天猫（tmall）	唯品会（vip）	苏宁易购（suning）	海尔商城（ehaier）
钻石小鸟（zbird）	凡客诚品（vancl）	当当网（dangdang）	聚美优品（jumei）	戴尔（dell）
招商银行网上商城（mall.cmbchina）		华为商城（vmall）	小米商城（mi）	真快乐（原国美商城）（gome）

C2C 网站

淘宝网（taobao）	闲鱼（2.taobao）	易贝中国（eBay）	时间财富网（680，原威客中国网）

B2B 网站

阿里巴巴 1688	我的钢铁网（mysteel）	海尔 B2B 采购平台（b2b.haier）	环球资源网（globalsources.cntrades）
敦煌网（dhgate）	中国网库（99114）	海尔招标网（haierbid）	一呼百应（youboy）
零售通（list.1688）	慧聪网（hc360）	中国制造网（made-in-china）	网盛生意宝（cn.toocle）
美菜网（meicai）	找钢网（zhaogang）	全球纺织网（tnc.com）	化工网（china.chemnet）

跨境电商网站

全球速卖通（aliexpress）	亚马逊全球开店（gs.amazon）	考拉海购（kaola）	米兰网（milanoo）
兰亭全球供应商平台（supplierportal.litb）		洋码头（ymatou）	海蜜（haimi）

第三方支付平台

支付宝（alipay）	财付通（tenpay）	快钱（99bill）	网银在线（chinabank）	云闪付（yunshanfu.unionpay）

电子商务学习网站

艾瑞网（iresearch）	中国互联网络信息中心（cnnic.net）	中国电商网（cndsw）
网经社（100ec）	赛迪顾问网（ccidconsulting）	亿邦动力网（ebrun）

其他网站

拼多多（pinduoduo）	钉钉官网（dingtalk）	中国金融认证中心（cfca）	网商银行（mybank）
顺丰速运（sf-express）	小红书（xiaohongshu）	中国电子银行网（cebnet）	微信公众平台（mp.weixin.qq）

附录二　知识巩固与技能训练参考答案

附录三　自测试卷

A卷
（含参考答案）

B卷
（含参考答案）

附录四　更新勘误表和配套资料索取示意图

说明1　本书配套教学资料完成后会上传至人邮教育社区（www.ryjiaoyu.com）本书页面内。下载本书配套教学资料受教师身份、下载权限限制，教师身份、下载权限需经网站后台审批，参见以下示意图。

说明2　"用书教师"是指学生订购本书的授课教师。

说明3　本书配套教学资料将不定期更新、完善，新资料会随时上传至人邮教育社区本书页面内。

说明4　扫描二维码可查看本书现有"更新勘误记录表""意见建议记录表"。如发现本书或配套资料中有需要更新、完善之处，望及时反馈，我们将尽快处理。

咨询QQ：602983359。

更新勘误及意见
建议记录表

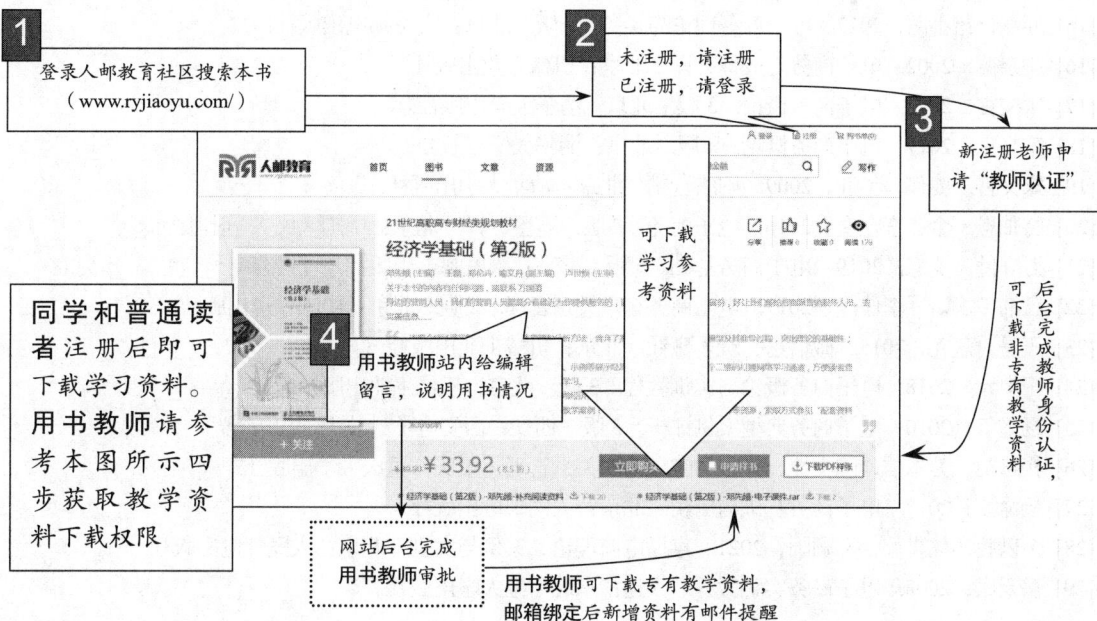

主要参考文献

[1] 白东蕊，2020. 电子商务基础与实务（双色版）. 北京：人民邮电出版社.

[2] 白东蕊，2021. 电子商务基础　附微课. 3 版. 北京：人民邮电出版社.

[3] 白东蕊，2021. 网店运营与管理　视频指导版. 2 版. 北京：人民邮电出版社.

[4] 范鹏，2018. 新零售：吹响第四次零售革命的号角. 北京：电子工业出版社.

[5] 冯英健，2016. 网络营销基础与实践. 5 版. 北京：清华大学出版社.

[6] 格林斯坦，法因曼，2001. 电子商务的安全与风险管理. 谢淳，于军，李霞，译. 北京：华夏出版社.

[7] 洪涛，2011. 高级电子商务教程. 北京：经济管理出版社.

[8] 黄旭强，梅琪，洪文良，2021. 直播运营实务. 北京：清华大学出版社.

[9] 李华，2011. 物联网下电子商务发展的关键问题探讨. 中国商贸，2011（5）.

[10] 李忠美，2020. 新零售运营管理. 北京：人民邮电出版社.

[11] 刘亚男，胡令，2021. 新媒体营销. 北京：人民邮电出版社.

[12] 马文娟，杜作阳，2021. 短视频运营实务. 北京：清华大学出版社.

[13] 梅琪，王刚，黄旭强，2021. 新媒体内容营销实务. 北京：清华大学出版社.

[14] 齐佳音，万岩，尹涛，2009. 客户关系管理. 北京：北京邮电大学出版社.

[15] 屈燕，钮小萌，2017. 电子商务理论与实务. 2 版. 北京：人民邮电出版社.

[16] 施奈德，2002. 电子商务. 成栋，译. 北京：机械工业出版社.

[17] 宋文官，2012. 电子商务概论. 3 版. 北京：清华大学出版社.

[18] 宋文官，2017. 电子商务概论. 4 版. 北京：清华大学出版社.

[19] 宋文官，姜何，华迎，2009. 网络营销. 北京：清华大学出版社.

[20] 特伯恩·金，李在奎，2016. 电子商务. 7 版. 石鉴，译. 北京：中国人民大学出版社.

[21] 万守付，罗慧，2019. 电子商务基础. 5 版. 北京：人民邮电出版社.

[22] 汪楠，王妍，李佳洋，2017. 电子商务客户关系管理. 2 版. 北京：中国铁道出版社.

[23] 王易，蓝尧，2015. 微信这么玩才赚钱. 北京：机械工业出版社.

[24] 王中元，2018. 电子商务概论与实训教程. 3 版. 北京：机械工业出版社.

[25] 杨坚争，2010. 电子商务典型案例评析. 3 版. 西安：西安电子科技大学出版社.

[26] 杨路明，劳本信，陈文捷，等，2007. 客户关系管理. 重庆：重庆大学出版社.

[27] 杨泳波，2017. 电子商务基础与应用. 北京：人民邮电出版社.

[28] 余以胜，林喜德，邓顺国，2021. 直播电商理论、案例与实训. 北京：人民邮电出版社.

[29] 岳云康，2008. 电子商务实训教程. 大连：东北财经大学出版社.